KB253636

문예신서
251

# 어떻게 더불어 살 것인가

콜레주 드 프랑스에서의 강의와 세미나
1976-1977

## 롤랑 바르트

텍스트의 구성 · 주석 · 소개: 클로드 코스트

김웅권 옮김

東 文 選

# 어떻게 더불어 살 것인가

몇몇 일상적 공간의 소설적 흉내

어떻게 더불어 살 것인가

몇몇 일상적 공간의 소설적 흉내

Roland Barthes

## Comment Vivre Ensemble

Cours et séminaires au Collège de France(1976–1977)

© Éditions du Seuil, 2002

This edition was published by arrangement
with Éditions du Seuil, Paris
through Korea Copyright Center, Seoul

이 총서는 강의 · 강연 · 세미나에 적합한 편집 공간이 되고자
한다. 이 총서를 독특하게 만들고 정당하게 해주는 이중의 원칙
이 있다.

이 총서에서 독자들은 원래 구어로 전달된 사유의 사건들이
옮겨 씌어진 것들만을 만나게 될 것이다.

씌어진 것이든 아니든 기본적인 자료로 사용된 흔적들(노트,
녹음 테이프들 등)은 가능한 최초 상태와 가깝게, 있는 그대로
항상 옮겨지게 될 것이다.

트라스 에크리트(traces écrites)*——그러니까 한 파롤(parole)
의 울림, 씌어지지 않은 울림——총서는 하나의 공적 공간에서
다른 하나의 공적 공간으로의 이전이지 '간행물'이 아니다.

티에리 마르셰스, 도미니크 세글라르

---

* 씌어진 흔적이라는 의미이다. 〔역주〕

# 일러두기

“발레리는 왜 콜레주 드 프랑스에서 행한 자신의 강의를 출간하지 않는지 질문을 받자 이렇게 말했다. 형태는 비싼 대가를 치른다. 그러나 승리를 구가한 부르주아적 글쓰기의 시기가 있었다. 이 시기에 형태는 사유의 가치와 대략 비슷했다.” 바로 이런 말로 〈양식의 장인(L'artisanat du style)〉은 시작된다. 이 글은 처음에 1950년 11월 16일자 《콩바》지에 실렸다가 《글쓰기의 영도》에 재수록되었다.

당시에 바르트는 사르트르 및 블랑쇼와 나란히, 또 그들의 배후에서 ——테러리즘도 아니고, 허무주의도 아니고—— 형태의 책임인 문학적 윤리의 가능성에 대한 성찰을 개시하고 있었다. 그가 자신이 언젠가 콜레주 드 프랑스의 교수가 될 것이고 자신의 강의들을 출간하는 문제가 제기될 것이라는 사실을 모르고 있었지만, 분명한 것은 발레리의 언급을 통해서 그가 구축하고자 했던 것이 무엇보다도 개인적 윤리이지 자신의 동시대인들을 위한 도덕론이 아니라는 점이다. 규정들과 명령들의 리스트가 결코 아니었던 이 윤리는 사실 지식인의 참여 그 이상을 전제했다. 그것은 어떤 면에서는 하나의 **양식론**(traité de style)이었다.

다른 분야에서와 마찬가지로 문학에서도 주지하다시피 최후의 의지라는 것은 결코 없다. 그래서 순진하거나 회한 때문에 어떤 작가가 마지막 순간에 명령들을 남기는 것이 좋다고 믿는다면, 그것은 항상 그렇듯이 이 명령들이 배반되도록 하기 위한 것임에 틀림없다. 그런 만큼 바르트의 ‘콜레주 드 프랑스 강의들’ 을 출간하는 것이 문제가 되었을 때, 우리는 어떤 유언에 대해서도, 죽은 자에 대한 경건한 충실함에 대해서도 생각하지 않았다. 그보다 우리는 전체 작품, 전체 작품을 이끌고 가는 사상, 그리고 이 사상의 대상이자 동시에 수호자였던 윤리와 같은 것들의 논리 속에서 이 출간을 생각하려고 했다. 따라서 우리의 고찰을 시작하는 출발점에서 우리가 발레리에 대한 이와 같은 언급을 환기한 것은 아주 자연스러운 일이다. 이 언급은 사후 바르트의 내부에 젊은 바르트가 있는 것과 같은 진정한 **격자 구조**(mise en *abyme*)이다. 이 출판의 첫번째 원칙은 거의 하나의 금언이라 할 수 있는데, 콜레주 드 프랑스의 이 강의들은 **책**이 될 수 없었고 또 되어서도 안 되었다는 사실이다.

이런 이유 때문에 다음과 같은 2개의 가정은 단번에 배제되었다. 즉 책으로 집필된 산물 같은 외형을 보장해 줄 수도 있도록 이 강의들을 다시 쓴다든가, 작품 같은 인위적 구조물이 되도록 녹음된 구어본을 베껴 인쇄한다든가 하는 일 말이다.

이 가정들 각각은 그 나름의 논리를 지니고 있다. 우리는 무엇이 우리로 하여금 첫번째 가정을 배제하도록 만들었는지 잘 알 수 있다. 한 사람의 제자가 스승이 말한 내용을 다시 쓰는 작업이 의미와 정당성을 확보하는 것은 다음과 같은 극히 특이한 경우뿐이다. 즉 스승이 죽은 후에 출판사가 나서지 않는 의도적 희귀성을 보완하고 난해한 학설에 가능한 해설의 공간을 덧붙여야 하거나, 아니면 학설상의 메시지를 사후 장서로 펼쳐냄으로써 제자들과 독자들을 연합시켜야 할 경우 말이다. 이런 계획이 바르트에 관한 한 의미가 없다는 것은 분명하다. 그는 책의 인간이었고, 그의 가르침은 오랜 세속적 실천이었으며, 그의 책들은 그 자체만으로도 바르트가 전달하는 것이 중요하다고 판단한 바의 본질을 구성했기 때문이다. 게다가 바르트가 어떤 특정한 세미나 내용을 책으로 꾸며 보려고 유혹을 느꼈던 경우들에 있어서(《S/Z》《사랑의 단상》), 책은 강의 내용을 글로 써 연장한 것이 결코 아니고 새로운 대상이었다.[1]

두번째 가정, 즉 강의들의 구어본을 베끼는 일을 거부한 것은 바르트 자신이 제시한 훨씬 더 심층적인 정당한 이유들이 있다. 그것들은 파롤과 글(écrit)의 관계 문제, 즉 작품의 **에토스**(éthos) 문제 자체와 관련된다. 누보로망에 대한 원탁 토론 내용(타블 롱드)을 출간하는 것과 관련해——1959년——젊은 시절에 내놓은 한 텍스트에서 바르트는 이렇게 쓰고 있다.

"또 작가가 (예를 들어 라디오에서) 말하는 것을 방영한다고 해보자. 독자는 계속해서 그의 숨결로부터, 그의 목소리의 양태로부터 무언가를 배울 수 있다. 그러나 마치 랑가주들(langages)의 질서와 성격이 별것 아닌 것처럼, 이 구두 내용을 글로 전환시키면(…), 그것은 보잘것없는 잡종의 글을 생산하는 것에 다름 아니다. 이 글은 집필된 것이 지닌 명료한 거리도, 구두로 말해진 것이 지닌 시적 압박감도 나타내지 못한다. 요컨대 모든 타블 롱드 책은 작가들의 가장 훌륭한 부분으로부터 그가 말한 내용들 가운데 가장 나쁜 것, 즉 담화만을 도출해 낸다. 그런데 파롤과 글쓰기는 상호 교환될 수도, 결합될 수도 없다. 왜냐하면 그것들 사이에는 단순히 도전과 같은 무엇이 있기 때문이다. 글쓰기는 모든 다른 랑가주들의 거부로 이루어진다."[2]

물론 말로 표현된 하나의 강의는 원탁 토론에서 표명된 이야기가 지닌 공허성을 지니지 않는다. 그것은 그 자체 안에 파롤의 숙명성 자체, 우발성, 일시적이고 과도적인 성격, 돌이킬 수 없는 연속성, 무거운 음성적 흐름을 지니고 있다. 여기서 이 흐름은 파롤을 집필된 것과 대립시킨다. 집필된 것은 필연적이고, 윤곽이 명확하며, 회귀적이고, 지속적이면서

---

1) '세미나'와 책의 구분에 대해 바르트는 일부 강의 참석자들이 어떤 형태로든 실망을 감출 수 없었던 《사랑의 단상 *Fragments d'un discours amoureux*》(파리, 쇠이유, 1977)과 관련해 설명을 제시하고 있다. 그는 더불어 살기에 대한 강의에서 이렇게 말한다. "사랑의 담론에 대한 책은 아마 세미나보다 빈약할 것이지만, 나는 그것이 보다 진실하다고 생각한다."

2) 〈타블 롱드〉, in 《전집》, t. I, 파리, 쇠이유, 1993, p.803(앞으로 약자 **OCI**, 803으로 표기함).

유동적이며, 불연속적이면서 절제되어 있기 때문이다. 그리고 이와 같은 대립 자체를 넘어서, 또 인쇄물로 주조될 경우 모든 파롤을 비대하게 만드는 그 진부함을 넘어서, 바르트가 글쓰기를 정의하는 다음과 같은 것이 존재한다. "글을 쓴다는 것은 바로 소통의 실패를 부차적 소통으로, 즉 타자를 위한 것이지만 타자가 없는 파롤로 만드는 그 모순이다."[3]

바르트의 강의들을 다시 쓰고 '고쳐(rewritée)' 베끼는 가정들의 배제는 단지 책에 대한 바르트의 견해에 속하는 원칙의 문제가 아니다. 이 두 가정이 배척된 것은 또한 이 강의들의 성격 자체 때문이고, 그것들이 바르트의 지적 여정에서 차지하는 구체적이고 독특한 위상에 기인한다.

분명한 것이지만, 집필되는 생산물과 교육의 실천 사이에 거리두기는 1977년 콜레주 드 프랑스에 들어감으로써 철저화되었다. 왜냐하면 그 이전에는 바르트가 고등실천연구원에 제한되었던 세미나를 이끌었을 때, 사람들이 언급한 것처럼 이런저런 강의를 책으로 꾸며 보려는 유혹을 느낄 수 있었지만, 이와 같은 가정은 콜레주의 시기가 왔을 때 완전히 사라졌기 때문이다. 이 시기에는 예전의 소크라테스적 회합이 지녔던 그 어떤 면도 훌륭한 파롤을 영속시키겠다는 욕망을 부추기기 위해 더 이상 남아 있지 않았다.

콜레주 드 프랑스에 들어옴으로써 이제 바르트에게 강의는 자신의 사유를 명료하게 정초하는 어떤 것도, 전체 작품에 대한 계보적인 어떤 것도 지니지 않는다. 또한 이 점은 아마 바르트가 당시에 경험하는 개인적 변모의 시기와 연결되어 있을 터이다.

우리는 이러한 상황에 대해 왈가왈부하지 않을 것이다. 다만 바르트가 이런저런 강의를 하는 도중에 왜 자신의 담론이 탈이론화되는 것 같고,

---

3) 같은 책, p.802.

이런 사실로 인해 청중들의 요구를 실망시키는 것처럼 보이는지 그 이유들을 설명하고 있음을 상기시키고자 할 따름이다. "우리가 지식인의 '사명'을 '건전하게' 해체시키고 있는 활발한 단계에 있음은 매우 분명하다. 이와 같은 해체는 후퇴뿐 아니라 혼란이나, 일련의 탈중심화된 주장의 형태를 띨 수도 있다." 그런 다음 그는 중립(le neutre)[4]에 대한 강의에서 나중에 이렇게 덧붙인다. "관념들의 투쟁을 화해적인 지식(아마 이것은 관념을 물체화하고 목록화하는 데 집착하는 지식일 것이다)으로 대체하는 즐김."

사실 강의들로 하여금 하나의 작품과 같은 외형을 띠게 만드는 모든 가장과 모든 재글쓰기, 또 흉내를 낸 것처럼 그것들에게 책이라는 과장된 모습을 부여해 주는 모든 옮겨 쓰기를 인위적인 것으로 만들어 버릴 수 있는 것이면서 이 강의들을 특징짓는 것은, 이런 말을 감히 사용한다면 강의 대상에 대해서 거의 체계적으로 언급하는 일종의 **줄잡아 하는 말**(understatement)의 실천이다. 때때로 이와 같은 실천은 몇몇 강의 시간들이 작업 카드들을 단순히 읽는 것이라는 느낌을 줄 정도까지 나아간다.

하나의 담론의 전개나 하나의 논리 혹은 사상의 궤도에 따르지 않고, 바르트가 **단상들**(traits)이라 부르는 것에 따라서 조직된 강의들의 구조 자체가 목표로 하는 바는 언급된 내용에 어떠한 학설적 기능의 부여도 철저하게 정지하는 것이다. 이 단상들은 혹은 알파벳 순서에 따라서, 혹은 '불확실성'의 수학에 따라 정리된 것이다.[5] 그리하여 그 몇 년 동안 강의

---

4) '중립(Le Neutre)'이란 제목이 붙은 강의에서 '중립'은 '무심하고 도망가는' 등의 부정적 의미가 아니라 '생명력이 발현'되는 장소이며, '담론의 갈등적 요소들의 정지(판단중지(épochè))'를 목표로 하는 무엇으로서, '강력한 가치'를 지닌 것으로 이해된다.〔역주〕

5) 알파벳 순서는 '더불어 살기'를 위해 선택되고, 수학적 순서는 '중립'을 위해 선택된다. '소설의 준비'에 대한 강의만이 외관상 담론의 규칙을 따르게 되지만, 소설의 준비 같은 '흉내'의 형태를 띤다. 이와 관련해 앙투안 콩파뇽, 〈롤랑 바르트의 소설〉, in《인문학지》(부제:《상상의 책. 스리지 토론회 모음집》), 2002년 가을.

에서는 불평등한 규모와 중요성을 띤 일종의 '장(章)들'이 사람들이 말했던 질서에 따라, 다시 말해 질서 없이 연속적으로 이어진다. 이 장들은 짧거나 긴 '카드들'로 되어 있다. 이 카드들은 다소는 백과사전적이고, 다소는 개인적이며, '더불어 살기' '중립' '소설의 준비' 같은 강의의 대상에 따라 전개된 지식의 영역에 의해 영감을 받은 것이다.

바르트 쪽에서, 모순적으로 보이는 이중의 운동이 있다. 한편으로 하나의 강의를 하겠다는 의지, 다시 말해 하나의 지식 장(champ)에 대한 실제적 탐색이 지닐 수 있는 다소간의 따분한 모든 것을 감수하겠다는 의지가 있다. 다른 한편으로 이와 나란하게 존재하는 것은 이 지식을 활용하여 지난날 그렇게 했던 것처럼 그것을 개인적 현상학으로 전개시키는 작업의 거부이다. 그렇기 때문에 어떤 의미에서 보면 이 강의들은 실망스럽게 나타날 수 있다.

이런 실망은 바르트가 예견한 것일 뿐 아니라, 이를테면 그가 원했던 것이다. 아주 당연한 것이지만, 이 실망이란 관념을 통상적으로 이해해서는 안 되고 전적으로 바르트적이 될 수 있도록 **바트몰로지**(bathmologie)[6]에 따라서, 다시 말해 정도들의 과학(science des degrés)에 따라서 이해해야 한다. 우리가 알다시피 바르트는 이 심층적 낱말을 지드가 사용한 것으로 간주했다. 이 용어에 따르면, 신조차도 '나는 실망시킨다'를 좌우명으로 간주할 수 없다는 것이다. 이와 같은 비유가 말하는 바는 실망이 많은 미덕들을 지니고 있고, 따라서 실패의 평범한 양태로 이해되어서는 안 된다는 것이다. 아니면 적어도 실망이 우리를 측정할 수 없는 것 속에 위치시키는 효과들의 변증법에 포함된다는 것이다.

게다가 이 실망은 강의 주제 자체에까지 나타나고자 하는 다른 모티프

---

6) 바트몰로지는 정도들(degrés - 글쓰기의 영도나 묘사의 영도를 참조할 것)의 '유희를 따르는 담론(담화)들의 장'이라 할 수 있다.〔역주〕

들을 찾아낸다. 그것도 예를 들어 '더불어 살기'와 관련해서 보면 매우 명료한 방식으로 말이다. "개별적인 고유 리듬을 지닌 집단이 가능한가? **목적도 없고 명분도 없는 존재들의 공동체가 존재할 수 있을까?**"로 요약될 수 있는 이 강의의 은밀한 질문에 대한 대답은 분명 부정적이다. 그리고 시작도 끝도 없는——사람들이 말했듯이 질서가 없는——논지가 전개되는 이상, 이 부정성은 그와 같은 추구의 대상 자체를 처음부터 취소시키기 위한 것처럼 언제나 이미 존재하고 있다. 마치 근본적으로 이 부정성이 강의의 진정한 대상이고, 그것이 강의의 진실인 것처럼 말이다.

이런 이유로 우리는 공동체라는 문제, 다시 말해 지식인들[7]의 많은 글들에서 예민하게 된 그 문제를 대상으로 한 처리의 차이를 바르트가 이들에 대해 행하는 부정적 해체를 통해서 명상할 수 있을 것이다. 또한 우리는 그에게 있어서 일종의 역설적 방법이 되어 버린 그 이상한 부정성을 헤아릴 수 있을 것이다. 이 부정성은 하나의 방법 이상으로 하나의 금욕이며, 이 금욕 속에서 이를테면 그 **영도**, 그 정지, 사유의 그 좁은 각도에의 도달이 읽혀질 수 있다. 이 각도에서 파롤은 지식인의 특수한 기만(소외) 형태들로부터 벗어날 수 있는 것 같다. 지배의 기만, 설득의 기만, '이론'의 기만, 명성의 소외, 지배와 갈등의 소외로부터 말이다. 자신과 관련해 바르트의 이와 같은 준-부재 속에는 대학이나 지식인의 담론의 장——이와 같은 장은 할 말을 항상 가지고 있다——으로부터 달아나 눈에 띄지 않는 주체의 변경된 장소를 조용하게 차지하는 방식이 있다. 외관상 그리고 단순하게 이 주체는 지식의 장소들을 지시하고, 가능한 자료들의 윤곽을 정하며, 분류하고, 목록화하며, 대상에 대한 일종의 문헌학적인 변동을 생산하는 데 만족한다. 그것도 사람들이 말했듯이, 현행의 백과사전적 지식에서 비롯된 아무 연관 없는 단편들의 알파벳적인 혹은 수

---

7) 예컨대 블랑쇼 · 아감벤 · 낭시 등.

학적인 임의성이 지닌 공허한 무질서 속에서 말이다.

어쨌든 실망이 말하자면 대상·형태·규칙, 그리고 콜레주 드 프랑스의 그 강의들의 세세한 부분 자체와 불가분의 관계에 있지만, 우리가 동시에 생각할 수 있는 것은 이 실망이 강의를 하는 행위 자체와 관련되어 있다는 점이다. 외관상 보기에는 바르트가 더 이상 아무것도 기대하지 않았던 그 행위 말이다.

강의는 언급되는 것 이외에는 다른 목적이나 존재가 없는 생산이다. 이를 가장 확실하게 증언하는 것이 바르트 자신이 중립에 대한 첫 강의 시간에 언급한 다음과 같은 말이다. "버틸 수 없는 것에 기대어 13주 동안 버텨야 한다. 그 다음에 그것은 그냥 무너지게 될 것이다."

따라서 우리가 보기에 분명했던 것은 바르트의 강의들이 사후의 책들이 될 수 없었다는 점이다. 바르트의 강의들이 **강의 기록들**의 형태로만 물리적으로 존재할 수 있었다는 점과, 이와 같은 명제로부터 출발하지 않았던 모든 편집 작업은 허위라는 점은 명백하다.


우리는 두 유형의 기록들을 가지고 있다. 음성적 기록과 글로 씌어진 기록이 그것이다. 한편으로 녹음된 강의들이 있으며, 다른 한편으로 바르트가 사용한 '강의 노트'들이 있다. 우리는 이 노트들에 준비 카드들을 덧붙일 수 있다. 우리가 여기서 독자에게 제시하는 것은 글로 씌어진 기록이다. 음성적 기록은 특별한 편집 작업의 대상으로, 이 작업이 끝날 때 일반인들은 **MP3**의 디스크 형태로 그것을 구입할 수 있을 것이다.

우리는 우선 '트라스 에크리트' 총서를 통해서 부피의 물리적 외형까지를 포함해서 **책**과의 모든 혼동을 구체적으로 피하게 해준 하나의 판형, 하나의 조판, 하나의 소개틀을 만난 데 대해 매우 만족했다. 반대로 이런 유형의 출간물에서 모든 것은 이 출간물이 담아내고 전파하는 언급 내용에 그 나름의 틀을 부여하는 제도적 성격을 상기시키는 데 협력한다.

바르트는 말라르메가 행한 '책'과 '앨범' 사이의 구분을 받아들였다. 이 강의들이 형성하는 편집 대상은 책——책은 미리 심사숙고한 필연적 대상이다——도, 앨범——앨범은 여기저기 흩어져 있는 종잇장들의 모음이다——도 되기를 원하지 않고, 그보다는 팸플릿, 공책 아니면 분책이 되고자 한다.

각각의 권에 붙인 '콜레주 드 프랑스에서의 강의 노트'라는 부제는 독자 마음대로 사용할 수 있는 것, 즉 바르트가 콜레주에서 매주 강의한 텍스트를 아주 정확히 말하고 있다. 우리가 '텍스트'라는 낱말에 인용부호를 찍은 것은 바로 이 노트들이 **하부 텍스트**(infra-texte)라 불릴 수 있는 것, 다시 말해 텍스트에 선행하는 어떤 담론 상태라 불릴 수 있는 것 이상이기 때문이다. 이런 담론 상태가 초보적이며, 축약되어 있고, 축소되어 있으며, 집약되어 있고, 기본적이며, 때로는 대략적이거나 잠재적인 성격을 지닌 것은 그것이 전적으로 앞으로 행해져야 할 언어적 표명의 긴장 속에 있고, 현실화의 예상이나 계획 속에 있기 때문이다.

따라서 기록물은 역설적인 모습을 드러낸다. 왜냐하면 그것은 사(死)문서나, 과거의 먼지 같은 흔적, 혹은 시간이 절단해 버린 텍스트도 아니기 때문이다. 기록물——여기 제시되는 기록물——은 수사학적인 장치를 지니고 있으며, 이 장치는 모조품 냄새가 나는 그런 어설픈 재구성이나 복원, 혹은 일반 대중을 위한 그런 저급한 보수를 결코 하지 못하게 만들면서 기록물로 하여금 그 풍요로움을 통해 거의 있는 그대로 재생되도록 해준다.

바르트는 자신의 강의 내용들을 집필하지 않았고(ne rédigeait pas), 그것들을 썼다(écrivait). 그것들은 특별한 글쓰기로서, 이 글쓰기 속에서 문장은 이제 항상 담론의 단위만은 아니고, 언어적 시퀀스들은 표현이 풍부한 일종의 개인적 도식화 경향을 동화시키고 있다. 그래서 화살표, 기호, 압축된 표현, 낱말들의 병치, 언표들의 약어, 명사화, 생략, 목록, 등식 등이 나타난다.

이러한 글쓰기 속으로 들어가는 것은 익숙해질 수 있는 다소간의 시간을 요구한다. 따라서 독자는 괜히 편치 못한 상황에 몰려 있다는 느낌을 가질 수도 있을 것이다. 그러나 이러한 느낌은 대부분의 경우 일시적일 것이고, 틀림없이 반대의 생각으로 바뀔 것이다. 즉 작용중인 하나의 사유, 역동적인 어떤 필기, 지식 및 청중과 하는 예비적인 유희의 현장 자체에 위치하는 즐거움을 누린다는 느낌으로 말이다. 이 노트들은 대수롭지 않은 흔적들이 아니다. 독자의 눈앞에 교수의 악보가 있다. 바르트가 자신의 대상으로부터 풀어내거나 그 속에서 밝히고자 갈망하는 것을 향해서 매회의 강의 내용을 따라가고 유도할 수 있을 만큼 충분히 날카로운 시선, 정확한 템포, 그리고 충분한 공감을 갖는 것은 독자의 몫이다.

각 권을 조직화시키는 원칙은 1회에 이루어진 강의 내용이다. 왜냐하면 이것이 독서의 진정한 리듬이기 때문이다. 이 리듬은 바르트가 모일 모시에 중단했다가 그 다음주에 다시 시작해야 하는 지점을 날짜로 표기하면서 나중에 원고에 써넣었던 것이다. 매회의 강의 양은 강의가 이루어지면서, 다시 말해 책으로부터 멀어지면서 타게 되는 자연적인 리듬이다. 이와 같은 재단 내에서 강의 내용의 글쓰기에 고유한 구조들이 자리를 잡는다. 그리하여 언급할 내용 전체를 분절하는 단위를 구성하는 '단상' 혹은 단편의 제목과 상이한 여러 제목들, 예컨대 부제들이나 종단으로 나열된 것들이 나타나는데, 후자들은 하나의 단편 혹은 '단상' 내에서 존재하는 2차적 분절들을 구성한다.

강의의 '텍스트' 자체에 대해서 우리는 가능한 건드리지 않는 원칙을 채택했다. 우리는 바르트가 예컨대 어떤 논리적 구축을 위해 사용한 상징들은 그대로 놓아두었다. 반면에 약어들이 통상적 자동성을 드러낼 때(예컨대 《로빈슨 크루소》가 R.C로 표기되었을 때) 그것들을 보완했고, 혹은 때때로 너무 혼란스러운 구두법이 나타날 경우 수정을 가했다. 바르트가 써

놓은 말이 너무 난해할 때도, 또한 우리는 독자로 하여금 불필요한 수수께끼를 읽지 않도록 주석을 달아 일반적 의미를 설명했다. 그리고 '트라스 에크리트' 총서의 넓은 여백들을 활용하여, 바르트가 인용들을 위해 사용한 참고 문헌들을 기입했다. 이 참고 문헌들은 그가 원고 자체에다 페이지의 똑같은 장소에 위치시켰던 것들이다. 덧붙여야 할 것은, 바르트가 삭제한 드문 대목들이 보존되었다는 점이다. 그러나 그것들은 그것들의 한계를 제한하는 주(註)를 통해서 그대로 확인될 수 있게 했다. 매번 강의가 시작되기 앞서 자신이 받은 편지들이나 전주(前週)에 말한 내용에 대한 설명이 있을 때, 이 설명은 보다 작은 글씨체로 나타날 것이다. 끝으로 분명히 해야 할 점은 강의 텍스트를 편집진이 손댄 것은 (〔 〕)로 표시될 것이다. 그러나 바르트 자신이 어떤 인용 안에서 손을 댄 것은 (〈 〉)로 표시될 것이다.

주(註)들은 고전문헌학적인 주들로서, 때때로 암시적인 그런 글에서는 필수 불가결하다. 인용들, 고유 명사들, 외국어 표현들(특히 우리가 라틴어 문자로 옮겨 표기하기로 결정한 고대 그리스어 표현들), 장소 이름들, 역사적 사건들은 가능한 이 주들을 통해서 해설될 것이다. 이 주들 가운데 너무 반복적인 것들은 전체적인 참고 문헌 색인을 통해서 대체되도록 할 것이다. 이름들과 작품들의 이러한 색인에 우리는 비이론적인 개념들의 색인, 다시 말해 순전히 알파벳순의 색인을 덧붙일 것이다. 나아가 지적하고 싶은 것은 바르트가 오래되거나 찾을 수 없는 판본을 참조할 경우, 우리가 주를 달아 보다 쉽게 접근할 수 있는 참고서를 제시했다는 점이다.

간단한 서문이 강의의 맥락을 설정해 줄 것이며, 강의의 가장 돌출적인 부분들을 밝혀 줄 것이다.


독자는 이 강의들의 구어본을 청취하게 되면 다음과 같은 점을 확인할 수 있을 것이다. 즉 녹음된 당시에 수강생들의 녹음기들은 '강의 노트들'

과 주어진 실제 강의를 구분시켜 주는, 내용상의 근소한 부족분을 담아낸
다는 점이다. 그러나 동시에 독자는 파롤과 글이라는 두 매체들 각각이 지
닌 양도할 수 없는 특이성을 헤아릴 수 있을 것이다. 각각은 서로 분리되
어 있지만, 동일한 대상의 이 두 본(本)은 그대로 남을 수밖에 없는 본질
적인 취약성, 즉 구두적 표현의 취약성과 문자로 표기된 것의 취약성을 간
직하고 있다.

　따라서 우리가 볼 때, 하나의 텍스트의 기록물은 이 텍스트를 하나의
전체 작품이라는 건축물에다 그것의 진정한 자리를 설정해 준다. 이 전체
작품이 가장 가까운 지평에 단 하나의 유일한 규칙으로서 항상 지니고
있었던 것은 뉘앙스의 기술이다.

에릭 마르티

차 례

# 담론을 개진한다는 것은 무엇인가: 투자된 파롤에 대한 연구
## 세미나

# 서 문

1976년 3월 14일, 미셸 푸코의 제안에 따라 교수회의는 롤랑 바르트를 문학기호학 교수직에 선출한다. 이 신임교수는 1980년 봄에 사망할 때까지 콜레주 드 프랑스에서 가르치게 된다. 사람들은 교수자격증이 없는 한 대학교수의 불확실한 도정과, 외국(루마니아·이집트·모로코)이나 프랑스 대학계의 변방에서 경력을 쌓았던 한 연구자의 특이성을 여러 차례 강조했다. 굴곡이 많았던 바르트의 행로는 명성 높은 장소에서 마감된다. 비록 단 한 표 차로 이루어진 그의 선출이 비전형적인 한 사상가의 도정에 자주 브레이크를 걸었던 지식인들과 제도들의 저항을 상기시키고 있긴 하지만 말이다.

바르트는 1977년 1월 7일에 자신의 취임 강의를 한다. 같은 달 12일부터 그는 콜레주 드 프랑스의 매우 잡다한 수강생들[1] 앞에서 교육을 시작한다. 강의 노트들은 날짜들이 매우 인접해 있는 흔적을 간직하고 있다. 처음 몇 회는 취임 강의를 자주 언급하는데, 이 강의 내용의 직접적이고 즉각적인 응용처럼 주어진다. 대학의 규칙에 따라 교수는 26시간의 수업을 해야 하는데, 이 시간 수는 교수 직강과 세미나 사이에 자유롭게 배분될 수 있다. '어떻게 더불어 살 것인가: 몇몇 일상적 공간의 소설적 흉내'

---

1) 개방대학인 콜레주 드 프랑스는 최고의 학문적 권위를 자랑하는 교수진을 갖추고 있지만, 강의는 아무나 수강할 수 있도록 개방되어 있다.〔역주〕

라 제목이 붙은 강의는 1주일에 1시간 비율로 1977년 1월 12일부터 5월 4일까지 매주 수요일에 이루어진다. 이를 보완하는 것으로 바르트는 외부 초청자들[2]에게 개방된 주 1회 세미나를 개최한다. ‘하나의 담론을 개진한다는 것은 무엇인가? 투자된 파롤에 관한 연구’라는 제목의 강의에서는 ‘랑가주의 위협들’에 대한 탐구가 이루어지게 된다. 바르트는 전체적인 서론을 통해서(‘담론을 개진한다는 것’), 그리고 ‘샤를뤼스[3]-담론’의 분석을 통해서 세미나에 기여했다. 원래 계획은 시간표상의 약간의 수정을 겪게 되는데, 마지막회의 강의 노트들이 이것을 나타내 준다. 바르트는 강의와 세미나에 13시간씩 똑같은 시간을 배분할 생각을 했었다. 그런데 실제로 강의에 14회가 할애되었고, 세미나에는 12회만이 할애되었다.

음성적 기록물들이 증언하고 있듯이, 교수 직강은 별로 안락하지 않은 조건 속에서 이루어졌다. 지적인 심취, 세속적인 호기심, 혹은 유행 현상으로 설명되는 수강생들의 쇄도 앞에서 콜레주는 교수의 말이 직접적으로 들리도록 해주기 위해 인접 강의실에 음향 장치를 하여야 했다. 특히 첫회 강의는 중계 시스템의 고장, 학생들의 즐거운 분노, 조교를 불러오는 일, 그처럼 많은 기술적 장애 앞에서 교수의 난처함 등 때문에 여러 번에 걸쳐 중단된다. 비록 상황이 신속하게 개선되긴 했지만, 불편은 1년 내내 지속되었다.

준비 작업의 날짜를 확인하는 일은 매우 어렵다. 언제 바르트는 자신의 강의들을 구상했는가? 전체 원고 노트들은 첫회 강의 이전에 씌어졌는가? 확실한 것은 전혀 아니지만, 강의의 핵심 내용은 1월초에 준비된 것

---

2) 프랑수아 플라오: ‘담론과 표징’ 및 ‘완결성과의 관계.’ 프랑수아 레카나티: ‘버틴 담론, 버틸 수 있는 담론, 버틸 수 없는 담론.’ 뤼세트 물린: ‘프루스트의 문장.’ 자크 알랭 밀러: ‘한쪽의 담론, 다른 한쪽의 담론.’ 앙투안 콩파뇽: ‘열정.’ 루이 마랭: ‘까마귀와 여우의 만남.’ 코세트 마르텔: ‘언급된 여자.’
3) 프루스트의 《잃어버린 시간을 찾아서》에 나오는 인물.〔역주〕

같다. 바르트는 다음해 가르칠 내용에 대해 작업하기 위해 바스크 지방의 위트에 있는 자택에 기거하면서 여름을 이용하는 습관이 있었다. 노트들의 여러 대목이 강의의 구상과 전달 사이에 드문 상호 작용들을 추측케 해주는 몇몇 시간적 지표들을 제공한다. 예컨대 나쁜 어머니의 일화(12월에 위치함), 바이로이트에서 1백년제 때 공연된 《니벨룽겐의 반지》에 대한 암시(1976년 여름), 《포토》지에 글 한 편을 실은 후에 독자로부터 받은 편지(1977년 봄) 같은 것들이다. 대략적으로 이것이 전부이다. 바르트가 학사 연도의 강의 조직을 일련의 '단상' 으로 제시할 때, 그는 수업을 진행하는 과정에서 부분적인 불확실성이 있음을 짐작케 함으로써 순서가 결정적으로 고정된 것은 아니라는 점을 인정한다. 그 결과가 거의 미미한 이와 같은 유동성에 비해, 매회 강의의 한계 설정은 더없이 선명하게 나타난다. 바르트는 자신의 노트들 속에 날짜를 기입함으로써 중단을 표시하는 습관이 있었다. 우리는 바르트가 텍스트의 몸통 자체에다 적어 놓은 날짜를 매회 강의 첫머리에 위치시켰다.

콜레주 드 프랑스의 첫번째 강의에서 독자가 지금까지 얻을 수 있었던 유일한 지식은 교수 자신이 쓴 요약문에 한정되었다. 콜레주의 연감에 실렸다가 《전집》 제3권에 재수록된 매우 종합적인 이 글은 바르트의 작업에 대해 가능한 가장 훌륭한 서론이다. IMEC(현대 간행물 메모리원)에 보관된 '어떻게 더불어 살 것인가' 의 기록물들은 두 유형의 매체, 즉 강의 자체의 텍스트와 작업 카드들을 포함하고 있다. 가장 중요한 것은 강의 노트들의 원고 텍스트이다. 그것은 전체가 양면에 매우 압축된 표기법으로 씌어진 페이지들로 이루어졌으며, 1에서 92까지 번호가 매겨져 있고, 중간중간에 번호가 매겨지거나 그렇지 않은 상당수의 간지가 끼여 있다. 처음 몇 페이지의 노트는 클립으로 고정되거나 풀로 붙여진 페이퍼 롤들에 의해 내용이 풍부해진 경우가 자주 있다. (예컨대 상상적인 것에 관한 바슐라르의 견해에 대한) 이 추가적 텍스트들은 그때그때의 명확성을 가져다 주거나, 때로는 (벤베니스트가 제안한 '리듬' 이란 낱말의 분석에 대한) 보다 자세한 보충 해설을 제시한다. 편집상의 선택 때문에 이 페이퍼롤들은 주(主)텍스트에 통합되었다. 그것들은 이 텍스트 속에 아무런 문법적 혹은 의미론적 어려움 없이 편입된다. '담론을 개진한다는 것' 에 대한 세미나에서는 바르트가 단지 두 번 발표했음이 기록물들에 나타난다. 모두 해서 약 30페이지에 달한다.

원고들은 푸른 잉크로 잘 읽을 수 있도록 씌어져 있기 때문에 해독하는 데 아무런 어려움을 주지 않는다. 반면에 텍스트에 대한 본래의 이해는 보다 많은 노력을 요구한다. 바르트는 자신의 강의들을 집필하지 않았고, 교수용으로 구상된 노트들은 출간을 위해 생각된 문어 텍스트와 전혀 비교될 수 없다. 또한 이러한 작업은 즉흥적인 담화를 위한 초고나 메모로서도 제시되지 않는다. 회수가 진행됨에 따라 점차적으로 씌어진 강의 노트들은 매우 다양한 작성 상태들을 제시하고 있다. 통사적으로 구축된 대목들에, 또 완전하게 씌어진 문단들에 순전한 열거들과 낱말들의 단순한 계열들이 이어진다. 그러나 원고가 (논리적 연관과 동사의) 생략을 증가시키고, 지성과 눈〔目〕의 지속적인 상호 조정을 요구하고 있긴 하지만, 이해되지 않는 것은 결코 아니다.

거의 모든 회수의 강의를 담은 육성적 흔적이 간직되어 있다. (다만 5월 4일에 이루어진 강의의 마지막 반 시간의 내용만이 빠져 있다.) 당연히 매우 풍부한 이 녹음 내용들은 원고 노트들의 편집에서 두 유형으로 활용되었다. 먼저 육성 테이프는 문자로 표기된 내용을 명료하게 해준다. 이 표기 내용은 그것을 메모로 사용하는 교수에게는 분명하지만, 그것의 수신자가 아닌 독자에게는 난해하기 때문이다. 우리는 구어적 표현이 원고에 의미를 부여할 때마다, 주(註)를 통해서 바르트가 언급한 내용들을 문자로 옮겨 놓을 것이다. 또한 독자는 육성적 내용이 씌어진 텍스트에 명확성을 부여해 주는 것들과 또 그것을 연장시켜 주는 것들을 만나게 될 것이다. 이러한 첨가물들은 모두가 교수의 계획들(예컨대 사르트르나 랑가 주의 기원에 관한 세미나)과 그의 지적인 실천들을 드러내 준다. 원고가 'irénique(화해적인, 평화를 꾀하는)'와 같은 현학적인 낱말 혹은 희귀한 참조를 제시할 때, 바르트는 통속화시켜야 한다는 배려를 강의중에 드러 내며, 이런 배려 때문에 그는 문자로 표기된 낱말을 보다 통상적인 다른 낱말로 중복시키거나 다시 표현한다.

연구자는 지적 작업의 이면과 모색을 드러내 주는 한 묶음의 카드를 자 유로이 사용할 수 있다. 이 카드들 역시 현대 간행물 메모리원에 보관되 어 페이지가 매겨져 있는데, 3개로 포장 정리되어 있다. 처음 2개(이것들 은 1부터 50, 그리고 51부터 100페이지까지 분류되어 있다)는 재단된 종이 묶음을 알파벳순으로 담고 있는데, 주목 사항들·범례들·인용들이 테마 들이나 핵심 용어들(예컨대 '춤' '악마' '신중함' '글을 쓰는 것〔과 읽는 것〕' 등)에 따라 정리되어 있다. 마지막 포장 내용은 매우 무질서한데, 흐트러 진 카드들, 고정되지 않은 표기들, 그리고 여러 페이지의 참고 자료들을 포함하고 있다. 이 페이지들 가운데 '읽은 책들'의 목록이 나타나는데, 이 책들의 제목은 본서의 전체 참고 문헌에 별표(★)로 표시되어 있다. 읽었 거나 단순히 참고된 50여 권 이상으로 구성된 이 서적들은 바르트가 참 고 자료를 위해 기울인 정성을 증언하고 있다. 또한 카드들은 연구의 움 직임이 그리는 변화를 감지하게 해준다. 준비 작업에서 많이 나타나는 몇 몇 저서들은 강의 때는 거의 사라지거나(크세노폰의 《경제학》) 혹은 중요 성을 상실한다(《포부이》[4]). 반대로 또 다른 텍스트들은 힘 있게 부상하거 나 대접이 바뀐다. (《마의 산》에서 사랑 이야기는 오직 요양원의 사회성으 로 대체되기 위해 사라진다.) 이 카드들 가운데 어떤 것들을 재생하면 독자

---

4) 에밀 졸라의 작품이며, 포부이(pot-bouille)는 소부르주아지의 가정 요리로서 스튜의 일종이다.〔역주〕

는 강의의 제작 방식 안으로 들어갈 수 있을 것이다.

강의와 세미나의 요약은 바르트 자신이 콜레주 드 프랑스의 연감을 위해 쓴 것인데, 이것 이외에도 독자는 2개의 색인(인명들과 개념들의 색인), 그리고 그리스어 용어들에 대한 해설을 이용할 수 있다. 자료체에 속하는 책들에 대한 색인 목차를 보면 이용할 수 있는 판본으로 된 텍스트들에 접근할 수 있다.


그러니까 바르트는 자신의 명성이 절정에 다다를 때, 그 자신이 '담론을 개진한다는 것'에서 유머스럽게 말하고 있듯이 '콜레주'를 위해 '연구원'을 떠난다. 고등실천연구원에서 이루어진 마지막 세미나는 사랑의 담론에 관한 것이었는데, 2년 동안의 작업이었고, 그 결과 《사랑의 단상》이 출간된다. 세미나에서 강의로 옮기면, 바르트는 지위와 수강층(청중이 확대되는 것이다)을 바꾼다. 그러나 그의 작업은 갑작스러운 변화를 겪지 않는다. '연구원'에서 이루어진 마지막회 강의는 '방법'과 '교양' 사이의 대립, 니체로부터 빌린 그런 대립으로 마감된다. '콜레주'에서 첫 두 번의 강의를 차지하는 긴 '전반적 설명(présentation)'은 바로 이 동일한 대립에 관한 언급으로 시작된다. 현재와 과거, 《사랑의 단상》과 '강의 준비' 사이의 또 다른 연관은 1976년 여름에서 1977년 겨울까지 계속되는 상당히 불분명한 동일한 시기에 속한다.

보다 심층적으로 보면, 대상과 제목 자체('어떻게 더불어 살 것인가')가 분명하게 말하고 있는 것은 교육의 장소나 수업 형태가 윤리적 혹은 도덕적 탐구(주체와 타자의 관계를 어떻게 생각할 것인가)를 종결시키지 못한다는 점이다. 우리가 이 낱말(윤리적 혹은 도덕적)에 구체적이고 실천적인 차원을 조금이라도 부여한다면 말이다.

제도적·지적 차원에서 불가분의 관계에 있는 세미나와 강의는 대립과 보완의 작용을 한다. 더불어 살기의 어두운 면을 나타내는 것은 세미나이다. 반면에 그것의 보다 빛나는 면을 설명하고, 하나의 사회적인 유토피아의 의지적 탐구에 뛰어드는 것은 강의이다.

그의 전 작품에서 바르트는 랑가주를 사회성의 장소 자체로 기술한다. 말을 통해서 자신의 힘을 행사하든, 문학을 통해서 코드로부터 자신을 해방하든 말이다. 랑가주의 위협에 할애된 세미나에서 바르트는 우리들 각자가 일생을 통해 개진하고 오직 죽음만이 중단시키는 그 '담론,' 다시 말해 우리 자신을 구성하고 우리의 대화 상대자들을 굴복시키려 하는 경우가 흔한 그 담론의 윤곽을 그리려고 시도한다. 바르트의 지적에 따르면, '담론을 개진한다는 것'은 자신의 말과 육체를 통해서 자신의 존재를 뚜렷이 드러내는 것이다. '담론을 개진한다는 것'은 바르트의 전 작품에 따라다니는 그런 히스테리를, 사르트르가 '자기 기만'이라고 부르는 그 자기 연극화(théâtralisation de soi)를 나타내는 것이다. 앙드로마크가 에르미온[5]에게 하는 장광설을 첫번째 예로 선택함으로써, 또 자신의 처형자 앞에서 희생자가 드러내는 수사적 표현을 분석함으로써 바르트는 《라신에 관하여》와 다시 관련을 맺는다. 다시 말해 그는 인물들이 죽지 않기 위해 말하는, 비극의 제한된 세계에서 절정으로 치닫는 그 '공격 기교들'을 되찾는다.

바르트가 선택한 두번째 사례는 '샤를뤼스-담론'과 관련되는데, 이 열렬한 담론은 《게르망트가의 사람들》에서 이룰 수 없는 사랑을 품은 샤를뤼스가 화자에게 건네는 것이다. 바르트는 랑가주의 전략들에 다시 한번 관심을 보이면서 《밝은 방》[6]이 꿈꾸게 되는 '유일 존재의 그 기술'에 대한 첫번째 스케치를 제시한다. '샤를뤼스-담론'은 유혹의 일반적 담론의 원형이 아니다. 그것은 고유한 기능 작용을 보여 주는 것이 마땅한 서로

---

5) 라신의 극작품 《앙드로마크》 참조. 〔역주〕
6) 사진에 관한 바르트의 작품. 〔역주〕

타협 불가능한 주체와 파롤의 유일한 만남이다. 많은 특성들(하나의 개별적 존재가 또 다른 개별적 존재에게 말한 개별적 담론)을 설명하기 위해 바르트는 '폭발소(explosème)' '분노의 수사(figure)' 혹은 '전략소(tactème)'(계략의 수사) 같은 일련의 개념들 혹은 유쾌한 의사(擬似) 개념들을 즐겁게 만들어 낸다.

세미나에서의 강박적인 것들에 대한 보완물로서 강의는 전적으로 어떤 '환상(fantasme)'의 에너지에 의해 추진되는 보다 실질적인 탐구를 표현한다. 자신의 취임 강의에서 이미 바르트는 '환상적인' 수업에 대한 권리, 연구자의 정서와 타협하는 것을 받아들이는 연구에 대한 권리를 요구했었다. 그렇다고 고백이나 자아주의(égotisme)에 빠지겠다는 것은 아니다. (이러한 차원에서 볼 때 강의는 여전히 전기적인 요소는 거의 없다.) 환상으로 하여금 그 자신 자체를 의식토록 하고 탐구의 확장을 경험토록 하는 데 있어서, 바르트에게는 한 단어와의 만남이 결핍되고 있던 참이었다. 사회성의 잠재적 환상을 계시하는 이 낱말을 바르트는 자크 라카리에르의《그리스의 여름》을 읽으면서 찾아내게 된다. 그것은 '고유 리듬(idiorrythmie)'이 된다.

Idios(고유한)와 rhuthmos(리듬)의 합성어인 이 낱말은 종교적 어휘에 속하는 것으로, 각자의 개인적 리듬이 자신의 자리를 찾는 모든 공동체와 관련된다. '고유 리듬'은 아토스 산의 일부 수도승들이 영위하는 삶의 양식을 지칭한다. 이들은 하나의 수도원에 종속되어 있으면서도 홀로 살아간다. 공동체의 회원이면서도 자율적이고, 통합되어 있으면서도 홀로인 채 고유한 리듬을 지닌 수도승들은 초창기 기독교도들의 은둔 생활과 제도화된 공동 수도 생활 사이의 중도에 위치한 조직체에 속한다. 이 용어와 실천의 종교적 기원은 바르트로 하여금 공동체 생활의 형태들, 특히 동방의 수도원들에 대한 연구로 방향을 잡게 만든다. 이 수도원들의 계율과 조직은 훨씬 더 유연하게 남아 있기 때문이다. 다시 한번 바르트가 관심을 가지는 것은 권력(혹은 권력들)에 직면한 개인의 어렵고 복잡한 관계이다. 공동 수도 생활의 발전과 국가 종교로서 기독교의 정착 사이의 일치에 충격을 받은 바르트는 서양의 수도원 제도로부터 벗어나 보고자 한다. 서양에서 동방으로, 동방에서 극동으로 이동하면서, 바르트는 실론의 불교 수도승들에까지 자신의 자료체를 확대한다. 이 불교 수도승들은 고유한 리듬 형태들에 점점 덜 호의적인 기독교회들의 계획주의에 이를테면 역(逆)사례(contre-exemple)의 구실을 한다……《기호의 제국》에서 전개된 서양과 일본의 대비에 대응하는 것은 이제 성 베네딕투스 수도원의 계율과 실론 수도승들의 '부드러운' 불교의 대비이다.

종교적 세계를 넘어서 '고유 리듬'이라는 낱말은 은유를 통해서 다른 적용 및 탐사 영역들에 개방된다. 수도원 생활과 직접적인 연관은 없지만, 고유 리듬이 또한 바르트의 강의에서 지시하는 것은 집단 생활과 개인 생활, 주체의 독립성과 집단의 사회성을 화해시키거나 화해시키려고 시도하는 모든 기도들이다. 바르트는 자신의 자료체를 세속 세계로 개방시켜 확장하면서, 5개의 문학 텍스트들을 선택한다. 이것들은 전체적으로 혹은 부분적으로 '고유 리듬'이란 용어의 확대된 정의와 관련을 맺고 있다. 매우 상이한 문화적 기원을 지닌 작품들 덕택에 바르트는 여러 저자들이 결코 정면으로 다루지 못한 하나의 개념을 최대한 명확히 하기 위해 반복·대조·뉘앙스의 효과를 이용한다. 팔라디우스의《수도원 새벽 기도 이야기》가 8세기[7]의 은둔 생활에 대한 그림 같은 묘사를 통해 종교적 세계로 되돌아가게 만든다면, 다른 텍스트들은 종교적 세계로부터 분명히 멀어진다. 요양원의 매우 특수한 사회성을 위한 토마스 만의《마의 산》, 부르주아 아파트의 엄격한 계층 체계를 위한 졸라의《포부이》, 홀로

---

7) 소아시아의 주교였던 팔라디우스가 수도승들의 전기를 모아 만든 이 작품은 4세기에 씌어진 종교적·금욕적 경향들로부터 도출되는 삶에 대한 견해와 도덕적 관행을 담고 있는데, 8세기로 언급된 것은 오기로 보여진다.〔역주〕

살기의 역사례를 위한 다니엘 디포의《로빈슨 크루소》와 앙드레 지드의
《푸아티에의 감금된 여인》이 그런 텍스트들이다. 이들 텍스트들 각각은
조금씩 손질됨으로써, 바르트가 생활 지혜로 구성하기를 꿈꾸는 생활 양
식의 개발에 나름대로 기여한다. 이와 같은 주(主)자료체에 덧붙여야 할
것은, 그때그때의 많은 참고 문헌들(크세노폰 · 르 코르뷔지에 등)과 프루
스트의 점진적인 존재(전체 가족 내에서 레오니 숙모 등)이다. 첫번째 강의
('어떻게 더불어 살 것인가')로부터 다음의 두 강의('중립'과 특히 '소설 I
및 II의 준비')로 넘어가면서,《잃어버린 시간을 찾아서》는 바르트의 마지
막 창조적 몇 해에서 주요한 참고 문헌으로 조금씩 조금씩 부각된다.

 고유 리듬의 이와 같은 추구가 좇는 지적 방식은 사람들이 콜레주 드
프랑스에서 이루어지는 강의에 대해 습관적으로 갖게 되는 관념에 거의
부합하지 않는다. 바르트는 지식들을 축적하고, 흔히 깊이 있는 참고 문
헌과 고대 그리스어의 차용을 증대시키지만, 대부분의 경우 간접적인 그
의 지식은 그 자체로는 결코 가치가 없다. 강의에 대한 긴 '전반적 설명'은
비유형적인 탐구의 목적들과 수단들을 분명하게 규정하고 있다. 바르트가
니체나 들뢰즈를 인용하면서 '방법'과 '교양'을 단번에 대립시키는 것은
'교양'을 분명하게 선택하기 위한 것이다. 바르트는 하나의 분명한 목표
를 향해 곧바로 전진하며 방랑과 분기를 금지하는 방법보다는 교양이나
파이데이아(paideia; 어린아이의 교육과 수련), 다시 말해 곡선이나 파편화
를 더 좋아한다.《사랑의 단상》에서처럼 강의는 '단상들'('문형(figures)'[8]
들의 새로운 명칭)의 연속으로 조직되는데, 이 단상들은 알파벳 순서로 이
어진다. 바르트는 이 순서가 논술의 구속들과 우연의 계략들로부터 벗어

---

8) 형상 · 그림 · 삽화 · 수식 · 문체 등 다양한 의미를 지닌 figure라는 낱말을 문형(文
型)이라 번역한 것은 바르트의《사랑의 단상》을 번역한 김희영의 역어를 따른 것(김희영
역, 문학과지성사, 1991, p.12 참고)이다. 그에 따르면 바르트는 figure를 '움직이는 상태에
서 포착된 언어'로 규정했다.〔역주〕

날 수 있는 유일한 순서라고 상기시킨다.

"우리는 다만 하나의 안건(dossier; 관계 서류)⁹⁾을 열어 보는 것이다……"
라는 이 표현을 바르트는 새로운 전개를 도입하거나 결론짓기 위해 자주
반복한다. 변증법적인 방식의 냉혹한 성격에 대립되는 '단상'은 또한 어
떠한 깊은 연구도 거부하는 것과 같은 가치가 있다. 사유의 단초, 단순 스
케치, 나아가 순전히 묘사적인 접근으로서의 각각의 '단상,' 각각의 '안
건'은 철저하게 밀고 나가는 것을 삼가는데, 이는 수강생들의 개인적 투
여를 조장하기 위한 것이다. 평범성에 대한 위험을 감수하면서 바르트는
방법에 갇힐까 염려한 나머지 지나치게 학문적이 되는 것을 단념한다. 다
른 사람들이 추구해야 할 탐구를 시작함으로써, 또 연장(延長)의 특이한
모색과 다양성을 분절시킴으로써, 바르트는 강의의 내용과 형태에서 영감
을 불러일으키는 이 고유 리듬을 지적이고 교육적인 영역에 옮겨 놓는다.

상이한 여러 지식들에 호기심이 많지만 박식의 도취에 결코 넘어가지
않는 바르트는 학문 쪽보다는 소설 쪽으로 시선을 던진다. 그가 자기 나
름대로 해설하는 토마스 만이나 다니엘 디포의 소설들은 물론이고, 그가
꿈꾸며 향하는 소설 말이다. 이 이상적인 소설의 '준비'에 콜레주 드 프
랑스에서 그가 행한 강의의 마지막 2년이 할애된다. 유토피아로서의 소
설은 지적인 글쓰기와 교육의 '소설적인' 갱신을 초래한다. 자신의 강의
를 '몇몇 일상적 공간의 소설적 흉내'로 제시함으로써 바르트는 소설이
없는 소설적 세계, 다시 말해 이야기 없는 소설을 구어로 실험한다. 바르
트는 어떤 이야기를 하는 것이 아니다. 단상들의 연속은 이 점을 잘 말해
준다. 왜냐하면 모든 환유 형태는 알파벳순의 임의적 선택을 통해서 배
제되었는 바, 강의의 조직은 하나의 이야기체가 아닌 테마적 구조('태만

---

9) Dossier라는 낱말은 어떤 사람이나 사물과 관련된 자료 전체를 의미하나, 본서에서
자료체(corpus)라는 말이 따로 사용되기 때문에 좀 어색하기는 하지만 안건으로 통일해
번역하겠다.〔역주〕

(Akèdia)' 10) '은둔(Anachôrèsis)' '동물들(Animaux)' '아토스 산(Athos)' '자급자족(Autarcie)' 등)를 따르기 때문이다. 그렇다면 이야기가 없는 소설이 씌어지거나 말해질 때 남는 것은 무엇인가? 강의의 소설적 세계는 무엇으로 이루어질 수 있는가? '흉내(simulations)'라는 말은 우리로 하여금 **미메시스** 쪽에 첫번째 대답을 찾도록 유도한다. 소설적 세계는 소설로부터 비롯되는 것인데, 이 소설처럼 현실을 모든 재현의 지시체로 제시한다. "바로 이것이다"라고 바르트는 토마스 만의 소설을 소개하면서 외친다. 결핵에 걸린 자신의 체험으로부터 한스 카스토르프[11]의 《마의 산》에 이르기까지 삶과 문학을 접근시키는 것은 동일한 현실이다.

또한 '흉내'라는 낱말은 '축소 모형(maquette)' 쪽으로, 다시 말해 소설가가 집필을 시작하기 전에 그리는 상상적이면서도 동시에 매우 현실적인 그 구조물 쪽으로 우리를 끌고 간다. 픽션이 거주할 수 있는 축소 모형은 소설에 선행하는 소설적 배경이다. 바르트는 '전반적 설명'에서 이 공간적 흉내에의 기능에 대해 많이 강조한다. 그가 해설하는 텍스트들 각각에 더불어 살기의 사회성과 관계를 맺는 특별한 장소가 대응한다. 예컨대 팔라디우스의 사막, 감금된 여인의 방, 《포부이》의 아파트, 로빈슨의 섬 같은 장소들인데, 여기다 당연히 아토스 산이나 실론의 수도원들을 덧붙여야 한다. 강의의 소설적 프리즘을 통해 재사유된 탐구는 공간들에 열려지고, '흉내'는 묘사가 된다. 지적인 배경들로 변모된 이러한 '축소 모형들' 속에서 대상들과 인물들은 장소들을 포위하고, 그것들을 시간성에 개방시킨다. 바르트가 '사건'이라는 단상에서 쓰고 있듯이 로빈슨은 야만인들의 도착, 유럽으로의 귀환, 다시 말해 모험 소설의 전개와 더불어 흥미를 상실한다. 사건은 '축소 모형' 위치를 차지하고 있지만, 단수로 있

---

10) 그리스어 해설은 뒤의 해설을 참조.〔역주〕
11) 《마의 산》에 나오는 주인공 이름.〔역주〕

거나 파편화의 무질서 속에 있다. 왜냐하면 구별하기 힘들고, 조화되지 않으며, 무의미한 세세한 사건들이 정당성을 입증하는 의미와 서술적 생성을 동시에 회피하기 때문이다. 모든 소설가처럼 바르트도 입증하기보다는 보여 주며, 사유가 너무 추상적이 되기 전에, 또 '축소 모형'이 상징이 되기 전에 이 사유를 뛰어넘는다. 바르트에게 용어의 다의성은 드라마의 공간과 연극적 행동에 똑같이 귀결되는 바, 환상적인 '시나리오'는 '장면'으로 귀결된다……. 더불어 살기 소설적 세계는 대상들(꽃·폐기물·테이블·의자·거친 옷들 등)로 가득한 장소들에서 태어나며, 이 장소들에선 흔히 비상한 인물들(탑이나 기둥 위에서 고행하는 수도자, 감금된 여자, 난파당한 인물 등)의 일상적 몸짓들이 보여진다.

고독과 공동체가 조화를 이루는 텔렘의 수도원[12]과 같은 새로운 추구로서 바르트의 강의는 2개의 역(逆)모델에 대립적으로 전개된다. 그 가운데 하나는 커플(부부간이 된 사랑의 담론)이고, 다른 하나는 과장되지만 물고기떼로 비유될 수 있는 무심하고 공격적인 군중이다. 이 두 암초들 사이에서 바르트는 세련됨(délicatesse)의 도덕을 찾아 떠난다. 이 도덕에서는 지리적 공간과 사회적 공간이 거리에 관한 동일한 장소론 속에 혼합된다. 강의 전체는 다음과 같은 질문 속에 있다. 즉 나는 타자들과 소외 없는 사회성, 유배 없는 고독을 구축하기 위해 그들과 어떤 거리를 유지해야 하는가? 추측할 수 있는 일이지만, 강의는 이에 대한 대답을 제시하지 않는다. 마지막회 강의를 더불어 살기의 유토피아에 할애할 것을 계획하지만, 결국 바르트는 자신의 계획을 단념하기로 결정한다. 제시된 이유들은 다양하다. 열성 부족, 그 자체가 목적인 고유 리듬적 삶을 상상하는 데의 어려움, 모든 유토피아의 필연적으로 집단적인 차원, 단지 어떤 글쓰기만이 환

---

12) 《가르강튀아》에서 라블레가 상상한 혼성 귀족 수도원으로서, 여기서 수도자들은 육체적·지적·도덕적 삶의 개화를 추구한다.〔역주〕

상을 감당할 수 있다는 의식 등이 그런 이유들이다. 유토피아의 실패——이것은 강의의 실패가 아니다——는 또한 강의 횟수가 거듭될수록 《푸아티에의 감금된 여인》이 차지하는 점점 더 중요한 몫을 간파하게 해준다. 처음에는 동등하게 위치했던 지원-텍스트들(textes-supports)이 작용하기 시작했다. 《포부이》는 자취를 감추고, 지드의 텍스트는 점점 더 존재를 드러낸다. 감금에 대한 열정, 폐기물이 된 한 개인의 주변에 널려진 폐기물의 편재는 강의에 이상한 인상, 즉 놀라움과 공감, 애정과 환멸이 뒤섞이는 그런 인상을 각인시킨다. 멜라니——감금된 여인——뿐 아니라 여러 단상들에 강력하게 존재를 드러내는 레오니 숙모는 상상력과 소설적 글쓰기만이 성공적으로 보상해 줄 수 있을 자폐에 대해 느끼는 불안한 매혹을 차례로, 그리고 동시에 언급한다. 언어의 창조자('로고테트(logothète)'[13])로 묘사되는 멜라니, 프루스트의 화자를 창조하는 감금의 먼 전조인 레오니 숙모는 문학의 존재를 성공한 유일한 고유 리듬으로, 즉 작가의 고독과 독자들의 공동체 사이에 미래에 다가올 합일로 그려낸다.

클로드 코스트

다음의 많은 분들이 준 값진 전문적 도움에 감사드린다. Louis Bardollet, Ridha Boulaâbi, Michèle Castells, Bernard Deforge, Philippe Derule, Carole Dornier, Gilles Faucher, Brigitte Gauvin, Dominique Gournay, Azzedine et Suzane Guellouz, Nicole Guilleux, Anne-Élisabeth Halpern, Corinne Jouanno, Michèle Lacorre, Marie-Gabrielle Lallemand, Jean-Claude Larrat, Nathalie Léger, Bruno Leprêtre, Sophie Lucet, Alain Schaffner, Jürgen Siess, Andy Stafford, Gerald Stieg, Paule Thouvenin et

---

13) Logothète는 언어의 창조자라는 의미로 바르트의 신조어이다. (역주)

Serge Zenkine.

  캉대학교 고대언어학과의 **Alice Guillevin**이 고대 그리스어를 라틴어로
옮기는 일을 맡아 주었다. 전문적 식견으로 항상 여유 있고 끈기 있게 도
움을 준 그에게 깊이 감사드린다.

# 어떻게 더불어 살 것인가

몇몇 일상적 공간의 소설적 흉내

콜레주 드 프랑스에서의 강의 노트

전반적 설명

방법과 파이데이아

하나의 환상: 고유 리듬

수도원 제도

작품들

그리스의 망

단상들

## 단상들

아케디아(Akèdia)

아나코레시스(Anachôrèsis)

동물들(Animaux)

아토스 산(Athos)

물고기떼(Banc)

베긴교단의 여신도 수도원
  (Béguinages)

관료주의(Bureaucratie)

명분(Cause)

방(Chambre)

지도자(Chef)

울타리(Clôture)

집단(Colonie)

짝짓기(Couplage)

거리(Distance)

하인들(Domestiques)

청취(Écoute)

해면(Éponge)

사건(Événement)

꽃(Fleurs)

목가적인 것(Idyllique)[1]

한계 상황(Marginalités)

모노시스(Monôsis)

이름(Noms)

음식(Nourriture)

근접(Proxémie)

장방형(Rectangle)

규칙(Règle)

더러움(Saleté)

크세니테이아(Xéniteia)

유토피아(Utopia)

그렇다면 방법은?(Et la méthode?)

---

1) 이 단상은 강의에서 제외되었으며, 원고에는 말소되어 있다.

# 전반적 설명

## 방법?

이 새로운 강의를 시작하는 시점에서 나는 들뢰즈(123-26)가 분명하게 드러낸 니체의 대립,[2] 즉 **방법/교양**이란 대립에 대해 생각한다.

### 방법

은 '사상가의 열의' '사전에 심사숙고한 결정'을 전제한다. 사실 우리가 어떤 장소로 가는 것을 피하거나, 그 장소로부터 벗어날 가능성을 간직하는 수단(미로 속에서 끈)임. 실제로 이른바 인문과학——실증적 기호학을 포함해서——에서, 방법이 있음(나 자신도 방법에 속아 넘어간 적이 있다[3]).

  1) 목표를 향한 방식이고, 결과를 얻기 위한 작업 규약임. 예컨대 해독
* 하고, 설명하고, 철저하게 기술하기 위한 방법.

---

  2) "방법은 언제나 사상가의 열의, 다시 말해 '사전에 심사숙고한 결정'을 전제한다. 반대로 교양은 선택적 힘들의 작용 속에서 사유가 겪는 폭력이고, 사상가의 모든 무의식을 움직이는 길들이기이다."(G. 들뢰즈,《니체와 철학》, 파리, PUF, 1962, p.123-124)

  3) 바르트는 1960년대 자신의 기호학적 작업들, 특히 《모드의 체계》(파리, 쇠이유, 1967)에 대해 생각하고 있다. 이 작품의 '서론'의 제목은 '방법'이다. (육성 강의에서 바르트는 방법에 '속아 넘어간'이란 표현을 방법의 '강박 관념에 사로잡힌'으로 대체한다.)

  * 들뢰즈

2) (목표를 향해 가고자 하는) 직행로의 관념임. 그런데 역설적으로 직행로는 실제로 주체가 가고 싶지 않은 장소들을 지칭한다. 왜냐하면 그것은 목표를 장소로 사물화하고, 그럼으로써 방법은 다른 장소들을 배척하면서 어떤 일반성, 즉 어떤 '도덕성'(키에르케고르의 방정식)[4]에 봉사하기 때문이다. 예컨대 주체는 그가 그 자신에 대해 알지 못하는 것, 즉 자신의 환원 불가능한 것, 자신의 힘(무의식에 대해선 말하지 않는다 하더라도)을 단념한다.

## 교양

니체에게 교양(≠인본주의적이고 화해적인 의미)= '사유가 겪는 폭력' '선택적인 힘들의 작용 속에서 사유의 형성' '사상가의 무의식을 움직이는 길들이기' 임=그리스인들의 **파이데이아**[5](그들은 '방법'에 대해서 이야기하지 않았다). '길들이기' '힘' '폭력,' 이런 낱말들을 흥분된 의미로 받아들여서는 안 된다. 차이의 생성으로서의 힘에 대한 니체의 관념으로 되돌아가야 한다. (여기서는 그것을 다시 다룰 필요가 없다.) 사람들은 부드러울 수 있고, 심지어 교양이 있을 수 있으며, 파이데이아 속에 위치할 수 있기 때문이다. '길들이기'(≠방법)로서의 교양은 내가 볼 때 중심을 벗어난 선을 긋는, 이를테면 **배치**(dispatching)의 이미지로 귀결된다. 결국 지식과 맛의 단편적 조각들이나 경계들 사이에서 비틀거리는 것임. 역설적이지만, 힘들(forces)의 인정으로 그렇게 이해된 교양은 권력(pouvoir)의 관념(이것은 방법 속에 있다)에 반감을 나타낸다. (힘(puissance)[6]에의 의지≠권

---

4) 《강의 *Leçon*》(콜레주 드 프랑스 취임 강의를 출간한 것임—[역주])(《바르트 전집》 OCIII, 804) 참고. 이삭을 희생시키는 것에 대해 조용히 동의하면서 아브라함은 도덕과 언어 (langage)의 일반성을 벗어난다(키에르케고르, 《두려움과 전율》, 1843).

5) Paideia(그리스어)는 어린이들의(de pais; 어린이) 교육과 이에 따른 양성.

6) forces는 내재적 힘들을 지칭하고, puissances는 forces들이 표출된, 행사된 힘을 나타낸다. 권력에의 의지는 힘에의 의지와 다르다는 것에 주목해야 한다.[역주]

력에의 의지.)

따라서 여기서 최소한 전제적으로 중요한 것은 방법이 아니라 교양이다. 방법에 대해서는——이 용어를 말라르메적인 의미, 다시 말해 '픽션'의 의미, 즉 언어에 대해 숙고하는 언어의 의미로 사용하지 않는 한[7]——아무것도 기대하지 말 것. → 교양의 도야＝힘들의 청취를 이행하는 것임.[8]

그런데 내가 탐구하고 불러낼 수 있는 첫번째 힘, 즉 비록 상상적인 것의 함정을 통해서일지라도 내가 나 자신에 대해 알고 있는 힘, 그것은 욕망의 힘이고, 아니면 보다 분명히 말하면(왜냐하면 이 강의는 하나의 연구이기 때문이다) 환상(fantasme)의 형상(figure)이다.


## 환상


Cf. 환상의 교육에 대한 취임 강의. 여기서 (매년) 하나의 환상에 대한 연구를 출범시키겠다고 했음.[9] 과학과 환상의 관계는 바슐라르에 의해 전제되고 설명됨: 그는 (18세기에) 과학과 상상적인 것이 뒤얽혀 있음을 보여 줌. 하지만 바슐라르의 도덕주의가 있음. 그가 볼 때 과학은 환상들을 명확히 하는(환상들의 침천물을 제거하는) 작업으로 구성된다는 것이다.[10] 이 점에 대해 논쟁하지 말고(침전물의 제거는 없고, 환상과 과학의 이

---

7) 스테판 말라르메의 다음과 같은 글을 참고. "모든 방법은 허구이고, 입증을 위해서 좋은 것이다. 언어는 그에게 허구의 도구로 나타났다. 따라서 그는 언어의 방법을 따를 것이다(방법을 결정하기). 스스로를 반사하는 언어."(《언어에 관한 노트》, in《말라르메 전집》, t. I, 파리, 갈리마르, '플레이아드' 총서, 1998, p.104)

8) 〔육성 강의에서 바르트는 '차이들의 청취'를 덧붙인다.〕

9) 육성 강의에서 바르트는 "광의의 의미에서 환상은 교양의 근원이다"라고 설명하고 있다.

10) G. 바슐라르, 《과학적 정신의 형성》, 파리, 브랭, 1938, p.38 참조. "과학적 정신도 역시 이미지들·유비들·은유들에 대항해 끊임없이 싸우지 않을 수 없다."

중인화가 있다고 말할 수 있을 것이다), 우리는 이러한 침전물의 제거 이전에 위치하고 있다는 점을 인정하자. → 문화의 기원(힘들과 차이들의 생성)으로서의 환상을 다룸.

나의 본원적 환상을 명료하게 말하기(이보다 더 무례한 것은 없다) 전에, 더불어 살기의 환상적 힘 일반에 관해 한마디 할 것임. 몇몇 주목 사항:

1) 나는 팔랑스테르[11]에 대해서는(삽화적으로가 아니면) 다루지 않을 것이다. 비록 팔랑스테르=더불어 살기의 환상적 형태이지만 말이다. 어쨌거나 한마디 필요함. 푸리에의 경우 팔랑스테르의 환상은 역설적이게도 고독에 대한 반대에서 출발하는 것이 아니라, 고독에 대한 취향에서 출발한다. "나는 홀로 있기를 좋아한다"는 것임. 따라서 더불어 살기의 환상은 역(逆)부정이 아니다. 그것은 이 환상의 반대로서 체험된 욕구불만의 장소가 아니다. 그런 만큼 행복주의의 비전들은 서로 모순되지 않고 공존하기 때문이다. 다시 말해 환상은 욕망의 긍정적인 면을 등장시키고 긍정적인 것들만을 경험하는 절대적으로 실질적인 시나리오임. 달리 말하면, 환상은 변증법적이 아니다(이건 분명하다!). 따라서 환상적으로 볼 때, 홀로 살고자 하는 것과 더불어 살고자 하는 것은 모순되지 않음=우리의 강의 대상임.

2) 계속해서 푸리에에 대하여 말하면, 유토피아는 일정한 일상 속에 뿌리내린다. 주체의 일상이 (그의 사유에) 강하게 호소하면 할수록 유토피아는 더욱 강하다(손질된다). 그렇기 때문에 푸리에는 플라톤보다 더 유토피아주의자이다.[12] 푸리에의 일상은 어떤 것이었는가? 푸리에에 대한 두 사람의 해설가(아르망과 모블랑[13])는 그것을 잘 체크했고, ——세번째 인물

---

11) 프랑스 사회주의자 푸리에가 제창한 사회주의적 공동 생활체.〔역주〕

12) 〔바르트는 육성 강의에서 "유토피아는 '세밀함의 상상력'을 거쳐 간다"고 명확히 한다.〕

13) 펠릭스 아르망 및 르네 모블랑, 《푸리에》, 3 vol. 파리, 소시알사, 1937.

(데스로슈)은 이 체크에 대해 이렇게 분노를 나타냈다(물론 이것은 잘못이
다): "팔랑스테르는 공동 식탁들과 창녀촌들에 익숙한 한 늙은이가 자신의
* 개인적 용도에 따라 만든 낙원이다."[14] 공동 식탁, 창녀촌(혹은 유사한 장소
들)은 유토피아의 훌륭한 재료임.

3) 더불어 살기의 환상적 힘에 대한 또 다른 증거는 함께 '잘' 살고, 함
께 '잘' 거주하는 것임. 타자들에게 존재하는 가장 매혹적인 것이고, 우리
가 더없이 질투를 느끼는 것임. 예컨대 성공한 커플·집단, 심지어 가정(家
庭)임. 이는 순수 상태에서 본 더불어 살기의 신화(함정?)이다: 소설의 훌륭
한 재료임. (다소간 성공한 가정들이 없다면, 가정은 존재하지 않을 것이다!)

4) 나는 이렇게 말했다: 환상은 그것의 합리적·논리적 반대항이 없다.
그러나 환상 내부 자체에 역(逆)이미지들, 즉 부정적 환상들이 있을 수 있
다(하나의 이미지와 하나의 현실 사이가 아니라 두 환상적 이미지, 두 시나리
오 사이의 대립이 있을 수 있음). 예컨대:

a) 레스토랑에서 우리 곁에 불쾌한 사람들이 있는데 이들과 함께 영원
히 감금되는 것=더불어 살기의 지옥 같은 이미지. 밀폐된 방의 주제임.

b) 더불어 살기의 또 다른 끔찍한 환상은 고아가 되었는데 어떤 저속한
아버지나 야비한 가족을 다시 만나는 것임. 예컨대 이것은 《고아》[15]에 나
타남. (→ 더불어 살기는 '좋은' 아버지, '좋은' 가족을 다시 만나는 것임. 절
대적으로 좋은 가족? 정신분석적 시각에서 보면 진정한 환상임! **파밀리엔 로
만**[16]의 주제임.)

5) 몽상적 이탈 여행으로서 다음과 같은 것을 지적하고자 함. 즉 당연한
것이지만 우리는 더불어 살기를 본질적으로 공간적인 사실(동일한 공간에

---

14) 아르망 및 모블랑의 인용. 앙리 데스로슈가 《축제 사회. 글로 씌어진 푸리에주의로
부터 실천된 푸리에주의들까지》, 파리, 쇠이유, 1975에서 재인용.
15) 엑토르 말로의 문제적 소설(1878).
* 데스로슈, p.51.

서 사는 것)로 간주할 것임. 그러나 원시적인 상태에서 그것은 또한 시간
적이다. 따라서 여기서 이런 부분을 지적해야 한다. 즉 '……와 동시에 사
는 것' '……하는 동안 사는 것'＝동시대성의 문제임. 예를 들어 나는 마
르크스·말라르메·니체·프로이트는 27년 동안 함께 살았다고 거짓말
하지 않고 말할 수 있다. 뿐만 아니라 예컨대 마음만 먹었다면 사람들은
1876년 스위스의 어떤 도시에 그들을 모이도록 할 수도 있었을 것이고,
그들은 '함께 토론할 수도 있었을 것이다' ——이는 더불어 살기의 최고
지표임. 프로이트는 당시에 20세였고, 니체는 32세, 말라르메는 34세,
마르크스는 56세였다. (우리는 지금 가장 늙은 자가 누구인지 자문할 수도
있을 것이다.) 이러한 동시적 공존에 대한 몽상은 내가 보기에 거의 연구
가 안 된 매우 복잡한 현상, 즉 동시대성에 대해 예견하고자 한다. 나는
누구와 동시대인인가? 나는 누구와 함께 사는가? 캘린더는 대답을 잘하
지 못한다. 이 점이 우리의 작은 연대기적 유희가 지시하는 것이다——그
들(위의 4명의 사상가)이 지금 동시대인이 되지 않는 한 말이다. 연구해야
할 것은 연대기적 의미들의 효과임(cf. 시각의 환상(illusion)이 있듯이 시간
성의 환상이 있음). 아마 우리는 다음과 같은 역설로 귀결되리라. 즉 동시
대적인 것과 비시대적인[17] 것 사이의 예상 밖의 관계——마르크스와 말라
르메, 말라르메와 프로이트가 시대의 식탁에서 만나는 것 같은 관계가 있
다는 것임.[18]

---

16) Familien-roman(독일어): 가정 소설. "프로이트가 만든 표현으로서 주체가 부모와
의 관계를 상상적으로 변화시키도록 해주는 환상들을 지칭한다(예컨대 그는 자신이 업둥
이라고 상상한다)."(J. 라플랑슈 및 J.-B. 퐁탈리스, 《정신분석학 어휘집》, 파리, PUF, 1998,
p.427) 준비 카드들에서와 마찬가지로 강의의 구어본에서도 바르트는 자주 이 저서를 참
조한다.

17) 〔육성 강의에서 바르트는 '니체적 의미에서' 라고 명시한다.〕《비시대적 고찰》 혹은
《시의적절치 못한 고찰》로 번역되는 《Unzeitgemâsse Betrahtungen》을 참고.

　* 말라르메: 1842-1898. ** 마르크스: 1818-1883. *** 니체: 1844-1900.
　**** 프로이트: 1856-1939. ***** 1856-1883.

## 나의 환상: 고유 리듬(idiorrythmie)[19]

하나의 환상(내가 최소한 그렇게 부르는 것)은 때로는 전 생애 동안 여러분 안에서 배회하고, 그 스스로를 추구하며, 흔히는 하나의 단어를 통해서만 결정(結晶)화되는 욕망들, 이미지들의 회귀임. 주요한 기표인 이 낱말은 환상으로부터 환상의 탐사로 유도한다. 지식의 상이한 단편들을 통해 환상을 개발하는 것＝연구임. 따라서 환상은 야외에 있는 광산처럼 개발된다.

내가 볼 때, 그 스스로를 추구하는 환상은 지난 2년 동안의 주제('사랑의 담론')[20]에 전혀 연결되어 〔있지〕 않았다. 이 주제는 어떤 환상의 개발이 아니었다(≠더불어 살기). 여기서 환상은 둘이 사는 것, 다시 말해——기적적으로——사랑의 담론[21]에 이어지는 부부간-유사 담론이 아니다. 〔그것은〕 삶·식이요법·생활 방식, 즉 디아이타(diaita)의 환상이다. 이원적이지도 다원적(집단적)이지도 않음. 규칙적으로 단절되는 고독으로서의 무언가임. 이것이 거리들(distances)을 통용시키는 일의 역설·모순·난

* 점임——이 환상은 거리들을 지닌 어떤 사회주의의 유토피아(니체는 르네상스 시대처럼 군서적이지 않은 강력한 시대들에 찬성하여, '거리들에 대한 파토스'에 대해 이야기한다[22])임(이 모든 것은 아직은 막연함).

그런데 이 환상은 내가 우연히 독서를 하는 과정에서(라카리에르의《그

---

18) 〔육성 강의에서 바르트는 막스 에른스트의 그림,《친구들과의 랑데부》(1922)를 환기한다. 이것은 초현실주의자들의 집단적 초상인데, 여기에는 도스토예프스키와 라파엘로도 끼어 있다.〕

19) 그리스어의 idios(고유한, 개별적인)와 rhuthmos(리듬)으로부터 형성된 낱말이다.

20) 1974년에서 1976년까지, 바르트는 고등실천연구원에서 '사랑의 담론'에 관한 세미나를 열었다.

21) 10여 개의 준비 카드가 (주로《마의 산》과 관련한) '사랑한다는 것'에 할애되어 있다.

  *《우상의 황혼》, p.107.

리스의 여름》[23]을 읽었음) 그것을 작동시키는 낱말을 만났다. 이 책에 따르면, 아토스 산에는 공동 생활 수도원들+별도의 수도사들이 있음. 이들 수도사들은 어떤 구조(이 구조의 요소들은 그것들의 시대 속에서 묘사될 것임) 내에서 고립되어 있으면서도, 동시에 고유 리듬을 지닌 집성체들처럼 연결되어 있음. 각각의 주체는 그 속에서 자신의 고유한 리듬을 지닌다.[24]

1) 환상이 존재하기 위해서는 장면(시나리오), 따라서 장소가 있어야 한다는 점을 분명히 이해해야 한다. 아토스 산(나는 이곳에 가본 적이 없음)은 지중해·테라스·산의 혼합된 이미지들을 가져다 준다(환상 속에서 사람들은 말소시킨다. 여기서는 거북스러운 신분적인 때(찌꺼기), 믿음을 말소시킴). 요컨대 그것은 하나의 풍경이다. 나는 흰 초벽을 한 그곳의 테라스 가에 있는 나 자신의 모습을 본다. 멀리 바다가 보이는 곳에 나는 2개의 방이 있고, 다른 친구들도 마찬가지이다. 여기다 더하여 멀지 않은 곳에 기도를 위한 총회[25](도서관 같은 곳에서)가 한번 있다. 이는 유령들처럼 일어나게 되는 난제들을 빼고 생각하는 매우 순수한 환상임(이런 난제들은 다소 강의의 주제가 될 것임). '고유 리듬' '고유 리듬의'란 말은 환상을 지식의 장으로 변환시킨 낱말이었다. 이 용어를 통해서 나는 배울 수 있

---

22) "······인간과 인간, 하나의 계급과 다른 하나의 계급 사이의 심연, 유형들의 다양성, 자기 자신이 되고자 하고 차별화되고 싶은 의지, 내가 **거리들에 대한 파토스**라 부르는 것은 **강력한** 시대들의 특성이다."(《우상의 황혼》, 파리, 드노엘/공티에, '명상' 총서, 1980)

23) 자크 라카리에르, 《그리스의 여름, 4천 년의 일상적인 그리스》, 파리, 플롱, 1976.

24) "성산(聖山)은 특별한 생활 방식, 이른바 **고유 리듬**을 야기시켰다. 실제로 아토스 산의 이 수도원들은 두 상이한 유형에 속하다. 소위 공동 생활 수도를 하는, 다시 말해 공동체 생활을 하는 수도원들에서는 식사·예배·작업 등 모든 것이 공동으로 이루어진다. 그리고 이른바 고유 리듬을 지닌 수도원들에서는 각자가 문자 그대로 자신의 리듬에 따라 살아간다. 수도사들은 그 안에서 개별적인 방을 갖고 있고, 그 안에서 식사를 하며(몇몇 연례적인 축제들을 제외하고 말이다), 서약 당시에 가져왔던 물건들을 간직할 수 있다. (···) 이 특이한 공동체에서는 예배조차도 밤 미사를 제외하고는 선택 사항이다."(J. 라카리에르, 《그리스의 여름》, 앞의 책, p.40) **고유 리듬**(idiorrythmie)의 철자법에 대해서는 p.83 참고.

25) 카드 169: 'Synaxe: 기도를 위한 총회.' 바르트가 환상을 품는 공간에서 서재는 모임의 장소로서, 아토스 산의 수도원들에 있는 synaxe와 동일한 역할을 수행하게 된다.

는 몇몇 사항들에 접근했다. 이것이 내가 그것들을 배울 수 있었음을 의미하지는 않는다. 왜냐하면 참고 문헌상으로 볼 때 나의 연구들은 자주 실망스러웠기 때문이다. 예컨대 고유 리듬의 수도원 형태들, 베긴교단의 여신도 수도원들, 포르 루아얄 수도원의 은자들, 작은 공동체들은 나에게 거의 가져다 준 게 없다(나는 이 점을 다시 다룰 것이다)——나는 종교적 모델들의 지배를 다시 다룰 것이다.

2) 보충 해설(Excursus)로 '리듬'의 개념에 관한 벤베니스트의 중요한 글, 즉《일반언어학의 문제》, I, 27장을 환기시킴. 사람들은 **루트모스(Rhuth-mos)**를 레인[26]에 결부시킨다(이것은 형태론적으로 정당하지만, 벤베니스트가 그 기만성을 드러내고 있는 의미론적인 간단한 설명으로 보면 받아들일 수 없다). 다시 말해 '파도의 규칙적인 운동'에 말이다! 그런데 이 용어의 역사는 전혀 다르다. **루트모스**라는 낱말의 기원은 옛 이오니아학파 철학,[27] 원자론의 창시자들인 레우키포스 · 데모크리토스로 올라감. 그것은 학설의 기술적 용어임. 아테네 시대까지, **루트모스**는 '리듬(rythme)'을 결코 의미하지 않으며, 파도의 규칙적인 운동에 적용되지 않는다. 그것의 의미는 독특한 형태, 균형잡힌 형상, 배치이다. **쉐마(schèma)**와 매우 가까우면서도 다르다. **쉐마**=하나의 대상(조각상 · 연설자 · 안무적 형상)처럼 구현되고 제시된 고정된 형태임. **쉐마**≠형태, 다시 말해 운동하고 움직이며 유동적인 것이 형태를 감당하는 순간에 유기적 일관성이 없는 것의 형태임. **루트모스**=유동적 요소의 패턴(편지, **페플로스**,[28] 기질)이고, 변화시킬 수 있는 즉석 형태임.[29] 위의 학설에서 그것은 원자들의 경우 흐르는 특별한 방식이었으며, 고정성도 자연적인 필연성도 없는 형상이었음. 어떤

---

26) **Rhein**(그리스어): 흐르다.

27) 아리스토텔레스 이후로, 소아시아의 연안의 큰 도시 국가들에 정착한 소크라테스 이전 철학자들은 '이오니아학파'로 불린다(기원전 6세기).

28) **Péplos**(그리스어): 튜닉. 어깨에 걸치는 소매 없는 여자 옷.

'흐름(fluement)'이었음(음악적 의미, 다시 말해 근대적 의미로서의 **루트모스**는 플라톤의 《필레보스》[30] 이후에 나타남).

이러한 어원적 기억은 우리에게 다음과 같은 이유로 중요함.

1. 고유 리듬은 거의 하나의 수사적 중복이다. 왜냐하면 **루트모스**는 정의상 개인적이기 때문이다. 그것은 주체가 사회의(혹은 자연의) 코드 속에 편입되는 방식이자, 코드로부터 탈주하는 방식이며 간격임.

2. 그것은 생활 방식의 미묘한 형태들로, 즉 기질들, 안정적이지 않은 입장들, 우울하거나 격앙된 이동들로 귀결된다. 요컨대 그것은 규칙성의 깨지기 쉬운 냉혹한 리듬의 반대이다. 리듬은 억압적 의미를 띠었기 때문에(15분 간격으로 행동해야 하는 공동 생활 수도자나 푸리에식 공동 생활자의 리듬을 보라) 그것에 **이디오스**[31]를 덧붙여야 한다.

$$idios \neq rythme$$

$$idios = rhuthmos^{32)}$$

최초 장소(아토스 산)에서 고유 리듬은 환상으로 품어진 공동체의 균형(비례)을 정확히 목표로 한다──그리고 이것이 바로 (내가 보기에) 그것의 이점, 그것의 동력이다. 균형(비례)은 대상의 존재(론)에 속함. 건축의 이론을 생각함. 그림에서 확대를 예로 들면: 세잔/드 스탈[33]이 있음.

---

29) **루트모스**는 운동을 함축하는 모든 대상으로 귀결된다. 예컨대 옷의 주름, 문자의 도면(E. 벤베니스트, 《일반언어학의 문제》, 파리, 갈리마르, t. I, 1966, p.330), 기질의 불안정성과 같은 것 말이다.

30) E. 벤베니스트, 같은 책, p.334. 음악에 관해서 소크라테스는 물체의 운동들에서 나타나는 관계, 다시 말해 수들에 의해 측정되며, 고대인들의 말에 따르면 리듬과 운율로 불러야 하는 관계를 환시시킨다. 《필레보스》, 17b.

31) Idios(그리스어): 고유한, 개별적인.

32) 〔육성 강의에서 바르트는 그의 도식을 이렇게 분명히 한다. "Idios는 rythme과 대립하지만, 이를테면 rhuthmos와 같은 것이다."〕

실제로 환상=분명하고 강력하며 확실한 조명기구임. 조명기구는 조명을 받는 무대를 재단하고, 이 고유 리듬적 무대에 욕망은 자리잡으며, 무대의 두 측면을 어둠 속에 남겨둔다. 이 두 측면은 다음과 같음.

1) 커플. 어쩌면 고유 리듬을 지닌 커플들도 있을지 모르겠다. 그러나 문제는 여기에 있지 않다. 환상은 커플의 장소를 건드리지 않는다. 분명 그것은 부동의 침실, 울타리와 합법성, 욕망의 정당성을 알고 싶지 않은 것이다. 침실을 중심으로 한 아파트는 고유한 리듬을 지닐 수 없다. 물론 우리는 커플(혹은 집단들 속에서, 외부로부터 취해진 커플들)에 대해 이야기하지 않기로 결심할 수도 있다. 언어학회가 설립될 때 랑가주의 기원에 대한 어떠한 글도 받지 않기로 정관 자체에 명문화했듯이 말이다. 덧붙일 것은 가족-체계가 은거에 대한, 즉 고유 리듬에 대한 어떠한 경험도 봉쇄한다는 점이다. 근대적 '코뮌들'[34]에서 가정들은 재구성되면서도 코뮌은 성욕과 법이 만남으로써 탈선한다.

2) 역시 어둠 속에 있는 무대의 다른 극단에는 거시적 집단들, 커다란 코뮌들, 팔랑스테르들, 보통 수도원들, 공동 수도 생활이 있다. 왜? 내가 말하고자 하는 것은 왜 환상은 이러한 커다란 형태들을 만나지 않는가이다. 분명한 것이지만, 그것들이 어떤 권력 구조물에 따라 구조화되어 있기 때문이고(나는 이 점을 다시 다룰 것이다), 그것들이 선언적으로 고유리듬에 적대적이기 때문이다. (바로 이로 인해, 그리고 그것(고유 리듬)에 반대하여 역사적으로 그것들이 성립되고 성립되어 왔다.) 푸리에식 팔랑스테

---

33) 〔육성 강의에서 바르트는 건축물을 균형의 예술로 규정한 정의를 참조한다. 그는 이렇게 계속한다. "여러분이 어떤 그림의 세부를 확대하면, 여러분은 또 다른 그림을 생산하게 된다(…). 사람들은 니콜라 드 스탈의 모든 그림이 세잔 그림의 5제곱센티미터로부터 나왔다고 말할 수 있었다(나는 이 점을 여러 번 되풀이했다)."〕 이와 같은 언급에 대해선 〈레키쇼와 그의 신체〉(OCII, 1638), 《텍스트의 즐거움》(OCII, 1504) 참조.
34) 빌헬름 라이히는 《성의 혁명》(콩스탕탱 시넬니코프 번역, 파리, UGE, 1968)에서, 소련에서 젊은이들이 만든 '코뮌들'의 운영을 묘사하고 있다(제2장 2d, 〈가족과 코뮌 사이의 해결 불가능한 모순〉), p.78 참조.

르의 근본적 잔인성을 보라. 팔랑스테르는 15분에서 15분으로 이어지는 **타이밍**을 드러냄으로써 고유 리듬의 반대 자체이다. 병영, 기숙사 같음.

다시 한번 언급해야 할 것은 우리가 아래와 같은 두 극단적인 형태들 사이에 어떤 지대를 추구한다는 점임.

— 하나의 부정적인 극단적 형태: 고독, 은둔주의.

— 통합적인 극단적 형태: **공동 수도원**[35](세속적이든 아니든).

— 유토피아적이고, 화해적이며, 전원적인 중간 형태: 고유 리듬임. 주목해야 할 것은 이 형태가 매우 탈중심적이다라는 점이다(아토스 산에서도 잊혀지고 있는). 그것은 교회에 의해 결코 채택된 적이 없다. 교회는 그것과 끊임없이 싸웠다. (예컨대 사라바이트들[36]과 싸운 성 베네딕투스. 사라바이트들은 욕망들을 만족시키며 둘 또는 셋이 함께 산다.) 다른 한편 정신분석학은 '작은 집단들'을 침범하지 않았다. 그것이 다루는 것은 가족의 외피 속에 있는 주체이거나 군중이다. (월터 러프리슈트 바이온의 책《작은 집단들에 대한 연구》(PUF, 1965)만이 예외임. 그것은 환대적 환경 속에 있는 집단들을 다루기 때문에 특별하지만, 별로 명쾌하지 않은 책임.) 요컨대 수도원도, 가족도 커다란 억압적 형태들을 벗어나지 못한다.

고유 리듬에 대한 이 첫번째 전반적 설명을 끝내기 위해, 나는 핵심을 찌르는 방식으로 문제를 특징짓는다고 생각되는 하나의 단상을 제시하겠다. 나는 나의 창문으로부터(1976년 12월 1일), 손으로 어린애를 잡고 빈 유모차를 밀고 가는 한 어머니를 보았다. 그녀는 요지부동한 상태로 자신의 보폭대로 가고 있었다. 어린애는 채찍으로 두들겨맞는 동물이나 사드적 희생물처럼 잡아당겨지고, 마구 흔들리며 끊임없이 뛰지 않을 수 없었다. 그녀는 어린애의 리듬이 다르다는 것을 알지 못한 채 자신의 리듬에

---

35) Coenobium(라틴어): 수도원.

36) 성 베네딕투스는 규칙 없이 사는 수도승들인 사라바이트들(Sarabaites)이 방탕하다고 비난하면서 그들과 싸웠다.

따라가고 있었다. 그러나 그녀는 그의 어머니이다! → 권력——권력의 미묘함——은 비대칭 리듬, 즉 이질적 리듬을 통과한다.[37]


## 수도원 제도

환상으로 하여금 교양에 접근하게 해주거나 그것에 귀결되도록 해주는 힘들은 직선적으로 작용하지 않으며, 예측 불가능한 지향들을 겪는다. 예를 들면 어떤 사람들이 자유로운 삶에 대해 환상을 품는 경우 → 아토스 산의 고유 리듬을 우연하게 찾도록 만듦. → 이런 고유 리듬의 형태에서 현대의 문제들을 밝히도록 해주는 주제들, 단상들, 구조들을 재발견할 수 있음. 일반적 · 문화적 · 사회학적 문제들(예컨대 공동체들이나 코뮌들)이 아니라, 개인의 고유한 문제임. 다시 말해 어떻게 이 고유 리듬의 주제로부터 내가 나의 주변에서, 나의 친구들에게서 보는 것, 나의 내부에서 요구되는 것을 고찰할 수 있느냐임. 따라서 일종의 정념심리학의 방향이나 다른 사람들, 즉 타자와의 관계를 찾으려 시도한다고 생각할 수 있었음.

사실 여기서 개인적으로 예측 불가능한 이탈이 있었음. 즉 결정(結晶)시키는 실체(cristallisateur; 결정체)인 아토스 산이 독서를 유도한다는 것임. 소설들 속에서 암중모색(왜냐하면 커플에 관한 많은 소설들이 있지만, 작은 집단에 관한 소설은 별로 없기 때문임)+수도 생활(**생활 방식**(diaita)이라는 의미에서)에 대한 보다 체계적인 독서가 있었음. 그런데 이런 독서들은 정열을 불러일으키는 모습을 드러낸다. 그러나 그것들이 건드리는 환상이 무엇인지는 알 수 없다. (그것들이 분명히 건드리는 것은 어떤 환상이지 어

---

37) 〔육성 강의에서 바르트는 이렇게 분명히 한다. "상이한 두 리듬을 함께 놓음으로써 심층적 교란이 생긴다."〕

떤 기의가 아님. 왜냐하면 수도사의 정신성으로의 개심이 전혀 아니기 때문임.) → 나의 연구에서 이미 수도사와 관련된 자료에 대한 불균형적인 투자가 있었음.

이어서 또 하나의 지향이 있다. 즉 환상은 두드러지게 공동 수도 생활을 싫어한다는 것이다. 독서를 통한 탐사는 베네딕투스파 모델(6세기)인 서양적 공동 수도 생활로부터 일탈하여 공동 수도 생활 이전의 형태들에 관심을 갖는다. 은둔적이거나 준(準)은둔적(고유 리듬) 형태들에, 다시 말해 동방의 수도원 제도(이집트·콘스탄티노플)에 말이다. 하지만 우리는 그렇게 하여 아토스 산으로 되돌아온다.

이와 관련해 나는 결정적으로 몇몇 연대들을 분명히 각인시키고 싶다 (pp.61-62 참고).

우리가 보다시피, 모든 것은 4세기에 이루어졌다. 이 시기는 적어도 놀라운 방향 효과를 낳는다. 은둔 생활(권력 구조에 통합되는 것에 저항하는 위험한 한계 상황들로 간주된 은거 생활·준은둔 생활·고유 리듬)의 청산으로서의 공동 수도 생활은 (순교자들의) 학대받은 종교로서의 기독교로 하여금 국가 종교의 위상으로, 다시 말해 비권력(탈권력)으로부터 권력으로 넘어가게 만든 전도(파코미우스[38])와 엄밀하게 동시대적이다. 테오도시우스 칙령이 공포된 해인 380년은 아마 우리 서구 세계의 역사에서 가장 중요한 시점(그리고 은폐된 시점: 누가 이 날짜를 알고 있는가?)일 것이다. 종교와 권력의 결탁, 새로운 한계 상황들의 창조, 동방과 서방의 분리가 이루어진 것이다. → 서방 중심주의(공동 수도 생활의 승리).

---

38) 성 파코미우스(286-346)는 공동 수도 생활의 창시자.〔역주〕
39) 기독교도들을 박해한 로마의 황제.
40) 카드 173: "드라게(Draguet) XVIII. 《사막의 교부들》. 일부는 은둔자로서 홀로 산다: 안토니우스 체제임. 또 다른 일부는 대다수의 경우인데, 은둔자 집단을 이루어 산다: 최소한의 공동체 생활을 하는 이점이 있음. 파코미우스의 체계(공동 수도 생활)."

| 디오클레티아누스[39] | 275-305 | 3세기말 | 사막의 성 안토니우스[40] | 은둔 생활 |
|---|---|---|---|---|
| 콘스탄티누스 대제 개종 | 313 | 4세기초 | 안토니우스 주위의 은둔자들(시나이) | 준은둔 생활 고유 리듬 |
|  | 314 | 4세기초 | 파코미우스가 공동 수도 생활을 출범시킴[41] |  |
| 기독교: 국가 종교<br><br>테오도시우스 칙령 | 380 | 4세기말 -5세기 | 성 아우구스티누스: 개종<br><br>탑·기둥 위의 고행 수도사 | 성 아우구스티누스의 계율 |
| 동방/서방의 분할 (테오도시우스 사망) | 395 |  |  |  |
|  | 534 | 6세기 | 카시노 산에 성 베네딕투스 수도원 | 서구적 공동 수도 생활 |
|  |  | 10세기[42] | 아토스 산에 **라우라**[43]의 설립 |  |

---

41) 카드 145: '파코미우스: 라뢰즈 273. 수도사의 의복:

— 소매 없는 아마로 된 튜닉

— 허리띠

— 무두질한 염소 가죽

— 여행용 망토

— 맨발, 외부용 샌들 제외.

각각의 수도승:

— 2개의 두건, 2개의 튜닉+일하고 잠자는 데 필요한 낡은 것 하나.

— 사용하지 않는 옷가지: 공동 옷장에 보관됨.

— 각자를 위한 유지: 공동으로 1시에 세탁 및 건조.

— 기원? 이집트의 사제들인가?

— 머리는 깎음(파코미우스는 세라피스 신을 숭배했는가?).

42) 〔바르트는 육성 강의에서 "진정한 의미에서 본다면 이것은 도표에 속하지 않는다"고 밝힌다.〕

43) Laura(라틴어): laure, 중세 수도원.

## 전반적 설명(계속)

따라서 수도원 제도(이집트와 비잔틴의 준은둔 생활 형태로서)에 대한 참조는 그 수가 많을 것이다. 나는 이것이 여러분으로 하여금 교양의 이같은 부차적 환상을 나와 공감하는 데 너무 싫증나게 하지 않기를 기대한다——왜냐하면 여러분은 공감할 의무가 없기 때문이다. 이와 관련해 내가 분명히 해야 할 점은 독서에 대한 하나의 이론(어떤 의미에서 새로운 이론)이 가능하다는 것이다(반문헌학적인 독서). 즉 기의에 초연하여 읽는 것임. 예컨대 신이 없는 신비주의들, 혹은 기표로서 신을 읽는 것임[1](훌륭한 신학에서 신은 그 자신 이외의 어떤 다른 것의 기표도 될 수 없는 이상, 신=절대적 기의일 때, "나는 곧 나이다"[2]라는 말은 바로 이것을 의미함). 우리가 기의, 모든 기의를 제외하는 독서 방법을 일반화시킨다면 어떤 일이 일어날지 상상해야 한다. 예컨대 우리는 사르트르를 '참여'라는 기의 없이 읽기 시작할 수 있을 것이다.[3] 그럴 경우 일어나는 일은 최고의——최고로

---

1) 강의중에 자신의 생각을 전개시키면서 바르트는 기의를 제외하고 읽을 수 있는 작품들과 이러한 제외가 불가능한 작품들을 구분한다. 예컨대 보쉬에의 작품은 기의로서의 신 없이 아주 분명하게 읽혀질 수 있다…….

2) 〈출애굽기〉, 3, 14.

3) 육성 강의에서 바르트는 다음번 세미나를 사르트르에 할애할 것이라는 계획을 말한다. 실제로는 1978년에 세미나가 열리지 않는다. 1979년에는 '미로'에 관해서, 그리고 1980년에는 '프루스트와 사진'에 관해서 세미나가 진행된다.

자유로운——독서일 것이다. 독서의 모든 초자아(sur-moi)가 사라질 것이다——왜냐하면 기의가 최후로서 주어지고 받아들여지는 이상, 법은 언제나 기의로부터 오기 때문이다. 믿음(오늘날 모든 지식 계급에서 종교적 믿음을 대체한 정치적 믿음을 포함해서)이 있는 곳에서 믿음의 제외 결과는 현재로선 계산할 수 없으며, 거의 견딜 수 없는 지경이다. 왜냐하면 이 독서 방식에서 없애야 하고, 소멸시켜야 하며, 무의미한 것으로 만들어야 하는 대상은 죄의식을 낳는 것들이기 때문이다. 따라서 비억압의(억압이 없는) 독서가 도래하도록 노력하는 것이 중요하다. 신앙이 없는 수도승들에 대해 이야기하지 않는 것보다 이야기하는 것이 보다 덜 억압적이다.

## 작품들

수도원 제도 이외에도 문학적 자료체에서 고찰의 소재들을 끌어올 것임.

소설들은 흉내들, 다시 말해 어떤 모델에 대한 허구적 실험들이며, 이 가운데 가장 고전적인 모델은 축소 모형이다. 소설은 하나의 구조, 논지(축소 모형)를 함축하며, 이를 통해 주제들, 상황들이 방출된다. 그런데 나의 기억을 더듬어 보건대 고유 리듬의 소설적 축소 모형은 없다. (여러분이 그런 모형을 알고 있으면, 나에게 말해 주어야 한다.) 그러나 거의 모든 소설들에는 더불어 살기(아니면 홀로 살기)와 관련된 흩어진 소재가 있다. 그러니까 더불어 살기 흉내의 편린들이 있음. 이것들은 어떤 혼란스러운 그림에서 매우 선명하고 완결된 세부 묘사가 갑자기 나타나 여러분에게 충격을 주러 오는 것과 같음(이것이 《미지의 걸작》[4]의 배치 자체이고, 위상학임).

따라서 나는 몇몇 작품들을 택했고, 이것들로부터 더불어 살기의 몇몇 흥미있는 자료들을 끌어냈다. 나의 선택은 전적으로 주관적이다. 아니 그보다 전적으로 우발적이다. 그것은 나의 독서들, 나의 기억들에 따른 것이다. 출처들의 이와 같은 무정부주의는 파이데이아를 위해 방법을 제거했다는 것으로 설명된다. 게다가 이 작품들은 '그 자체로서는' 고려되지 않을 것이다(cf. 《젊은 베르테르의 슬픔》[5]). 하나의 작품에서 다른 하나의 작품으로 건너뛰기, 휘묻이 같은 것들이 있을 것이다.

기억할 수 있도록 좀 억지를 부리자면, 선택된 작품들 각각은 대략적으로 더불어 살기와 이것의 패러다임적 용어인 홀로 살기의 한 장소-문제에 부합한다. (하나의 소설 속에 있는 축소 모형은 매우 중요한 장소임. 발자크는 언제나 축소 모형을 내놓는다.) 그러나 이것은 작품들이 이 지형적 용어에 따라서 테마적으로 다루어짐을 의미하는 것이 아니다. 작품은 '단상들'로 파열할 것이다(조금 후에 이 점을 다시 다룰 것이다).

당연히 다른 작품들에서 얻은 '단상'들도 있을 수 있지만, 이 작품들은 아마 단상을 별로 제공하지 못할 것이다. 이런 측면＝연구의 예측 불가능한 사항임. 체계적인 것('체계적 독서들')은 부스러지고 기대에 어긋난다――비체계적인 것은 싹이 트고 번식한다. 그러나 어떤 직접적인 방향이 잡혀야 하는데, 그 이유는 바로 간접적인 방향, 예측할 수 없는 방향이 존재하기 때문이다. 그것은 방법의 방식이 아니라 파이데이아의 방식이다.

---

4) 1831년에 씌어진 발자크의 중편 소설. 늙은 프랑오퍼(Frenhoper)는 몇 년 전부터 라 벨 누아죄즈(la Belle Noiseuse는 호두(noix)의 여성형을 써 아름다운 호두라는 의미임―〔역주〕)라는 별명을 지닌 창녀, 카트린 레스코의 초상화를 그리려고 애쓴다. 그가 제작해 내는 것은 색깔들의 무더기뿐이지만 그 속에서 진짜 같은 놀라운 발 하나가 뚜렷이 드러난다.

5) 《사랑의 단상》(앞의 책)에서 바르트는 괴테의 《베르테르》를 사랑 담론을 수식하는 문형(figures)들의 목록으로 사용한다.

| 작품들 | 장소(축소 모형) | 관찰 사항 |
| --- | --- | --- |
| 지드:《푸아티에의 감금된 여인》(갈리마르, 18판, 1930). | 방(안락하지 않은 고독한 방) cella,[6] kéllion[7] (이 방의 사진도 있음). | 1901년 사회면 기사 같은 이야기: 지드는 자료들을 조립하는 데 만족한다(매우 강한 힘을 발휘하는 이야기). 당시 51세인 멜라니가 푸아티에의 한 부유한 부르주아 집에서 발견된다. 상태는 묘사할 수 없을 정도로——그러나 세심하게 묘사되어 있다——더럽다. 그녀는 약 25년 전부터 자신의 어머니에 의해 닫혀진 창문과 덧문들이 있는 방의 침대 위에 감금되어 있다. 어머니는 문과대학 학장의 미망인으로서 75세의 과부 바스티앙 드 샤르트뢰이다. 퓌제 테니에르의 전(前)군수였던 오빠 피에르 바스티앙과 하녀들은 위 사실을 알고 있다. 경찰에 신고하는 자는 새로 온 하녀의 구애자이다. 멜라니는 병원에 옮겨지고, 어머니는 체포되며, 오빠는 조사받는다. 어머니는 감옥에서 죽고, 오빠는 면소된다. 왜냐하면 사실 불확실하기 때문이다. 그와 같은 감금을 원했던 것이 정상적 기준에 따르면 '미친' 멜라니인지 알 수 없는 상황인 것이다. → '심판하지 말라'고 총서는 말한다.[8] 멜라니＝절대적 은둔자이나 믿음이 없다(그러나 현장에서 광기를 드러냄). |

---

6) Cella(라틴어): 방.

7) Kéllion(그리스어): 저장실, 지하 저장실.

8) 바르트는 이 이야기가 갈리마르사의 총서 '심판하지 말라(Ne jugez pas)'로 출간된 것에 빗대어 말하고 있음.

| 작품들 | 장소(축소 모형) | 관찰 사항 |
| --- | --- | --- |
| 디포:《로빈슨 크루소》《로빈슨 크루소의 삶과 모험》)(플레이아드). | 은거지. | 1719년의 소설. 선원 알렉산더 셀커크의 실제 이야기를 바탕으로 씌어짐. 이 선원은 잘못을 저질러 선장에 의해 후안 페르난데스 섬에 버려졌다가 1709년에 귀환함. 1632년에 태어난 로빈슨은 1651년에 영국을 떠난다.<br>역사적으로 얽힘이 많은 소설. 로빈슨: 자본주의자·식민자·노예 상인.[9] 모든 것을 박탈당한(일종의 파산-난파자인 그에게 남은 것은 한 자루 칼뿐이다) 그가 언덕을 올가가 섬을 식민화하고, 번식시키며, 지배자가 된다는 등. 제1부(우리의 흥미를 끄는 부로서 유럽을 여행하기 이전): 로빈슨은 홀로이다(마지막에는 프라이데이와 함께함). 그런데 이런 측면은 더불어 살기와 관련된다. 대립항(고독) 때문만이 아니라 로빈슨이 더불어 살기의 문제와 유사한 적응 문제와 대결하기 때문이다. 사물들, 자연=인간 주체들임.<br>자연: 그는 다른 힘들과 더불어 살아야 하며, 저항과 복잡성의 게임을 체험해야 한다. 예컨대 벼락의 위험에 두려움을 느낀 나머지 그는 자신의 화약 가루를 여러 곳에 나누고 분산시킨다: **cf.** 정서적 부담의 신중한 분산(새끼염소와 춤을 추는 셀커크.[10]) 일반적으로 사물들 |

---

9) 〔육성 강의에서 바르트는 디포의 소설이 '루카치적' 혹은 '골드만적' 작업을 요구한다고 분명히 말한다.〕

| 작품들 | 장소(축소 모형) | 관찰 사항 |
| --- | --- | --- |
| | | 이나 동물들에 대해서: 지성·계산·신중함·예측·측은함을 나타내다가 잔인함(그는 그가 길들이고자 했던 새끼 염소를 잡아먹는다, 63).<br>끝으로[11] 이상한 동어 반복: 고독에 대한 이 서사시는 고독에 생기를 불어넣기 위해 만들어진 소설로서, 신화적으로 지적된다. '아무도 살지 않는 섬에 가져가는 책' 이라니! 말로[12]에 따르면 《돈키호테》 및 《백치》와 더불어 말이다. 필라레트 샤시, 오하이오 강가에서,[13] p. XIV. |
| 팔라디우스: 《수도원 새벽 기도 이야기》(A. 뤼코, 1912[14]). | 사막. | 그리스어로 테오도시우스 2세의 시인 라우수스에게 헌정되어 있음=이집트·팔레스타인·시리아의 수도사들에 대한 일화 모음. 팔라디우스, 363- |

---

10) 《세계 여행》(1712)에서 선장 우즈 로저는 어떻게 그가 후안 페르난데스 섬에 4년 4개월 동안 버려졌던 선원 알렉산더 셀크라이그(혹은 셀커크)를 영국에 데려왔는지 이야기한다. 플레이아드판에 이 보고의 발췌문이 실려 있다(다니엘 디포, 《로빈슨 크루소의 삶과 모험》, 《소설 전집》, t. I, 페트뤼 보렐 번역, 프랑시스 르두 서문, 파리, 갈리마르, '플레이아드 총서,' 1959. 서론, 부록 I). 바르트는 다음과 같은 대목에 대해 암시한다. "그는 또한 새끼염소들을 길들여 기르고, 오락으로 가끔씩 그것들 및 고양이들과 함께 춤추고 노래했다."(같은 책, p.XXI)

11) 이 문장은 원고에서 말소되어 있다.

12) 프랑수아 르두의 서문에서 다음과 같은 문장을 참조. "오늘날 앙드레 말로는 그의 소설적 인물들 가운데 한 사람으로 하여금 이렇게 말하게 한다. 감옥과 포로수용소를 본 사람에게는 오직 3권의 책, 즉 《로빈슨 크루소》《돈키호테》《백치》만이 진실을 간직하고 있다." 이 인용은 《알튼부르그의 호도나무》에 대한 암시이다. In 앙드레 말로 《전집》, t. II, 파리, 갈리마르, '플레이아드 총서,' 1996, p.677.

13) 《로빈슨 크루소》의 인용된 판본 서문에서 프랑수아 르두가 명시한 것으로, 필라레트 샤시에 따르면 오하이오 강가의 식민자는 디포의 소설을 읽으면서 큰 위안을 찾았다는 것이다.

| 작품들 | 장소(축소 모형) | 관찰 사항 |
| --- | --- | --- |
| | | 425, 비잔틴에 있는 헬레노폴리스(소아시아 북서쪽 흑해 연안)의 주교였음. 이집트 여행—알렉산드리아 및 니트리아(저지대 이집트) 사막(388-399). 대단히 매력 있음. 자주 천진한 농담이 나옴. '단상들'(기표들)에 있어서 풍요로움. |
| 토마스 만:《마의 산》(번역: 페이야르, 1931[15]). | 공공 건물. | 물론 이 건물은 요양원이다. 이것은 상당히 잘 규정된 더불어 살기의 공간으로 귀결된다. 요양원 건물(여객선 유람, 어쩌면 지중해 클럽!)＝호텔식 더불어 살기. 매우 인상적인 구조: 분리된 방들+함께 회식하는 장소. 강렬하면서 일시적 관계 등. 1911년에 토마스 만의 다보스 체류(그의 아내 치료). 집필: 1912-1913. 1924년 출간. 이야기: 1907-1914.《베니스에서 죽음》과 보완적인 작품: 죽음과 질병의 매혹을 보여 줌. 나는 취임 강의[16]에서 내가 이 책과 맺었던 관계를 언급했다: a) 투영적 관계, 왜냐하면 '전적으로 그것이기 때문이다.'[17] b) 2차적 단계로 환경을 바꾸어 낯설게 하는 관계.[18] 1907/1942/오 |

---

14) 보다 최근에 번역된 것으로 두 종류가 있는데, 하나는 마질의 카르멜회 수녀들이 번역했고(1981), 다른 하나는 니콜라 물리니에가 번역했다(1999).

15) 바르트는 1961년판을 이용하고 있다.

16)《강의》(OCⅢ, 814).

17) 1941-1942년 바르트가 폐결핵으로 요양원에 있었던 사실을 암시한다. 〔역주〕

| 작품들 | 장소(축소 모형) | 관찰 사항 |
|---|---|---|
|  |  | 늘날,[19] 왜냐하면 그것은 나의 신체를 오늘보다 1907년에 더 가깝게 만들기 때문이다. 나는 하나의 픽션의 역사적 증인이다. 나에게는 매우 가슴을 에는 듯하고, 고발적이며, 거의 견딜 수 없는 작품임: 인간 관계의 매우 현저한 투자+죽음. 비통한 것의 범주. →나는 내가 이 책을 읽었던——혹은 다시 읽었던—— 시기에 좋지 않았다(나는 아프기 전에 그것을 읽었는데, 기억이 희미함). |
| 졸라: 《포부이》 (파스켈, 2t). | 아파트 (부르주아). | 1882년 작품. 옥타브 무레: 무레 드 플라상의 아들이고, 《무레 신부의 과실》에 나오는 세르주의 형이며, 《부인들의 행복을 위해》에서 장차 주인공. =부르주아적 더불어 살기의 어둠임. |

## 그리스어 망

따라서 2개의 자료 틀, 즉 (동방의) 수도원 제도+몇몇 작품들이 있다. 나는 세번째 자료 틀을 고려해야 하는데, 이것은 사실을 말하자면 첫번째 것으로부터 나온 것이지만 다른 수준에 있으며, 학술 용어적이고 '언어적(glottique)인' (≠사실에 근거하는(factuel)) 것이다. 그것은 동방의 수도원 제도에서 더불어 살기의 문제들을 체크해 주는 (명확하게 해주는) 그리스어 낱말들로 된 하나의 망이다.

---

18) 오늘날에서 보면 그러하다.

19) 폐결핵이 소설의 시작 시점인 1907년, 바르트가 요양하던 1942년, 그리고 오늘날에 전혀 다른 다르게 취급되고 있는 것을 말한다. 〔역주〕

용어들은 많다(30여 개). 우리는 그것들을 차츰 만나게 될 것이다.[20] 내가 그리스어의 망을 통해 목표로 하는 것에 대한 부분적 예를 들면 더불어 살기는 다음과 같은 3개의 근본적 지위에 의해 분절된다. (분절된다(articulé)=패러다임에, 의미에 접근한다.)

— 모노시스[21]: 고독한(그리고 독신적인: 모나코스[22]) 삶=성 안토니우스 체계.

— 아나코레시스[23]: 세상으로부터 멀리 떨어진 삶=고유 리듬의 초기 단계.

— 코이노비오시스[24]: 수도원 모델의 공동 생활=파코미우스 체계.

이 3개의 지위는 (각기) 다음과 같은 2개의 에너지, 2개의 힘, 2개의 배치가 통과한다.

— 아스케시스[25]: 공간의 길들이기

　　　　　　 시간의 길들이기

　　　　　　 사물들의 길들이기

— 파토스[26]: 상상계(l'imaginaire)에 의해 그려지는 정서.[27]

왜 그리스어 망에 중요성을 부여하는가? 왜 모든 사람들처럼 프랑스어가 아닌가? 왜 복잡하게 하고, 정교화시키며, 가짜 박식의 겉치례를 입히는가? (끝없는 비난. 1월 6일인 오늘도 《포토》[28]지에 글이 나오자 이런 비난이 있다. 왜 '모든 사람들'의 언어를 말하지 않는가?)

---

20) 〔육성 강의에서 바르트는 강의가 '허위적 박식'의 외양을 띨 것이라고 지적한다.〕
21) **Monôsis**(그리스어): 고독.
22) **Monachos**(그리스어): 고독한, 홀로 사는.
23) **Anachôrèsis**: 은둔.
24) **Koinobiôsis**: 공동 생활. 바르트가 koinos(공동의)와 bios(삶)로부터 만든 신조어.
25) **Askèsis**(그리스어): 수련, 실천.
26) **Pathos**(그리스어): 정서.
27) 〔육성 강의에서 바르트는 'imaginaire'란 낱말을 대략적으로 라캉적 의미로 사용한다고 밝힌다.〕

**Cf.** 나는 취임 강의[29]에서 이렇게 말했다. 우리가 우리의 관용어 속에, 그리고 이 관용어에 의해 전달되는 여러 언어들을 지니고 있다는 것은 좋은 일이다. 이유는 이렇다.

1) 우선 사실상의 문제: 한 공동체의 관용어(고유어)는 단일적이고, 동질적이며, 순순한 것이 아니다. 관용어＝주워 모은 것(patch-work), 랩소디임(영어식 프랑스어에 대한 비난보다 더 상궤를 벗어난 것은 없다.[30] 한 관용어의 존재는——최상의 경우든 최악의 경우든——그것의 어휘 속에 있는 것이 아니라 그것의 통사법 속에 있는 것이다).

2) 다음으로 여러 언어들이 있음. 왜냐하면 여러 욕망이 있기 때문이다. 욕망은 낱말들을 추구한다. 그것은 그것들을 발견하는 곳에서 그것들을 취한다. 이어서 낱말들이 욕망을 낳는다. 그리고 또한 낱말들은 욕망을 방해한다. 나는 절대적으로 고독한 삶이나 수도원 형태식(morpho-coventuelle) 삶의 콤플렉스를 지시하기 위한 행복한 프랑스어 단어를 갖고 있지 않다. (관용어 내에 있는) 복수적 언어(pluri-langue)는 사치이지만, 항상 그렇듯이 이 사치는 욕망의 필요품에 불과하다. 따라서 언어 활동의 모든 도둑질이 그렇듯이, 이 사치를 요구해야 하고 옹호해야 한다.

물론 이런 원칙들 이외에도, 아니면 이런 원칙들 아래에 다음과 같은 기술적(技術的)인 (의미의 테크닉적) 이유들이 있다.

1) 함축적 의미들의 전치. 예컨대 '고독한 삶'은 규칙들의 어떠한 구조도 함축하지 않는다. 그것은 의미론적 '존재'가 아니다. (반면에 **모노시스**는 **독신자**(monachos)의 계율을 함축한다.)

2) 그리스어 낱말은 기원, 이미지, 그리고 환경 변화(dépaysement)를 동

---

28) 《포토》 112호, 1977년 1월. 〈아브동. 콜레주 드 프랑스의 롤랑 바르트가 해설한 그의 새로운 초상들〉(OCIII, '텔(Tels)'이라는 제목의 글, p.691-698). 바르트는 강의에서 독자 한 사람이 보낸 빈정거리고 공격적인 편지에 대해 암시한다.

29) 《강의》, 1977(OCIII, 807).

30) 에티앙블의 《당신은 영어식 프랑스어를 말합니까?》는 1964년에 나온다.

시에 발생시키는 개념을 드러낸다.

3) 그리스어 낱말은 종합하고 강조해 준다. 그것은 요약 · 집약 · 생략을 나타내며——이로 인해 풍요로운 펼침(dépliement=어원적 창안) 작용을 보장해 준다. 일반적으로 열어 보아야 할 안건: 다른 하나의 관용어에 편입된 한 언어의 낱말−개념들의 안건임. 프로이트로부터 정신분석학 속에 들어온 독일어 낱말들은 번역상 일종의 바로크적 궤변 · 억설을 낳는다('Trieb'[31]의 예). 다시 말해 기표 위에 곧바로 하는 작업——기의에 대한 작업보다는 항상 바람직한 작업——을 낳는다.

4) 끝으로 내가 그리스어에 의존하는 문헌학(혹은 가짜 문헌학)은 느리다. 그리스어 낱말들에 의존한다는 것=바쁘지 않다는 것임. 그리고 때때로 기표를 향기처럼 전개시키기 위해서 이 느림은 필요하다. 현재의 세계에서 완만함의 모든 기술(技術)은 무언가 진보주의적인 것이다.


## 단상들

위에서 말한 내용은 자료에 관한 것임. 전반적 설명은 다음과 같다. 출발점(그리고 끊임없이 회귀하고 통제해야 할 지점)은 (고유 리듬을 지닌) 환상임. 그런데 환상=시나리오이지만, 파열되고 언제나 매우 간단한 시나리오임. 그것은=욕망의 서술적인 희미한 빛임. 우리가 어렴풋이 보는 것, 윤곽이 매우 뚜렷하고 아주 환하지만 즉각적으로 소멸하는 것임. 예컨대 어둠 속에서 커브를 도는 자동차 안에서 내가 보는 물체 같은 것임. 환상

---

31) [바르트는 이 암시를 육성 강의에서 이렇게 분명히 한다. "전문 용어적 관점에서 볼 때, 충동(pulsion)이란 용어는 프로이트 작품들의 프랑스어 번역본들에서 독일어 Treib와 같은 것으로 도입되었다. 이는 또한 본능 및 성향과 같은 보다 오래 사용된 용어들의 연루를 피하기 위한 것이다." J. 라플랑슈 및 J.−B. 퐁탈리스, 《정신분석학 어휘집》, 앞의 책, p.360 참조. 바르트는 라캉이 Treib라는 단어를 '표류(dérive)'로 번역했다고 상기시킨다.

＝불확실한 영사기, 다시 말해 세계·학문·역사의 단편들——경험들——을 단속적으로 일소하는 불확실한 영사기(projecteur)임.[32] 이때 담론적인 것은 증명적이고 설득적인 성격을 지닌 것이 아니라(그것은 어떤 주장을 입증하고, 어떤 믿음이나 입장을 설득시키자는 것이 아니다), ‘드라마적’인 성격을 지니고 있다. 니체식으로 말하면 **무엇인가**보다는 **누구인가**가 문제이다.[33]

다시[34] 한번——클로소프스키,[35] 69를 통해서——니체를 보자: "**진정한 세계**를 없앤다는 것은 또한 **외관의 세계**를 없앤다는 것이다——그리고 이 세계들과 더불어 다시 **의식과 무의식**——**바깥과 안**——의 개념들을 없앤다는 것이다. 우리는 **일상적 기호들의 코드**와 비해 볼 때 불연속적 상태들의 연속에 불과하다. 이 연속에 대해서 **언어의 불변성**은 우리를 속인다. 우리가 이 코드에 종속되어 있는 한, 우리가 불연속 상태로 살고 있다 할지라도, 우리는 우리의 연속성을 생각해 낸다. 그러나 이러한 불연속적 상태들은 언어의 불변성을 이용하거나 이용하지 않는 우리의 방식에만 관련이 있다. 왜냐하면 **의식하고 있다**는 것은 그것을 이용하고 있다는 것이기 때문이다. 그러나 어떤 방식으로 그렇게 이용할 수 있어서, 그 결과 우리가 침묵하자마자 우리가 어떤 존재인지 언젠가 알 수 있단 말인가?"

---

32) 〔육성 강의에서 바르트는 ‘조이스를 따라서 현시(épiphanies)라는 이름으로 부를 수 있는 이 환상적 투영들(projections)의 평가’에 하나의 강좌를 열 수 있음을 언급한다.〕 콜레주 드 프랑스에서 그의 세번째 강좌인 ‘소설의 준비 I: 삶에서 작품으로’에서 바르트는 조이스 작품에 나타나는 현시의 개념에 관해 자세하게 설명한다.

33) "이것은 무엇인가라는 질문은 다른 관점에서 본 의미를 제시하는 방식이다. 본질, 즉 존재는 관점적 현실이고 다양성을 전제한다. 결국 이는 **나에게** 그것은 무엇인가라는 언제나 동일한 문제이다."(《힘에의 의지》, I, 204. 들뢰즈 《니체와 철학》, 앞의 책, p.87에서 재인용) 바르트는 이미 니체의 이와 같은 탐구를 참조한 바 있다. 《텍스트의 즐거움》(OCII, 1526), 〈텍스트의 출구들〉(OCII, 1620-1621).

34) 원고에서는 말소된 대목의 시작이다.

35) P. 클로소프스키, 《니체와 순환 논법》, 파리, 메르퀴르 드 프랑스, 1969, 1975.

매우 훌륭한 대목이고 매우 중요하다. 그는 이렇게 말하고 있는 것이다 (최소한 나는 이렇게 유추한다): 언어의 불변성을 깨뜨리고 우리의 근본적 불연속 상태에 접근하는 게 좋다("우리는 불연속 상태로만 살고 있다"). (환상의 발동으로부터 나온) 담론의 단편적인 면은 물론 언어에 속한다. 그것은 허위적인 불연속 상태――아니면 불순하고 약화된 불연속 상태――이다. 그러나 적어도 그것은 우리가 언어의 불변성에 대해 하지 않으면 안 되는 가장 작은 양보이다.[36]

따라서 강의는 불연속적 단위들――즉 단상들의 연속에 의해 수행되는 것을 받아들여야 한다. 나는 이 단상들을 테마들로 묶고 싶지 않았다 (나는 그런 일을 단념하지 않았던가?). 내가 생각하기에 그런 일에는 (비록 대학의 사회적 관행이 끊임없이 요구하고 있지만) 카드들(fiches)의 위선적 조작 같은 것이 있다. 이는 각각의 경우가 수사학적으로 하나의 '논점,' 즉 **콰에스티오**[37]가 되도록 하기 위한 것이다. 마치 도박 카드(cartes) 한 벌을 가지고 있는 것처럼 말이다. 주목해야 할 점은 놀이(게임)는 규범적이다라는 것임. 그것은 주어진 여건의 무질서와 싸우고, 재조립하려고 애쓰며, 우연을 무질서로 간주한다. 카드들(fiches)의 경우도 마찬가지이다. 왜냐하면 사람들은(모든 카드 놀이――**게임**――에서 그렇듯이) 하트들·스페이드들, 같은 패 4장이나 3장, 5장의 연속 카드와 같이 계열들(familles)을 (몇 번이고 되풀이하여) 재구성하려고 하기 때문이다. 그러나 우리는 카드들을 뒤섞으며, 그것들을 나오는 대로 내놓는다. 내가 보기에는, 지금 내가 작업을 할 때 단상들(카드들)을 테마적으로 모으는 모든 일은 부바르와 페퀴셰[38]의 문제를 필연적으로 야기한다. 왜 이것이고, 왜 저것인가? 왜 여기이고, 왜 저기인가? 이런 의문은 연상적인 이데올로기(이것은 하나

---

36) 원고에서 말소된 대목의 마지막이다.
37) Quaestio(라틴어): 주제, 문제.
38) 플로베르의 소설 《부바르와 페퀴셰》의 두 주인공.〔역주〕

의 발전 이데올로기이다)에 대한 불신의 반사 작용임. 카드(cartes) 놀이자의
좌우명은 "나는 카드를 둘로 나누어 뒤섞는다"(우연을 유지한다)임. 다시
말해 나는 언어의 불변성에 대항해 행동한다.

그러나 (단편들을 통해) 불연속적인 글을 쓴다는 것에 나는 찬성이다. 그
것은 가능하고, 될 수 있다. 그러나 단편들을 이야기한다는 것은? (교양적)
신체가 저항한다. 그것은 과도적 이행들, 연쇄들을 요구한다. **담론=강**임.
우리는 라틴어의 담론, 즉 **연설**에 의해 이런 등식에 길들여지고 있는(적
어도 우리는 그렇게 길들여져 있었던) 것이다.[39] 이 문제는 사랑의 담론을
다룬 문형(figures)들과 관련해 이미 부딪친 것이다. 따라서 그것은 과도적
(변화적)이 아닌 질서에 따라, 즉 알파벳순에 따라 (불연속을 숨김없이 드
러내 놓고) 인위적으로 연결함으로써 해결된다.[40] 이것은 유일한 방책이
다. (아니면 순전한 우연이다. 그러나 나는 또한 많은 논리적 연속 계열들
(séquences)을 낳는 순수한 우연의 위험성을 언급했다.) 나는 이 방식을 나의
'단상들'을 위해 금년에도 다시 한번 이용할 것이다. 그러나 불연속이 더
욱 명백하게(그리고 공격적이게) 될 기회들이 있다. 왜냐하면 찾아진 단상
들은 사랑 담론의 문형들보다 훨씬 더 작고 짧기 때문이다.

단상들의 이와 같은 방법은 물론 모종의 전략, 즉 메타 언어를 해체하고
자 하는 전략과 관련이 있다(취임 강의 참조).[41]

이러한 단상들은 작고 불연속적인 경우가 자주 있다. 나는 그것들을 한
번 더 알파벳순으로 제시할 것이다. 이는 내가 그것들을 최소한 현재로선

---

39) Oratio(라틴어): 담론(담화), flumen(라틴어): 강, contio(라틴어): 연설, 강연.
40) 《사랑의 단상》에서 〈어떻게 이 책은 만들어졌는가?〉, '2. 순서' 참고. 바르트는 책에
어떤 방향, 따라서 전반적 의미를 강제하는 것을 피하게 해주는 알파벳 순서를 옹호한다.
41) "내가 여기서 제안하는 패러다임은 기능들의 분할을 따르지 않는다. 그것의 목표는
한쪽에 학자들과 연구자들, 다른 한쪽에 작가들과 에세이스트들을 놓고자 하는 것이 아니
다. 반대로 그것이 제안하는 것은 말이 맛이 있는 곳이라면 어디서나 글쓰기가 되찾아져
야 한다는 것이다."(지식(savoir)과 맛(saveur)은 라틴어에서 어원이 같다)《강의》, OCIII, 806).

전체라는 관념에 결부시키지 않는다는 사실을 분명히 감당하기 위해서이다. 나는 이것이 깜박거림과 분산의 피곤한 인상을 낳을 수 있다는 점을 인정한다――일부 단상들이 갑작스럽게 나타남으로써, 더불어 살기와의 연결이 약할 수밖에 없기 때문이다. 그것들은 더불어 살기의 주변을 돌지만, 멀리 떨어져 있는 경우가 자주 있다.

나는 하나의 전반적 설명을 충분히 정당화한 것이 아니라 감당했다고 믿는다. 이 설명은 말하자면 주제('더불어 살기')보다 위쪽에서, 흔히 상당히 높은 곳에서 맴도는 데 있다――그러나 내가 이 주제에 안착할 수 있을지는 아직 모르는 상태이다. 왜냐하면 이것은 진행 상태에 있는 연구이기 때문이다. 사실 나는 제대로 되어가는 교육 관계가 있기 위해서는 말하는 자가 듣는 자보다 더 많이 아는 것이 아주 조금밖에 되지 않아야 한다고 생각한다. (때로는 어떤 점들에 관해서 보다 덜 알아야 한다. 이것이 주고받는 것이다.) 본 강의는 교습이 아니라 연구임.


# 아케디아, 아세디


금욕에 투자를 중단하는, 다시 말해 금욕에 더 이상 투자하지 못하는 (그러나 신앙을 잃은 것은 아닌) 수도사의 상태이고 감정임. 그것은 신앙의 상실이 아니다. 그것은 투자의 상실이다. 우울의 상태로서 수심 · 피로 · 슬픔 · 권태 · 낙담임. (정신적) 삶은 단조롭고, 목표가 없으며, 힘들고 불
* 필요한 것처럼 나타난다. 금욕적 이상은 어둡고 매력이 없다. 카시엔(《제도들》, X)[42]은 이렇게 말했다: "(…) 그리스인들은 그것을 **아케디아**[43]라 불렀고, 우리는 마음의 답답함 또는 불안(*taedium sive anxietas cordis*)이라 부

---

* 드라게, **p.XXXVI**.

를 수 있다." 그것은 동방의 은둔 생활 이야기들에서 자주 나타나는 현상임. (카시엔: 이탈라아인, 기원전 360-335. 이집트에서 살았음. 마르세유에 2개의 수도원을 설립함.)

**아케디아**: 의기소침 < **케데우오**[44)]: 돌보다, 배려하다, 관심을 갖다. 이로부터 다음과 같은 대립어들이 나옴. **아케데오**[45)]: 아랑곳하지 않다(이것이 바로 투자의 상실이다). **아케데스토스**[46)]: 버려진. **아케데스**[47)]: 소홀한, 등한히 한. 능동태와 수동태의 치환을 잘 관찰해야 한다. (투자된 대상을) 버리다=버려지다,이기 때문임(능동태=수동태. 정서 논리의 흔적: "한 어린애가 두들겨맞는다"[48)]) **아케디아**에서 나는 버림의 대상이자 주체이다. 이로부터 봉쇄 · 함정 · 궁지의 느낌이 비롯됨.

그것은 거세(거세에 대한 두려움)보다 **아파니시스**(존스의 개념[49)]으로서 비욕망의 상태, 비욕망에 대한 두려움)에 더 가까운 상태이다. 그것은 다음 * 과 같은 낱말들의 복합 콤플렉스임. 즉 아파니시스, **태디움,**[50)] **페이딩**[51)](욕

---

42) 드라게, 《사막의 교부들》, 파리, 플롱 1949에서 재인용. 이것은 《공동 수도 생활의 제도들》을 말한다. 가장 쉽게 이용할 수 있는 판은 장 클로드 기가 간행한 것이다(뒤 세르, 1965).

43) Akèdia(그리스어): 소홀, 무관심.

44) Kédeuô(그리스어): 돌보다.

45) Akèdéô(그리스어): 돌보지 않다, 소홀히 하다.

46) Akèdéstos(그리스어): 묘소도 없이 버려진.

47) Akèdès(그리스어): 소홀한, 등한히 한.

48) 〔바르트는 육성 강의에서 이렇게 분명히 한다. "여기서 능동태와 수동태의 치환을 잘 관찰해야 한다. 왜냐하면 투자된 대상, 예컨대 금욕을 버린다는 것은 버려지는 것과 같기 때문이다. 능동태가 수동태와 같게 되는 순간에, 우리는 정서 논리의 흔적이 있다는 점을 확신한다. 여기서 환상에 대한 프로이트의 모든 분석, '한 어린애가 두들겨맞는다'를 참조해야 한다"〕《한 어린애가 두들겨맞다. 성도착의 생성에 대한 연구 시론》, H. 오에슬리 번역, 파리, 아날렉트, 테라플릭스, 1969 참고.

49) Aphanisis(그리스어): 사라지게 하는 행위. "E. 존스가 도입한 용어: 성적 욕망의 사라짐. 이 저자에 따르면 **아파니시스**는 남성과 여성에 있어서 거세에 대한 두려움보다 더 근본적인 두려움이다라는 것이다."(J. 라플랑슈 및 J.-B. 퐁탈리스, 《정신분석학 어휘집》, 앞의 책, p.31)

* 《마의 산》, p.678.

망, 따라서 주체의 지움), '사점(死點)(point mort)[52](한스 카스토르프는 몇 년 동안 요양원에서 보낸 후, 사점에 도달했다. 즉 그는 질병, 죽음 자체에 더 이상 투자하지 않는다), '자살의 일보 직전' ('자살'[53]과는 매우 다르다. cf.《사랑의 단상》)과 같은 낱말들 말이다. 그것은 어떤 격렬한 욕망으로부터 비롯된다. 이 욕망은 만족될 수 없기 때문에 사그라지지만, '지혜' 속으로 사라지는 것이 아니라 일종의 진흙을 남긴다. 결국 아세디는 음울한 절망이다. 그것은 로빈슨, 아니 보다 정확히 말해 선원 셀커크에 의해 훌륭하게 묘사된 과정임: "그러나 이러한 식욕 '욕구'가 만족되자, 사회에 대한 욕망이 그를 그만큼 괴롭혔고, 그에게 모든 것이 결핍되었을 때 가장 덜 빈곤했던 것처럼 생각되었다. 왜냐하면 그는 육체를 유지하는 데 필요했
* 던 것을 쉽게 얻을 수 있었던 반면에, 탐욕적인 육체적 식욕들 사이에 나타나는 인간의 얼굴을 다시 보고 싶은 간절한 욕망은 거의 견딜 수 없었기 때문이다. 그는 음울해지고, 침체하고, 슬퍼졌고, 자신에 대한 폭력을 참기가 어려웠……."

　나는 아세디가 오로지 수도사의 상태에 연결된 것은 아니라는 점을 제시하기 위해 한스 카스토르프와 로빈슨에게 이 기준을 부여한다. 우리는 수도사들이 아니지만, 아세디는 우리의 흥미를 끈다. 그 이유는 바로 그것이 전형적으로 '금욕'에, 다시 말해 한 생활 방식의 실천(어원적 의미)

---

50) Taedium(라틴어): 싫증, 권태.

51) Fading(영어): fade: 시들다, 사라지다로부터 파생. 바르트는 이미 《사랑의 단상》에서 라캉의 이 개념을 자신의 것으로 만들었다. "페이딩. 사랑하는 대상과 전혀 접촉이 안 되는 것 같은 고통스러운 시련. 그렇다고 이러한 수수께끼 같은 무관심이 사랑의 주체로 향하거나, 세상 사람이나 경쟁자와 같은 타자 그 어느 누구를 위해 표명된 것도 아님." (OCIII, 561)

52) 베렌스 박사는 "한스 카스토르프가 얼마 전부터 도달한 사점(死點)을 뛰어넘을 수 있도록 도와 준다."

53) 《사랑의 단상》에 나타나는 문형.

　* 《로빈슨 크루소》, p.XXIV.

에 연결되어 있기 때문이다.[54] 아세디의 목적은 믿음, 관념, 신앙 선택(아세디는 '회의'가 아니다)이 아니라 어떤 생활 방식의 투자 중단이다. 아세디는 우리가 우리의 생활 방식, 세계와의 관계('세속적인 것')에 싫증나는 순간으로, 반복되고 드러나며 집요한 순간으로 귀결됨. 나는 어느 날 아침 일어나, 희망이 없는 가운데 내 앞에 한 주(週)가 펼쳐지는 것을 볼 수 있다. 이것은 반복되고 돌고 돈다. 동일한 일들, 동일한 약속들이 이어지지만 어떠한 투자도 없다. 설사 이 프로그램의 각각의 부분은 견딜 수 있고, 때로는 유쾌하다 할지라도 말이다.

사랑의 체험과 아세디의 관계를 보면, 사랑의 절망(사랑받지 못하는 것, 버림받는 것, 절교하는 것 등)은 아세디에 속하지 않는다. 아세디는 전형적으로 투자의 상실이다. 아세디는 투자 자체의 죽음이지 투자된 대상의 죽음이 아니다. 사실, 사랑의 대상에 대한 투자 중단은 해방일 수 있다. (마침내 자유롭고, 소외로부터 해방된 것이다!) 뿐만 아니라 그것은 고통, 즉 사랑받지 못하는 슬픔일 수 있다. 아세디는 이미지의 죽음이 아니라 상상적인 것의 죽음이다. 그것은 가장 고통스럽다. 고통 전체가 간직되지만 그것을 극화시켜 보았자 더 이상 별볼일 없기 없기 때문이다.

아세디와 더불어 살기의 관계는? 아세디는 역사적으로 특히 은둔적 금욕주의와 연결된 개념임. 고독의 금욕에 대한 고통스러운 투자 중단. → 은둔자가 세상으로 되돌아옴. 공동 수도 생활이 구상된 부분적 이유는 그것이 십중팔구 수도승을 강력한 공동체 구조에 통합시킴으로써 아세디와 싸우는 수단이기 때문이었을 것임. (근대적) 아세디는 우리가 더 이상 다른 사람들 속에, 다시 말해 어떤 다른 사람들과 더불어 살기에 투자하지

---

54) 카드 220: "**아스케시스: 에토스**, 즉 습관과 거주나 체류라고 말하는 게 나을 것이다 (카드 참조). 왜냐하면 그것은 **파토스**와 짝을 이루기 때문이다. 왜냐하면(바그너와 관련해. 어떤 대목? 바이로이트의 프로그램 및 사랑의 단상 원고본) **에토스**와 **파토스** 사이의 니체적 구분 때문에." 바르트의 실수. 왜냐하면 '거주, 체류'를 의미하는 것은 **에토스**이기 때문이다.

못하지만 그렇다고 고독에 투자할 수도 없을 때임. → 버릴 장소조차 없
는 온갖 것의 쓰레기로 삶을 느낄 때 아세디가 나타남. 아세디는 쓰레기
통 없는 쓰레기임.

# ■ 1977년 1월 26일 강의

강의가 끝났을 때, 몇몇 사람들 → 언급된 내용에 대한 소견 · 정보 · 보완을 제시했음.

나는 이것을 생산적인 실천이라고 평가한다. 왜냐하면 그것이 트집잡는 성격을 드러내지 않고 협동적이라는 점 때문이다. 강의(특히 단상들을 통한)=칸들이 처진 하나의 바둑판, 하나의 장소론임. 나는 칸들을 정하는 것으로 시작하고, 그것들을 다소간 채워야 한다. 그러나 칸들이 다른 사람들에 의해 채워질 수 있다는 것은 당연하다. → 나는 각각의 강의에 대해 제시된 소견들을 알려 주려고 노력할 것이다. 그것들이 보완적이기만 하다면 말이다. 다시 말해 그것들이 찬사적이지(불필요하지) 않고 교정적이지 않다면 말이다. 청강생들의 일종의 소식통임.

고유 리듬을 지닌 소설에 대해?

1) 괴테의 《선택 친화력》

2) 시몬 자크마르의 소설[1]

**고유 리듬**에서 2개의 r이 있는 이유: 유기음 rhô[2]

아세디에 대하여:

1) 《잃어버린 시간을 찾아서》: 《되찾은 시간》 이전에 화자도 사점(死點)

---

1) p.99 주(註) 참고.

2) 〔육성 강의에서 바르트는 이렇게 명시함. "나는 왜 idiorrythmie란 단어가 2개의 r를 포함하고 있는지 자문했었다. 나는 결국 그게 틀렸다는 것을 알면서도 r를 중복시킨 것이 idios의 s를 동화시킨 데서 온 것이라고 전제했다. 그러나 사람들은 두번째 r로 변모된 이 s가 단순히 rhuthmos에서 첫 rhô 유기음으로부터 온다고 나에게 정확히 지적해 주었다.〕 라카리에르는 이 낱말을 r 하나만 가지고 쓰고 있다.

을 경험함. 기차에서 **아세디**를 경험함. 왜냐하면 글쓰기에 투자하는 것을 멈추었기 때문임. → 사교 생활에 대한 취미에 의해서나 이 취미 쪽으로가 아니라, 되찾은 시간에 의해서 급격한 전환이 이루어짐(게르망트가(家)에 아침 나절에 도착).

2) **케데이아**[3]는 매장을 의미하기도 함. → 따라서 **아케데이아**[4]는 대상이 없는 죽음임(나는 대상보다도 감정의 죽음을 언급했다). 비탄의 절정은 묘지 없는 죽음임.


# 아나코레시스


**아나**[5]: 멀어짐(아래로부터 위로). **코레인**[6]: 가다, 멀리 거슬러 올라가다. 아나코레시스=심층적이고, 내밀하며, 은밀한 먼 곳으로 거슬러 올라 감을 통해서 세상과 결별하는 행위 혹은 상태, 혹은 개념(-sis)[7]으로 끝나 는 낱말.


## 역사적으로


은둔(≠도시)에 대한 성향: 이미 이교도들에게 나타남.

아나코레트(anachorète): 세상으로부터 은둔하겠다고 공언하는 자임. 오

---

3) Kèdeia(그리스어): 죽은 자에 대한 배려.
4) Akèdeia(그리스어): 소홀.
5) Ana(그리스어): 아래로부터 위로.
6) Chôrein(그리스어): 은둔하다, 멀어지다.
7) -sis(그리스어): 추상 명사를 만드는 데 사용되는 접미사.

* 두막집이나 독방(kéllion)의 거주자가 되며, 이곳에서 그는 수도원에 종속되든 아니든(아토스 산), 홀로 혹은 2,3명의 동료와 함께 산다.

아나코레즈(anachorèse)는 절대적인 고독에 의지하지 않고, 그보다는 이
** 런 것에 의지한다. 즉 세상과 접촉의 희박+개인주의(개인주의적 금욕)에.

1) 세상으로부터 멀어짐. 아나코레즈의 열기는 3세기 말엽과 4세기 초엽 타오름(안토니우스: 파라오들의 무덤에 기거하다가, 그리고 오아시스, 이
*** 집트의 산들에 기거함). 아나코레즈는 국가 · 세(稅) · 병역 의무로부터 도피+사회적 접촉을 드물게 하고, 이 접촉으로부터 자신을 보호하려는 독립성임.

2) 각자는 자신이 원하는 대로 자치한다. 즉 개인적 기도+〈시편〉을 낭송하면서 수작업(광주리 만들기 · 직조 · 돗자리).

3) 아나코레즈≠은둔 생활임. 둘 또는 셋이서 함께 거주가 가능하기 때문임. 또 일종의 수도적 집단 마을에 결부될 수 있기 때문임(동방 및 아토스 산). 아나코레트들 사이에 상호 방문함. 상궤를 벗어난 행동을 진정시키기 위한 고참들의 몇몇 충고. 총회(공동 예배)를 위해 토요일 모임이 있음.


## 은유적으로


아나코레즈: 단절의 행위, 충격적 출발을 통해 성립됨. 세상으로부터 멀어짐은 상징적으로 표현될 필요가 있다. 아나코레즈=넘어야 할 하나의 행동, 선, 문턱임.
**** 예를 들면 상징적으로 로빈슨은 난파를 통해 세상으로부터 벗어남. 한

---

* 페스튀지에르, I, p.41. ** 데카로, p.20. *** 아르망, p.40.
**** 《로빈슨 크루소》, p.47-49, 58.

순간에 더 이상 어떠한 동료도 없음('모자 셋, 챙 없는 모자 하나, 그리고 짝이 없는 구두 두 켤레'만이 남아 있다). 13일이 지나자 배는 침몰된다=어떠한 다리도 세상 사람들과 단절됨(세상 사람들은 후에 식인종의 형태로 되돌아온다).

세속적 아나코레즈의 예를 들면, 스피노자는 인생의 말년에 헤이그 근처에 있는 보르뷔르흐에 은거한다. 우선 하숙집에 기거함. 그러나 자신이 너무 낭비하고 있음을 깨닫는다. (자기 방식대로 식사하기 위해) 개인 집의 방 하나를 세로 얻는다. 진정한 아나코레즈임. 왜냐하면 가끔 자신의 손님들과 토론을 하기 위해 내려오기 때문이다. 그는 그곳에서 '매우 은둔적 방식으로 자신의 공상에 따라 살았다'[8]

아나코레즈라는 이 개념은 다음과 같은 세 가지 이유로 명확히 언급되어야 한다.

1. 역사적으로 그것은 집단적-개인주의적 구조를 나타냄으로써 고유 리듬의 모체이다.

2. 아나코레즈=절도 있는 은둔의 모든 환상. 스피노자의 평화로운 이미지 참고. 아나코레즈: 권력의 위기에 대한 개인주의적 해법임. 나는 권력·세상·장치들로부터 달아나고 그것들을 부정한다. 나는 삶의 장치가 아닌 삶의 구조를 창조하고 싶다. 이로부터 단절의 상징적 행위가 나온다. 아나코레인[9]=권력을 거부하고, 권력에 반대한다(이것이 권력으로서 다른 사람들에 반대하는 것일지라도).

3. (세속적) 아나코레즈의 현실이 있을 수 있다. 현 세계는 권력의 강력한 형태들, 군거성, 소외로 특징지어짐. → 꿈, 환상, 멀어지는 행위가 비

---

8) 카드 121: "망(網)에서 벗어남.《포부이》. 모든 거처는 사회적으로 탐지된다. 그러나 어떤 벌어진 틈새, 암묵적 발화 내용(르푸스와르(repoussoir)——대비됨으로써 다른 것을 돋보이게 하는 것——의 항, 패러다임)이 있다: 3층에 있는 작가의 아파트."

9) Anachôrein(그리스어): 뒤로 물러나다.

  * 장 콜레뤼스, 〈스피노자의 삶〉, 플레이아드, p.1318.

롯됨. 여기서 벗어남의 상징 체계가 자주 재발견될 수 있을 것임(로빈슨 참고). 예컨대 자신의 재산을 '매각하고,' 아르데슈에 농가를 하나 사서 양들을 기르고 사는 일 같은 것임. 보다 막연하게는 시골로 살러 가 고립되고, 세상과는 몇몇 고정점들(points de caption)[10]만을 간직한다(대중문화의 주제임. 제르베 치즈 광고 참조——젖소 사기). 이는 균형잡힌 아나코레즈임(이와 같은 광적인 아나코레즈들이 있다).


# 동물

우연하게도 아타코레즈와 동물성은 알파벳순에서 인접함+그것들의 테
* 마적 관계가 있음. 서로 반대되는 두 운동을 정리해 보자. 1) 짐승으로부터 인간으로: 로빈슨. 2) 인간으로부터 짐승으로: 종교적인 아나코레즈의 과도한 형태들.


## 1) 로빈슨

로빈슨 크루소는 자연 상태, 아니면 거의 자연 상태에서 출발한다. 칼 하나, 파이프 하나, 약간의 담배밖에 없기 때문이다. 이로부터 그는 문화
** 의 모든 단계들을 편력한다. 즉 나무에서 잠을 잠 → 뗏목 → 오두막 등

---

10) 바르트는 라캉의 표현을 자유롭게 사용한다. 라캉에게 'capiton'은 기표의 도정과 주어의 미끄러지는 생략 사이의 교차점이다. 육성 강의에서 바르트는 '접촉점'이란 표현을 사용한다.

* 페스튀지에르, I, p.46. ** 《로빈슨 크루소》, p.48.

→ 사람이 사는 섬의 지배자가 됨.

동물로부터 인간으로의 이와 같은 상승은 동물의 가축화라는 대칭적인 운동을 동반한다.

1) 대등한 인간과 동물. 야생 고양이의 수작: "매우 조용하고 무심한 모습으로 앉으면서 그것은 나를 정면으로 바라본다. 마치 나와 알고 지내고 싶다는 듯이." 이 대등성은 매우 완벽하기 때문에 로빈슨 크루소는 고양 * 이를 적-인간처럼 겨눈다. 고양이의 무심 앞에서 그는 비스킷 한 조각을 준다.

2) 새끼염소 한 마리를 불구로 만든 후 그것을 가축화함. 가축화의 과 ** 정: 새끼염소가 길들여지며, 로빈슨 크루소는 그가 더 이상 사냥할 수 없을 때(화약과 납이 떨어져) 양식을 얻을 수 있기 위해 체계적인 가축 기르기를 구상한다. 가축 기르기의 첫번째 단계.

3) 가축 기르기의 두번째 단계: 인간 애호 경향임. 동물은 인간의 공생자로서 살아야 한다=인간의 대용물(≠예비 식량).

a) 언어 활동의 대용물: 앵무새. 로빈슨 크루소는 앵무새 한 마리를 잡 *** 아서 '나와 함께 이야기하는 법을 그에게 가르친다.' 여러 해 동안 길들이기. → 앵무새는 로빈슨 크루소의 이름을 부른다=하나의 **너**를 만들어 내는 것인가? 당신을 **너**라고 말하는 누군가를 만들어 내는 것이다. 하나의 사물이 인간으로, 신으로, 호격으로 물신화될 수 있다. 예컨대《단순한 마음》[11]의 앵무새. 그러나 하나의 사물로 하여금 **너**라고 말하게 하는 것은 불가능하다. 이로부터 로빈슨 크루소의 앵무새가 지니는 대체할 수 없는 성격이 비롯된다. 그것은 자신의 이름을 받자 인간처럼 유지되는 것이다.

b) 정서의 대체물: ('무기력으로 꼼짝 못하는') 새끼염소. "내가 그것에

---

11) 플로베르의 중편 소설에서 하녀 펠리시테(축복)는 자신의 앵무새 루루를 박제토록 하여 결국은 그것을 성신(聖神)과 혼동하고 만다.

*《로빈슨 크루소》, p.55. ** 같은 책, p.76. *** 같은 책, p.110.

* 계속해서 먹이를 주었으므로, 그것은 매우 사랑스럽고 상냥하고 유순해졌기 때문에 나의 하인들 가운데 하나가 되었으며, 그 이후로 그것은 나를 결코 떠나려고 하지 않았다." 하인: 공격적이지 않은 겸손한 존재.＝도시에 있는 가축의 현재 기능.

《로빈슨 크루소》＝인간이 동물과 맺는 관계의 주요 형태들. 인간성에의 접근: 사물들(도구들)·동물들(가축화)에 대한 권력의 과정을 통해서. 이러한 '인간화(hominisation)'의 마지막 단계는 가장 흥미롭다. 권력을 가지고 정서를 만들어 내고, 권력-정서를 창조하고, 정서를 받기 위해 권력을 이용하기 때문이다. 인간은 진정——새끼염소를 통해——로빈슨 크루소에서 탄생한다.

퇴보의 형태 속에서 나타나는 이런 측면은 동물 기르기(또한 식물 기르기도 있다)의 인류학적 현상을 잘 이해하게 해준다. 디드로: "당신도 잘 알다시피, 인간은 자신이 방금 배운 것에 대해 참으로 이야기하고 싶어 합니다."(《귀머거리와 벙어리에 대한 편지》)[12]

** 인간＝야생 종들에 대해 가하는 자연 도태에서 무자비한 대체물임. 이 도태(가축화)는 몇몇 유용한 형질들에 대해 가속화되고 집중됨.

야생 종에는 인간 선호의 다음과 같은 성향(인간의 공생자로서 살 수 있는 성향)이 있어야 한다.

1. 젖어들기의 능력, **임프린팅**[13] 아주 어린 야생 동물은 단 하나의 유일한 경험을 하는 동안에 인간에게 애착을 느낀다. 그 결과 아주 신속하게

---

12) "이런 비교를 듣고 당신에게 편지를 쓰는 사람이 위대한 음악가라고 상상하지 마십시오. 내가 음악가가 되기 시작한 것은 이틀밖에 되지 않기 때문입니다. 그러나 당신도 잘 알다시피, 인간은 방금 배운 것에 대해 이야기하기를 참으로 좋아합니다."(디드로, 《귀머거리와 벙어리에 대한 편지》, in 《디드로 전집》, t. Ⅳ, 《미학-연극》, 파리, 라퐁, '부캥' 총서, 1996, p.33)

13) Imprinting(영어): 침투, 각인.

* 같은 책, p.113. ** 뤼피에, p.108 및 이하, 〈생물학에서 문화로〉.

고정된 종속-지배 관계가 비롯됨. 태어날 때부터 인간에게 포획되어 길러진 새끼 늑대는 개처럼 행동한다. 젖어들기: 삶을 시작하는 첫 시기, 최초의 시선에 달려 있다. (#첫 3개월 동안 자유롭게 사는 강아지: 결정적으로 야생적이 된다.) **임프린팅**: 로빈슨 크루소와 새끼염소 사이에서 일어남. (**임프린팅**, 각인을 유도하는 것은 정서인가?)

 2. 길들여지는 능력(신속한 조건 반사).

 3. 정서적 능력.

 4. 포획된 상태에서 삶을 견디는 생물학적 능력.


## 가축화 단계들

 1) 구석기 시대의 사냥꾼들: 산 채로 동물들을 가져와 신선한 고기 비축품으로 그것들을 간직한다=길들이기(인간과 동물의 동거) → 포획 상태에서 번식 능력이 있다면 가축화 → 최대한의 **임프린팅**.

 2) 인간에 의한 도태: 속(屬)의 선별 → 일정한 용도를 위해 선별된 종들(고기를 얻기 위한 종들, 우유를 얻기 위한 종들, 수레를 끌기 위한 종들 등). 다형성(polymorphisme)이 줄어듦.


## 가축화의 역사

가축화된 최초 동물: 유럽의 늑대와 아시아의 늑대라는 두 혈통으로부

| | |
|---|---|
| 양, 염소 | 6천7백 년 전 |
| 돼지 | 6천5백 |
| 황소 | 6천 → 농경자들(비축 사료) |
| 말 | 3천 |
| 가금 | 청동기 시대(2천 년), 인간의 정착이 전제됨. |
| 토끼 | 기원후 9세기. 북아프리카로부터 스페인을 거쳐 옴. 스포츠 사냥. 중세=사순절을 위한 물고기였음.[14] |

터 온 개임. 1만 년 전(채취와 수렵 당시)에 이루어짐. 먹고 남은 사냥한 고기를 얻기 위해 인간을 따라다니는 늑대들에서 비롯됨(cf. 대도시들에서 쥐). 개들은 사냥의 전략을 변화시키고 사육의 출현을 조장함.

생태학적 위험: 지나치게 선별함으로써, 여러 종들을 사라지게 함으로써, 모든 것을 몇몇 종들에 걸게 됨으로써 발생함(1939년의 프랑스에 29종의 소과(牛科)≠1972년 7종. 현재 당나귀가 사라지고 있음). 어떤 재앙이 이 종들을 덮친다면, 대체할 수 있는 어떠한 유전적 가능성도 없음. → 기근의 가능성. 가축들의 세계=극도로 취약한 세계.[15]


## 2) 아나코레트


아나코레즈와 동물성≠《로빈슨 크루소》(인간에 의해 흡수된 동물). 아나코레트=동물성에 의해 흡수되고, 유혹받고, 매혹된 인간. 다음과 같은 3개의 형태를 지적하자.

1) 동물들=자연. 동물들≠인간 세상. 따라서 아나코레즈=자연 상태로, 즉 동물성으로 문자 그대로 되돌아감. 예컨대 인도의 바라문교도들 가운데는 숲 속의 은둔자들이 있음. **훌로비오이**[16]=동물들처럼 숲 속에서 사는 자들임. 기독교의 아나코레트들, 특히 4세기 시리아에 존재한 자들(철저하고 독특한 형태임): 풀을 뜯어먹는 자들(풀 · 뿌리 · 야채, 익힌 음식은 안 됨)임. 또 덴드리트들[17]은 새들처럼 나무들 속에 둥지를 튼다(cf. 《로

---

14) 바르트가 육성 강의에서 밝히고 있듯이, 토끼는 물고기로 분류되었다.

15) 〔육성 강의에서 바르트의 상세한 설명: "세상에 남아 있는 것이 가축들뿐이라면 윤곽이 잡히는 것은 이 세계가 극도로 취약하게 될 것이라는 점이다. (…) 따라서 야생 동물들이 필요하다."〕

16) Hulobioi(그리스어): 문자 그대로 '숲 속에 사는 자들.' 인도 가르만 부족의 이름.

17) Déndritès(그리스어)〔déndron(나무)으로부터 파생〕: 나무와 관련된 자, 나무 생활자들.

빈슨 크루소》및《스위스의 로빈슨》[18]). 결국 동물처럼 사는 것으로부터 동물이 되는 것으로 이동한다(마치 비교에서 은유로 정신병적 이동을 하는 것처럼). 아나코레트는 하나의 동물이다. 예컨대 아셉시므(Acepsime)라는 아나코레트는 '네 발로' 걸었다(그는 자신의 몸에 쇠사슬을 달아 놓았다).

* 그리하여 목동 하나가 그를 늑대로 생각하고 '투석기로 죽일' 뻔했다 함. 또 다른 아나코레트 탈렐르(Thalèle)는 다람쥐 쳇바퀴 같은 회전판을 만들었다. '자신의 오두막에서 무릎이 턱에 닿은 채 둥그렇게 몸을 움츠리고'《복음서》를 열심히 읽는 그의 모습이 상상됨. 그는 다람쥐가 되었다.

2) 동물들＝악의 모습. 동물들의 형상으로 나타난 악마들의 이 테마는 방대함. 이 테마는 애초에 성 안토니우스의 테마임. 성 안토니우스의 방에 들어오는 악마들: 뱀·사자·곰·표범·황소·늑대·살무사·전갈과 같은 온갖 '잔인한 짐승들.' 회화 속에 구상적으로 풍부함. 동물성＝하부 본성(infra-nature)이고, 공격성·두려움·탐식·육신이며, 율법이 없는 인간임. 라스코[19]와 발트뤼사이티스[20]의 저서 참고.

** 3) 동물들＝전복되고 속죄받은 본성. 동물은 기적의 길들임(동물로서의 그들이 지닌 본성이 전복됨). 예컨대 테베의 바울[21]을 매장하는 사자들, 시메온[22]에게 자신의 저녁거리 대추야자 열매를 갖다주는 사자(cf. 까마귀가 먹을 것을 가져다 주는 엘리야). 본성이 바뀌어진 동물: 중세의 **불가능한 것**

---

18) 요한 다비드 비스(Wyss),《스위스의 로빈슨》(1812).

19) 강의에서 바르트는 예술비평가 길베르 라스코의 작업을 참조한다(《서양 예술에서 괴물》, 파리, 클랭크시에크, 1973).

20) 리투아니아 태생의 프랑스 예술사가 쥐르지 발트뤼사이티스(1903-1988)는 비교 기형학에 관심이 있었다.《환상적 중세》, 파리, 플라마리옹, 1981.《부활과 기적》, 플라마리옹, 1988.

21) 전통에 따르면 성 안토니우스보다 앞서는 최초의 아나코레트로 알려진다.〔역주〕

22) 시메온(Siméon, 390-459)은 탑·기둥 위에서 하는 고행의 창시자로서 기둥 위에서 30년을 살았다 한다.〔역주〕

* 드라게, **p.LVII**. ** 쿠르티우스, p.117 및 이하.

들[23]의 테마임. 극치들, 전복된 세계를 나타냄. 전복된 시기를 은유적으로
* 표현하기 위해 양립 불가능한 것들의 연결함으로써 말이다. 예컨대 베르
길리우스의 작품에서 늑대가 양들 앞에서 도망간다.[24] 또는 당나귀가 리
라를 켠다 등.[25]

'선한 동물'의 유순한 형태는 정서적으로 인간화된 동물임. 자주 확인
된 습관이지만 은둔자는 친근한 동물 하나와 함께 산다. 죄를 지을 위험이
없이 고독을 완화하는 것인가? 그러나 주의해야 한다! 성 그레고리우스와
관련된 일화 참조: 한 은둔자는 자신의 암코양이를 지나치게 좋아한다. 그
리하여 하늘로부터 그는 이 암코양이와 결별하는 것이 아니라, 그것으로
부터 초연해야 한다는 경고를 받았다.[26] 이것은 전형적으로 사랑에 관한
궁지, 즉 어떻게 지나치지 않게 약간만 사랑을 할 수 있는가를 나타냄.

동물성/인간성: 순환적 테마임. 동물은 아래와 같이 패러다임의 모든
칸들을 점유할 수 있다.[27]

---

23) Impossibilia(라틴어), adunata(그리스어): 불가능한 것들, 비범한 현상들. "고대 수사
학, 특히 중세 수사학은 하나의 특별한 토픽(topique; 상투적 표현 · 주장의 분류에 대한 일반
이론), 즉 불가능한 것들(그리스어로 adunata)의 토픽을 포함하고 있었다. adunation은 극
치(comble)라는 관념을 토대로 구축된 하나의 상투적 표현, 즉 토포스였다. 당연히 대립적
이고 적대적인 두 요소(독수리와 비둘기)가 평화롭게 함께 살고 있는 모습으로 제시되었
다."(《사드 · 푸리에 · 로욜라》, 파리, 쇠이유, 1971, 〈푸리에〉, 〈날씨〉, OCII, 1124)
24) 《목가》, VIII, 53.
25) 리라를 켜는 당나귀는 그리스의 다음과 같은 속담으로부터 만들어진 중세의 토포
스(상투적 표현)이다. 즉 "당나귀는 리라에 귀를 막고 있다." E. R. 쿠르티우스, 《유럽 문
학과 라틴 중세》, 파리, PUF, 1956, 제4장 〈상투적 표현에 대한 일반 이론〉, 〈전복된 세
계〉 참조.
26) 바르트는 장 르클레르크의 글, 〈1천 년까지 서양에서 은둔 생활〉, in 《아토스 산의 1
천 년(963, 1963). 연구 및 논문집》, t. I, 슈브토뉴, 슈브토뉴사, 1963. 〈성 그레고리우스〉,
in 자크 드 보라진, 《성인 전기집》 참조. 모든 것을 버린 한 은둔자는 교황 그레고리우스
와 함께 천국에 받아들여질 것이라는 사실을 알고 비탄에 잠긴다. 사실, 신은 이렇게 그
를 비난한다. "너는 그레고리우스가 네 자신이 경멸하는 재산을 소유하면서 느끼는 것보
다 더 많은 즐거움을 암코양이를 애무하면서 느끼고 있다."
* 《아토스 산의 1천 년》, p.173.

| 좋음 | 나쁨 | 좋지도 나쁘지도 않음 | 좋으면서 나쁨 |
|---|---|---|---|
| 새끼염소 | 악마들 | 자연 | 야생적 동물성이 정복된 '변절한' 동물들 |
| 암코양이 | | | |
| 가축 | | | |
| 비축된 양식 | | | |
| 및 도구들 | | | |

# 아토스, 아토스 산

나는 이 단상 속에 종교적 고유 리듬의 본질을 담을 것이다——왜냐하면 이 고유 리듬은 아토스 산과 역사적으로 연결되어 있기 때문이다.

## 역사

고유 리듬을 지닌 구조를 형성하는 모델로서 전범적 이야기는 이렇다.
* 피스피르(알렉산드리아 남쪽에 있는 사막)를 중심으로 안토니우스(그는 다른 한편 신화적으로 절대적 은둔자였지만, 몇몇 시기에 따라 그랬다)는 자신의 주위에 모이는 금욕자들을 도야시킨다. → 고유 리듬을 지닌 조직의 시작됨.

각 아나코레트는 1주에 5일은 홀로 있다——엄밀하게 말하면 오두막

---

27) 육성 강의에서 바르트는 이 도식을 이렇게 설명한다. "사람들이 그렇게 했던 것처럼, 어쨌든 2년 전 내가 그렇게 했던 것처럼 손쉬운 구조주의를 말하는 것이다."
　* 데카로, p.23.

하나에 둘 혹은 세 사람이 기거하지만, 일반적으로 서로를 모른다. 완전히 개인적으로 종교적 실천을 행함. 토요일 오후와 일요일에 교회나 총회 장소와 같은 센터에서 서로 만난다. 이때 가게에 바구니들과 돗자리들을 팔고, 종려나무 섬유·소금·크레이프를 다시 구입한다. 지도자는 없다. 다만 모델이고 '그루(guru)'인 한 사람의 고참이 있음. 예컨대 안토니우스 같은 인물임.

아토스 산에는 우선적으로 은둔처가 분산됨. 따라서 '자연적' '야생적' 고유 리듬의 장소임. 정의상 이런 고유 리듬은 이야기되지 않으며, 역사 기술을 넘어섬. 항상 그렇듯이, 이런 은둔 생활은 한계 상황으로서 사회적으로 견딜 수 없음. → 963년(10세기) 성 아타나시우스는 공동 수도 생활을 하는 최초의 커다란 수도원을 설립한다=아토스 산의 토대가 이루어짐. 이때부터 아토스 산에는 균형이 잡힘. 즉 (북쪽의) **수도원들**[28]과 (남쪽의) 고유 리듬을 지닌 준(準)은둔 생활 사이에 균형이 이루어짐.

그 이후 1430년에 테살로니키의 함락 → 터키의 지배 → 기강의 해이, 고유 리듬의 일반화 → 17세기에 주요 수도원들이 고유 리듬을 채택함.[29]

오늘날 아토스 산은 쇠퇴하고 있음[30](1912년 7천 명의 수도사 → 1천5백 명으로 줄어듦). 고유 리듬을 지닌 9개의 수도원이 있음(8개의 그리스 수도원+1개의 세르비아 수도원). 가장 중요하고 가장 풍요로운 수도원들: 고유 리듬을 지닌 것들임. (아토스 산: 수도원들의 아토스 연맹으로서 1912년에 공포된 그리스의 보호령 아래 평의회에 의해 관리됨.)

**결론.** a) 고유 리듬의 양면성: 때로는 힘들고 순수하며 가난한 금욕인 반면에, 때로는 안락하고 자유로우며 느슨한 금욕임. b) 고유 리듬은 긴장의

---

28) Coenobia(라틴어): coenobium(수도원)의 복수.

29) 장 데카로, 〈원시 수도원 제도에서 아토스 산 수도원 제도까지〉, in《아토스 산의 1천 년(963, 1963). 연구 및 논문집》, t. I, 앞의 책, p.45.

30)《세계대백과사전》, '아토스 (산)' 항목.

 *《세계대백과사전》. ** 데카로. ***《세계대백과사전》.

문제가 아니라 소외적 한계 상황의 문제이기 때문이다(cf. 나중에 다룰 '권력'). 아토스 산=신비주의적 경향의 장소임(**헤시카스테스**)[31]: '침묵을 지키는 자들'의 경향. 호흡과 마음에 따른 리듬 있는 기도를 실천함. 비잔틴의 프네우마학(pneumatologie).


## 공간


* 북부 아토스 산: 커다란 수도원들이 있음. 지중해 연안의 숲이 펼쳐져 있음. 왜냐하면 암염소들이 없기 때문임.[32]

남부 아토스 산: 바위 투성이의 사막임. 오두막 같은 은둔처들과 **스키트들**[33](러시아어인가 그리스어인가에 따라 남성 혹은 여성 명사 **아스케테**
** **리온**[34]: 위스망스의 작품에서 고행원[35]이 있음. **스키트들**=자유롭게 선택된 스승을 중심으로 몇몇 제자들의 모임. **스키트**(skite)=고유 리듬을 지닌 고행 장소의 총칭적 표현.

보다 분명한 형태들은 다음과 같음.

*** 1) **켈리오트**[36] < 켈리온=고참 한 사람의 지도하에 4명 혹은 5명의 동

---

31) Hésychastes(그리스어): 조용히 있다, 침묵을 지키다에서 파생됨.

32) 바르트는 《세계대백과사전》의 '아토스 (산)' 항목을 참조한다. "……지중해 연안의 원래 숲은 그대로 남아 있는데, 그 부분적 이유는 암염소들에 타격을 가하는 금지 조항 때문이다……." 염소떼들의 번식을 제한함으로써 이 금지 사항은 식물들을 보호하는 결과를 낳고 있는 것이다.

33) "이 수도원들에 skites, 원래는 askitica──고행 장소들──를 덧붙여야 한다. 이것들은 중요성이 보다 덜한 건물들로서, 주요 수도원들 주변에 여기저기 흩어져 있으며, 숲에 있는 부속 건물들에 불과하다."(J. 라카리에르, 《그리스의 여름》, 앞의 책, p.36)

34) Askètèrion(그리스어): 수련과 명상의 장소.

35) "나는 뒤르탈이 살았던 고행원(ascétère)과 관련해 끊임없이 관찰했던 그 신중함을 버릴 수 있다고 생각한다……."(위스망스, 《도중에서 *En Route*》, 머리말)

* 《세계대백과사전》. ** 데카로, p.51. *** 데카로, p.53.

료들을 수용하는 집+예배소. 그들은 특히 밭일을 하여 먹고 산다.

2) 라우리오트(lauriotès) < 라우라(laura), 수도원. 아토스 산의 수도원들을 가리키는 총칭적 이름. 그러나 이것은 다음과 같은 여러 상이한 형태들을 포함하고 있다.

* **a)** 수도사들이 (3년 내지 4년 동안)[37] 고독에 대비하는 과도적인 수도원(coenobium).

**b)** 약 12명의 군거 생활. 우리는 내용의 규정으로서 균형을 재발견한다.[38] 엄격한 은둔 생활 이상이나 수도원 이하이다. 수도원 생활의 완화된 은둔 생활: ordo eremiticus, ordo eremiticae vitae[39]는 카르투지오 수도회[40](사드의 작품에 나오는 수도원, 생트 마리 데 부아[41])를 상기시킴.

** 3) 일종의 수도원식 마을. 고유 리듬들의 인접. 오늘날 고유 리듬은 개인 예배소가 딸린 작은 아파트들로 귀결된다(cf. 카르투지오[42]: 2개의 방+기도실). 거주자들은 자신들의 재산을 간직함. 일종의 관저, 옛 고위 성직자들의 부르주아적 거처, 즉 **카티스마타**[43]와 같음. 사치의 잔재이거나 →
수수한 안락이 있음.

---

36) Kélliotès, 문자 그대로 '켈리온(kéllion)의 거주자.' 켈리아(kéllia)는 남부 아토스 산 전체에 분포되어 있는 은둔자들의 방들(cellules)이다.

37) 장 르루아, 〈아토스 산의 수도사 성 아타나시우스의 개종과 공동 수도 생활의 이상, 그리고 스투디오스 수도원(성 테오드르 르 스투디트(Theodore le Studite)가 콘스탄티노플에 설립―[역주]) 의 영향〉, in 《아토스 산의 1천 년(963, 1963). 연구 및 논문집》, t. I, 앞의 책:

38) p.57 참조.

39) ordo eremiticus, ordo eremiticae vitae(라틴어): 은자의 질서, 은둔 생활의 질서.

40) 〔바르트는 육성 강의에서 이렇게 밝힌다. '고유 리듬과 관계를 지닌 유일한 서양 수도회.'〕

41) 사드, 《쥐스틴 혹은 미덕의 역경》 참고.

42) '카르투지오,' 항목.

43) kathisma(그리스어): 거처를 정하다에서 파생됨. J. 데카로, 〈원시 수도원 제도에서 아토스 산의 수도원까지〉, 앞의 책, p.53.

* 《아토스 산의 1천 년》, p.112,170. ** 데카로, p.19. *** 《세계대백과사전》.

**결론.** 여기서도 또한(cf. '역사') 형태들의 불안정(이것은 고유 리듬의 원
칙 자체 속에 있다)이 주목됨. 이런 유연성의 확장은 다음과 같은 것을 목
표로 함: a) 집중의 강도 b) 참여자들의 수 c) 생활 수준(빈곤 → 유복).

# 1977년 2월 2일 강의

환기 사항:

2월 9일부터: 강의, 8 강의실에서 이루어짐.

고유 리듬을 지닌 소설: 시몬 자크마르, 《크라카토아 화산의 분출 혹은 집 속의 미지의 방들》, 쇠이유, 1967.

로빈슨 → 최초의 언어 활동(너). 엄청난 안건이나, 쓸데없음. 우리는 언젠가 그것의 위치를 지적할 것이다. 언어 활동의 기원 신화.[1]

아토스 산에 대해. 나는 쇠퇴하고 있다고 말했다. 1912년에 7천 명 → 1972년에 1천5백 명. 그런데 이 시기부터 부흥이 있는 것 같다: 3백 명의 새로운 수도사들이 옴——수도원 등의 이전을 통해. 정신적인 일신이 이루어짐——특히 수도원들(coenobia)에서. 물론 뿌리뽑힐 때까지 억제되고, 버려지고, 배척되고, 소외된 것은 고유 리듬이다. 따라서 나는 아토스 산에서 고유 리듬의 작용을 간단하게 기술하고 있었다. 약간의 시대 착오: 963년부터 오늘날까지, 공동 수도 생활적 구조와 고유 리듬적 구조 사이의 지속적인 흔들림이 있음. 끊임없이 양면적임. 앞으로 보겠지만 때로는 매우 금욕적이며, 때로는 매우 느슨하고, 때로는 매우 빈곤하며, 때로는 매우 유복하고, 안락하며, 부지런하거나 한가하다 등. → 윤리적으로 분류할 수 없는 현상인데, 아마 그 이유는 신비적 경험에 잠재적으로 항상 연결되어 있기 때문일 것이다. 그런데 신비주의자는 사회로서의 교

---

1) 〔육성 강의에서 바르트의 해설: "그것은 내가 오랫동안 지닌 관념이지만, 감히 집착할 수 없었던 것이다. 우리는 아마 언젠가 언어 활동의 기원 신화들을 다룰 것이다."〕

회의 아토피[2]이다.


# 아토스 산(계속)


## 생활 방식

**디아이타**: 엄밀하게 말해 고유 리듬에의 접근함.

* 원칙: 각각의 수도사는 자신의 개별적 생활 리듬을 영위하는 것이 허용된다.

** 일: 불평등함. 어떤 자들은 한가함.[3]

*** 지적 수준: 공동 수도 생활자들보다 더 많은 지식이 있음. 고대 그리스
**** 의 철학파들에 대한 어렴풋한 추억 같은 것이 있음.

구속 요소들:

***** a) 예배: 밤 미사와 몇몇 대축제를 제외하고, 예배상의 구속은 없다(선택 사항임).

b) 단식 및 절제: 용인됨.

c) 1년에 한 번 모든 고유 리듬 실행자들은 함께 식사를 하면서 공동체의 모습을 드러내야 한다(기독교 이전에 존재한 아나코레즈의 매우 오래된

---

2) 아토피(atopie), 또는 아토피아(atopia)는 topos(장소)에서 파생된 말로 장소에 고정될 수 없는 존재, 분류할 수 없는 정체 불명의 존재를 말한다.〔역주〕

3) J. 데카로의 〈원시 수도원 제도에서 아토스 산의 수도원 제도까지〉, 앞의 책, p.49-51 참조.

* 데카로, p.50. ** 데카로. *** 데카로. **** 라카리에르, p.40.

***** 데카로, p.50.

습관임. 예컨대 유대교의 치유파 고행자들(Thérapeutes)과 에세네파 신도들[4]).

**결론.** 구속에 대해 유연한 견해를 지님. 계율이 없음. 그 대신 '지시 사
* 항들'이 있음. → 운동성(cf. 다른 결론들)과 여유로움. 따라서 공동체주의
로, 아니면 절대적 고독으로 언제나 이동 가능함.[5]


## 재산


여기서도 동일한 흔들림, 동일한 양면성, 동일한 선회, 동일한 엉뚱함
이 나타남(공동 생활 구조들에서 보면 재산 문제는 토대적 문제로 1차적으로
적합하지만, 고유 리듬에서 재산 문제는 적합한 것 같지 않음).
** 1) 원래, 고유 리듬＝은둔 생활 혹은 준은둔 생활임. 절대적 빈곤임. 이
집트의 아나코레트들: 광주리를 만드는 아주 작은 수공업을 통해 빵을 얻
음.[6]

2) 아토스 산, 14세기말. 이완됨 → 방임주의를 통한 고유 리듬 → 몇몇
행위들이 용인됨: 일부 공동 수도 생활자들은 땅뙈기를 획득해서 이로부
터 수입을 챙겨 재산 없이도 자기들 마음대로 생활한다.

3) 새로운 전복: 집단의 부양을 덜기 위해, 각각의 수도사는 자신이 수
단에 따라, 즉 자신의 수입을 이용하든가 아니면 부유한 수도사에 더부
살이를 하든가 해서 헤쳐 나가는 것이 허용된다.
*** 4) 이로부터 고유 리듬을 지닌 자들의 두 범주가 나옴.

---

4) 〔육성 강의에서 바르트가 밝히고 있듯이, 에세네파(Essene)와 치유파는 '유대인들의
종교적 공동체들'이다.〕
5) 《세계대백과사전》, '아토스 (산)' 항목.
6) J. 데카로, 〈원시적 수도원 제도에서 아토스 산의 수도원 제도까지〉, 앞의 책, p.24
참조.
 * 《세계대백과사전》. ** 데카로. *** 데카로, p.50.

— 재산이 있는 자들: 개인적 수입이 있음.

— 고유 재산이 아무것도 없는 자들, 즉 **파라미크리**들: 자주 부유한 자들에 봉사한다. → 사회적 분할이 자동적으로 재구성됨.

**결론.** 재산에 대한 방임주의: 모든 수도원 제도의 민감한 요소임. 이 방임주의는 고유 리듬의 학설적 한계 상황을 부각시킴. 양면성: 엄밀하게 말해서 어떤 특권(cf. 구제도), 남용을 말하는 것이 아니라, 반(反)금전적 법칙에 대해, 그리고 가난의 초자아에 대해 비차별을 말하고 있음을 입증함(cf. 마르크스·프로이트·기독교도들 앞에서 푸리에와 돈[7]).


# 권력


고유 리듬＝일반적인 유동성≠안정점. 이것이 권력과의 관계[8]임. → 고독한 은둔자로부터 가족 같은 수도원 생활자들(lauriotes)[9]에 이르기까지 고유 리듬을 지닌 모든 무리들은 상급자들의 통제에서 벗어나 있음. * 이것이 생활 방식보다는 권력(사제)에 대한 종속에 의해 규정되는 공동 수도 생활과의 경계선임. 공동 수도 생활＝권력임.

고유 리듬의 첫번째 구조들에서 경험이나 지식을 '집중시키는 자 ** (polarisateur)'가 있다면, 그는 고참이며 지도자가 아니라 모델임.[10]

---

7) "……기독교도들, 마르크스주의자들, 프로이트 추종자들에게 돈은 계속해서 저주받은 물질·물신·똥이다. 누가 감히 돈을 옹호할 수 있겠는가? 돈과 양립할 수 있는 어떠한 **담론도** 없다."《사드·푸리에·로욜라》, 앞의 책, 〈푸리에〉, 〈돈이 행복을 만든다〉, OCII, 1103)
8) 고유 리듬의 다양한 형태들은 종교적 권력에 대한 동일한 자율에 의해 특징지어진다.
9) 〔바르트는 육성 강의에서 이 용어를 '수도원에 거주하는 자들'이라고 설명한다.〕
10) 공동 수도 생활 이전의 첫번째 구조들에서, 한 사람의 '고참'은 지도자가 아니라 모델로 간주된다.
　　* 데카로. ** 데카로, p.19.

근대적 구조들에서 공동 생활 수도원(coenobium)은 군주적 군력을 재현함≠고유 리듬적 구조들. 이런 구조의 예를 들면 참사회[11]가 있음. 이 조직은 총회+구성원들 가운데 한 사람이 사망하여 신입회원 선거시 갱신되는, 동등한 지위의 성직자 모임(6명의 구성원)으로 이루어짐(cf. 포르 루아얄 수도원의 은자들 조직 계획과 불교도 수도사들). → 집행 위원들(1년 임기)이 선출되며 이들은 에피트로프(épitropes)[12]라 불림.

**결론.** 유일한 안정적 원칙: 권력과의 부정적 관계임. 다시 우리가 성찰하는 것은 권력과 리듬 사이에 불가분의 연결이 있다는 것임. 권력이 무엇보다도 강제하는 것은 하나의 리듬(삶·시간·사유·담론 등 모든 것들의 리듬)이다. 고유 리듬의 요구는 언제나 권력에 대항해 이루어진다. 어머니와 어린아이를 상기하자.[13] 그녀는 자신의 걷는 리듬을 아이에게 강제하고, 리듬상의 교란을 만들어 낸다. 또 리듬과 **루트모스**의 대립적 구분을 상기하자. 고유 리듬: **루트모스**의 보호, 다시 말해 유연하고, 자유자재이며, 유동적인 리듬의 보호임. 그것은 일시적인 형태이지만 어쨌든 이 형태를 보호함. **Cf.** 음악에서 메트로놈의 리듬≠**루트모스**. 루트모스=스윙(swing)(리듬은 질적으로 음악적이 아니다)임. 이로부터 권력과 모순적인 범주=음악이라는 등식이 비롯됨. 여기에는 음악을―― '리듬'이 아니라――**루트모스**에 의해 규정한다는 조건이 붙음. **루트모스**는 어떤 가감·불완전·보충·결핍, 어떤 고유함(idios)을 인정하는 리듬이다. 즉 그것은 구조 속에 들어가지 않거나, 들어간다 해도 억지로 들어갈 수 있는 것이다. 카잘스의 이런 말을 상기하자. 즉 리듬,[14] 그것은 지체이다.[15] 그런데 단 하나의 주체(고유함)만이 리듬을 '지체할' 수 있다――다시 말해 그것

---

11) 이 참사회 조직은 사제의 권력에 종속된 수도원과 반대로 고유 리듬적 구조를 특징짓는다.

12) 무언가의 관리가 맡겨진 자를 의미하는 그리스어 épitropos에서 유래.

13) pp.58-59 참고.

14) 사실 바르트가 육성 강의에서 밝히고 있듯이, 여기서 리듬은 루트모스이다.

을 완성할 수 있다.[16]


## 자급자족


(자주 어떤 '단상'은 간단하게 제시됨. 빈약한 안건임. 그러나 상기해야 할 것: 우리는 나중에, 그리고 혹은 우리들 각자가 채워야 할 칸들을 그린다는 점임. 우리가 현재로선 칸을 잘못 채우거나 거의 채우지 못한다 할지라도, 칸이 놓여져야 한다는 것을 매우 강하게 느낀다. 그리하여 '하나의 단상'이란 하나의 칸이 있다는 직관이 떠오름. 그것은 집단의 자급자족, 다시 말해 자기 자신에 의지해 스스로 살아가는 집단의 삶임.)

《마의 산》에서 한스 카스토르프는 사촌 요하힘을 방문하게 된다. 방문자로, 관광자로 며칠간 예정으로 왔는데, 7년 동안 머문다. 마찬가지로 * 한스의 소식을 얻기 위해 온 삼촌은 질병에 질겁하면서도 동시에 매혹됨을 느낀다. 결국 모든 것이 그로 하여금 자신이 환자라는 사실을 발견하게 하고, 그리하여 남아 있도록 만든다. 삼촌은 갑자기 도망친다. → 모든 방문자에 대해 발휘하는 집단의 매혹이 있다. 이는 사적인 관계에서

---

15) 이 정의는 《롤랑 바르트에 의한 롤랑 바르트》(OCIII, 215)에 나타난다. 그것은 문자 그대로의 인용이 아니라고 보여진다(원고에 인용부호가 없다). 바르트는 카잘스의 입장을 자유롭게 참고하고 있다. "모든 것은 균형의 문제이고, 좋은 취미는 통제할 줄 알아야 한다. 그러나 루바토(rubato)는 매우 자연적인 표현 방법이기 때문에 음악은 어떤 의미에서 영속적인 루바토라고 말할 수 있을 것이다."(《파블로 카잘스와의 대화》, 파리, 알뱅 미셸, 1955 및 1992, p.260)

16) 〔육성 강의에서 바르트는 자신의 생각을 이렇게 밝힌다. "음악을 한다는 것은 메트로놈의 보조에 맞추어 나아가는 것이 아니라, 말하자면 규칙적이고 리듬 있는 방식으로 나아가는 것이다. 그러나 말하자면 어떤 보충·결핍, 혹은 루트모스를 규정하는 가벼운 서두름이 수반되어야 한다."〕

 * 《마의 산》, p.470.

확인할 수 있음. 그리하여 하나의 집단으로 지각되는 모든 것은 일종의 현혹을 통해 잡아당긴다.

그런데 '소집단'(도당이나 요양원)에서 무엇이 매혹하는가? 그것은 자급자족의 상태[17]: 충분, 만족=충만함임. 끌어당기는 것은 비어 있음이 아니라 충만함이고, 아니면 이런 표현이 좋다면 집단의 충만함이 드러내는 현기증나는 공허의 직관이다. 이것이 한스의 삼촌을 끌어당기는 것이고, 그가 갑자기 도망가게 되는 대상이다. 요양원의 더불어 살기에 잠겨 있는 환자들로 가득 찬 하루 참조: 471.

*    자급자족: 환자(주체)들로 된 하나의 구조로, 하나의 '이주자 집단'으로 귀결되는데, 이 집단은 그것의 구성원들의 내적 삶 이외에 다른 어떤 것도 필요하지 않다.

자급자족은 강력한 내부적 종속이면서 외부적으로 전혀 종속되지 않은 상태임. 종속은 집단의 한계, 다시 말해 집단의 규정, 즉 집단의 존재를 그려낸다. 자급자족적 더불어 살기 상태에 있는 집단 → 외부의 시선을 매혹시키는 일종의 자만, 자기 만족(자급자족이란 낱말의 그리스어 의미).

물질적 자급자족 → 절대적 실존의 감정. 예컨대: 네모(Nemo)와 나우틸루스 잠수함. 네모는 바다를 자급자족적 환경으로, 따라서 우리가 극복할 필요가 없는 한계를 부여받은 것으로 제시한다. 육지나 인간들에게 전혀 의존하지 않음. 바다는 옷·양식·조명·열기·에너지――그리고 담배까지(p.109)[18]――모든 것을 제공한다. → 네모의 오만(=그 자신 이외에 아무도 아님[19]) 최초의 은둔자들은 필요품들(양식)을 매우 희소하게 만들었기 때문에 그들은 자급자족의 경향으로 나아갔다(아마도 돗자리 ←→

---

17) Autarkeia(그리스어): 자급자족하는 사람의 상태.
18) 쥘 베른, 《해저 2만리》, 제1부, 11장, 〈나우틸루스〉.
19) Nemo(라틴어)는 아무도를 의미함.
 * 《마의 산》.

빵.[20] 그러나 극단적 한계 상황에 있는 자들의 경우: 나물을 생식함). 게다가 은둔 생활이 무너진 것은 오만의 위험 때문이었다. 동시에 자급자족은 매력, 매혹이 있음. 이 물질적·정신적 자급자족은 빛을 발했고, 사람들을 끌어당겼다.

요양원: 절대적으로 자급자족적인 환경임. 정서의 상호 의존, 정서적 충만함을 간직함. 요양원에서 사람들은 자신들이 원하는 모든 정서를 발견함. 외부에 대한 어떤 필요도 없음. 일단 구조(더불어 살기)가 놓여지자, 그것은 영속적인 자동 제어 장치처럼 지속된다. (한스로서는 1914년의 전쟁만이 이 구조를 깨러 온다.) 방문객에게는 혐오와 매력을 동시에 지님. 매혹: 죽음임. 사람들이 그곳에서 죽기 때문이 아니라, 영원하기 때문이다.[21]

# 물고기떼

완벽한 것처럼 보이는 한 더불어 살기의 비전이 있다. 마치 개체들이 분리되어 있긴 하지만 그것(더불어 살기)이 이들 사이에 완벽하게 매끈한 공생을 실현하고 있는 것처럼 말이다. 그것은 다름 아닌 물고기떼이다: "일사불란하고 대량적이며 획일적인 집단으로서, 같은 크기·같은 색깔, 그리고 자주 같은 성(性)을 지닌 주체들이 동시에 이루어지는 운동을 통해 등거리를 유지한 채 동일한 방향으로 향한 물고기떼."[22]

분명한 것이지만, 동물행동학의 특징들과 인간사회학의 특징들을 결코

---

20) 최초의 은둔자들은 그들이 짠 돗자리를 빵과 교환했다.
21) 〔육성 강의에서 바르트는 자신이 독일군 점령 당시 생 일레르 뒤 투베의 요양원에서 체류한 사실을 상기한다. 재원자(在院者)들은 그곳에서 '완전한 자급자족 상태' 속에서, '세계와의 관계에서 추상'의 상태 속에 살았다.〕
  * 《세계대백과사전》, '영토' 항목.

진지하게 비교해서는 안 되고, 전자의 질서에서 후자의 질서로 가도록 결코 부추겨서는 안 된다(왜냐하면 둘 사이에는 최소한 언어 활동이 가로놓여 있기 때문임). 물론 특히 무척추 동물들과 척추 동물들이란 두 계열 사이에는 대응 관계들이 있음. 각각의 계열은 더불어 살기에 대한 적성으로 특징지어지는 다소 '성공한' 질서를 통해 (지능을 축으로) 절정에 다다른다. 예컨대 곤충들(동물 사회)과 사람과(科)(인간 사회)의 대응. 그러나 어쨌든 비교할 수 있는 것은 아니다. 인간 사회≠곤충 사회이기 때문임. 곤충 사회는 일련의 타고난 행동들에 의해 성립된다. 반대로 인간들은 특수하지 않지만 개인적인 지능[23]을 지닌다. 흔히 관계는 배워짐. 그것은 '교양(문화)'[24]이다. 동물행동학은 이유들이 아니라 비전들을 제공한다.

물고기떼의 비전을 개미떼 같은 사회의 매우 평범한 신화와 대립시킬 수 있다. 이 개미떼 같은 사회는 일반화되고 보편화된 관료제적 길들이기를 함(이 길들이기는 제도들과 상관없음. 자본주의 사회들에서 대중문화=개미집 같은 사회의 윤곽. 텔레비전=포름산 돌기). 반대로 물고기떼에서는 취향·즐거움·방식·두려움의 갑작스러운 집단적·동시적 이동이 있음. 물고기떼: 개미떼보다 더 끔찍한 비전임. 개미떼: 개인들의 평등화, 사회적 기능들의 기계화≠물고기떼: 주체들의 취소, 전적으로 균등화된 정서의 길들이기.[25]

----

22) 바르트가 자유롭게 인용하고 있는《세계대백과사전》의 '영토(동물행동학)' 항목 참조.

23) 〔육성 강의에서 바르트는 이렇게 분명히 밝힌다. "그것은 종에 생득적인 것이 아니다."〕

24) 〔육성 강의에서 바르트는 하나의 교훈적인 우화를 상상하면서 자신의 생각을 밝힌다. 전체적 재앙으로부터 벗어난 꿀벌들의 여왕과 꿀벌 수컷은 벌집을 재구축하는 데 성공할 것이다. 반면에 갓난아이 커플은 인류 역사의 모든 단계들을 따라야 할 것이다. "콜레주 드 프랑스의 강의들에 다다를 때까지. 그러나 이것은 매우매우 오래 걸릴 것이다."〕

25) 〔육성 강의에서 바르트는 현재 여러 수준에서 논의되는 다음과 같은 커다란 문제를 환기한다. 즉 "어떻게 개인으로부터 주체를 떼어낼 것인가…? 정치의 역할은 반드시 개인을 옹호하지는 않고 주체를 보호하는 것이다."〕

사실 떼(무리)는 물고기떼들이 교미를 하는 방식임. 수정을 위해 암컷 떼들에 수컷 떼들이 포개짐. 알들이 함께 올라오고 이리를 배출하는 수컷 떼들을 통과한다. → 접촉이 없는 번식, 주체들이 없는 순수한 종. 에로틱한 역설은 신체들은 밀착되어 있지만 교미를 하지 않는다는 것임. 고유 리듬이 권리를 상실하면 할수록, 더욱더 에로스는 축출된다. 고유 리듬은 에로스를 구성하는 차원임. → 한편으로 더불어 살기에서 개별적 리듬들의 유동성·바람 쐬기·거리들·차이들과, 다른 한편으로 에로스의 충만함 및 풍요로움 사이에 균형잡힌 관계. → 거리(distance)의 에로틱한 것을 향하여──도(Tao; 道)에 낯설지 않은 관념. 고유 리듬: 신체의 보호임, 신체가 자신의 가치, 즉 욕망을 보호하기 위해 스스로 거리를 유지하기만 한다면 말이다.


## 베긴교단의 여신도 수도원[26]

이 수도원은 우리와 관련이 있다. 왜냐하면 그것은 기독교 공동체──일반적으로 기독교 공동체는 고유 리듬에 적대적이고 순전히 공동 수도 생
* 활적인 수도원 제도에 호의적이다──속에 고유 리듬을 지닌 공간을 확
** 립하기 위한 어떤 서구적 시도이기 때문이다. → 동방이나 아토스 산의 고
*** 유 리듬과 차이가 있음.

---

26) 〔바르트는 이 새로운 단상을 도입하면서 '때로는 작품을 만드는 데 바친 노고들, 때로는 정보들'을 제시하고자 한다. 〈베긴교단의 남신도, 여신도, 여신도 수도원〉, 《정신성 사전》 참조.〕

* 《세계대백과사전》. ** 《이탈리아 백과사전》. *** 《정신성 사전》.

# 역사

개화 단계에서(13세기 및 14세기), 그리고 규범적이고 일반적 의미에서 (우리가 앞으로 보겠지만, 처음에 베긴 수도원이란 용어는 이단적이고 소외된 수상쩍은 변화가 있었음), 베긴 수도원들=도회지의 경건한 단체들임. 일상으로부터 벗어나 특별한 옷을 입으며 종교적 생활에 몰두한 사람들로 이루어짐. 주로 여자들이었지만, 특히 초기에는 **베기니**(Beghini)라는 남자들도 있었음.

13-14세기: 네델란드에——뿐만 아니라 프랑스 · 독일 · 스페인 등에——개화하는 제도임.

15-16세기: 네델란드와 부분적으로 프랑스에서 사라짐(마지막 수도원들은 프랑스 혁명 때 없어짐). ≠벨기에서는 강화됨(엄격한 계율이 수반됨).

오늘날: 벨기에에 12개의 수도원과(강에 대(大)베긴 수도원이 있음) 4백명의 베긴 여신도들이 존재함.


# 공간

고유 리듬: 항상 그렇듯이, 거주 공간의 조직화가 중요함.

원칙은 아토스 산 수도원들의 원칙과 대략적으로 동일함.

고유 리듬을 지닌 공간의 동일한 원칙(≠팔랑스테르 · 일반 수도원 · 공동체): 작은 집들, 즉 두세 사람이 함께 쓰는 외진 오두막들인데 라틴어로 **쿠르테스**[27]라 불림. 이것들은 하나의 교회를 중심으로 모여 있고, 하나의 병원 및 흐르는 물이 옆에 있음. 이러한 베긴 수도원 구역(=하나의 분리된 소교구): 높은 담에 낮에는 문을 열어 놓음. 그 자체의 묘지도 갖춤(=

도시적인 현상).

## 생활 방식

원칙: 종교적 삶과 세속의 삶 사이에 있음. 그러나 동방의 고유 리듬보다는 엄격한 계율이 있음.

1) 수도자에 대한 방향: 공동 수도 생활 제도의 다음과 같은 3개의 커다란 원칙이 있음 a) 안정성(거처) b) 종신토록은 아니고 체류 기간 동안 순결을 지킴. 여신도들: **금욕해야 함**(continentes)[28](cf. 알비 종파[29]) c) 복종(**마지스트래, 혹은 마르태**[30]라는 상급자에게 복종. 여기다가 전체 여지도자가 있으며, '대(大)' 수녀로서 가난한 여인들의 의상을 걸침: 검은 옷과 흰 두건).

2) 세속인에 대한 방향: 종교상의 서약 없음. 일시 들어왔다가 나감(하지만 규칙이 매우 엄격하고 경계가 강함: 세속적인 모임 없음). 성무공과(聖務工課) 없음(고유 리듬에서 **타이밍**의 중요성). 그러나 일곱 번의 주기도문 암송.

3) 요컨대 준(準)수도원 생활(엄격한 규칙). 고유 리듬은 부담 없는 **타이밍**+(비록 인색하지만) 외출의 허용+종신 서약이 없음(서약의 부재)에 있다. 이것은 법칙에 의해 강하게 통제되는 매우 딱딱한 리듬이고, (우리의 기준에 따르면) 역설적인 리듬이다. 그리고 그것은 하나의 권력, 즉 여지

---

27) **Curtes**는 코르티스(cortis)의 복수로, 안뜰을 의미한다. 〔바르트가 육성 강의에서 밝히고 있듯이, '중세의 라틴어'이다.〕

28) **Continentes**(라틴어): 금욕적인.

29) 〔바르트는 육성 강의에서 이 괄호 내용을 이렇게 설명한다. 금욕은 '알비파의 대원칙 가운데 하나, 큰 특징 가운데 하나였다.'〕

30) **Magistra**(라틴어)의 여성형 **magistrae**: 문자 그대로 '여자 지도자.' **Martha, Marthae: Marthe**의, 즉 마리아와 라자로의 자매의. 일반적인 해석에 따르면, 마르트는 활동적인 삶과 마리아, 즉 관조적 삶을 나타낸다.

도자(magistrae)의 통제하에 그 실천이 시도되어야 한다.


## 사회·경제적인 측면


우리는 여기서 유복과 가난 사이에 역사적으로 흔들리는 고유 리듬 집단들의 양면성을 다시 만난다.

다음과 같은 2개의 역사적 조건이 중세의 베긴교단 여수도원들에 자리 잡고 있다.

1) 남편들을 죽게 만든 십자군 전쟁은 과부들의 증가, 즉 여자들이 넘쳐나도록 만듦. → 유복한 여인들이 은둔함. → 더불어 살기: 빈한한 여인들을 보호하는 집단을 이룸(cf. 양로원).

2) 수도원들 곁에서 피난처를 찾고, 따라서 종교적 성격의 보호 조직에 통합되고자 하는 도시 노동자 계급의 취약한 상황. 이로부터 아래와 같은 세 유형의 공동체가 비롯됨.

1. 가장 부유한(수입이 있는) 여인들. 물론 구걸은 금지됨.

2. 기증을 받아 살아가는 가난한 여인들(요컨대 이 기증은 부르주아 체제에서 대학의 장학금과 같은 것임). 역시 구걸은 금지됨.

3. 기증을 받지 못하는 가난한 여인들: 구걸+베긴 수도원에서 봉사(cf. 아토스 산), 혹은 청소·세탁·레이스 세공(영국 면제품들의 수입이 중단되었을 때) 같은 막노동.


## 권력


고유 리듬과 관련해 언제나 같은 문제로서 소외층의 한계 상황과 권력

사이의 긴장이 문제임.

베기니의 기원: 상당히 모호함(낱말 자체처럼 여러 어원들이 겹침). (12세기) 초엽에 베기니는 쾰른의 알비파의 이름인 것 같다. 여기엔 이단이란 모욕이 함축됨. 베긴교단 수도자들(béghins) 혹은 베가르(bégards)들은 알비파의 특징을 많이 갖고 있음. 금욕의 고양, 맹세의 혐오, 죄과의 공개+잠옷을 입지 않고 잠자는 것이 금지됨. (종교적 규칙에서 매우 중요한 조항임. 오늘날 파자마를 입지 않고 잠자는 많은 사람들에 충고!)

이로부터 베긴들의 여성적 형태가 나옴: 콩티낭테스(continentes)라 불리는 순결한 여인들(상기해야 할 것: 역사적으로 기독교도의 첫 맹세는 복종과 가난이 아니라 순결함임). 처녀들을 만들어 냄. 초기 교회들.[31]

이어서 이 (이단적이라는) 저주받은 기원은 사라지고 정상화됨. → 우리가 보아 온 여자들의 종교 단체들. 소외층의 한계 상황에 대한 교회의 지배 1) 상급자에 대한 복종을 통해서, 2) 우선 시토 수도회, 이어서 도미니쿠스나 프란체스코 수도회의 겸임 사제를 통해서, 3) 기거자들이——어떠한 의심으로부터 안전하기 위해——제3회원(세속 생활을 하면서 수도원의 규율을 따르는 신도)이 되거나 성 아우구스티누스의 규율(준(準)세속적인 규율)을 따르는 경향을 통해서.

**결론.** 동방이나 성 안토니우스, 혹은 아토스 산 수도원의 고유 리듬과 현격한 차이가 있으며, 로마 교회에 의한 합법화 표시를 간직함.

1. 엄격성: 규율의 중요성.

2. 권력에 의한 계층 구조와 통제.

3. 신비주의 신학보다는 자선(사회적 상호 부조). → 매우 길들여진 고유 리듬.

---

31) 육성 강의에서 바르트는 자신의 노트에 대해, 사도들의 시대에 교회는 순결의 맹세를 권장했다고 명확히 설명한다.

# ■ 1977년 2월 9일 강의

강의와 관련된 2권의 책이 있음을 알려 왔음.

1) 고유 리듬을 지닌 소설: 콕토의 《무서운 아이들》. 이 소설은 방, 하지만 집단적인 방을 등장시킴(그런데 우리는 조만간 개인적인 방, 즉 켈리온(kéllion)이나 셀라(cella)를 보게 될 것임):

2) 화학 요법 이전에 요양원에서 삶에 관해서 《마의 산》과는 다른 소설: 1920년경[1]에 나온 조셉 케셀의 《포로들》.


## 관료제

원시적 고유 리듬(이집트, 안토니우스): 어떠한 조직도 없음. 매주 총예배, 일(돗자리)과 빵의 직접적인 교환과 같은 공동체적 행위들만이 있음. 이 원시적 상태는 관료제가 부재하며, 국가 권력의 씨앗이 전혀 없고, 개인과 미시 집단 사이에 사물화되고 제도화된 어떠한 중계 장치도 없다는 점에 의해 엄격하게 규정된다.

* 공동 수도 생활의 탄생: 비록 매우 초보적이라 할지라도, 관료적 기구의 즉각적이고 동시적인 탄생임. 실행의 주동체: 주번들[2](성 파코미우스

---

1) 1926년.

* 라되즈, p.296.

와 성 베네딕투스 수도원의 계율).

* 관료주의: 고유 리듬을 지닌 아무리 작은 집단 모임도 감시하며, 이런 집단이 '윤곽을 드러내기' 시작하자마자 그것에 덤벼든다.

— 아토스: **스키트들**(고유 리듬을 지닌 모든 집성체들을 지칭하는 총칭적 용어: 러시아어인가 그리스어인가에 따라 남성 혹은 여성임. < **아스케테리온**. 위스망스의 작품에서 ascétère[3]임). 동등 직위의 성직자 모임이 집행위원들, 즉 관리자들(épitropes)에 실행을 맡긴다.[4]

** 20년대 전후에 (현대적이고 세속적인 의미에서) 공동체들에 대한 욕망이 생겨남. 소련에서 10월 혁명 직후 첫 몇 년 동안, 일종의 '성(性)의 혁명'(이혼·낙태·자유 결합·공동체들에 대한 법들)이 나타남. 빌헬름 라이히(1925)가 기술한 이 공동체들 가운데 하나가 지닌 어려운 점들: 이 공동체는 방과 후 가정으로 되돌아가고 싶지 않아서 하나의 커다란 집 3층에 정착하는 친구들로 이루어진 것임. → 일상의 장애(설거지가 안 됨, 밤에 시끄러움 등) → 집회·토론 → 위원회. 위원회는 모든 미팅의 숙명적이고 가소로운 결과임(회로: 총회 → 위원회 → 보고 → 게시문). 다(茶)·비누·치약·의복 등 모든 것을 위한 위원회들이 만들어짐. 라이히는 이렇게 결론을 내린다. "따라서 조직과 관련해서 코뮌은 국가적 정부, 다시 말해 '위원회들'을 통한 행정의 형태를 띤다."[5]

해결할 수 없는 것으로 지적해야 할 요소는 고유 리듬을 지닌——그리고 고유 리듬의 상태에 머물고자 하는——구조가 만들어 내는 진정한 궁지이다. 욕구들의 만족. → 이런 만족에 전제되는 다음과 같은 대리 주체

---

2) 〔바르트는 육성 강의에서 이 낱말의 의미를 밝힌다. 이 주동체들은 '매주 바뀌게 되어 있었다.'〕

3) 〔바르트는 육성 강의에서 이 용어를 '금욕이 실천되는 장소'로 규정한다.〕

4) p.103 참조.

5) 빌헬름 라이히, 《성의 혁명》, 앞의 책, p.322.

* 성 베네딕투스, ch.XXXV. ** 드루아 갈리앵, p.210.

들이 발생함.

— 혹은 권력의 장기적 위임, 위원들과 같은 직위들의 암묵적인 설립. 실제적 권력을 고정시킬 수 있는 거대한 위험 발생.

— 혹은 로테이션제(각자 차례로 당번을 맡음). 권력은 없으나, 무질서·불화·갈등이 일어남. 대물림과 이양(문제는 법을 규칙으로 대체하는 것이다).


# 명분


다시 상기해야 할 것: 고유 리듬을 지닌 자들=각자 자신의 **루트모스**를 간직하면서 (서로 멀리 떨어지지 않고) 더불어 살기를 시도하는 일부 주체들의 많지 않은 유연한 집단. 문제는 왜 그들이 집단을 형성하는가이다.

그런데 한편으로 동기·결정·(객관적) 인과성·(소문자) 명분, (한마디로 된) 그 이유(le pourquoi)를, 다른 한편으로 목적·목표, 매혹하고, 끌어당기며, 방향을 잡게 하고, 굴성을 동원하는 대상(관념), (대문자) 명분, (두 마디로 된) 무엇을-위한-것(le pour-quoi), **텔로스**[6]를 구분해 보자.

우리는 여기서 우리가 대문자 명분(la Cause)이라 부르는 **텔로스**의 칸을 열고 있다. 이는 양면성, 즉 대문자 명분/소문자 명분과 대문자 명분/대문자 사물(Chose)(투자된 사물, 강박적인 사물. 샤르코,[7] 프로이트: 언제나 대문자 사물, 생식기 사물(la Chose génitale)이다: '대문자 사물'[8]) 사이의 양면성을 이용하기 위한 것이다. 요컨대 결정(인과 관계)과 목적 사이의 양면성.

---

6) Télos(그리스어): 목적. 목표.

7) 샤르코(Jean Martin Charcot, 1825-1893)는 살페트리에르 병원에 근무한 교수로서 프로이트가 한때 그의 강의를 수강했다. 〔역주〕

# 기독교

    왜 기독교 집성체들이 있으며, 공동 생활의 궁극 목적은 무엇인가? 엄청난 안건임. **텔로스**는 단순하다. 집단의 결성은 그것이 완벽과 성스러움의 길이기 때문임. 기독교도(성 아우구스티누스)의 유일한 목표: 성인이 되는 것임. 학생이던 성 베네딕투스는 로마를 피하여 티부르 쪽에 있는 안피데에 은거해 금욕주의를 실천함. 그곳에 이주한 고행자 집단: 이 세상에서 완벽에 다다르고자 하는 욕망에 의해 결집됨. 따라서 **텔로스**＝완벽임(**공동 수도 생활**: 순결 · 가난 · 복종이라는 세 가지 맹세의 공간). 그러나 역사적 결정은 계층화된 권력을 통해 주체를 통제하기 위한 것임(처음: 개인적인 기벽이나 착란을 축소시킴). → **공동 수도 생활**: 종교적 착란을 억제하는 방식임.

    왜 고유 리듬의 경향을 지닌 소집단들, 조직들인가? (기독교의 타당성 내에서) 어떤 **텔로스**를 지니는가?

    1) **동방**: '진정한' 고유 리듬이 있음. 경제적 이유들(용역의 최소한 교환: 광주리 만들기/빵, 아토스 산)이 있지만, **텔로스**는 신비적인 성격이다. 그것은 완벽이 아니라, '호흡을 하고' 결합하는 것임. 비잔틴의 프네우마학: 침묵주의(hésychasme). 사실 관조적인 **텔로스**임. 고유 리듬: 은둔 생활에서 고독의 단순한 실천적 조정임.

    2) **서양**: 고유 리듬에 언제나 반항적임. 그것과 반대임. 관조적 **텔로스**

---

8) 프로이트는 샤르코가 그의 조교 브루아르델에게 "생식기(생식기 사물)가 일부 신경증적 병들에 항상 개입한다"고 말하는 것을 들었다 한다(《정신분석학 운동의 역사 시론》, 《정신분석학에 대한 다섯 가지 교훈》의 후편, 이브 르 레 및 세르주 장켈레비치 번역, 파리, 페이요, 1989, 제1장 p.78). 자크 라캉이 쓴 한 문제적 텍스트의 제목은 '프로이트의 대문자 사물'이다.(in 《에크리 Ⅰ》, 파리, 쇠이유, '푸앵' 총서, 1999)

    * 페스튀지에르, Ⅰ, p.17. ** 슈미츠, Ⅰ, p.17.

는 큰 수도원들에 맡겨진다. 바티칸 II[9]는 관조적 제도들과 사도 제도들(행동·세계 속에 선교)을 구분함. 형제애적 공동체들과 정신적 가족들이 구분됨(수도사들/형제들). 전자: 자비의 실천이 중요함(예: 성모 방문회의 수녀들, 베긴교단 수녀들, 프란체스코와 도미니쿠스회에 속하는 재속(在俗) 수도사 단체들인 제3단). 정신적 가족들=성 아우구스티누스의 계율에 복종하는 조직들.[10] 훌륭한 문학적 예: 발자크, 《현대사의 이면》.[11] 노트르담 옆에 있는 낡은 집에서 일단의 선한 사람들이 마담 드 라 샹트리의 지도하에 공동으로 생활하고 있다.＊ **텔로스**: 선을 베푸는 것임.


## 다른 텔로스들


(고유 리듬을 배려하는) 모든 소집단에는 대개의 경우 하나의 막연한 용어, 즉 신통(神通) 용어(mot-mana)[12]가 있는 것 같다(가짜[13] 히피 공동체들: '행복'). 다음과 같은 두 **텔로스**의 사례들을 보자.

---

9) 1962-1965년까지 바티칸에서 교황 요한네스 23세와 파울루스 6세 주재하에 네 번에 걸쳐 열린 세계주교회의를 말한다.〔역주〕

10) 카드 158: "성 아우구스티누스의 계율. 종교적 삶 1) 공동 수도 생활. **수도사들**: 성무 예배 기도, 은둔 생활. 2) 형제 공동체. 자비의 실천. **형제들**: 형제 공동체 생활. 성 아우구스티누스, 최초의 중심적 입법자."

11) 《현대사의 이면 I, 마담 드 라 샹트리》. 바르트는 마르셀 부트롱본을 참조하고 있다(《인간 희극》, t. VII, 파리, 갈리마르, '플레이아드' 총서, 1950).

12) 한 작가의 어휘 속에는 항상 하나의 신통 용어가 있어야 할 필요가 있지 않은가? 이 용어의 강렬하고 다형적이며 포착 불가능하고 신성한 것 같은 의미는, 이 낱말을 통해 작가가 모든 것에 대답하고 있다는 환상을 준다. (《신통 용어》, 《롤랑 바르트에 의한 롤랑 바르트》, OCIII, 194) 바르트는 이 개념을 클로드 레비 스트로스로부터 빌리고 있다. (《M. 모스 작품 서설》, in 《M. 모스, 사회학과 인류학》, 파리, PUF, 1966, p.1, 주(註) 1. 바르트, 《기호학 요강》, OCI, 1510 참조)

13) 〔바르트는 육성 강의에서 가짜 히피(pseudo-hippies)를 '포스트 히피(post-hippies)로 수정한다.〕

＊ 플레이아드, VII.

1) 요양원(《마의 산》). 결정(인과 관계)과 **텔로스**(끌어당기는 것, 매혹적이고 투자된 목표) 사이에 개괄적으로 행해진 구분을 다시 취하자.

환자들이 집단화된 객관적 소문자 명분: 전염 예방을 위한 사회의 객관적 방어, 하나의 터부의 개발, 격리+치료의 획일화(따라서 수익성). 따라서 객관적 목적: 사는 것임. 그러나 매혹하는 투자된 목적, 대문자 명분, **텔로스**는 대문자 죽음(la Mort)이다.

**a**) 이것이 이 소설의 의도, 즉 죽음의 매혹(≠《베니스에서의 죽음》)[14]인 것 같다.

**b**) 죽음=사람들이 생각하는 것이나 언어적 표출이 금지된 것: 매혹함. 죽음은 불완전한 배제의 대상으로서 흥미있는 범주임. 간접적인 것의 범주임. 그것은 집안의 '터무니없는' 간접적인 기호들을 통해 존재함. 예컨대 **빈사 상태에 있는 자들**(moribundi)[15] 가까이 있는 복도의 산소통. 살림 도구로서의 죽음(cf. 화장(化粧)의 관념).

**c**) 대문자 질병(=대문자 죽음)과 질병들 사이에 이상하면서도 진실한 변증법이 있음. 질병들(결핵 이외의 다른 질병들): 삶(투쟁·장애) 쪽에 있음. 그런데 요양원에서 다른 질병들=부정된 것들임: "여기서는 결코 병에 걸리지 않는 것이 더 낫다. 아무도 관심을 두지 않는다." 한스는 감기에 걸릴 권리가 없다. 질병들: 삶의 열렬한 과정≠죽음에의 관조적 접근인 대문자 질병.

**d**) 요양원: 영원성과 유사한 현상이 일어남. 주인공은 처음에는 벗어나고 싶은 강렬한 욕망을 느끼며 예측, 기한 산정, 퇴원의 환상을 품음. 일종의 군복무 같으나, 그것의 '만기 제대'는 불확실함. 이어서 영속적으로

---

14) 작가 아셴바흐는 병든 상태로 베니스에 체류하고 있는데, 젊은 타치오(Tadzio)의 아름다움에 매혹된다.

15) Moribundi, moribundus(라틴어)의 복수로서 죽어가는 자들, 빈사 상태에 있는 자들을 의미한다. 〔육성 강의에서 바르트는 '곧 죽게 될 사람들'로 번역한다.〕

* 《마의 산》, p.121.

정착함. 한스는 실제적인 죽음(1914년의 전쟁)을 통해 매혹적인 대문자 죽음으로부터 벗어남.

e) 집단(더불어 살기)의 기능: 죽을 위험의 통계적 재현. 이웃의 소멸이 당신 자신일 수 있는 한, 그것의 불확실한 장임. 이 점은 더 이상 간접적인 것이 아니라, 암묵적인 것이다.

2) 또 다른 **텔로스**(평범한 패러다임): 에로스임. 텍스트로 사드를 들 수 있음: 생트 마리 데 부아[16]와 《소돔의 120일》에 나오는 성(城).[17] 괴상한 사례임. 왜냐하면 고유 리듬의 배제가 있기 때문이다. (당연하지만) 희생자들에도, 방탕자(자유사상가)들에게도 **루트모스**는 없음. 세심한 일정표, 강박적인 의례, 흔들림 없는 리듬＝**공동 수도 생활**, 수도원이지, 고유 리듬이 있는 공간이 아님. 그러나 우리의 안건에서 유념해야 할 사례임. 왜냐하면 일종의 법칙, 즉 강력한 대문자 명분들, 광적인 투자들(＝단선적 지향(monotropie))을 냄새 맡게 해주기 때문임. → 공동 수도 생활의 형태들. 고유 리듬——혹은 고유 리듬적 꿈——이 있기 위해선 막연하고 불확실한 확산된 대문자 명분, 유동적인 **텔로스**, 신앙 그 이상인 환상이 있어야 한다. 그런데 사드의 방탕자들(그들의 역설)은 환상(fantasme)을 대문자 법으로, 대문자 신앙으로 삼는다. 이때부터 더 이상 **루트모스**는 없다. 자유는 성(性)에 연결된 것이 아니라, 그것의 투자의 간접적인 측면에 연결되어 있기 때문이다. → 따라서 세속적인 고유 리듬은 실현 불가능한 일임. 왜냐하면 집단은 에로스를 금지시켜서는 안 되고, 그것을 불법적이 아니라 비법적인 간접적 위치에 놓아야 하기 때문이다. → '코뮌'의 많은 실패들. 왜냐하면 성(性)이 적절하게 위치되지 않았기 때문이다＝이 강의 내내 계속되는 탐구에 감추어진 문제임. 또는 모든 공동 수도 생활 형태들

---

16) 《쥐스틴 혹은 미덕의 불운》에 나오는 수도원.

17) 실링의 성. 라몽 알레장드로는 《사드 · 푸리에 · 로욜라》, 앞의 책에서 이 성을 도상학적으로 재현한다.

의 **텔로스**: 하나의 믿음을 전제함(사드의 경우, 에로스에 대한 믿음이 있다).
→ **당연함**(Il va de soi), 다시 말해 오만의 담론. 카이사레아의 성 바실리
우스는 이렇게 규정함: "믿음은 우리가 신으로부터 온다고 배우는 것에 대
한 주저 없는 확실한 동의이다. 여기에는 신의 은총을 통해 표명되고 가
르쳐진 것의 진리에 대한 완전한 확신이 따른다."[18] 반면에 고유 리듬의
시도는 **당연함**에 대한 담론의 정지, 비담론을 함축함(그것은 회의(懷疑)가
아니라, **에포케**[19])이고, 담론의 정지이다: 요양원 공간에서 대문자 죽음.


## 바이온


집단의 **텔로스**, 목표들의 문제: 영국 의사 월터 러프리슈트 바이온이
《소집단들에 대한 연구》(PUF, 1965)에서 초(超)정신분석학적 방식으로 다
루었음. 주기적으로 모이는 환자들의 소집단들(초정신의학 병원, 정신요법)
을 대상으로 일종의 집단 치료를 함.

우리의 대문자 명분(**텔로스**): 집단이 모이는 목적이라는 '기본 가정'과
유사함. 바이온에게 3개의 기본 가정이 있음. 그것들은 유형화되고 구별
된 집단들에 대응하는 것이 아니라, 때때로 1시간 내에 하나하나 차례로
동원됨. → 세 가지 목표가 물결치는 모양임.

1) **종속의 가정**: 집단은 물질적 · 정신적 자양을 얻고 보호받기 위해 의
존하는 리더의 지원을 받으려고 모인다(리더는 하나의 관념——하나의 대
문자 명분——을 통해 매개된다. 몇몇 대문자 명분들은 생계와 보호를 보장

---

18) 다비드 아망, 《성 바실리우스의 수도사적 금욕. 역사적 에세이》, 마레드수, 마레드
수사, 1948.
19) Épochè(그리스어): 중단, 중지.
* 아르망, p.290.  ** 바이온, p.94와 105.

해 준다. 예컨대 수도원).

2) **짝짓기의 가정**(가장 독특하고 가장 흥미있음): 집단에서 두 주체가 ——비록 일시적이라 할지라도—— 서로 접근하자마자 커플의 형상, 결혼의 형상이 존재한다. → 집단은 장차 다가올 사건을 기다린다. 이를 위해서는 리더가 탄생하지 않아야 한다. 집단을 구하는 어떤 사람이나 어떤 관념이 일시적인 메시아적 희망으로 와야 함. → 기다림의 **텔로스**[20](커플 ≠ 실제적 리더).

3) **공격-탈주의 가정**: 집단은 위험에 대항해 싸우거나 그것으로부터 달아나기 위해 모인다. 리더=요구들을 통해 집단에 탈주나 공격의 기회들을 제공하는 자. 그렇지 않으면 그는 추종되지 않음.

다시 한번 말하지만, 1시간에 두세 번 집단은 (**텔로스의**) '기본 가정'을 바꿀 수 있다——그렇지 않으면 하나의 가정은 여러 달 계속될 수 있다.

바이온의 분류는 더불어 살기에 직접적으로 적용되지 않는다. 왜냐하면 그것은 일시적인 집단들·모임들·회합들과 관련되고, 언어적 표출을 전제하는 것 같기 때문이다. 그러나 그것은

1. 공동으로 하는 일상의 에피소드들과 부분적으로, 일시적으로 관련될 수 있다(방학 동안에 어떤 건물에서 친구들 모임). 관찰 사항(우리들 각자도 친구들과의 저녁 모임에서 이것을 관찰할 수 있다): 리더(개인·관념·사물)의 교체, 짝짓기의 결과, 공격 혹은 탈주 운동을 보는 것은 매우 흥미있음.

2. 바이온의 소집단에 상당히 잘 부합하는 매우 잘 알려진 하나의 공간은 매주 세미나임. 공격, 지적인 탈주, 결탁(짝짓기), 리더——그는 반드시, 혹은 항상 지속적으로는 가르치는 자가 아니다(바이온의 그룹들에게 의사)——에 대한 종속을 통한 각 주체의 주장, 등의 문제들이 제기될 수 있음. 바이온의 기여: 극도의 리더십 불안정성과 미묘함을 보여 줌. 관찰

---

20) 커플은 리더의 기다림 속에서 형성된다.

사항: 우리들 각자도 그렇게 할 수 있음.


## 호메오스타시스[21]

사실, 이 모든 것은 다음과 같은 질문을 제기하기 위한 것임: 우리는 **텔로스**가 없는 (작은) 집단을 생각할 수 있을까? 그런 집단은 살아남을 수 있을까? 환상으로 품어진 소집단이 여기서 고유 리듬을 지니고 있다는 점에서, 이것은 이런 결정적 질문으로 되돌아온다. 즉 한편으론 고유 리듬과 **텔로스**의 부재 사이에는 친화성이 있지 않은가, 그리고 **텔로스**가 없다면 집단의 생존 불가능성이 있지 않은가? 달리 말하면 고유 리듬을 지닌 집단은 가능한가?

우리는 답변하지 않을 것이고——우리는 아직 답변할 수 없다——현재로선 다음과 같은 방식으로 문제를 좁혀 보는 데 만족할 것이다.

1) 가장 막연한(비투쟁적인) 대문자 명분 혹은 **텔로스**로서 '행복'이나 '쾌락'——그 자체 목적으로서 사교성이 있을 수 있음. 누군가(**AB**)[22] 빅토르 뒤 블레드의 책(《15세기에서 20세기까지 프랑스 사회》, 디디에 1900, **p.XX**)에서 다음과 같은 발췌문을 가져왔다. "세상 사람들은 특히 사교성에 관심을 많이 보인다. 세계의 목적은 사랑도, 가정도, 우정도, 봉사도 아니다. (…) 세계는 사람들을 결집하는데, 그것이 원하는 바는 그들이 이런 회합에서 즐거움을 발견하는 것이며, 그것은 이 즐거움을 위해 모든 것을 해결했고, 나머지는 그의 소관이 아니다." 아주 훌륭한 인용문이며, 모든

---

21) Homéostasis: 바르트가 homoios(같은)와 stasis(위치)란 두 그리스 낱말로 만든 단어이다.

22) 바르트의 교분이 있는 자인 앙드레 부쿠레슐리에프(André Boucourechlief)의 이니셜이 아닐까?

대문자 명분, 모든 **텔로스**를 명시적으로 비워내고 있다는 점에서 엄정하다. 집단은 스스로 유지되는 호메오스타시스적(homéostatique) 순수한 기계로 규정된다: 충전과 방출의 닫혀진 회로. 세속성에 대한 목가적인 시각: 목적도 변모도 없으며, 순수 상태의 즐거움을 제작하는 기계(cf. 사드의 기계들). 세속적 즐거움: 기원이 없고(inorigéné), 대체 불가능하며, 변모시킬 수 없는 것. 함께 있다는 것: 일종의 원시적 즐거움임.[23]

2) 집단의 호메오스타시스는 계급도 없고 언어 활동도 없는 세계에서나 유토피아적으로 가능함. 왜냐하면 언어 활동(언표 행위)이 존재하자마자 위치(사람들이 말하는 위치, 사람들이 강제하고자 하는 위치, 사람들이 타자에게 전제하는 위치 등) 체계, 다시 말해 언표 행위의 계산 체계의 연출——투쟁——이 존재하기 때문이다(cf. 플라오[24]). → 세속성의 두번째 측면은 라 브뤼에르 · 라 로슈푸코에서 프루스트에 이르기까지 프랑스 모럴리스트들에 의해 잘 기술됨. 사람들은 자신을 알리기 위해 모인다(함께 산다)는 것임. 사람들은 어떤 위치 속에서 자신을 인정토록 함으로써만 존재할 수 있다. 우리의 자료체에서 《포부이》의 부르주아 아파트 건물을 예로 들 수 있음. 돈이나 계급적 동기, 우발성에 의해 결정된 집단임(모든 아파트 임대가 그렇듯이, 세입자들의 모임). 그러나 그것은 하나의 공통적인 **텔로스**(대문자 명분)를 개발해 낸다. 건물의 밑에서부터 위까지, 각자는 존경할 만한 존재의 모습으로 자신을 인정케 하고자 함. 더불어 살기: 부자연한 거울들로 된 작은 집(거울은 뒤에 있는 것을 감춘다는 사실을 잊지 말 것).

3) 고유 리듬을 지닌 집단에 대한 환상은 더불어 살기를 **호메오스타시**

---

23) 〔육성 강의에서 바르트는 '결코 쩨쩨한 것이 아닌 세속성의 옹호'라는 말을 덧붙인다.〕

24) 〔육성 강의에서 바르트는 프랑수아 플라오의 세미나 첫 발표를 이렇게 환기시킨다. "그가 담론 위치들의 언어학을 제시하려고 시도했다는 점에서 매우 중요한 이론적 발표임."〕 또한 F. 플라오, 《매개적 파롤》, 파리, 쇠이유, 1978(롤랑 바르트 서문, OCIII, 849-851).

스로, 즉 사회성이 주는 순수한 즐거움의 항구적 유지로 받아들인다. 그러나 그것은 보다 철학적인 방식으로 (위치들의 경쟁과 불가분의 관계에 있는) 세속성으로부터 벗어나며, 다음과 같은 역설의 환상을 품는다. 즉 고유 리듬의 계획은 영속적인 자기 파괴를 **텔로스**로 삼고 있는 집단의 (초인적인) 대단히 힘든 구성을 함축한다는 것이다. 다시 말해 니체적인 표현을 쓴다면, 이 계획은 집단 구성(더불어 살기)으로 하여금 원한을 넘어선 도약을 하게 하는 것이다.

# 방

개인적인 닫혀진 공간, 다시 말해 **켈리온**이나 **셀라**는 고유 리듬의 토대임. 그러나 방을 이해하기 위해서 우리는 가장 높은 곳으로부터——혹은 보다 위대한 곳으로부터——출발해야 한다.

## 1) 총체적 장소

(요셉) 라이크워트가 《천국에서 아담의 집》(영어 원본 번역, 쇠이유, 1976)에서 개진한 주장에 따르면, 천국은 '집을' 함축하고 있다.

**에덴**: 우선적으로 영지(시골집)의 의미를 지님. 신이 아담과 이브를 창조한 것은 '그들이 햇빛이 잔잔하게 내리쬐는 가운데 정원에서 산책을 할 때' 함께 있고, 그들끼리 그리고 신 자신과 한담을 나누도록 하기 위해서이다. 고독에 반하며 신 자신을 위한 집인 것임. 고유 리듬의 전제: 저녁 산책에서 모임임. → 에덴: (셋이서 이루는) 고유 리듬 공동체의 이상적 구

역임. 아담은 에덴 동산을 일구고 지키는 임무를 맡는다. 에덴에는 테라스 · 화단 · 산책로 · 쉼터+목공소 · 항아리 · 저장고 · 헛간이 있음. 그것은 시골 영지로서 총체적 장소임.

**오두막집**: 다음으로 엄밀한 의미에서 집인 오두막집이 있음. → 아담의
** 오두막집임. 라이크워트의 주장: 그것은 환상으로 품어진 이 원시적 오두막집이 핵심적 역할을 했으며, 건축가들의 오랜 모델이 되었음. 모든 건
*** 축가는 아담의 오두막집을 다시 만들고자 시도한다——적어도 어떤 전통, 즉 나무로 된 건축물을 모델로 하는 전통(특히 바우하우스)이 있음.

이 주장의 흥미로운 점: 오두막집(집)이 기능적인 결정(악천후로부터 피신함)이 아니라 상징적 작용에 의해 구상되었다는 것임. 주체가 자신의 신
**** 체에 따라 해석할 수 있는 용적을 만듦. 오두막집: 신체이자 세계임. 신체의 투영으로의 세계임. **Cf.** 이집트 신전들에 대한 비의적(秘義的) 해석, 즉 신체의 다이어그램으로 해석.[25]

집은 신성한 것과의 관계를 배제하고는 이해될 수 없다(거처=언어 활
***** 동[26]). 성서에 계시된 다음과 같은 3개의 형태가 있음. → 건축가들에게 모델들임(=말하자면 아담의 오두막집의 확장적인 변형들임).

1) **노아의 방주**: 절대적인 자급자족을 나타냄. 세계의 집약, 종(種)들의 백과사전, 번식의 담보을 나타냄. → 가부장적 의미에서 가족 → 시골의

---

25) 〔강의중에 바르트는 이 암시를 명확히 설명한다. 《인간 속의 신전》(카이로, 쉰들러, 1950)에서 르네 아돌프 슈발러 드 루비츠는 이집트의 신전들을 '인간 육체의 다이어그램적 형상화'로 기술한다. 바르트는 자신이 이집트에 체류할 당시(1949-1950), 이러한 주장이 이집트 학자들에게 야기했던 논쟁들의 증인이었다고 상기한다.〕

26) 육성 강의에서 바르트는 이 노트를 앙드레 르루아 구랑을 참조하여 설명한다. 《몸짓과 파롤》, 2 vol., 파리, 알뱅 미셸, 1964, t. I, 《기술(技術)과 언어》, p.292-293 참조: "농업적인 정착에 의해 결정된 운동은 우리가 본 바와 같이, 물질적 세계에 대한 개인의 점점 더 밀도 있는 지배에 협력한다. 도구의 이러한 점진적 승리는 언어 활동의 승리와 분리될 수 없다. 사실, 이는 기술과 사회가 동일한 대상에 불과하다는 동일한 이유로 단 하나의 현상일 뿐이다."

* 라이크워트, p.9. ** 217. *** 222. **** 216. ***** 142.

모든 영지에 모델——소설적 완성의 형태(《신비한 섬》=구조(救助)+자급
자족). 그러나 소설 속의 소집단은 재앙을 당할 운명에 처함. 왜냐하면 번
식이 안 됨. → 아이오와 주에 진정한 식민지를 건설함. 노아의 방주는 아
담의 오두막으로부터 직접적으로 비롯된 형태임.——그것은 게다가 나무
로 됨. 결국 신은 보다 압축된 형태로 오두막집을 다시 시작했음.

# 1977년 2월 16일 강의

2월 23일 강의 없음.

다음 강의: 3월 2일.

더불어 살기의 또 다른 소설: 고리키, 《피서객들》(여름에 별장에서 사는 지식인들을 말함)[1]


## 방(계속)

* 2) **사막의 성막(聖幕)**. 그리스어 **스케네**[2]: 텐트 · 정자 · 거주지, 성막(聖幕)(언약궤가 놓여 있는 텐트를 의미함——그리고 또한 **스케네**는 동료들의 식사,[3] 배우들의 대기실을 의미함). 테마적 관념(모델, 다른 것을 발생시키는 형태): 천막 주위에 12부족을 배치하는 것임. 아무도 거주하지 않는 하나의 센터를 중심으로 배치된 집단들의 방사상 형태의 성격이 있음=고유 리듬을 지닌 조직들의 원리 자체임(조직들보다는 훨씬 덜 의지주의적인 용어가 있으면 좋겠음: 성좌 같은 거처들(contellations)은?). **Cf.** 니트리, 아토스 산, 베긴교단 여자 수도원, 포르 루아얄(교회이거나, 식사의 장소인 비어 있

---

1) 사실은 극작품이다(1905).
2) Skènè(그리스어): 오두막, 천막, 그리고 확장된 의미에서 텐트 안에 차려지는 식사.
3) 〔육성 강의에서 바르트는 '보호하는 텐트' 라고 명시적으로 설명한다.〕
* 223-225.

는 중심 주위에 거처들이 배치됨. cf. 스케네).

* 　3) **예루살렘의 신전**. 솔로몬의 신전+에제키엘의 두 비전=‘총체적 건물’의 환상임. 솔로몬의 신전: 사제들의 거처 및 예루살렘의 궁전을 포함함. → 수도원 형태의 모델임. 그것은 다기능적이고 총체적인 별도의 장소를 나타냄. 예루살렘의 신전은 여기저기 흩어져 나갔다. → 궁전(왕과 그의 조정: 샤를마뉴). 특히 엘에스코리알[4]이 있음. 생캉탱 전투의 해결책에 대한 펠리페 2세의 소원에 따른 것임. 소원: 1557년 8월 10일에 표명됨. 이 날짜는 중요함. 왜냐하면 이 궁전은 8월 10일 석양에 따라 방향이 잡혀 있으며, 이 날짜는 성 로랑 축제일임. 건축물은 화형 형구[5]의 형태임. 두번째 건축가 에레라[6]의 작업은 그의 제자 J. B. 비얄판다[7](R. 룰리오[8]의 조수)에 의해 이론화됨. 성막을 중심으로 신전과 부족들에 집중된 신성한 숫자화가 이루어짐. → 수도원이자 궁전이며 교회임.


## 2) 방은 집에서 고립된다

총체적 장소의 분리가 있다. 방과 집의 혼동은 더 이상 없다. 방=자율

---

4) 16세기 스페인의 마드리드 남서쪽에 세워진 궁전이자 수도원.〔역주〕

5) 이 궁전의 설계도가 성 로랑이 화형을 당한 형구의 형태에서 영감을 얻어 작성된 것임을 암시한다.〔역주〕

6) 엘 에스코리알은 펠리페 2세를 위해 후안 바우티스타 데 톨레도에 의해 1562년에 착공되어, 후안 데 에레라에 의해 1567년과 1682년 사이에 완공되었다.

7) 후안 바우티스타 비얄판다는 엘 에스코리알과 예루살렘 신전 사이의 비교를 확립했으며, 에제키엘의 비전으로부터 영감을 얻어 이 신전을 재구성할 것을 제안했다. 요셉 라이크워트,《천국에서 아담의 집》, 프랑스어 번역, 뤼시엔 로트랭거 · 다니엘 그로수 · 모니크 뤼랭 공역. 파리, 쇠이유, 1976, p.144 참조.

8) 카탈로니아 출신의 신학자 · 철학자 · 시인인 라이문도 룰리오(1232-1316 추정)는 과학과 건축의 영역에서 신적인 조화의 상징적 재현에 관한 글들을 통해 르네상스에 영향을 미쳤다.

* 144.

적인 상징적 장소: 부부의 침실 단계임.

원형적 입장에서 부부 사이와 소유물의 관계라는 안건이 제시됨. 방은 남편+아내=아버지+어머니=정부(情夫)+정부(情婦)에 속함. → 비밀(원초적 장면의 비밀)처럼, 보고(가장 값진 것들의 보관 장소)처럼 지켜지는 장소가 됨. → 장면·비밀·소유물의 관계를 가정한다면 흥미있을 것이다.

 * 예컨대 시골 영지들의 경제를 다룬 크세노폰의 《경제학》을 보자. 토지를 소유한 소귀족의 관점임. **호 탈라모스**[9]는 호메로스의 작품에서: 가게, 그리고 침실을 의미함. 크세노폰은 탈라모스를 집의 가장 잘 폐쇄된 부분에, 다시 말해 여자들의 거처에 위치하는 것으로 묘사함. 그곳에 가장 값진 물건들이 숨겨짐(이불과 동산들). 오늘날에도 마찬가지임. 조사해 볼 만한 것: 부부의 장롱이 어떻게 되었는가? 돈·보석·신분증들이 보관됨 (cf. 할머니[10]의 장농: 은수저·설탕·잼과 같이 '도둑' 맞을 수 있는 모든 것이 보관됨). → 보물과 섹스(성적 권리), 비밀과 소유물이 혼합됨. 바르브 블뢰[11]를 필두로 한 은밀한 방의 신화들 참조.


## 3) 방은 커플에서 떨어져 나간다 → 셀라


**셀라**(따라서 상징적 장소로서의 개인적 방)의 기원: (사막에 있는) 은둔적 오두막집. 파코미우스의 수도원에서 수도사들은 공동 침실이 아니라, 독방에서 잠을 잠.

---

9) **Ho thalamos**(그리스어): 방.

10) 강의에서 바르트는 바욘에 있는 자신의 부계쪽 할머니의 집을 환기한다.

11) 바르브 블뢰(**Barbe Bleu**; 푸른 수염)란 인물은 17세기 작가 샤를 페로의 작품에 나오는 주인공으로, 6명의 처를 죽이고 일곱번째 처를 죽이려다 피살된다.〔역주〕

 * 크세노폰, **p.**72 및 마지막 주.

* 　분명한 것이지만 **셀라**＝내면성의 표상임. 이로부터 다음과 같은 양면성이 비롯됨: a) 악마와의 투쟁의 장소, 즉 **아나코레탈 세르타멘**,[12] 자신과 일대 일로 싸우는 장소임. b) 평화를 가져오는 내면성을 나타냄, 즉 **셀라 콘티누아타 둘세시트**[13]의 장소임. 릴케는 이렇게 말했음: "그가 집이 주는 어둠, 은신처, 그리고 고요함을 지니고 있던 곳은 그 자신의 내면이었다."[14] 방의 세속적·근대적 양면성이 있음. 그것은 사람들이 벗어나고자 하는 것의 상징(파스칼: 모든 불행은 자신의 방에 남아 있을 줄 모르는 데서 비롯된다[15])이며, 플로베르적 '불모의 시련(marinade)'[16]의 상징이자, 자기 동일성의 원천과 피신처의 상징임(자신만의 방이 없음. → 청년에게 입문의 문턱: 자신만의 방을 갖는 것임).

　가치로서, 방 내부의 세속적 표현: 오불관언의 태도(＝신중, 거리를 두는 태도)임. 방: 보호되기만 한다면 환상화(fantasmatisation)의 장소임. 감시로부터 벗어난 것임. → 방을 위한 투쟁＝자유를 위한 싸움임. 방: 반군거적인 힘, '힘에의 의지'의 공간을 나타냄. 반면에 투명은 권력의 도구? 보부르: 대단위 복합 사무실(리처드 로저[17])이 건립됨. 미국식 원리: 투명

---

12) **Certamen anchoretale**(라틴어): '아나코레트의 싸움'(바르트가 육성으로 한 번역). **Solus cum solo**(라틴어): 자기 자신과 일 대 일로. 장 르클레르크 〈1천 년까지 서양에서 은둔 생활〉, in《아토스 산의 1천 년(963, 1963), 연구 및 논문집》, t. I, 앞의 책 참조.

13) **Cella continuata dulcescit**(라틴어): 방에 남아 있는 것은 감미롭다. 육성 강의에서 바르트 문자적 번역은 "방해가 없는 방은 진정시킨다"이다.

14) 이 인용문은 확인할 수가 없었다.

15) "나는 인간들의 모든 불행이 단 하나의 사실, 즉 방 안에 휴식을 취한 채 머물러 있을 줄 모르는 데서 비롯된다고 자주 언급했다."《팡세》, 단상 139(브륑스빅 판), 136(라푸마 판), 168(셀리에르 판).

16) "……고통이 절정에 다다를 때, 플로베르는 소파에 몸을 던진다. 이런 현상은 절임(marinade)이며, 게다가 모호한 상황이다. 왜냐하면 실패의 징후는 또한 환상의 장소이며, 이로부터 작업은 조금씩 조금씩 재시작되면서 플로베르에게 다시 정정할 수 있을 새로운 재료를 제공하게 되기 때문이다."(〈플로베르와 문장〉, in《비평 선집 *Nouveaux Essais critiques*》, OCII, 1377-1378)

* 《아토스 산의 1천 년》, p.175.

성이 감시를 없애 줌(모든 사람이 모든 사람을 감시한다)+공간의 수익성.[18]

방, 독방(=오불관언의 공간)은 호화로워야 하는가? 이것은 적절한 문제가 아니다. a) 수도원의 방들: 금욕주의, 가난을 따름. Cf.《플라상의 정복》에서 포블라 신부의 방, 무레[19]가 탐욕적인 호기심을 가지고 바라봄. 절대적으로 어둡고, 어떠한 장식도 없으며, 특히 어떠한 개인적 물건도 없다: 굴러다니는(traine) 것은 아무것도 없다(traîner=관능성). 방(독방)은 벌거벗
* 은(아무것도 없는)(nu)이란 은유에 예속되어 있다: "책상에 종이 한 장도, 서랍에 물건 하나도, 벽에 옷가지 하나도 없다: 장식이 전혀 없는(nu) 목재 가구, 밋밋한(nu) 대리석, 아무것도 없는(nu) 벽." b) 실론의 불교 수도
** 원들은 그 반대임. 방: 안락하고, 심지어 화려함에 대한 배려가 있음. 쿠션, 이불, 흰색의 깨끗한 고급 수건, 책이 몇 권 꽂혀 있는 책장, 라디오, 사진들이 있음(cf.《현대》에서 채플린의 방). 일종의 쾌락주의, 즉 가진 게 많지 않지만 안락함을 드러냄.[20]

방이 이처럼 '안락함(standing)'이 있어야 한다는 문제: 적절하지 않음(수도사의 가난은 또 다른 타당성에 속한다). 방(cella)에서 적절한 것은 구조의 완전하고 절대적인 자율성이다. 방은 인접한 다른 모든 구조와 단절된 그 나름의 구조이다. 방: 다소간 구조화됨. 내가 방의 구조를 통해 의미하는 것은 기능적 장소들의 유연하고 위상학적인 성좌(도표)이다: 침대·작업 책상, 개인적인 정돈 지점들로 이루어짐.[21] → 구조의 증거는 물건들과 독립적으로 아무 데나 이 구조를 옮길 수 있다(또 그것을 아무 데서나 재발견

---

17) 영국인 리처드 로저와 이탈리아인 렌초 피아노는 파리의 보부르 고지대에 조르주 퐁피두 센터를 설계한 두 건축가이다(1977).

18) 〔육성 강의에서 바르트의 해설: "내부, 그것은 어쩌면 단순히 환상을 품게 하는 힘일 것이다."〕

19) 집 주인.

20) 앙드레 바로, 《실론의 현대 불교 공동체들의 삶과 조직》, 퐁디셰리, 프랑스 인도학 연구원, 1957.

*《플라상의 정복》, p.93.  ** 바로, p.23.

하거나 재창조할 수 있다)는 점임. 왜냐하면 구조: 물질을 고려하지 않은 관계들(혹은 기능들)의 망이기 때문이다. 따라서 우리는《푸아티에의 감금된 여인》의 방=하나의 구조라고 말할 수 있다. 사실, 그것은 그녀가 항상
* 자리잡고 있었던 하나의 침대로 귀결됨(침대: 그것 하나만으로 하나의 구조임. 침대와 침대 곁에 있는 책상이 전부인 레오니 숙모의 방이나, 병원·요양원의 방). 감금된 여인의 방에 있는 물건들[22]: 폐기물 같은 잡동사니임(서랍이 없는 서랍장 1개, 빈병 4개, 통조림 3개, 빙고 게임 카드 1개, 보석 상자 2개, 조립용 긴 소파 1개, 벌레가 가득 찬 누더기들, 인형 머리 1개, 묵주 1개, 몽당 연필 5자루). 자신의 침대에서 미쳐 있고 낙담한 상태에 있
** 는(그러나 잘 먹고 있는) 멜라니는 방의 아무것도 아닌 구조를 즐기고 있다. 그녀는 자신의 방에 대한 전적인 힘, 심지어 그것을 탈구조화시킬 수 있는 힘이 있다. 이와 같은 구조(혹은 비구조): 구조-집으로부터 단절됨.

사실 방의 사치는 그것의 자유로부터 온다. 모든 규범, 모든 권력으로부터 벗어난 구조인 그것은 지나친 역설일지 모르지만, 구조로서 유일한 것이다.


## 4) 너그러움


반(反)오두막집의 모델이 존재하는가? 오불관언과 방, 다시 말해 내면

---

21) 카드 88: "정돈. 크세노폰 85. 크세노폰의 기벽(cf. 정돈): **정성을 기울임**, 신경씀, 주의를 기울임: épiméleisthai. 돌보아야 할 사람들의 범주로부터 제외된 자들(그들을 교육시키는 것을 불가능하다).
　— 음주에 대한 열정을 지닌 자들.
　— 사랑에 광적으로 빠지는 자들."
22) 여기서 바르트는 푸아티에의 감금된 여인인 멜라니의 방으로 되돌아간다.
　* 프루스트, I, p.49. ** 《푸아티에의 감금된 연인》, p.28.

성의 에피쿠로스학파적 가치로서의 셀라를 부정하는 건축물이 있는가? 건축 예술의 수준에서 하나의 역사적 논쟁은 오두막의 모방자인 그리스인들[23]을 로마파와 대립시켰다. 피라네시[24]: **감옥**을 반오두막집으로 생각함

* (그것은 방대하고 반독방적이며, 설계의 악마적 전복이라는 점을 주목시킴).

** → 감옥은 위기 · 드라마 · 숭고의 공간임(버크는 '공포가 담긴 일종의 착란, 공포로 채색된 일종의 고요함'으로 묘사함). → 피라네시는: "공포로부터 쾌락이 솟아오른다"[25]고 말함. 이 감옥에는 오불관언의 그 극적이고 비판받는 태도의 개방, 피난처와 즐김으로서의 내면성인 방의 그 배제(**cf.** 릴케의 인용), 정열이 동요하는 그 장소, 장식적이고 히스테릭한 그 투명함이 있음. 이 모든 것을 아탈리아어로 라 **마니피첸차**라 부름.[26]


# 지도자

역사적으로 은둔 생활에서 공동 수도 생활로의 이동이 있음(파코미우스, 이집트, 314). → 더불어 살기는 즉각적으로 하나의 계층 체계에 의해 특징지어짐. 다시 말해 지도자가 고안됨.

다음과 같은 점을 잘 이해해야 함.

*** ── 은둔 생활(anachorétisme): 특별히 고독에 의해 특징지어지지 않는다. 아나코레트들의 집단 결성이 있기 때문임. 그러나 그것은 지도자의 부재

---

23) 바르트는 강의에서 파르테논 신전의 예를 든다.

24) 피라네시(1720-1778)는 이탈리아의 도안가 · 조각가 · 건축가이다.〔역주〕

25) 두 인용문은 J. 라이크워트의 《천국에서 아담의 집》, 앞의 책, p.65에 나타난다.

26) **Magnificenza**(이탈리아어): 너그러움.〔바르트의 육성 해설: magnificenza는 '방의 내면성에 대립한다' '너그러운 방은 없다.'〕

* 라이크워트, p.64. ** p.62. *** 아망, p.47.

에 의해 특징지어짐. 고유 리듬/공동 수도 생활의 대립=지도자 없는 집
단 모임/지도자 있는 집단 모임.

  — 파코미우스 → 수도원에서 직접적인 규칙: 복종임. 수도사들의 각
건물마다 한 사람의 지도자, 즉 **프라에포지투스**[27]가 있음. 이로부터 서양
에서 수도사의 다음과 같은 두 토대(정의상의 여건)가 비롯됨. 즉 수도사
들은 사제 한 사람의 지도하에 있으며, 안정성(수도사는 죽을 때까지 안정
적인 장소에서 산다)을 보장받는다.

*   당연한 것이지만, 이러한 여건으로부터 → 특히 성 베네딕투스 때부터
이데올로기적——혹은 상징적 구상이 비롯됨. 사제=수도원의 중심 축
이지만 그리스도를 대신하는 자. **파테르이자 마지스테르**[28]로서 그리스도
의 대리임. 구상된 목적(수도원 제도의 **텔로스**): 규칙의 준수가 아니라 영
혼의 구원임. 계보는 가족의 로마적 이미지——따라서 **파테르파밀리아
스**[29]——가 아니라 교회적 모델, 즉 주교와 교구로부터 온다고 보여짐.

  파코미우스 이후의 이와 같은 구상이 목표로 하는 것은 아래와 같은 두
형태의 카리스마 체제(charismatisme) 사이에 합당한 대립을 활성화시키는
것——그럴듯하게 만드는 것——이다. 그리스어에서도 두 단어의 대립
이 있음. **아낙스**[30]: 권력을 지닌 자. **바실레우스**[31]: 거의 신과 같은 존재,
마법적-종교적 유형의 기능. 그가 지닌 왕홀: 신이 허용한 말씀의 전달자
인 사자(使者)의 단장[32]임.

  1) (전투적) 로마 계보인 전투적 유형의 카리스마 체제: 지도자.

---

27) **Praepositus**(라틴어): 지도자.

28) **Pater et Magister**(라틴어): 아버지이자 지배자.

29) **Paterfamilas**(라틴어): 가장.

30) **Anax**(그리스어): 지배자, 지도자, 왕.

31) **Basileus**(그리스어): 왕, 군주.

32) 육성 강의에서 바르트는 벤베니스트의 《인도-유럽어권 제도들의 어휘집》(2 vol.
파리, 미뉘, 1969)을 참조하고 있다.

  * 슈미츠, I, p.25.

2) 동방 유형의 카리스마 체제: 고참 · 모델 · **구루**. 이 유형은 고유 리듬을 지닌 무리 집단들, 즉 아나코레트들의 집단이나 아토스 산의 **스키트들**과 양립할 수 있다. 한 사람의 '고참'을 중심으로 집단 형성함: 그는 모델이지 지도자가 아님.[33] 원래 그는 선출되는 것이 아니고, 자신의 위치에서 투영적 모델로 부각된다. 권력이 아니라 카리스마의 소유자임. 이런 유형의 카리스마는 (모델, 즉 **구루**의) 자명함을 함축한다. 이로부터 사정상 불가피하게 공동체적 형태의 조직이 있을 때, 모델(≠지도자)의 자명함을

* 존중하거나 모방하기 위해 만장일치적 선출이 비롯됨(지도자에서 **구루**로 넘어가는 지표: 99퍼센트를 얻는 국민 투표적 선출까지 지도자임. 1퍼센트가 신성함을 가지고 논다. 따라서 그것은 신성하고 종교적이지만, 또한 세속적이고 합리적이다![34]) 사례: 실론의 수도원들. 투표는 매우 드물다. 왜냐하면 그것은 공동체를 분할하기 때문이다. 점잖은 논의를 거친 후, 만장일치에 다다름. Cf. 수도원, 중세 그리고 《사회 계약론》, 루소.[35]

우리는 지도자와 **구루** 사이의 분할선에 근대적 정의를 부여할 수 있다 (바이온). 우리가 보았듯이,[36] 바이온은 세번째 '기본 가정,' 집단의 세번

** 째 목표, 세번째 **텔로스**(종속과 짝짓기 다음에)를 제시고 있다. 그것은 공격/탈주라는 가정임. 집단은 위험과 싸우거나 위험으로부터 벗어나기 위해 모인다. → 리더=요구들을 통해 탈주나 공격의 기회를 집단에 제공하는 자. 바이온은 이렇게 명확히 한다. "공격도 탈주도 하지 않는 지도자는 인정하기가 어렵다." 이것이 두번째 카리스마적 유형(**구루**)일 것이다. 그는 공격하지도 달아나지도 않는다. 그는 리더가 아니다(≠지도자).

---

33) p.95 참조.

34) 〔육성 강의에서 바르트는 '지도자로 하여금 구루가 되지 않게 해주는 것'이라고 분명히 한다.〕

35) 합의에 관해서는 제4권, 제2장: 〈투표〉 참조.

36) p.121 참조.

* 바로, p.72.　** 바이온, pp.40-41.

＊　1. 골딩의 《파리대왕》. 랠프: "나는 우리가 일을 결정하기 위해서 대장 (지도자)이 필요하다고 생각한다. ——대장! 대장!——지도자가 되어야 할 사람은 나야라고 잭은 으스대며 말한다. 왜냐하면 나는 성가대의 대장이고 일인자이니까. 나는 샤프 C장조 노래도 할 수 있어."

2. 《마의 산》에서 지도자＝의사임. 왜냐하면 그가 (설명도 하지 않고) 일
＊＊ 을 결정하기 때문이다. "그렇게 하여 한스 카스토르프는 토요일 오후부터 침대에 누워 있었다. 왜냐하면 우리가 갇혀 있는 이 세계에서 가장 권위 있는 자인 베렌스 박사가 그렇게 결정했기 때문이다." 이런 지도자에 대립하는 자가 **구루**이다. **구루**는 공격하지도, 달아나지도 않으며, 결정도 하지 않는다는 점 때문이다. 도(道): "현자는 싸우지 않는다." 또 "도는 선택을 피하는 일을 제외하면 어렵지 않다."[37]

---

37) 이 인용문들은 알랜 와츠의 저서, 《선불교》, 프랑스어 번역, 피에르 베를로, 파리 페이요, 1960 및 1969, p.34에서 발췌되었다. 두번째 인용은 《사랑의 단상》의 〈절제된 도취〉 속에 나타난다(OCIII, 678).
　＊ 골딩, p.28. ＊＊ 《마의 산》, p.206.

# ■ 1977년 3월 2일 강의

(23일=방학)

고유 리듬의 소설: 누군가 지오노의 작품《내 기쁨 가실 줄 몰라라》——
그리고 지오노가 1935년에 만들려고 시도했던 공동체를 알려 줌.[1]


## 울타리

종신 공간의 울타리——인클로저(enclosure): 여러 학문에서 온 요소들
이 얽힌 거대한 안건임. 진정한 학제간 테마임. 나는 다만 여기서 울타리
의 인류학적 기능들을 지적하겠다.


### 기능들(보호, 한계 규정)

인류학의 관점에서, 울타리는 하나의 동물행동학적 사실, 즉 영토(물론
우리는 이 낱말을 검토할 것이다)를 지닌 동물들과 관련지어져야 한다. 이
영토는 이웃의 어떠한 침입도 허용되지 않는 (먹거리와 번식에서) 안전한

---

1) 프로방스 지방에 있는 콩타두르의 농장에 만들려고 함(이로부터 콩타두르 사람들이
란 말이 나옴).

공간임. 각각의 주체는 자신의 집에서 지배적이다. 예컨대 특히 설치
류 · 육식 동물 · 유제류(有蹄類) · 영장류——그리고 새들(예컨대 울새)이
* 그러함. 르루아 구랑에 따르면, 인간=사슴과 울새 같은 영토적 동물임.[2]
** 영토의 개념은 공적인 것/사적인 것의 대립을 설명한다.[3] 이 대립은 역사
적 · 이데올로기적 측면들('사적인 것'의 법제화, 법적 보호)을 지니고 있
지만 인류학적 토대가 있다. 사적인 것은 영토이다. 사적인 것의 구심적
(집중된) 원들, 다시 말해 영토 속에 영토가 있을 수 있다: 영지[4] → 집(농
사짓는 하인들은 배제됨) → 방(집의 거주자들 모두가 방에 받아들여지는 것
은 아니다) → 침대로 이어짐. 레오니 숙모의 영토: 그녀의 침대, 창문 옆
에 있는 책상 하나=그녀의 절대적인 사적 세계≠억압(감옥 · 병원 · 병
영 · 기숙사: 사적인 것, 즉 영토가 금지됨).

동물행동학에서 볼 때 영토는 방어될 뿐 아니라, 표시가 된다. (하마는
배설물로 자신의 영토를 표시한다.)[5] 이로부터 (영토와의 본래적 관계에서)
울타리의 두 기능, 즉 보호와 한계 설정이 비롯됨.


## a) 보호

울타리의 보호적 기능은 참고적임. 왜냐하면 평범하면서도 대단히 큰

---

2) 준비 카드들에서 바르트는 앙드레 르루아 구랑의 《몸짓과 파롤》을 언급한다. 직접
적으로 바르트의 암시에 대응하는 어떠한 대목도 없다. 우리는 제2권(《기억과 리듬》, 파
리, 알뱅 미셸, 1964)에서 다음과 같은 구절을 읽을 수 있다. "기술-경제적 차원에서, 인
간의 통합은 영토적 조직과 피난처를 지닌 동물들의 통합과 성격상 다르지 않다."(p.185)
3) A. 몰레스는 J. 에캉비 슈미츠의 책, 《지각과 서식지》(파리, 대학사, '대학백과전서'
총서, 1972)의 서문을 썼다.
4) 〔육성 강의에서 바르트는 '시골의 큰 영토'라고 명시한다.〕
5) 〔육성 강의에서 바르트는 절도 장소에서 항아리에 자신의 배설물을 남겨 놓는 주네 작
품의 한 인물에 대해 암시한다. 《도둑 일기》, 파리, 갈리마르, '폴리오' 총서, 1982, p.255.
"밤이 되어 어두워지면, 그는 보통 대문 앞에서, 아니면 계단 아래서, 혹은 마당에서 반바
지를 벗는다. 이러한 스스럼없는 행동은 그를 안심시킨다. 그는 은어로 에트롱(étron)이 보
초를 의미한다는 사실을 알고 있다." 바르트는 이런 행동을 '영토의 이전'으로 분석한다.〕
* 에캉비, p.11.  ** 몰레스, p.11.

안건이기 때문임. 동물행동학·농업·이데올로기(영토를 소유지로, 보호를 금지로 변모시킴)가 관계됨. 다만 우리의 자료체에 입각해 다음 사항을 지적하자.

1) 수도원들. 물질적으로 닫혀짐. 한계를 설정하는 담+수도원에서 사용하는 의미에서 '울타리(출입 금지 구역)'가 있음. 이 울타리는 세속인들에게 출입이 금지된 부분임. 세상 사람들에게 폐쇄됨. 속된 것을 수도사의 정체성을 변질시키는 대상으로 간주해 거부함. 이 금지는 신성한, 다시 말해 축성(祝聖)된 공간과 결합됨(수도사는 서원을 통해서 축성된다. cf. 신성함에 대한 벤베니스트의 연구[6]). 반면에 고유 리듬을 지닌 공간들(베긴교단 여신도 수도원들 제외)은 울타리가 없거나, 간단하고 방임적인 울타리가 있음. 고유 리듬을 지닌 자는 어떤 '순수성,' 다시 말해 정체성을 보호하지 않는다. 그가 공간 속에 정착하는 방식: 집중이 아니라 분산이고 간격 두기(espacement)임.

*    2) 울타리-보호의 묘사의 예: 《로빈슨 크루소》. 로빈슨: 인간을 막기 위해 세심하고 거의 현기증나는(거의 강박적인) 보호책을 강구함. 다른 사
** 람(흔적)이 나타날 가능성이 보이자마자, 보호의 광적인 조치를 취함. 집은 완전히 잠겨 보이지 않게 하고, 철각 보루와 은신처들로 된 온전한 체제를 구축함. → 착란, 한계-경험으로서의 울타리(cf. 다음 부분).

## b) 한계 규정

Définition이란 이 말은 '규정한다,' 즉 한계나 경계선을 긋는다는 의미이다. 울타리＝영토의 한계를 규정하고, 따라서 영토의 점유자/점유자들을 규정하는 것임. 예를 들어

---

6) 바르트는 강의중에 《인도-유럽어권 제도들의 어휘집》을 참조한다. 앞의 책, p.161 참조.

* 《로빈슨 크루소》, p.160.  ** 같은 책, p.81.

1) (실론에 있는) 불교 수도원들은 마당-정원에 여기저기 흩어진 건물들
로 됨. 물론 울타리가 있지만(가톨릭 수도원들, 그리고 우리가 보았듯이 베
긴교단 여신도 수도원들과는 반대로) 보호나 금지는 없고, 다만 상당히 추
상적인 한계 설정이 있음. 철망으로 된 울타리임. 2개의 빗장이 있는 문
이 있지만 항상 열려져 있고. 시골의 경우[7]에는 문짝이 없는 넓은 입구가
있음. → 공동체는 스스로의 경계를 설정하지만 폐쇄되지 않으며, 외부인
을 출입 금지하거나 배척하지 않는다.

2) 물론 부르주아 아파트 건물(《포부이》)은 보호되어 있다(문은 닫혀지
고, 자물쇠는 잠기며, 경비실이 있다. 오늘날은 감시카메라가 있음). 그러나
또한 한계를 설정하는 온전한 장치, 즉 건물의 표면이 있다. 표면은 내부,
즉 '사적인 것'이 안쪽으로 들어가 있음을 알리는 임무를 띤다. 졸라는 표
면을 풍부하게 묘사하고 있다. 정면, 문들, 획일적인 창문들, (마당에) 새
장의 부재, 영원히 닫혀 있는 덧창들을 묘사함. 뿐만 아니라(상징적 표상
으로서) 모조한 하찮은 외관, 허세, 눈을 속이는 연막으로 쇠시리, 도금,
계단의 벨벳, 페인트 도장이 나타남. 그러나 "이것[건물]은 12년도 안 되
었는데 이미 낡아빠졌다." 이와 같은 전체적 영토(건물)는 공동체의 존재,
즉 부르주아 계급의 체면을 규정한다. 이 전체적 건물의 내부에 보다 작
은(그러나 엄격하게 한계가 설정된) 영토들, 즉 아파트들이 있음. 이것들은
가정의 규범적 존재를 규정한다. 따라서 (부르주아적) 계단은 닫혀진 모든
문들과 함께 외부-한계로서 기능한다. 옥타브와 불륜 관계에 있는 베르트
는 애인 옥타브와 함께 불시에 발각되자, 말하자면 무자비한 외부에 의해
쫓긴 채 계단에서 방황한다. 왜냐하면 모든 문들이 닫혀 있기 때문임. 그
결과 모든 가정들이 그녀를 가족적 존재에서 배제시킨다. 따라서 울타리

---

7) 〔육성 강의에서 바르트는 '시골에' 위치한 수도원들임을 밝힌다.〕
* 바로.  ** 《포부이》, I, p.6.  *** 《포부이》, II, p.113.

=신호임.


## 한계-경험

　인류학이 제기한 가장 심각한 질문: 엄밀하게 말해 인간의 기원은 언제인가[8]가 아니라 언제, 어떻게, 왜 상징 기호는 시작되었는가이다. 현상들이 조금씩 신호로 알리기 시작하는 일이 불가능하기 때문에, 그것은 단번에 시작되었는가?(레비 스트로스[9]) 다양한 방식으로 여러 전선에서 한꺼번에, 동시에 시작되었는가? 선사 시대에 이루어진 상징계의 주요한 표출들, 즉 도구·언어 활동·근친상간 금지[10]——이 세 가지 점에서 '이중 분절'[11]을 지닌 이동이 이루어짐(야콥슨·레비 스트로스)——(형상화 이전에) 동굴에 새겨진 리듬 있는 자국들, 죽은 자들의 묘지, 거처와 같은 표출들 사이에는 나타남의 일치가 있다는 추정과 신빙성이 존재한다.

　그러니까 필요 욕구들의 만족을 순전히 기능적으로 말하는 것은 신중해야만 한다. 그렇다면 울타리=보호인가?, 아마 그럴 것이다. 그러나 보호와 신호 표시(이것들은 동물들에게 존재함)는 상징계에 의해 실현된다. 울타리는 강박적인 주된 요소가 있는 신경증 속에서 채택된다. 그렇기 때문에 울타리의 의식(儀式)들이 있다. → 울타리의 한계-경험이 있음. 아니면 이런 표현을 쓰는 것이 허락된다면, 미친자-울타리들(이 용어는 정

---

8) 〔육성 강의에서 바르트는 이렇게 명시적으로 말한다. "이것이 의미하는 것은 인간은 언제 끝날 것인가이다."〕

9) 레비 스트로스가 볼 때, 근친상간의 금지는 "근본적 방식으로서, 이 방식 덕분에, 그것을 통해서, 특히 그것 속에서 자연으로부터 문화로의 이동이 이루어진다."(《친족의 기본 구조》, 파리, 헤이그, 무통, 1949 및 1967, p.19)

10) 〔바르트는 육성 강의에서 '근친상간의 금지'라고 명시한다.〕

11) (은유적) '선별의 축'이라는 분절과 (환유적) '결합의 축'이라는 분절로서, 《일반언어학》(파리, 미뉘, 1963, 제2장)에서 야콥슨에 의해 이론화되었다.

감이 있다)이 있다.

이미 《로빈슨 크루소》에서 '건전하고' '합리적이며' '경험적인' 주체인 로빈슨은 위험의 공포가 왔을 때(해변의 발자국) → 무한정한 보호 행동을 * 취함(이 절대적 보호는 결코 멈추지 않음. 따라서 울타리는 신기루, 결코 만날 수 없는 점근선이 됨): 덤불로 위장된 말뚝 울타리를 만들고, 들어가는 문이 없으며(절대적인 울타리의 분명한 테마, cf. 다음 부분), 다만 사용 후 당겨서 걷는 작은 사닥다리뿐임. Cf. 《신비한 섬》에서 화강암 성벽 안에 있는 식민자들의 거처: 사용 후 당겨서 걷는 사다리로 올라감. 그리고 나중에 승강기가 만들어짐. 여기서 우리는 보호의 경험적 한 요소에 입각한 (보이지 않게) 파묻기와 벽으로 둘러싸기의 상징 체계를 만남(상징적으로, 어머니의 배 속 이외에 다른 절대적인 보호는 없다). 나간다는 것은 보호를 벗어난다는 것이다: 이것이 삶 자체임.

** 적이 들어올 수 없는 불가능성은 과도함, 즉 신경증적인 급진성 때문에 자신에게 강제하는 출타 불가능성으로 전환된다. 자신들의 오두막에 갇혀 있는 많은 아나코레트들은 다만 작은 창문, 그리스어로 **디아 투리도스** (dia thuridos)[12]를 통해서 방문객들과 소통했다. 《수도원 새벽 기도 이야기》에서, 엘리를 계승한 도로테라는 수도사는 멀리서 여자들의 수도원 하나 *** 를 관리해야 한다. 그는 사다리가 없는 다락방에 갇혀 있는데, 수도원을 볼 수 있는 창문이 하나 있다. 여기서 그는 끊임없이 창문 앞에 앉아서 여자들이 말다툼하는 것을 막는다.

우리는 여기서 울타리, 혹은 자기 감금의 대(大) '광기들' 에 다다른다. 2개의 예를 들어 보자.

---

12) 〔육성 강의에서 바르트는: '창문을 통해서' 를 의미하며, '전적으로 코드화된 표현' 이라고 번역 해설한다.〕
 *《로빈슨 크루소》, p.60.  ** 페스튀지에르, I, p.46.
 ***《수도원 새벽 기도 이야기》, 드라게, p.158.

1) 기둥에서 고행하는 수도자 시메온(목동의 아들이었으며, 아나톨리아의 남동쪽에 있는 실리시아와 시리아에서 살았음: 390-459년). 자기 감금을 통한 열정적인 고행을 함: 한여름 내내 정원에 있는 하나의 구덩이 속에 머리까지 자신을 파묻고 지냄. 빛도 들어오지 않는 지하실에서 40일 동안
* 틀어박힘(→ 수도원은 그를 쫓아 버리려고 시도한다). 자신을 벽 속에 가두게 하고 문을 시멘트로 막아 버리게 한 후, 40일 동안 아무것도 먹지 않고 버팀.[13] 그는 423년 안타키아 근처에서 하나의 기둥(pilier)[14] 위에 자리 잡는다. 처음에는 기둥 밑에 있다가 점차 계속해서 높이 올라감. 430년에는 40쿠데(=20미터)까지 올라감. 그런데 그는 위쪽에 자신을 위해 난간을 세우게 만든다. (그리고 황제가 유대인들에 반감을 갖도록 자극한다.)[15] 고행 속에서 일종의 스포츠적 기록 달성을 수행함. 가장 오랫동안 가장 잘 틀어박히는 자가 최고인 것이다. 일종의 고행 올림픽인 셈임. 장대높이뛰기처럼 칩거 시합을 하는 것임. 공동 수도 생활의 제도: 아주 훌륭한 베네딕투스파의 미덕, 즉 **디스크레시오**[16]를 통해 이런 지나친 행동을 제한한
** 다. Cf. 도스토예프스키: 《악령》에서 그리스도에 미친 엘리자베트에 대해 이야기함. 그녀는 17년 전부터 어느 누구에게도 말하지 않고, 씻지도 않

---

13) 〔바르트는 육성 강의에서 '사막에서 40일 동안의 주제' 라고 명시한다.〕

14) 〔육성 강의에서 바르트는 "Stulos가 기둥이다"라고 설명한다.〕

15) 이런 상세한 정보는 페스튀지에르의 저서(《동방의 수도사들》, 2 vol. 파리, 세르, 1961)에 나타나지 않는다. 바르트는 드라게의 책에서 영감을 얻었다. "그러나 그 모든 일들 가운데 그는 교회와 관련된 것을 소홀히 하지 않는다. 그는 때로는 우상숭배자들의 불경과 싸우고, 때로는 유대인들의 끈질긴 저항을 분쇄하고, 때로는 이단자들의 분파들을 해산시키면서 말이다. 또 때때로 그는 이런 주제들에 관해 황제에게 편지도 쓴다……."(《사막의 교부들》, 앞의 책, p.196)

16) Discretio(라틴어): 신중, 조심, 카드 6: 'Discretio' : 'Cf. 세심함?' 카드 7: "《세계대백과사전》, 성 브누아의 계율. 인위적인 태도를 강제하지 말 것, 내면을 형성하지 말 것, 기질을 존중할 것: **베네딕투스파의 신중함."** 카드 8: 'Discretio' : '신중함: nihil asperum, nihil grave(견딜 만한 관용적인 제도). 슈미츠 I. 33: 'Nihil asperum, nihil grave(라틴어): 힘든 게 아무것도 없고, 무거운 게 아무것도 없다.

* 페스튀지에르, I, p.62. **《아토스 산의 1천 년》, p.366.

고, 머리도 만지지 않은 채, 일종의 오두막에서 산다.[17]

　2) 이렇게 하여 우리는 세속적인 감금(따라서 우리의 규범적 기준에 따르면 순수한 정신병으로 귀결되는 감금)에 이른다. 예컨대《푸아티에의 감금된 여인》의 경우임. 자발적인 감금인가 아니면 가족에 의해 강제된 감금인가? 사회적 규범에 따르면, 가족에 의해 강제됨(조사, 소송에 따르면 그렇다). 그러나 사실, 조사 기록들을 읽어보면 공동의 책임임. 가족은 감금의 집단적 광기에 사로잡혀 있음.

*　　**a)** 외할아버지 **M.** 드 샤르트뢰: 자신의 방에 자발적으로 칩거함. 절대적인 칩거임. 그는 사위가 죽었는데도 나오지 않음. 사위는 옆방에서 죽음.

　**b)** 항상 열쇠가 잠겨 있는 커다란 대문이 있는 부르주아적 집임(마당을 통과해야 한다. 게다가 다만 일하는 하녀들만 지나감).

**　　c)** 감금 과정의 충격-동력은 젊고, 히스테릭하며, 노출증이 있는 멜라니가 창문 앞에 나체로 자신을 드러낸 것임. → 창문의 울타리가 비롯됨.

　**d)** 절대적인 울타리임(25년 동안 → 1901년까지): 3층에서 덧문은 닫혀지고, 창문은 자물쇠로 잠겨짐. 빛막이 창들은 쇠사슬에 의해 닫혀지고,
***창문은 모든 접합부의 틈새가 막아짐(경찰이 도착했을 때, 창문을 열기 위해 경첩에서 그것을 들어내야 했음). 물론 견딜 수 없는 냄새가 남(때·배설물·벌레). 그러나 하녀 하나가 방의 조그만 철침대 위에 잠을 잔다. 문을 살짝 열어 놓는다면, 냄새는 견딜 만함. 그러나 어머니가 그것을 금지했
****다. 열어 놓으려 했다면 "그녀는 딸이 감기 들 것이라고 말했을 것이다."

　울타리의 광기에서 이보다 더 나아갈 수 있을까? 그렇다. 그리고 멜라니 자신이 이에 대한 테마적 비밀을 제공하고 있다. 감금 안에서 그녀의
*****깊고 유일한 충동은 이불임. 어머니의 공술서에 따르면, "그녀는 시트 안

---

17) 레옹 장데, 〈도스토예프스키의 작품에서 수도원 제도——현실과 이상〉, in《아토스 산의 1천 년(963, 1963). 연구 및 논문집》, t. I, 앞의 책.
　* 《푸아티에의 감금된 여인》, p.85.　** 132.　*** 23.　**** 106.　***** 53.

에서 잠자기를 원치 않았다. 그녀는 잠옷 입는 것을 거부했다……. 그녀는 이불 속에 완전히 파묻혀 있을 때에만 행복했다." 그리고 "그녀는 자신을 숨기는 데 열정을 지니고 있다." 나체로 이불을 덮고 자는 것은 미묘한 테마임(cf. 수도사들이 나체로 잠자리에 드는 것은 금지됨).[18] 왜냐하면 그것은 취침에 대한 가정 예의범절에서 육체를 빼내기 때문임. 이불은 둘러싸고, 흐리게 하고(이불 속에 파묻히는 아이), 절대적으로 고립시키는 장막이다. 그것은 제2의 거죽 속에 울타리를 치는 것임. 양수(羊水) 속으로의 퇴행과 같은 것임. (침대에서 성교를 하는 것: 칩거하는 것이며, 세계를 무너뜨리는 것임=자웅 동체가 되는 것임.)

멜라니는 이러한 깊은 숨기를 행복처럼 의식하고 있었다. 이같은 절대적 구멍에 그녀는 '자신의 작은 소중한 동굴'이라는 이름을 부여한 것이다. 그녀가 병원에 옮겨질 때, "당신들이 원하는 모든 것을 다 들어 주겠소. 하지만 내 작은 귀중한 동굴만은 빼앗아가지 마세요"라고 말함. 아니면 '사랑하는-기막힌-위대한-깊은 곳,' 혹은 횡설수설하는 가운데 '석고로 된 사랑하는 기막힌 깊은 곳 방앗간' '내 사랑하는 위대한 깊은 곳 말랑피아'와 같은 말을 함.

주목 사항: 우리가 여기서 기술하는 것, 즉 절대적 울타리는 하나의 개념이다. 왜냐하면 그것은 하나의 이름, 창조된 새로운 이름, 즉 **말랑피아**를 지니고 있기 때문이다. 멜라니는 로고테트[19](따라서 신)이다. 주체로 하여금 금욕의 길(수도사의 은둔)이 아니라 즐김의 길을 따라서 파묻히고, 자신을 숨기고, 세계를 말소시키게 해주는 정서의 운동, 비록 일시적이기는 하지만 이 운동을 말랑피아니즘이라 부르도록 하자. 사회가 멜랑피아

---

18) p.112 참고.

19) Logothète: 언어의 창조자. 바르트가 《사드·푸리에·로욜라》(앞의 책, OCII, 1041)에서 만든 신조어이다.

* 79.  **《푸아티에의 감금된 여인》, p.40.  *** 61.  **** 67.  ***** 144.

니즘을 억압한다고 상기시키는 것은 불필요함. 정의의 여신은 멜라니를 그녀의 '작은 소중한 동굴'에서 빼어내 청결함과 종교 속에서 햇빛이 쨍쨍 내리쬐는 병원 침대에 안치한다.

칩거의 '광기들'에 설명——혹은 의사(擬似)정신의학적이나 의사정신 분석학적 기술——을 제시하는 것은 내가 할 일이 아니다. 다만 임상의학은 폐쇄 애호나 폐쇄 편집증이 아니라 폐쇄 공포증에 대해 분명히 이야기한다는 점을 지적하자. 그런데 우리들 가운데 많은 사람들 속에는 어쩌면 폐쇄 애호의 흔적을 지니고 있는 것 같음. 어쨌든 나는 나 자신 안에 그것이 있음을 간파한다. (작업·삶·수면의) 폐쇄된 공간, 지그재그로 된 장애물이나 철각 보루에 의해 보호된 그런 공간을 마련하고 싶은 취향 말이다.

끝맺음으로 나는 다만 2개의 원형적인 폐쇄 공간을 지적하고자 한다——그리고 내가 그것들을 지적하는 것은 그것들이 외관상 열려져 있음으로써 역설적이기 때문이다.

1. **미로**: 주체가 난관들을 자신에게 구축하려고——체계의 막다른 궁지들에 갇히고자——전념하는 역설적 작업을 상징한다. 그것은 강박 관념에 사로잡힌 자의 공간 자체이다. 미로는 활동적 울타리의 공간임(≠자물쇠가 잠긴 방. 이런 방에서는 에드몽 당테스[20]가 아닌 바에야 구석에 쭈그리고 앉아 있을 수밖에 없다). 벗어나기 위한 끊임없는 작업을 하지만 소용없다. 주체는 벗어나기 위한 노력 자체를 통해 자신의 감금을 위해 애쓴다. 그는 끊임없이 걷고 도는 등의 일을 하지만, 그 자리에 서 있을 뿐이다. 미로: 그것의 자동성에 의해 완전히 폐쇄된 체계임. 예: 사랑의 정념 체계. 내부에 어떠한 출구도 없으나 엄청난 작업을 함. 그로부터 벗어나기 위해서 거의 마법적 행위가 필요함. 다시 말해 다른 체계를 구상해

---

20) 에드몽 당테스는 알렉상드르 뒤마의 《몽테 크리스토 백작》의 주인공으로 사법상의 과오를 저지른 후 감금된 이프 성으로부터 탈출한다.

통과해야 함. 예컨대 아리아드네의 실마리가 필요함. 이 사랑의 상태는 미로[21]에 의해 분명히 상징된다. 미로는 하늘이 열려 있지만 빠져나올 수 없는 철각 보루 체계임. 천장은 없다(펠리니의 《사티리콘》[22]에 나오는 에피소드 참조). 이것이 의미하는 바는 외부(내려다보는 입장)에 있는 사람에게는 해법은 명백하지만, 내부에 있는 사람에게는 그렇지 않다는 것임: 사랑하는 상황의 전형적 경우임.

2. 두번째 형태는 미로와 반대적이나 여전히 울타리의 원형적 공간임. 어떤 칸막이도 없기 때문에 훨씬 더 원형적 울타리로서 사막(**에레모스 · 에레무스**[23] → 은둔자)임. 은둔적 사막은 울타리의 근본적 양면성을 나타낸다. a) 고독 · 평화 회복의 행복한 장소임. 헬레니즘의 영향(필론[24])이 있음. 그것은 **헤수키아**[25]에 부합함. b) 메마르고 악마적인 지역임. 이런 표상은 이집트인과 셈족에서 비롯됨. 뿐만 아니라 교부학(敎父學) 시대의 기독교도들에게 **에레무스**, 즉 사막=하나의 문화에 속하는 성서적 현실임. 출애굽기 · 시므이 · 모세 · 엘리야 · 엘리사 · 세례 요한, 그리스도의 단식과 유혹[26]과 관련됨.

내가 지적하고 싶은 것은 사막=실존의 테마라는 점임. **비타 에레미티카**[27]가 언급되기 때문이다. 따라서 사막은 다양한 강도들을 수반할 수 있음. 삶을 절대적 칩거와 동일시하는, 사막의 최후의 강렬함이 존재한다. 그것이 안토니우스가 경험한 '사막-절대'(**파네레모스**(panérèmos))[28]임. 그

---

21) 〔청중을 웃기는 말실수를 하면서, 바르트는 '미로' 대신에 '세미나' 라는 말을 사용한다.〕

22) 1969년에 개봉된 영화 《펠리니-사티리콘》.

23) **Erèmos**(그리스어), **eremus**(라틴어): 사막, 혼자 사는 자.

24) 유대인 필론 혹은 알렉산드리아의 필론.

25) 〔육성 강의에서 바르트는 '여유, 내적 평화' 로 번역한다.〕

26) 장 르클레르크, 앞의 책 참고.

27) 〔**Vita eremitica**(라틴어): 육성 강의에서 바르트는 '사막에서 삶' 으로 번역한다.〕

* 기요몽, 《필론》.  ** 《아토스 산의 1천 년》, p.163.  *** 페스튀지에르, I, p.35.

것은 말랑피아니즘의 최상 형태이다. **파네레모스**는 진정 멜라니의 이불과 같은 것임.


# 아나코레트 집단[29]

아나코레트(=은둔과 벗어나기의 욕망에 사로잡힌 자)가 반드시 홀로 사는 자는 아니라는 점——그리고 아나코레트들의 무리-집단이 (우리의 흥미를 끄는) 고유 리듬의 영역을 가장 잘 나타낸다는 점——을 분명히 이해하기 위해서——이미 환기된——몇몇 사실들을 상기해야 함. (**드롭 아웃**(drop-out): 모든 것을 다 놓아 버리고자 하며 대열을 떠나는 자들≠**드롭 인**(drop-in): 어딘가로 들어가는 자들.[30]) 두 유형의 고유 리듬 집단, 즉 아토스 산의 **스키트들**+(매우 불완전한) 베긴교단 여신도 수도원을 상당히 자세하게 다루었음. 4개의 다른 유형들은 다음과 같다.


## 1) 쿰란의 종파

이 종파를 인용해야 하는 이유는 그것이 기독교 이전의 유대 종파이기 때문이다. 사해 문서(1947년 봄에 발견됨)에 의해 알려짐. 이 문서에서 계율의 두루마리라는 히브리어 텍스트가 유다 사막의 쿰란에 은거한 작은

---

28) 〔육성 강의에서 바르트는 '그리스어로 어휘화된 표현'으로 '완전한 사막(고독)'이라고 설명한다.〕

29) 〔바르트는 육성 강의에서 이 단상에는 '관념이 별로 없으며' '사실들은 휴식을 준다'고 설명한다.〕

30) To drop in, to drop out(영어): 들어가다, 나가다.

집단에 대해 이야기함. 성스럽고 금욕적인 삶을 영위함. 기원전 140년경 사막으로 탈주함. 그리스도 시대에도 존재했음. 기원후 68년 로마인들에 의해 살육됨. 최초 집단: 12명의 속인과 3명의 사제으로 구성됨=12부족 +레위족의 세 파벌. 따라서 축소형의 이스라엘임. 이어서 자원자들이 밀려오고, 새로운 건물들이 들어섬. 왜 사막으로 이처럼 탈주했는가? 체제 유지주의자 집단이라 말하자. 역법과 관련해 예루살렘의 정치적·종교적 권력과 대립함. 헬레니즘 세계의 공식적 음-양력을 위해서(예루살렘의 권력이) 전통적인 교회력을 없애는 결정을 내림. → 이 종파는 전통에 집착하고, 분파적이며, 사제의 지배적 요소를 지닌 공동체임=하나의 공동체-신전임. → 의례상의 순수성을 지킴. 유대인이라 할지라도 불경한 사람들과는 접촉하지 않음. 조직: 권위적 구조로서, 공동 생활, 재산의 공동 소유, 3년 동안의 수련기, 처벌이 있음. 거의 하나의 공동 수도 생활임.

내가 이 종파를 지적하는 것은 그것이 우파적 체제유지주의적인 한계 상황을 나타내기 때문이다.


## 2) 니트리파

알렉산드리아 남쪽, 나일 강의 서쪽에 있는 니트리(와디안 나트룬) 사막
* 의 산들에 정착함(4세기).[31] 5천 명의 아나코레트들로 이루어진 거대한 집단임——이 가운데 6백 명이 대(大)사막에 자리잡음. 원칙: 각자가 고독하게 살 수 있을 만큼 거리가 떨어진 오두막에 독립하여 살면서 서로가 방

---

31) 앙투안 기요몽, 〈필론과 수도원 제도의 기원〉, in 《알렉산드리아의 필론. 1966년 9월 11-15일 리옹에서 **CNRS**(국립과학연구센터)가 주체한 학술대회 논문집》, 파리, **CNRS**, 1967.
　* 기요몽, 《필론》.

문할 수 있음. 매우 유연한 모델임.

— 공간: '중앙의 서비스 건물들'이 있음. 즉 커다란 교회, 빵을 굽는 7
* 개의 화덕, 숙박소 하나(숙박객은 아무것도 하지 않고 1주일 동안 시간 제약
없이 묵을 수 있음. 그후 정원 가꾸기·빵 굽기·식당일 같은 작업을 함. 그
가 교양이 있으면, 책이 제공됨), 의사들이 기거함. 음식: 빵과 소금. 저녁
에 정식 식사가 제공됨.

— 생활 방식: **셀라**에서 6일 동안 지냄. 돗자리 만드는 작업과 동시에
성서의 명상적 암송(**멜레테**[32]·정진·공부·낭독·명상). 토요일: 교회에
집결+공동 식사(**아가페**)[33]+토요일부터 일요일 아침까지 밤새 예배 의식.
이는 바로 고유 리듬의 모델임. 왜냐하면 고독과 만남의 균형이 있기 때
문임.

NB(주의): 4세기의 니트리파는 필론이 기술한 유대인 치유파 고행자들
의 경험을 재도입함(≠실천적 삶을 살았던 유대인 에세네파[34]) 관조적 삶을
살아감. 영혼의 전사들이고 대존재(l'Être)의 봉사자들임. 이집트·알렉산
드리아의 교외 주민들은 그들의 성 마가 계율을 받아들였다 함.


**   3) 카르투지오회 수도사들


이집트의 고독한 은자들, 필론의 치유파 고행자들의 계승자들임. #[35]
1084년 쾰른에서 태어난 브루노가 그랑드 샤르트뢰즈 계곡에 은자들의

---

32) **Mélété**(그리스어): 정성, 염려, 그리고 광의의 의미에서 실천. 실행.
33) **Agapè**(그리스어): 우정. 복수 **agapes**는 초기 기독교인들의 우애의 식사를 의미.
34) pp.100-101 참조.
35) 바르트는 이 기호를 통해 '대략' 혹은 '어림잡아'를 의미.
 *《수도원 새벽 기도 이야기》, p.129.  **《세계대백과사전》.

집단촌을 세움=한계가 설정된(cf. 울타리) 방대한 영지= '사막'[36](계곡 깊숙한 곳)임. 협로는 차단하기가 쉬움.

　a) '하관(下館)': 형제들, 즉 농경자 및 장인(匠人) 수도사들이 기거함.

　b) '상관': 교부들의 수도원이며 큰 예배 미사가 있음(베네딕투스파에 온 모델임. 왜냐하면 책들을 베끼는 일을 함). 각 교부: 개인적 **셀라**가 있음=조그만 집. 1층은 곳간과 작업실로 이용됨. 2층에는 2개의 방이 있음: **a)** **아베 마리아**라 불리는 방: 개인적 취사를 함(1276년에 없어짐). **b**[37]) 기도 · 독서 · 식사 · 취침용 방. 여기에다 작은 정원+회랑이 있음(궂은 날씨에 대비).

　원칙: 고독임. **셀라**에서 기도 및 부분적 성무일과를 수행함. 교회(집단적임)에서는 밤(새벽 기도), 오전(미사), 그리고 오후(만도)의 일과를 수행함. 공동 식사: 일요일에 함. 매주: 한번씩 공동 산책을 함. 주목 사항: **a)**
* 사회적 구분(형제들, 교부들)──cf. 나중에 다룰 '하인들.' 수도사는 원래 사적인 일[38]에 속함. b) 주거 조건의 개별화──cf.《카라마조프의 형제들》에서 예언자적 은자인 조시마는 수도원에 거주하지 않고 작은 **스키트**(따로 떨어져 있는 작은 집)에 거주함──그리고 더욱 흥미있는 것은 처음에 음식 · 식사의 개별화임.[39] 이것은 상징적으로 매우 중요한 점으로서 함께 하는 회식(convivialité)[40]의 배제를 나타냄(공동 식사에 대한 취향≠혐오가 있음. 오늘날도 두 유형의 주체들이 있음).

---

36) 〔육성 강의에서 바르트는 이 말이 '카르투지오 수도사들의 언어에서' 사용됨을 밝힌다.〕

37) 〔육성 강의에서 바르트는 '두번째 방'이란 말을 덧붙인다.〕

38) **Otium**(라틴어): 사적인 일.

39) 레옹 장데.〈도스토예프스키의 작품에서 수도원 제도──현실과 이상〉, 앞의 책.

40) 〔육성 강의에서 바르트는 '고유한 의미에서 함께 식사하는 것'을 말한다고 설명한다.〕

　*《아토스 산의 1천 년》, p.361.

## 4) 포르 루아얄의 은자들

형식이 없는 공동체임. 일거리도, 서약도, 복장도 없음. 심지어 안정적인 거처도 없기 때문임. 스승: '평범하고 일반적인 자유에 따라 함께 사는 친구들임.' [41] → 제도적인 중심이 없음. 이런 발상의 기원: 생 시랑[42]으로부터 나옴. 카르투지오회의 규칙, 즉 성가대 생활+고독의 자유로부터 영감을 얻음.

1637년부터 경험적 집단 모임을 결성함. 그리고 륀 공작의 계획, 다시 말해 일종의 견해가 나옴: 수도원을 중심으로, 선택된 12명의 인물에 배정된 규칙적인 12개의 은둔처를 세우자는 것임(언제나 12부족, 성막(聖幕)을 떠올림). 누군가 한 사람이 죽으면, 이미 시험을 거친 계승자만이 들어가게 됨=시온의 이상적 이미지.

주목 사항: 기독교 얀센파의 두드러진 결정에도 불구하고, 공언되고 반복되는 토대는 우정이라는 점임. 삶의 완벽이란 결정 사항≠우정이란 **텔로스**.

위와 같은 몇몇 사례들을 통해서 우리는 고유 리듬적 경험들의 쟁점을 이해할 수 있다. 항상 그렇듯이, 제도와의 관계임.

— 체제유지주의적 혹은 통합주의적 두 형태: 쿰란파와 카르투지오 수도회파.

— 유연한 두 형태: 니트리파와 포르 루아얄.

---

41) 스승 앙투안(1608-1658)은 포르 루아얄의 최초 은자이다. 바르트는 준비 카드들에서 니콜라 퐁텐의 《포르 루아얄의 역사에 도움이 되는 비망록》(1738년판 쾰른)을 참조한다. 이 비망록은 폴 투브냉이 출간한 최근판(파리, 샹피옹, 2001)이 있다. 확인이 불가능했던 이 인용문은 퐁텐의 작품에서 발췌된 것이 아니다.

42) 생 시랑(1581-1643)은 프랑스의 신학자로서 포르 루아얄 수녀들의 고해신부 및 지도자가 되었다.〔역주〕

나타나는 현상: 은거 상황의 허약성. 외부적이든(공동 수도 생활), 내부적이든(쿰란) 권력에 의해 항상 감시당함. 베긴교단 여신도 수도원, 카르투지오 수도사들──매우 중앙집권화된 교단. 제도화: 살아남는 수단임. 니트리파는 파코미우스의 공동 수도 생활에 의해 소멸됨. 은자들: 포르 루아얄의 한계 상황에 의해 침몰되고 권력에 의해 무너짐.

# 짝짓기

나는 커플이 아니라 짝짓기라고 말한다. 왜냐하면 더불어 살기에서 이번 단상은 (비록 커플의 문제가 공동체에서 실질적이긴 하지만) 부부간, 혹은 가짜 부부간 커플이 아니라, 다만 상호적인 소외('둘이서 하는 광기')에 의해 결합된——시멘트처럼 단단하게 결합된——두 파트너의 짝짓기와 관련되기 때문이다.

다만 안건을 시작하기 위해, 가볍고 일시적인 짝짓기 하나와 구조화된 강력한 짝짓기의 두 사례를 언급할 것임.

## 1) 짝짓기의 원칙

바이온에 의해 주어짐(cf. 앞서 다룬 '명분,' 두번째 '기본 가정.'[1] 집단의 **텔로스**들 가운데 하나임). 그는 이렇게 씀. "(…) 집단에 속한 두 구성원이 토론을 시작한다. 때때로 그들의 대화는 묘사하기가 어려운 것 같다. 그러나 분명한 것은 그들이 서로에게 집중되어 있다는 점이고, 이것이 집단의 견해라는 점이다." → 집단은 조용한 입장에서 주의 깊게 관찰함. 바

---

1) p.121 참조.
＊ 바이온, p.39.

이온은 이렇게 계속함. "두 사람이 하나의 집단, '하나의 회합'[2]에서 남자/여자, 남자/남자, 여자/여자와 같은 그런 유형의 관계를 확립할 때마다, 집단과 커플 자신들에게 '기본 가정'은 성적인 상황의 가정인 것 같다. 마치 섹스가 두 개인으로 하여금 서로에게 접근하게 해주는 가능한 유일한 이유를 구성하는 것처럼 말이다."

여기서 말하는 것은 외형적 드러냄이다──가볍고 일시적이지만, 일반적이며 자주 일어나는 모습으로 말이다. 어떤 저녁 모임에서나 어떤 집단에서도 확인할 수 있는 것은 상호 요구, 상호 유혹의 뜨거운 관계에 의해 결합된 두 파트너가 집단 앞에서 분리되고 가볍게 갇힌다는 점임. 동기·배경·구실이 어떠하든, (성적이라기보다는) 에로틱한 색채를 띤 어떤 상호적인 광적 동요가 분명히 존재함. 확실한 것은 이런 경우에 집단이 관객이 된다는 점이다. 짝짓기는 일시적으로 집단을 구조화시킨다(흔히 내일이 없는 짝짓기임). 그것은 두 사람이 벌이는 어떤 광기의 미묘한 통과임. 광적 동요(affolement)/광기(folie)의 대조에 유념해야 한다. (무언가에 의해, 누군가에 의해) 광적으로 동요된다는 개념은 정신분석학에서 핵심적이 아니다. 그것은 관계적 상태들의 미묘한 기술(記述)에 속한다 할 것이다. 우리의 삶을 서로가 광적으로 동요되는 데 보내자.


## 2) 강력한 짝짓기의 두 사례


1)《수도원 새벽 기도 이야기》, 드라게의《사막의 교부들》제21장, p.145: 윌로즈와 불구자의 이야기.[3] 2) 프루스트: 레오니 숙모와 프랑수

---

2) 이것은 바르트가 괄호로 명시한 것이다.
3) 드라게는《수도원 새벽 기도 이야기》의 여러 장(章)들을 모아 번역하고 있다.

아즈, 《스완네 집 쪽으로》, I, 118 및 153.

## 《수도원 새벽 기도 이야기》, 145[4]

〔"윌로즈라는 이 인물은 학업 과정을 완벽하게 끝낸 교양 있는 사람이었다. 불멸성에 대한 사랑에 사로잡힌 그는 세상 사람들의 동요와 작별을 고하고, 일을 할 수 없었기에 약간의 돈만을 남겨둔 뒤 자신의 전 재산을 나누어 주었다. 홀로 아세디의 대상이 된 채, 그는 혼자 있는 것에 만족할 수도 없고 어떤 집단에 귀속되고 싶지도 않았다. 그런데 그가 시장 바닥에 누워 있는 불구자를 하나 만났다. 이 불구자는 손도 발도 없었지만, 행인들에게 매달려 구걸하기 위한 혀만은 살아 있었다. 윌로즈는 멈추어 그를 뚫어지게 바라보고는, 신에게 기도하고 신과 다음과 같은 계약을 맺는다. '주여, 당신의 이름으로 저는 이 불구자를 택하여 그가 죽을 때까지 그의 운명을 책임지겠나이다. 그리하여 그 덕분에 저 또한 구원되도록 하겠나이다. 저에게 그를 받아들이는 인내를 주시옵소서.' 그는 불구자에게 다가가 이렇게 말한다. '아저씨, 원하신다면 제가 당신을 저의 집에 데려가 당신의 운명을 책임지겠습니다.' 상대방은 이렇게 대답한다. '좋소!──그럼 당나귀를 데려와서 당신을 데려가겠습니다.' 그는 동의했다. 그리하여 윌로즈는 당나귀를 데려와 불구자를 들어올린 뒤, 자신의 방 안에 옮겨다 놓았다. 그런 다음 그는 그에게 온갖 정성을 다했다."

"15년이나 계속해서 윌로즈는 불구자의 간호사가 되었다. 윌로즈는 그를 씻겨 주었고, 그를 손에 안고 그의 질병 상태에 따라서 음식을 먹여 주었다. 그러나 이 15년 세월이 지나자, 어떤 악마가 불구자에 달려들었다.

---

4) 강의에서 바르트는 《수도원 새벽 기도 이야기》와 《스완네 집 쪽으로》에서 발췌한 대목들을 읽는다. 다만 참조 표시만이 원고에 나타나 있다. 바르트는 피에르 클라라크 및 앙드레 페레가 편찬한 프루스트 작품을 인용하고 있다(파리, 갈리마르, '플레이아드' 총서, 1954).

그가 월로즈에 반항하는 것이다. 그가 이 인물을 엄하게 꾸짖기 시작하는 험악한 말과 욕설을 보자. '더러운 놈, 도망친 노비! 넌 다른 사람들의 돈을 훔쳤지. 넌 내 보호 속에서 너를 구원하려고 하는 거지! 나를 시장 바닥에 다시 내던져라! 나는 고기가 먹고 싶다!' 월로즈는 그에게 고기를 갖다 주었다. 그러나 그는 다시 아우성쳤다. '나는 좋지 않다. 내게 필요한 것은 군중이다! 사람 살려! 네가 나를 발견한 곳에 나를 내던져라!' 그가 손이 있었다면 아마 그는 월로즈를 교살하고 말았을 것이다. 그만큼 악마가 그를 사납게 만들어 놓았다."

"그리하여 월로즈 이웃에 있는 고행자들한테 찾아가 이렇게 말한다. '어떻게 해야 합니까? 이 불구자는 나를 절망으로 몰고 갔습니다. 그를 내다 버려야 할까요? 나는 신에게 약속했기 때문에 두렵습니다……. 하지만 내가 그에게서 벗어나지 못한다면요? 그는 나를 밤낮으로 고달프게 할 거예요. 대체 그를 어떻게 해야 한단 말입니까? 도무지 모르겠습니다.' 그들은 그에게 대답한다. '대인(大人)(그들은 안토니우스를 그렇게 불렀다)께서 항상 살아 계시네. 그를 만나러 가보게나. 불구자를 작은 배에 태워 은거지에 데리고 가게. 안토니우스가 사막에서 돌아오기를 기다려 결정하도록 하게나. 그분이 자네에게 무슨 말을 하더라도, 그분의 결정을 따르게. 왜냐하면 그를 통해서 말하는 분은 신이기 때문이네.' 그는 그들의 말을 경청했다. 그는 불구자를 목자의 작은 배에 태운 뒤, 밤에 도시를 빠져나가 성 안토니우스의 제자들의 은거지로 데려갔다. (…)"

"'저는 이 불구자를 시장 바닥에서 만났습니다. 저는 그를 통해서 제가 구원받고 저를 통해서 그가 구원받을 수 있도록 신에 그를 돌보겠다고 약속했습니다. 그러나 많은 세월이 흐르자 그는 저를 극도로 괴롭히고 있습니다. 그를 내다버리기로 생각하고 성하(聖下)께 왔습니다. 저에게 어떻게 해야 할지 지침을 내려 주시고 기도해 주십시오. 왜냐하면 저는 끔직하게 고통받고 있기 때문입니다.' 안토니우스는 심각하고 단호한 목소리로 그에게 말한다. '자네가 그를 버린다 할지라도, 그를 창조하신 분은 그를 버리지 않네. 자네가 그를 버린다면, 신께선 자네보다 더 나은 다른 사람을 보내시어 그를 맞이하도록 할 것이네.' 그러자 윌로즈는 망연자실해 말없이 있었다."

"그런 다음 안토니우스는 윌로즈를 놓아두고 이렇게 외치면서 불구자를 채찍으로 마구 때리기 시작한다. '병신, 앉은뱅이, 땅에서도 하늘에서도 받아 줄 수 없는 놈, 넌 신과 싸우는 것을 그치고 싶으냐? 넌 너에게 봉사하시는 분이 그리스도라는 것을 모르느냐? 감히 어떻게 네가 그리스도에 대항해 그따위 소리를 하느냐? 그가 너를 위해 노예가 된 것은 그리스도를 위한 것이 아니더냐?' 그는 아무 말이 없는 불구자 역시 그대로 놓아두었다."

"그들의 일에 대해 모든 다른 사람들과 상의를 한 뒤 그는 윌로즈와 불구자를 따로 불러 이렇게 말한다. '곧장 되돌아가게나! 떠나라고! 헤어지지 말고, 자네들이 그 많은 시간을 함께 보냈던 방으로 곧바로 가게나. 이미 신께서 자네들을 맞이하러 보내고 있네! 이런 시험이 온 것은 자네 둘 다 이승을 떠날 때가 되었기 때문이네. 자네들의 화관을 받으러 가게나. 그러니 다른 아무것도 하지 말게나. 그렇지 않으면 천사가 자네들이 자리에 있는 것을 발견하지 못할 것이네.' 그러자 그들은 가능한 신속하게 길을 재촉해 그들의 방에 도착했다. 40일 후에 윌로즈는 죽고, 그로부터 3일 후에 불구자가 죽는다."〕

## 프루스트, 117-118

〔"갑자기 그녀는 프랑수아즈가 그녀를 기만하여 갈취하고 있고 이를 확실히 하기 위해 속임수를 쓰고 있다고 생각하면서 즐거움을 느꼈고, 범행 현장에서 그녀를 잡았다. 그녀는 홀로 카드놀이를 할 때면, 자신의 패와 상대방의 패를 동시에 갖고 놀이를 하는 데 습관이 되어 있었으므로,

프랑수아즈의 당황한 변명을 자기 자신에게 해댔다. 그녀가 이 변명에 너무도 열을 내고 화를 내면서 대꾸했으므로, 그 순간에 막 들어오던 우리들 가운데 한 사람은, 가발이 뒤틀려 벗겨진 이마를 드러낸 채 눈을 반짝이며 땀에 흠뻑 젖어 있는 그녀를 발견했다. 아마 때때로 프랑수아즈는 옆방에서 자신에게 내뱉는 신랄한 빈정거림을 들었을 것이다. 그러나 그런 빈정거림이 순전히 비물질적인 상태에 있었다면, 또 낮은 목소리로 중얼거림으로써 나의 숙모가 그것에 현실성을 더 이상 주지 못했다면, 그렇게 해보았자 그녀의 마음은 충분히 가라앉지 못했을 것이다. 때때로 '침대에서 그런 광경'만으론 숙모는 성에 차지 않았다. 그녀는 자신이 할 수 있는 모든 못된 장난을 하고 싶었다. 그리하여 어느 일요일 모든 문들을 비밀리에 닫아 놓은 채, 그녀는 욀랄리에게 프랑수아즈의 정직성에 관한 자신의 의심, 그녀를 내쫓겠다는 자신의 의도를 털어놓았다. 그리고 나서 다시 그녀는 프랑수아즈에게 욀랄리의 부정(不貞)에 대한 자신의 의심을 털어놓았고, 욀랄리가 오면 문을 열어 주지 않을 것이라고 말했다. 며칠이 지나자 그녀는 전날의 속내 이야기에 혐오감이 들었고, 그래서 배신자와 다시 어울렸다. 게다가 그들은 다음번 장난을 위해 자신들의 일정을 교환할 것이다. 그러나 욀랄리가 그녀에게 때때로 불러일으키는 의혹은 일시적인 정열에 불과했고, 집에 기거하지 않아 증거가 부족했기 때문에 곧바로 사라졌다. 프랑수아즈와 관련된 사람들의 경우는 달랐다. 숙모는 그들이 자신과 한 지붕 아래 있음을 지속적으로 느꼈지만, 자신이 침대에서 나오면 감기 들까 염려되어, 감히 식당으로 내려가 그들이 그럴 만한 자격이 있는지 알아볼 수가 없었다. 조금씩 조금씩 그녀의 정신은 프랑수아즈가 매순간 할 수 있는 것이 무엇이며, 자신에게 애써 감출 수 있는 것이 무엇인지 알아맞히기 위해 노력하는 것 이외는 할 일이 없게 되었다. 그녀는 프랑수아즈의 표정에 드러나는 극히 순간적인 움직임, 그녀의 말 속에 나타나는 모순, 그녀가 감추는 것 같은 욕망을 체크했다. 그리고 나서 그녀는 자

신이 프랑수아즈를 창백하게 하는 단 한마디로 그녀의 가면을 벗겼음을
보여 주었다. 이 한마디는 숙모가 이 불행한 여인의 가슴속에 심심풀이의
잔인한 말을 꽂기 위해 찾아낸 것 같았다. (…) 조금씩 조금씩 프랑수아즈
와 숙모는 짐승과 사냥꾼처럼 서로의 술책들을 예방하려고 끊임없이 노
력해 갔다. 어머니는 숙모가 어머니 자신이 할 수 있는 것보다 더 혹독하
게 프랑수아즈를 모욕했기 때문에, 프랑수아즈가 숙모에게 그야말로 증
오를 품지 않을까 염려했다. 어쨌든 프랑수아즈는 숙모가 드러내는 극히
하찮은 말에도, 극히 조그만 몸짓에도 점점 더 비상한 관심을 나타냈다.
그녀는 숙모에게 요구하고 싶은 무언가가 있을 때, 어떻게 처신해야 할지
오랫동안 망설였다. 또한 그녀는 자신의 간청 사항을 말하고 난 후, 숙모
가 무슨 생각을 하고 어떤 결정을 내릴 것인지 간파하려고 노력하면서 숙
모의 얼굴을 은밀히 관찰하곤 했다. 그리하여——한편 어떤 예술가는 17
세기의 회상록들을 읽으면서, 그리고 위대한 왕에 접근하기를 바라면서
그 왕을 어떤 역사적 가문으로부터 내려오게 하는 하나의 계보를 만들거
나, 아니면 유럽의 현재 군주들 가운데 한 사람과 서신 교환을 유지함으로
써 그런 접근의 길을 걷고 있다고 믿는다. 그렇게 하여 분명 그는 동일한,
따라서 죽어 버린 형태들로 추구한다면 잘못을 저지르는 것과 반대 방향
으로 간다——저항할 수 없는 편집증들에, 그리고 한가로움에서 태어난
심술 사나움에 진지하게 예속될 수밖에 없었던 지방의 한 부인은 루이 14
세에 대해 한번도 생각해 보지 않았음에도, 자신의 아침 기상 · 점심 식
사 · 휴식과 관련된 일과의 가장 무의미한 일들이 그것들의 전제적인 특이
함으로 인해, 생 시몽이 베르사유 궁전에서 삶의 '기계적 진행'이라 불렀
던 것의 흥미를 다소 띠는 것을 보았다. 그래서 그녀는 자신의 침묵, 자신
의 얼굴에 나타나는 미묘한 흐뭇함이나 오만함이 프랑수아즈에게는, 어떤
신하나 혹은 아무리 대단한 영주들이라 하더라도 그들이 베르사유 궁에
있는 어떤 산책로의 모퉁이에서 탄원서를 루이 왕에게 제출했을 때, 왕이

드러낸 침묵·흐뭇함·오만함만큼이나 열정적이고 두려운 설명의 대상이
라는 사실을 믿을 수 있었다."

둘이 하는 이와 같은 광기의 동일한 구조.

1) 파트너들 가운데 하나가 한가한 상태에 있음. 레오니 숙모: 완전한
무위, 사건의 부재, 유폐되어 있음. 윌로즈: 자신의 재산을 처분해 나누
어 주었지만, 조그만 수입은 간직했음. 왜냐하면 그는 일을 하고 싶지 않
기 때문이다.

2) 레오니의 불안하고, 까다로우며, 환상적인 성격. 윌로즈는 어떤 곳에
서도 편안하지 않음. 혼자 있어도, 집단 속에 있어도 말이다(불구자: 결코
만족하지 못함. 고기와 군중 등을 원한다)=까다로운 응석둥이들: **샤우쇼
운**.[5]

3) 파트너 하나가 육체적으로 무기력함. 침대에 누워 있는 레오니(부엌
에도 갈 수 없다). 불구자: 손도 다리도 없는 일종의 사물로서, (당나귀 위
에, 작은 배로) 짐꾸러미처럼 옮겨짐.

4) 간호적·의타적(anaclitique)[6] 관계. 한 사람은 육체를 내맡긴 채, 다

---

5) [육성 강의에서 바르트는 이렇게 설명한다. 이것은 '내가 어린 시절에 들었던 방
언' '가스코뉴 지방의 방언'이다. (…) "진짜 있는 것인지, 아니면 내가 만들어 낸 것인지
잘 모르겠지만, 다루기 힘든 아이들을 지칭하기 위한 낱말이 있었다. (…) 사람들은 **샤우
쇼운**(chaouchoun) 같은 애들이었다고 말하곤 했다. (…) 윌로즈와 레오니 숙모는 **샤우쇼운**
같은 인물들이다."]
6) [육성 강의에서 바르트는 '정신분석학의 어휘에서 언급되듯이'라고 설명한다. 바르
트는 의타적인 관계와 자기애적 관계를 동일시하는 프로이트와, 그것들을 구분하는 라
캉을 자유롭게 참고한다. 이 문제에 관해서는 특히 《세미나》, 제4권, 《대상 관계》, 파리,
쇠이유, 1994, p.82-84. 〈번들링(bundling)과 그 결과로서 분석에 대해〉: "이런 리비도적
측면을 띠는 두 주체의 에로틱한 삶의 일부는 모성적 아내인 타자의 욕구, 다시 말해 일
단 실험을 거치고 책임져진 욕구에 의해 조건지어진다. 그녀가 그에게서 남근적 대상인
자신의 대상을 찾아야 할 필요가 있다는 점에서 말이다. 이것이 자기애적 관계에 대립되
는 의타적 관계의 본질이다."]

른 사람의 처분에 달려 있음. 초보적인 육체의 수준에서 일상적 관계가 이루어짐. 즉 돌보고, 씻어 주고, 먹을 것을 주는 일.

5) 언어의 강렬한 관계. 불구자는 매우 수다스럽다. 레오니: 내면적 언어의 연속적인 분출 속에 있음(때로는 매우 강한 압박을 느끼기 때문에 큰 소리로 말한다).

6) 동거의 강력한 계약. 프랑수아즈는 종신 하녀로서 일종의 봉건적 헌신을 함(프랑수아즈의 옛 프랑스적 지위). 윌로즈: 신 앞에서 엄숙한 계약을 함(이것이 바로 그의 문제이다). 결혼의 상징적이며 거의 법률적 상황임.

7) 공격의 폭발, 싸움(혹은 그들의 환상), 분노, 정열. 더없이 상처를 주는 논지가 개발됨. 즉 프랑수아즈는 도둑년이고, 윌로즈는 불구자에 기대어 자신의 영혼을 구원하고자 한다.

8) 유일한 결말은 죽음을 통해 이루어짐.

두 사람이 하는 광기는 얼마나 많은 부부, 가정(어머니/딸), 커플 속에 나타나는가. 증오와 사랑의 해결할 수 없는 혼재를 드러냄(레오니가 죽었을 때 프랑수아즈의 원시적 고통). 역할들은 교대될 수 있는 바, 이런 강력한 짝짓기는 짐승/사냥꾼(이 비교는 프루스트가 한 것임), 희생자/사형집행인과 같은 원형적 관계를 노린다. → 상황(아니면 구조적 현실)은 사드적 혹은 도스토예프스키적임.


## 거리

특히 고유 리듬적 더불어 살기는 동거하는 주체들 사이에 거리(distance)의 윤리학(혹은 물리학)을 수반한다. 이것은 위험한 문제——어쩌면 더불어 살기, 따라서 이 강의의 근본적 문제이다. 우리는 이 문제를 파편들을 통해서, 부분적이고 간접적인 테마들을 통해서만 포착한다. 여기서 나는 이 문제의 한 형태(전혀 해결이 아니다)를 간단하게 제시할 것이다. 그것은 다름 아닌 (더불어 살기에서) 육체의 거리이다.

문제는 논리적 궁지의 형태로 진술될 수 있다. 그리고 이 논리적 궁지는 다음과 같은 하나의 연쇄이다.

1. 다른 사람들——타자——의 육체가 나를 동요시킨다. 나는 욕망한다. 나는 욕망의 에너지와 결핍을 느낀다. 나는 욕망의 소모적 전략에 들어간다.

2. 이런 동요로부터 나는 그것을 사라지게 하는 상태를 도출하고, 환상을 품는다. 이 환상은 **헤수키아**[7]로서 욕망의 고요함, 고통스럽지 않은 바캉스, 태연을 의미함.

3. 그리하여 나는 **평화**에 도달하기 위한 규칙들을 제정한다. 이 규칙들은 일반적으로 욕망을 가동시키는 다른 사람들의 육체에 대해 거리를 두는 것이다.

4. 그러나 타자, 즉 다른 사람들에 대한 욕망을 죽임으로써, 나는 살고자 하는 욕망을 죽인다. 티자의 육체가 나를 동요시키지 않는다면, 혹은 내가 타자를 결코 만질 수 없다면 살아 보았자 무슨 소용이 있는가? 논리적 궁지는 이렇게 닫힌다.

분명한 것은 기독교의 수도원 제도에서 주체는 n° 3(거리의 규칙)에 주의를 집중하고 있다는 점이다. 그는 본질적으로 종교적인 **텔로스**인 완벽의 욕망을 통해서 적절한 순간에 연쇄 사슬을 부순다. 그는 욕망을 바꾼다. 그는 다른 욕망과 연동된다. 그가 자기 욕망의 흐름을 바꾸지 못하면, 그는 아세디에 떨어진다. 다시 말해 아주 정확히 두 욕망 사이에 떨어짐. 이로부터 육체들의 거리와 관련된 수도원 규칙들의 세심한 엄격성이 비롯됨.

* 1) 다음 두 가지 사이에 습관적으로 이루어지는 것보다 더 세심하게 구

___

7) Hèsuchia(그리스어): 고요, 평화.

별하면 흥미로움. a) 육체에 대한 평가절하적 이데올로기: 육체를 죽이고 탈물질화시키며, 경멸하고 억압함. 그리고 b) 거리의 규칙들=욕망을 지도하기 위한 예비적 규칙들. 욕망을 난폭하게 다루지 않고 정지시키는 것이며 **에포케**,[8] 즉 판단의 정지 및 욕망의 정지임. 정지≠제거임.

2) 이러한 거리의 규칙들: 매우 세심하기 때문에 엄격하게 공간적이고 계량적이다.

** a) 수면: 자세한 규정이 있음. 파코미우스: 같은 방에서 둘이 잠을 자는 것을 금지함. 성 베네딕투스: 각자 개별적 침대에서 수면. "가장 젊은 형제들은 나란히 침대를 놓을 수 없으며, 고참들의 침대 사이에 배분되어 야 함"≠《향연》에서 장소들(침대들)의 전적으로 에로화된 움직임.

**** b) 육체는 완전히 고립되며, 세심하게 거리로 둘러싸여 있음. 파코미우스의 규칙: 다음과 같음.

'Totum corpus nemo unguet nisi causa infirmitatis

nes lavabitur aqua nudo corpore.

Nullus lavare alterum poterit aut unguere.

Nemo alteri loquatur in tenebris/

Manum alterius ne teneat, sed, sive steterit, sive

ambulaverit; uno cubito distet ab altero.'[9]

---

8) Épochè(그리스어): 중단, 정지.

9) 〔프랑스어 식으로 발음하겠다고 말하는 바르트는 이 텍스트를 읽고 글자 그대로 이렇게 번역한다. "아무도 병 때문인 경우를 제외하곤 육체 어느 곳에도 기름을 발라서는(향수를 뿌려서는) 안 된다. (병 때문인 경우를 제외하곤 크림도 안 됨). 그리고 아무도 전라(全裸)로 몸을 씻어서는 안 된다. 어느 누구도 다른 사람을 씻어 주거나 기름을 발라줄 수 없다. 아무도 어두운 곳에서 다른 사람에게 이야기해서는 안 된다. 어느 누구도 다른 사람의 손을 잡아서는 안 되며, 멈추어 있든 산책을 하든, 언제나 타자와 50센티미터의 거리를 유지해야 한다."〕

* 아망, p.191. ** 라되즈, p.264.

*** 성 베네딕투스, Ch.XXII. **** 라되즈, p.283.

금지 사항들 가운데 주목되는 것은 욕망의 길들이 지닌 미묘하고 날카로운 방향임. 이것은 자기 에로티시즘이고(나체로 몸을 씻고, 샤워기 아래서 여러 시간 동안 머무는 것), 기능적인 구실을 내세워 애무를 하는 것이며(타자를 씻겨 주는 일: 의타적 태도),[10] 에로틱한 즐거움 사이의 분절이고, 어머니가 갓난아기를 씻겨 주는 일을 상기시킴. 서로 보지 않고 교환하는 말이며(언어와 밤의 강렬한 에로티시즘), 거리의 교활한 유희(언제나 타자와 50센티미터 거리를 두고 있음)임. 이런 유희≠순간적인 접촉들의 모든 전략임(cf. 《젊은 베르테르의 슬픔》).[11] → 접촉과 스치기가 주는 즐거움의 진정한 교과서. (스치기의 방향: 생식기의 만족을 추구하는 것이 아니라——이 점에서 성도착이지만——욕구불만의 해소를 추구함. 타자의 육체는 나에게 금지되어 있지 않은 것이다. 나는 그것을 만지면서 이를 입증한다——비록 순진무구한 이유를 내세우지만 말이다.[12])

거리들 가운데 가장 좋은 것은 경계임. 왜냐하면 활동, 즉 거리화 작업에 대한 투자가 있기 때문임. 그것은 자신의 육체를 경계 상태로, 감시가 작동하는 상태로 유지하는 것임.

*　　— 아침까지 공동 침실에 불을 켜놓음(성 베네딕투스): 불침번의 테마임.

**　　— 위와 마찬가지로 파코미우스는 낮은 의자에——눕지 않고——앉은 채 잠을 자도록 함.

　　— 허리띠의 상징 체계. 성 바실리우스: 수도사들로 하여금 하나의 허리띠가 달린 튜닉만을 걸치게 함. 남성성의 표시[13]이고, 행동할 채비가 된

---

10) p.162 주(註) 참고.

11) 《사랑의 단상》, 〈접촉〉(OCⅢ, 521) 참조.

12) 바르트는 육성 강의에서 샤를뤼스가 발베크의 해변에서 화자의 턱을 잡는 장면을 환기시킨다(《꽃피는 처녀들의 그늘에서》).

13) 〔육성 강의에서 바르트는 '남성성, 그리고 이 남성성의 통제의 상징'이라 명확히 한다.〕

　* 성 베네딕투스, Ch.XXII. ** 라되즈, p.301.

* 의지임. 〈욥기〉 38, 3: '대장부처럼 허리를 묶고.' (오늘날도 여전히 허리 띠＝남성성임. 예컨대 넓은 가죽 허리띠, 카우보이 스타일, 가죽 복장, SM[14] 가 그러함. 반대로 멜빵은 평가절하됨.[15])

요컨대 이 모든 규칙은 욕망에 대한 매우 커다란 지식을 보여 줌. 다음 두 항 사이에 대립이 있음, 1) 관능성의 테마군: 몸과 언어의 차원임. 어린아이의 다형적 성도착,[16] 예컨대 재잘거림을 통한 애무을 상기시킴＃2) 생식기 운동의 기원으로서의 허리 · 근육 · 긴장된 것의 테마군.

(결론을 내리기 위한 것이 아니라) 끝맺음을 하기 위한 2개의 교정적 주목 사항.

1. 육체의 딱딱한 껍질(라이히)[17] 혹은 딱딱한 껍질로서의 육체. 수도사들뿐 아니라 대부분의 현대적 주체들에게도 육체는 타자의 욕망으로부터 스스로를 보호한다. '자신을 내맡기는 데' 성공하지 못하는 주체 자신에게 흔히 고통스러운 보호임. 이러한 상황에 대비한 선별적 효과를 노린 몇몇 환각제들(**노란 알약**)[18]이 있음. 최음제가 아니라 '딱딱한 껍질을 풀어 주는 약들' 임. 이런 일은 예외적으로 수도사들에게서도 일어날 수 있

** 다. 예컨대 총회 장소에 앉은 수도사 포에멘(Poemen)은 '옆에 있는 사람이 시편 낭독에 졸고 있는 것' 을 보고 '그의 머리를 가만히 잡아서 자신의 무릎 위에서 잠을 마치도록 해주었다.'

2. 에로틱한 육체의 통제. 우리의 기독교 문명에서는 통제를 위한 해법

---

14) 사도-마조히스트(sado-masochiste).

15) 〔육성 강의에서 바르트는 '비남성성' '후줄근해짐의 상징' 이라 명확히 한다.〕

16) 프로이트, 《성(性)이론에 대한 세 가지 에세이》, 프랑스어 번역, 필리프 코에펠, 파리, 갈리마르, 1987, II, 〈수음에 의한 성적 표출〉, 〈다형의 도착적 성향〉, p.118 참조.

17) 《성격 분석》, 프랑스어 번역, 피에르 카미처, 파리, 페이요, 1992 참조. 오르가슴 에너지의 억제는 '성격상의 갑옷(보호막)' 을 형성하는 심신 상관적 저항력을 도야시키게 된다.

18) **Yellow pills**(영어): 문자 그대로 '노란 알약' ; '70년대 유행한 최음제임.'

* 아망, p.220. ** 드라게, p.XXXI.

* 은 거세의 환상에 입각해 절단하고 거세시키는 해결책임.[19] 처녀들과 강력하게 관련된 엘리야의 이야기. 그는 아트리베라는 도시의 수도원에 기거하는 3백 명의 여자를 교육시킴. 그녀들은 서로 다툰다. 따라서 그는 그들 가운데 살아야 한다. → 괴로움 → 자신의 고환이 잘려지는 꿈 → 모든 정념에서 치유되어 깨어남.

그러나 동양과 도(道): 비절단적인 통제를 드러냄. **코이투스 레제르바투스**[20]: 매우 서양적인 라이히의 것[21]과는 전혀 다른 오르가슴의 철학을 전제함. 오르가슴은 최고의 행복이 아니다. 이는 변태적인 성욕, 다시 말해 비억압이라는 그 유토피아와 가까운 심원한 사상임(어린아이는 억압에 시달리는 인류의 절대적으로 유토피아적 모습임).


# 하인들


남자는 (필요) 욕구(besoins)와 욕망(désirs)으로 살아간다는 전통적인 구분으로 거슬러 올라가 보자. 그런데 더불어 살기는 욕망의 장이고, 고유 리듬은 이 욕망의 (비과학적이고 거의 제도적이지 않거나 제도가 엉성한) 미묘한 형태이다. 이와 같은 욕망에 비해서 욕구는 무엇이 되는가? 욕구를 어떻게 만족시킬 것인가? 누가 일과의 가사적(家事的) 질서를 책임질

---

19) 〔바르트는 육성 강의에서 '통제한다는 것은 거세시킨다는 것'이라고 명확히 한다.〕

20) coitus reservatus: 결합하되 사정하지 않는 성관계. 〔역주〕

21) 라이히에게 오르가슴은 성공한 모든 성욕의 마감이다. "생식기의 만족——이것은 사회적 활동에 대한 능력의 창출과 신경증의 예방에서 결정적인 성(性)경제의 요소이다——은 모든 면에서 현재의 모든 법과 모든 가부장적 종교와 모순된다."(빌헬름 라이히, 《성의 혁명》, 앞의 책, p.67)

*《수도원 새벽 기도 이야기》, p.157.

것인가? 근대적 '공동체들' 의 까다로운 문제임. 예컨대 누가 설거지를 할 것인가? → 하인들의 문제. 주목해야 할 점: 노예제 문명에서 욕구와 욕망의 분리는 자동적이다. 이와 관해서는 고대 사회에서 더불어 살기의 묘사를 참조. 크세노폰이 《경제학》에서 기술한 공동체(오이키아),[22] '집': 절대적으로 계층화되고 기능주의적인 공동체임. 하인들이 있고 없고의 문제는 노예 제도가 없는 곳에서만 제기될 수 있다. 그것은 기독교 세계에서 뚜렷해지고 타당해진다(그렇기도 하고/아니기도 하다).


## 1) 욕구＝욕망


가사적 욕구의 만족과 욕망의 성취(단순화시켜 말자자면, 종교적 **텔로스**에 전념하는 주체의 숭고하고 관조적인 삶)가 동일한 주체 속에 혼재하는 개인들 혹은 공동체들 → 모든 하인적 신분에서 벗어남. 따라서 관조적 주체는 그 자신이 자신의 욕구를 만족시키는 데 열중하여 가능한 한 그것을 줄임.

*  1) 교부 시대의 아나코레트들: 동방(이집트 · 팔레스타인 · 시리아 · 콘스탄티노플)의 수도사들로서 특히 농부 계급 출신임. 교양이 없거나 그것을 거부함(안토니우스는 자신이 오염되지 않기 위해 공부하기를 거부한다). 반주지주의적인 한계 상황임. 각각의 아나코레트는 홀로 자신의 욕구들 전체를 책임져야 함.

**  ― 때때로 단순히, 그로 하여금 은거지로부터 나올 필요가 없게 해주면서 하인보다는 심부름꾼 역할을 하는 젊은 제자, 혹은 **파뮬루스**[23]가 있음.

---

22) Oikia(그리스어): 집.

23) Famulus(라틴어): 충복, 종복.

 * 드라게, p.XXI. ** 페스튀지에르, I, p.48.

따라서 교환(하인 신분은 승화되어 있음)이 있으며, 그것은 정신적 행복으로 향한다. 그래서 '늙은이'의 지혜와 완벽성이 '젊은이'의 자잘한 봉사가 교환됨.

*　—《로빈슨 크루소》: 노예 제도의 세계를 드러냄. 로빈슨: 브라질에 노예를 매매하는 상인이었음. 프라이데이와 더불어 살기는 하나의 노예와 사는 더불어 살기이다. 징조들 → a) 프라이데이 자신이 로빈슨의 발을 자신의 머리에 올려 놓는다(마치 즉시 노예가 되는 것이 이 흑인의 본질 자체에 속하는 것처럼). b) 로빈슨 크루소가 프라이데이에게 가르치는 첫마디

** 는 '주인님'이다. c) 로빈슨 크루소는 (자신의 욕구들을 위해) 프라이데이에게 영어를 가르치지만, 프라이데이는 자신의 언어를 로빈슨 크루소에게 가르치지 않는다. d) 프라이데이는 주인과 거의 똑같이 옷을 입는다. 그러나 난파되기 전에, 로빈슨 크루소 자신이 살레의 사략선에서 노예였다가 보트를 타고 달아나는데, 젊은이 즈리와의 관계가 시작됨. 외관상.

*** 봉사와 경험을 교환하는 **파물루스**의 모습이 나타남. 그러나 사실, 결국 로빈슨은 그를 팔아 버린다. 따라서 그는 노예인 것이다.

　1) **아토스 산**에서 우리는 2개의 고유 리듬을 보았다. 하나는 '순수한' ('가혹한') 은둔적 모델로서 오래된 것이며, 다른 하나는 보다 최근 것으로 사회적 구분을 통합시킴. 후자에서 (수입이 있기 때문에) 유복한 수도사들은 하인적인 수도사들을 거느리고 가사적 일들을 돌보게 함. 아토스 산에서 처음 시작될 때 하인들 없는 고유 리듬이었고, 심지어 하인들을 거느리는 것이 규범으로 금지됨. 이 점은 아토스 산의 핵심적 특징과 관련이 있는데, 일반적으로 제대로 해석이 안 됨. 즉 암컷 동물들에 대한 접근 금지인데, 성 아타나시우스에 의해 아토스 산에 도입된 것으로 보임. 전혀

**** 성도덕 때문에 도입된 것 같지는 않음. 그것은 하인을 두는 것의 금지와

---

* 《로빈슨 크루소》, **pp.**198–201. ** 207. *** 26.

짝을 이룬다. 수도원들이 임금을 받는 피고용자들이 기르는 가축 떼의 수입으로 살아가는 것을 막는 것임. (가축 떼가 생기자마자, 노예와 하인들이 필요하게 된다.《신비한 섬》에서 5명의 섬 식민자는 그들이 다른 섬에서 발견한 버림받은 자, 에어튼에게 가축 떼(우리)를 돌보도록 맡긴다.──에어튼은 '잘못'(《그랜트 선장의 아이들》[24])을 저질러 속죄를 받도록 가짜 노예가 됨.[25])

## 2) 욕구 ≠ 욕망

정신적 일(정신적 욕망)에 몰두할 수 있도록 공동체는 욕구를 만족시키는 일을 하인 수도사들 집단에 일임한다.

— 공동 수도 생활 수도원에서: 가사(家事) 종사자들이 있음. 이들은 라틴어로 **콩베르티티**[26]라 불리는 개종한 사람들임. 개종에 대한 대가, 통합되는 데 대한 대가임. 그들은 교양이 없고, 농부들임. 따라서 사회적 구분이 재구성됨. 우리가 보았듯이, 카르투지오 수도회에는 형제 수도사들(하관)과 교부들(사치로서 고유 리듬을 지님)[27]이 구분됨.

— 실론의 불교 사원들(온화한 불교): 수도사들은 다음과 같이 구성된
***** 하인들에 의해 물질적 일과에서 벗어나 있다. **a)** 자신의 여생을 마감하기로 결심한 늙은이들, 직업도 가족도 없는 늙은이들이 자질구레한 가사 일을 함. 이들은 **우파사카**(upasaka)라 불림. **b)** 이런 일을 하여 자신들의

---

24)《그랜트 선장의 아이들》은 쥘 베른의 소설로 이 작품 다음에 나오는 《해저 2만리》 그리고 《신비한 섬》과 함께 3부작을 이룬다.〔역주〕

25) 그랜트 선장을 찾으러 떠난 글리너번 경을 배신함으로써 에어튼은 12년 동안 무인도에 버려지게 된다. 쥘 베른, 《신비한 섬》, 제2부, 17장 참조.

26) Convertiti(라틴어): 개종한 자들.

27) pp.152-153 참고.

**** J. 르로이, 《아토스 산의 1천 년》, p.114.   ***** 바로, p.75.

공부에 대한 대가를 지불하는 젊은이들. c) 속인들에 의해 임금이 지불되
* 는 하인들. 이런 측면은 실론의 생갈 수도원들의 사회적 특수성, 즉 중소
부르주아 계급의 주거지를 모방한 주거 양식과 일치한다.

분명한 것은 이러한 공동체적 문제가 다음과 같은 사회의 구조적 문제
들을 추종하고 있다는 점임. 즉 한가한 특권 집단의 설정과 더불어 노동
의 분할, 교환, 계급의 구분이 이루어지고, 소외 집단의 한계 상황에서 사
회적 소세계가 재구성된다는 문제들 말이다. 그러나 주인/하인이라는 두
집단의 내적 구조화가 내겐 더 흥미있다. 그것은 재생산, 모방, 점진 변
화, 복제의 구조이다. 주인들은 하인들 속에 되살아나지만, 결함이 있는
이미지, 소극(笑劇)-이미지로 되살아남.

**파물리**,[28] 개종한 자들: 완전히 독자적인 대(大)은자들, 즉 교부들을 빼
닮은 복제 인간들로서 자발적으로 무미건조하고 세련되지 못한 자들임.
**콩베르티티**는 최근에 개종한 자들로서 마치 그들이 일치하고자 하는 신분
을 모방하려고 노력하는 것 같음.

이런 복제-소극의 유희는 《포부이》의 아파트 건물이라는 공동체적 공
간 속에서 졸라에 의해 훌륭하게 제시됨. 두 종류의 인간들이 있음. 즉 부
르주아인 주인들(커다란 계단으로 통하는 고급 아파트에 삶)과 하인들(뜰로
통하는 뒷문으로 드나듦)이 있음. 이 하인들에 첩들을 동일시할 수 있다.
그런데 이 두 부류의 인간들 사이에 모사의 형태로 다음과 같은 재현들이
이루어짐.

** — 하인 집단: 주인들의 말을 소극적(笑劇的)으로 복제함. 작은 뜰(부엌)
은 주인들의 억제된 언어를 저속한 언어로 반영하며 명료하게 드러낸다.

*** — 수위인 구르 씨 부부는 아파트 소유자들의 체면을 흉내낸다. 외교관

---

28) Famuli(라틴어), famulus의 복수: 충복들, 종복들.
 * 바로. ** 《포부이》, I, p.134 그리고 다른 곳. *** I, p.3.

같이 면도를 말끔히 한 긴 얼굴의 구르 씨는《르 모니퇴르》[29]지를 읽는다.

거처: 환한 거울이 있는 조그만 거실, 붉은 꽃무늬의 양탄자, 자단나무로 된 가구들, 이랑이 진 검붉은 천으로 된 침대 시트로 꾸며짐. 수위들은 수위를 받아야 할 사람들로 변장하고 있다.

*    — 뒤베리에의 정부, 클라리스: 그녀의 집 내부는 정식 부인의 내부를 복제한다. 그리하여 극도의 체면치레로 그녀는 남편을 짜증나게 하는 악기인 피아노를 놓았다.

이런 측면의 (엄청난) 안건의 시작에 불과한데, 그것의 문제는 모든 균열(분할)이 하나의 거울을 함축하는——혹은 끌어들인다는——것이리라. 이로부터 사회적 장에서 분류의 거울 효과가 비롯된다.

---

29) 일간지 《르 모니퇴르》는 제2제정하에서 제도를 열렬히 지지한 신문이다.

* I, p.170, 143.

# 청취

오감의 계층 구도: 인간과 동물(개: 후각 → 청각 → 시각)에게 똑같지 않을 뿐 아니라, 인류 역사 내에서도 같지 않다. 페브르[1]에 따르면: 중세의 인간은 시각보다 청각을 우선시함. 그리고 르네상스 시대부터 반대가 됨. 시각 문명에서 청각은 부차적인 것으로 넘어감. 그러나 그것은 그저 단순히 억업된 것이리라. → 더불어 살기의 공간: 청취의 활발한 흔적을 간직함. 청취는 거기서 무언가를 구성한다. 다시 한번 이 안건을 열어 보자.

## 영토와 청취

동물의 영토: 흔히 냄새로 표시됨. 인간의 영토: a) 시각에 의해 표시될 수 있다. 내 시야에 단숨에 들어올 수 있는 모든 것은 나의 것이다. (물론 이에 대한 전설들이 있다.) b) 촉각에 의해 표시될 수 있다: 나의 몸, 나의 팔이 닿고 내가 손댈 수 있는 범위에 있는 모든 것은 나의 것이다. 이것은 미시 영토로서 둥지이다(cf. 뒤에 나오는 〈근접〉). 그러나 또한

— 영토는 친근한 모든 소리들의 다음성적 망이다. 이 소리들은 내가

---

1) 뤼시앵 페브르, 《16세기에 무신앙의 문제. 라블레의 종교》, 파리, 알뱅 미셸, 1942, 인쇄에 관해(p.418) 및 시각에 관해(p.471) 참조.

알아볼 수 있고, 따라서 나의 공간을 나타내는 기호들이다.

— 카프카와 아파트(《일기》, p.121)[2]를 보자:

"나는 나의 방에 앉아 있다. 다시 말해 아파트 전체의 소리가 들리는 중심부에 앉아 있다. 나는 모든 문들이 삐거덕거리는 소리를 듣는다. 그 덕분에 두 문 사이에 달려가는 사람들의 발소리만은 들리지 않는다. 나는 심지어 부엌에서 닫히는 화덕 소리까지 듣는다. 나의 아버지는 나의 방문을 부수고, 발뒤꿈치가 바닥에 끌리는 파자마 바람으로 지나간다. 옆방에서는 난로의 재를 긁어내는 소리가 들린다. 만일을 생각해 발리는 파리의 거리에서처럼 대기실을 통해, 아버지의 모자가 솔질이 잘 되어 있는지 소리를 지르며 묻는다. 나의 벗이 되고자 하는 쉿! 하는 소리가 대답을 하고 있는 목소리의 외침을 고무시킨다. 아파트 문은 걸쇠가 벗겨지고, 감기 걸린 목에서 나오는 듯한 소리를 낸다. 그리고 나서 문은 여자의 목소리가 내는 것 같은 짧은 음색을 내면서 조금 더 열렸다가, 귀에 극히 거슬리는 효과를 내는 둔탁하고 남성적인 흔들리는 소리를 내며 닫힌다. 아버지는 떠났다. 이제 카나리아 두 마리의 목소리가 내는 보다 가늘고, 보다 산만하며, 훨씬 더 절망적인 소리가 시작된다."

이 묘사는 진정한 음향적 가정 풍경임. 이 경우는 안심을 주는 풍경임. 흥미롭다. 왜냐하면 단속적이고 고정되어 있지 않기 때문이다. 그러나 매우 코드화되어 있음. 이로부터 기이함의 힘이 나옴. 혹은 예기치 않은 침묵이 있거나, 혹은 해석의 내적 작업을 하지 않을 수 없게 만드는 알아볼 수 없는 소리가 있음. 이와 관련해, 아파트와 집 사이의 차이를 확립할 수 있음. 아파트에서는 소리가 적으며 통제할 수 있음. 반면에 집에서는 미지의 소리들이 점증하는 위험이 있음. 집: 환상적인 대상임. 알아볼 수 없

---

2) 바르트는 강의중에 카프카 작품의 대목을 읽는데, 이에 대한 참조 표시만 원고에 나타난다.

는 소리의 출현에 의한 무서움을 전하는 한 무리의 민담이 있음. 반면에 아파트는 안전함. 왜냐하면 칸막이 뒤에서 나는 희미한 수돗물 소리나 난방 소리가 이웃집에서 온다는 것이 확실하기 때문임. 반대로 집은 모든 소리들을 통합함. 모든 소리는 나에게 속하고 나와 관련된다. 따라서 나는 미지의 소리에 의해 표적이 된다.

## 억압과 청취

청취와 성(性)의 관계. 프로이트가 검토하고 제시함. 특히 원초적 장면의 이론[3](청취 장면), 그리고 편집광 이론에 반박하는 것 같았던 하나의 사례 연구가 있음(사진기의 짤칵하는 소리(clic)와 클리토리스의 부딪는 소리(clic)[4]).

— 하나의 공동체에는 에로틱한 청취, 나에게 호소하면서도 내가 제외된 쾌락의 청취가 있다. 한스 카스토르프는 이웃 러시아인들이 옆에서 성 행위하는 소리를 듣는다.*

— 이로부터 염탐하는 청취의 물리칠 수 없는 메커니즘이 비롯됨: 타자, 다른 사람들에 귀를 기울이는 것은 염탐하는 것임. 《포부이》에서 부르주

---

3) 혹은 최초의 장면(프로이트: Urszenen). "부모의 성관계 장면으로, 어린아이가 관찰했거나 어떤 징후들에 따라 추정하여 환상을 품은 것이다. 어린아이는 그것을 일반적으로 아버지의 폭력 행위로 해석한다."(J. 라플랑슈 및 J.-B. 퐁탈리스, 《정신분석학 어휘집》, 앞의 책, p.432)

4) 〔육성 강의에서 바르트는 프로이트의 논문, 〈편집광에 대한 정신분석학적 이론을 반박했던 정신병의 한 사례〉(혹은 〈정신분석학적 이론을 반박하는 하나의 편집광 사례 보고〉). 어떤 여자가 자신의 애인과 성행위를 할 때 사진기의 셔터 소리가 들린다고 생각한다. 그런데 "그것은 클리토리스의 부딪는 소리에 불과하다." 1972-73년도에 바르트는 고등실천연구원에서 개설한 세미나의 일부를 프로이트의 이 텍스트에 할애했다.〕

* 《마의 산》, p.48.

아 건물 전체는 청취와 정탐의 공간이다. 체면의 한계이고, 시각을 막는
* 마스크인 칸막이는 청취에 의해 뚫려진다. 좋은 사례:《플라상의 정복》임.
할 일이 없는 집주인 무레는 세 들어 사는 사제에 열정적으로 귀를 기울
임. 19세기 사제에 대한 성적인 관심은 졸라·미슐레·공쿠르의 작품에
나타남(노아 컴플렉스[5]라 할 수 있음): "이제부터 그는 일상의 삶으로부터
그를 벗어나게 해줄 하나의 일, 재밋거리가 있는 것 같다."

　— 전원적이고 유토피아적인 공동체: 억압이 없는, 다시 말해 청취가 없
는 공간임. 이 공간에서 사람들은 들리니까 들을 수는 있지만 귀를 기울
이지는 않는다. 절대적인 음향적 투명함＝음악의 정의 자체임. 음악에서
우리는 염탐하지 않으며——그리고 어떤 의미에서는 청취하지 않는다.

　억압의 이와 같은 제거의 대체물: 전적으로 코드화된 공간임. 이것이
수도원임. 불안도 없고 편집광도 없는 소리의 실현이자 계율의 도구로서
종(鐘)이 있음. 이로부터 종과 하늘과의 환유가 나옴.


# 해면


나는 이 낱말을 잠시 후에 설명할 것이다.

더불어 살기의 환상을 가질 수 있는 개인적 주체들(우리들 각자)이 있
다. 그리하여 그들은 그들이 알고 있는 사람들의 망 속에서 파트너들을
선별하여 환상적인 더불어 살기를 만든다. 그런데 이와 같은 환상적 구상
에서 흥미있는 것은 그들이 누구를 선택하는지 보는 것이 아니라, 누구를

---

5) 〔육성 강의에서 '사제의 알몸을 발견케 하는 콤플렉스'라고 설명된다.〕
　*《플라상의 정복》, p.83.

제외하는지 보는 것이다. 왜냐하면 제외의 기준이 반드시 정서의 명령을 포함하고 있는 것은 아니기 때문이다. 분석하기가 흔히 까다로운 기준임.

많은 공동체들: 다음과 같은 역설(이 문형의 대상임)을 간직함. 제외되는 것은 제거된 자의 위상을 간직하면서 통합된다. 이것이 배척받은 자의 모순적 위상이다. 그는 배척되면서 통합되지만, 쓰레기 존재로 통합됨.[6] 통합된 쓰레기 존재가 없는 공동체는 아마 없을 것이다. 오늘날의 세계를 보라. 매우 상이한 사회의 유형들이 존재함. 통합된 쓰레기 존재가 없는 사회는 아마 없을 것이다. 모든 사회는 쓰레기 존재들을 조심스럽게 간직하고 그들이 벗어나는 것을 막는다. 따라서 세계사회학에는 통합된 쓰레기 존재, 붙잡아 둔 폐기물에 관한 이론이 필요하다(단순하게 말해 배척받은 자와 관련한 이데올로기적 정당화들, 위선의 변화들이 있으며, 그는 더 이상 배척받은 자로 인정되지 않는 경향이 있음).

우리의 자료체에서 《수도원 새벽 기도 이야기》, 제34장, p.160. 〈발광이 난 척했던 여인〉을 보자.

— 〔여자 수도원, p.160: "이 수도원에 발광이 난 척하고 귀신 들린 척했던 또 다른 처녀 하나가 있었다. 그녀는 너무도 혐오를 불러일으켰기 때문에 사람들은 그녀와 함께 식사도 하지 않았는데, 이것은 바로 그녀가 원했던 바이다."

"그녀는 식당에서 어슬렁거렸고, 사람들은 그녀에게 온갖 일을 시키곤 했다. 그녀는 이른바 수도원의 해면(스펀지)이었다……. 그녀는 성서의 다음과 같은 말을 실천하고 있었다. 즉 이 세기에 너희들 가운데 누군가 현자가 되는 것에 대해 생각한다면, 그는 현자가 되기 위해 광인이 되어야 하리라."[7]

Cf. 도(道), 그르니에, 125: "지혜롭다 할지라도, 몰상식한 짓을 하는 것

---

6) 〔육성 강의에서 바르트는 이렇게 설명한다. "그는 폐기된 존재로 통합된다."〕

(은둔 생활을 하겠다고 집요하게 버티는 것), 이것이 근본적인 진실이다."

〔이 해면[8]은〕 "넝마 띠를 머리에 두르고 있었다(다른 모든 여자들은 머리털을 짧게 깍았고 승복을 입고 있다). 4백 명의 수녀들 가운데 어느 누구도 그녀가 생전에 식사하는 것을 보지 못했다. 그녀는 식탁에 앉지 않았고, 빵 한 조각도 먹지 않았다. 그녀는 그녀가 식탁들에서 긁어모은 부스러기와 더럽혀진 식기에 남은 수프에 만족했다. 그녀는 결코 남에게 모욕을 주지 않았고, 중얼거리지 않았으며, 하찮든 대단하든 아무 말도 하지 않았다. 그러나 사람들은 그녀를 때렸고, 그녀에게 모욕을 주었으며, 그녀가 불행하기를 원했고, 그녀를 혐오했다."

성서적 전복이 일어남: 성 피테로움은 자신보다 더 독실한 여자가 있다고 말하는 계시를 받고 수도원으로 간다(p.161).

〔수도원에 도착하자[9]〕, "그는 모든 수녀들을 다 보겠다고 요구했다. 그러나 그녀는 나타나지 않았다. 결국 그는 수녀들에게 이렇게 말했다. "모두 데려오세요. 아직도 한 사람이 부족합니다.──저 안에, 부엌에 바보가 하나 있어요라고 그녀들은 말했다"──왜냐하면 바보는 머리가 돈 사람들에게 부여되는 명칭이기 때문이다. 그는 그녀들에게 말했다. "그녀도 데려오세요. 그녀를 보여 주세요!" 수녀들은 그녀를 부르러 갔다. 그러나 그녀는 상황을 알아렸거나 어떤 계시를 받았음인지, 대답하지 않았다. 수녀들은 그녀를 강제로 끌어내 이렇게 말했다. "성 피테로움께서 너를 보고 싶어한다……"──왜냐하면 그는 유명했기 때문이다. 그녀가 도착하자, 그는 그녀가 이마 위에 걸레 같은 헝겊을 두르고 있는 것을 보았다. 그는 그녀의 발 아래 엎드리면서 말했다. "저를 축복해 주십시오." 그

---

7) 〔육성 강의에서 바르트는 이렇게 설명한다. 이는 "보편적 지혜의 상투적 표현이다. 왜냐하면 도(道)에 관한 저서들에서 동일한 견해가 발견되기 때문이다." 바르트는 장 그르니에의 책, 《도의 정신》(파리, 플라마리옹, 1973)을 인용한 뒤 이어간다.〕
8) 육성 강의에서 바르트가 덧붙인 맥락어이다.
9) 육성 강의에서 바르트가 덧붙인 맥락어이다.

녀 역시 그의 발 아래로 엎드리면서 말했다. "저를 축복해 주세요, 성하님." 수녀들은 모두가 놀라움을 금치 못하며 그에게 말했다. "신부님, 그러지 마세요. 그녀는 바보입니다." 그러나 피테로움은 그녀들 모두에게 말했다. "바보는 당신들이에요! 왜냐하면 당신들, 나와 당신들의 어머니는 저분이기 때문입니다! (사실 어머니는 카리스마가 있는 여자들에 부여되는 이름이다.) 나는 심판의 날에 저분의 공덕을 입게 해달라고 기도할 것입니다!" 이 말이 떨어지자, 수녀들은 피테로움의 발 아래 엎드리면서 각자 서로 다른 고백을 했다. 어떤 수녀는 그녀에게 식기 씻은 물을 쏟았다. 또 어떤 수녀는 주먹으로 그녀를 때려 상처를 입혔다. 또 어떤 수녀는 그녀의 코에다 겨자를 쑤셔 넣었다. 요컨대 모두가 그녀에게 가한 서로 다른 모욕을 고백했……. 그러자 그는 그녀들을 위해 기도한 다음 떠났다."

"한편 그녀는 수녀들의 찬사와 경의에 거북하고, 그녀들의 사과에 피로하고 짜증나자 며칠 후에 수도원을 떠났다. 그녀는 어디로 갔는가? 어디에 이르렀는가? 그녀는 어떻게 끝났는가. 아무도 알지 못했다."[10])

그레마스의 행위소 모델을 상기해 보자.[11]: 주체 → 대상+발신자/수신자+대립자/보조자. 이 도식은 지나치게 합리적이고, 꽉 차고, 조화롭다. 그것은 행위소-쓰레기 존재(Actant-Déchet), 해면 스펀지가 결여되어 있다. 이러한 행위소-쓰레기 존재의 역할에 따른 이야기들과 공동체들, 공동체의 픽션들을——단순한 작업상의 가정이지만——상상할 수도 있을 것이다. 예컨대

1. 행위소가 통합된 쓰레기 존재로서 나타나는 공동체가 있을 수 있다(위에서 언급된 《수도원 새벽 기도 이야기》). 《파리대왕》에서 돼지 머리

---

10) 바르트가 참조하여 인용한 것은 드라게의 저서, 《사막의 교부들》, 앞의 책이다. 원고에는 제목들과 페이지 표시들만이 나타난다.

11) 《구조 의미론. 방법 연구》, 파리, 라루스, 1966, **p.**172-189, 〈행위자 모델에 관한 고찰〉 참조.

(Porcinet)라 불리는 소년 하나가 무리에서 해면 스펀지의 역할을 함.《포부이》에서는 더러운 하녀 아델이 그런 역할을 함. 작품이 부르주아 건물 아파트에서 전개됨으로 생활 수준의 영역들이 있음. 주인들의 생활 수준에 하인들(그리고 층들)의 수준이 유추적으로 대응함(cf. 〈하인들〉 참조). 가족들 가운데 꼴찌(마지막 층에 사는 가족)인 피숑 씨 가족은 하녀가 없음. 예전에 가장 가난한 가족인 조스랑 씨 가족(딸들을 결혼시키려 애쓰는 어머니)은 아델이라는 더러운 하녀가 있음. 졸라가 매우 훌륭하게 본 것: 아델은 주인들뿐 아니라, 요리 마당인 공동체 공간을 지닌 하인들의 해면 스펀지라는 점임. 이 공간에서 아델은 끊임없이 욕설을 들으며 우롱당한다. 이중의 해면 스폰지임. 따라서 배척된 존재의 고독은 절대적이며, 몰래 아이를 분만하는 끔찍한 장면에 의해 예시됨. 아델은 도움도 쳐다보는 시선도 없이 홀로 자신의 하녀 방에서 분만한다. 아이는 쓰레기통에 던져지고 모든 것이 다시 닫힌다. 배척된 자: 무(無)임(cf.《수도원 새벽 기도 이야기》에서 발광난 척했던 여인의 떠남과 소멸).

2. 행위소-쓰레기 존재가 없는 이야기들을 보자. 1)《로빈슨 크루소》에서 두 공간이 있음: a) 두 사람(프라이데이)이 함께하는 고독의 공간, b) 노예제가 있는 집단의 공간(이는 다른 문제이며=직접적으로 경제적임. 왜냐하면 노예≠배척된 자이기 때문임.) 2)《마의 산》에서는 쓰레기 존재가 없음. 어떤 의미에서는 이상한 공백, 이야기의 '결함'임. 왜냐하면 사실, 인간적으로 목가적인 이야기이기 때문임. 이야기의 '어두움'은 정서가 아니라 죽음으로 비롯됨. 쓰레기는 죽음임. 공동체에 관한 한 매우 개화된 인본주의적인 이야기임.

3. 절대적으로 역설적인 구조: 행위소-쓰레기 존재가 행위소-주체와 겹쳐지는 구조임. 같은 행위자(acteur)에 두 행위소가 겹쳐지는 것임. 해면 스펀지는 이야기의 주체이다. 예컨대 '행위자'로서 푸아티에의 감금된 여인이 그러함. 다시 말해 그녀의 소설적 속성들에 따라, 묘사의 심급에 따

라 그녀는 절대적인 쓰레기 존재이다(쓰레기-소굴, 덕지덕지 낀 때, 배변, 구더기). 그러나 그녀는 이야기의 주체-수수께끼이다. (역설적 주체임. 왜냐하면 추구 대상이 없고, 추구가 없기 때문이다. 그녀를 이야기로 만드는 것은 경찰이고, 사회이다.)

이 모든 것은 희생양의 이론(cf. 르네 지라르, 《폭력과 신성함》)에 결부될 수도 있고, 레비 스트로스의 경우 주술사의 이론(《구조인류학》의 〈서론〉)에 결부될 수도 있다. 공동체가 (고정 종양처럼) 질병을 고정시켜 그것으로부터 벗어나는 지점임. 나는 아노미적 현상을 그것의 위치를 코드화함으로써 통합시킨다. 나는 위험이 없는 장소에서 그것을 회복시킨다=권력이 능란할 경우, 소외된 한계 집단들을 처리하는 방법임. 그것은 (인디언들을 위해 그랬던 것처럼) 공원들을 만든다. 그는 예컨대 지식인들을 틀어박힌 인정된 특권 계급(caste)으로 만든다.[12] 왜냐하면 조작의 마지막 술책은 결국 쓰레기 존재를 영광스럽게 하고, 명예스럽게 하며, 신성하게 만드는 것이기 때문이다. 이것이 수도원이 하고자 하는 것이다. 그런 만큼 쓰레기 존재가 일관성이 있다면, 그는 보다 멀리 떠날 수밖에 없다. 이것이 우리의 '해면 스펀지'가 수행하는 일이다.


# 사건


고독의 소설 《로빈슨 크루소》는 왜 우리의 자료체 안에 있는가? 왜냐하면 특히 고유 리듬적 더불어 살기는 홀로 살기의 가치들을 패러다임의 자격으로 통합해야 하기 때문이다. 그런데 《로빈슨 크루소》를 읽으면서,

---

12) 〔육성 강의에서 바르트는 "사람들은 제한하기 위해 인정한다"고 설명한다.〕

그리고 내가 느끼는 독서의 즐거움을 고찰하려고 노력하면서 나는——적어도 개인적으로——다음과 같은 것을 확인한다.

나는 (아마) 나의 독서에서 이른바 '정상적인' 독자가 수행하는 것과는 반대로, 다시 말해 저자가 쓰는 목적과는 반대로 하고 있다. 섬에서 사건들이——하나의 정서 침입을 함축하는 프라이데이의 에피소드는 제외하고——로빈슨 크루소의 고독한 삶 속에 일어날 때(사건들은 식인종인 야만인들과의 말썽임), 이것은 나의 독서 즐거움을 방해하고, 나를 따분하게 만든다. 하나의 매력——이 책의 강력한 매력——이 잘려진다. 이 매력은 바로 사건들이 없는 일상성의 매력이다. 사건이 발생함으로써 나는 삶의 가사적(家事的) 조직, 즉 오두막·포도 정원·목가에 대해 더 이상 환상을 품을 수 없다. 사건은 나를 다른 주체로 만들어 버린다. 나는——둥지·어머니의 주체가 아니라——서스펜스, 아버지 살인의 주체가 된다. 사건은 아버지 같은 것이다(오이디푸스와 사건의 의례(protocole). 모든 사건은 오이디푸스적이다.[13] 《로빈슨 크루소》의 매력=비사건(사건이 없는 것)임.

일상성으로서의 더불어 살기에 대한 환상을 품는 것: 사건을 거부하고, 배척하며, 혐오하는 것임. 사건은 더불어 살기의 적이다. a) 파코미우스의 규정들: 공동체에 어떠한 새로운 소식도 침입해서는 안 됨. b) 소규모 공동체에서 '주도권을 잡는' 주체들의 양면성(내가 보기에 이것은 심리학자들이 제대로 식별해 내지 못한 성격상의 유형이다)이 있음. 예컨대 다

---

13) "아버지의 죽음은 문학에서 많은 즐거움을 앗아갈 것이다. 아버지가 더 이상 없다면, 이야기들을 해서 무슨 소용이 있겠는가? 모든 이야기는 오이디푸스로 귀결되지 않는가? 이야기한다는 것은 언제나 자신의 기원을 찾고, 율법과의 갈등을 말하고, 동정과 증오의 변증법 속에 들어가는 것이 아닌가? 오늘날 사람들은 오이디푸스와 이야기를 동시에 내던지고 있다. 그들은 더 이상 사랑하지 않고, 더 이상 이야기하지 않는 것이다. 픽션으로서의 오이디푸스는 최소한 무언가에 도움이 되었다. 즉 좋은 소설들을 만들고, 이야기를 잘하는 데 도움이 되었다."(이 글은 무르나우의 《도시의 소녀》를 본 후 씌어졌다.(《텍스트의 즐거움》, OCII, 1518)

  * 《로빈슨 크루소》, #[15] p.227.

소간 집단적으로 해야 할 일의 주도권, 다시 말해 창안은 오락적인 매력이 있으면서도, 정서적 조직에서 새로움을 창조하고 더불어 살기에 가장 해가 될 수 있는 것, 즉 반향을 창조할 위험성이 있음. → 지속적이고 종말이 없는 체계는 '주도권'이 없는 체계임. 예컨대 감금된 여인의 체계는 25년 동안 사건들의 절대적 부재로 필요 충분하게 정의될 수 있다.《마의 산》에서 요양원은 외부적 사건들이 더 이상 받아들여지지 않을 때에 가서야 일관성을 유지한다(마지막 부분).

'사건, 주도권의 정지': 도(道)를 상당히 잘 정의하며, 도의 원리인 무위(無爲), 즉 비행동과 결부된다. 몇 구절 인용해 보자.

노자(p.127): "무위로써 행하고, 무사(無事)로써 일을 처리하고, 큰 것·작은 것·적은 것·많은 것을 똑같은 눈으로 보고, 원한과 보은을 똑같이 존중한다. **이것이 현자가 행하는 방식이다.**"[14] (우리로서는 성인이란 말도 현자란 말도 하지 말자. 이 낱말들은 너무 내포되어 있다——그보다는 단순히 도의 주체라 하자.)

— **무위**는 사건의 거부를 훨씬 벗어난다. 그것은 삶의 지침을 함축하는 방법이다. 사건을 피할 뿐 아니라, 그것을 야기하지도 않음. "응징받을 수 있으니 나쁜 짓을 전혀 하지 않고, 명성을 얻어 정신을 뺏는 위험한 직무를 담당할 수 있으니 선한 일을 전혀 하지 않는다."(p.108) 권위를 행사하고 직무를 수행하는 것을 삼간다. 어쩔 수 없는 경우에는 '선한 자들'과 '악한 자들'을 어린애들처럼 똑같이 대한다(자비나 '초월적인' 선함이 아니라, 친절함을 베풂)(p.110). 판단하지 말고, 말을 적게 하며, 논리적·도덕적 대립들, 그리고 일반적으로는 어떠한 구분도 더 이상 식별하지 않는

---

14) '작은 것에서 큰 것을 보고, 적은 것에서 많은 것을 보고' '원한을 덕으로 보은한다'로 해석되기도 함. 인용문이《도덕경》제63장의 내용을 다소 의역했고, 성인을 '현자 (le Sage)'로 번역하고 있다.〔역주〕

* 장 그르니에,《도의 정신》, 플라마리옹, 1973, p.108 및 이하.

다. 이로부터 **무위**의 본질적 이미지, 대문자 거울이 비롯됨. "'도의 주체'는 자신의 정신을 거울처럼 이용한다. 그는 세상사를 재(再)유도하지도, 세상사보다 앞서가지도 않는다. 그는 그것을 고정시키지 않고 그것에 대응한다……."(p.112)──그리하여 부동의 대문자 물(l'Eau), 고요한 대문자 물과 같다.

우리의 관점을 벗어나는 것이기는 하지만 다음과 같은 점들을 지적해 보자.

1. **무위**는 전적으로 부끄러운 정치적 결과들을 낳는다. 우리가 보기에 **무위**가 전혀 받아들일 수 없는 것은 정치적 범주에서이다. 우리의 모든 문명은 행동의 의지(le Vouloir-Agir) 속에 있기 때문이다. 그러나 이것은 또 다른 안건으로 다루어야 한다(그르니에, 《도의 정신》).

2. **무위**는 특히 정적주의의 성향이나 부정적 신비주의적 성향에서 볼 때 기독교 수도사의 이상과 외관상 관계가 있다. 그러나 하나의 균열이 그것들을 갈라 놓는다. 그것은 무시할 수 없는 것으로, 신·계시·성스런 역사(모슬렘에게도 같은 것이다)이다. 선불교의 경우도 마찬가지이다. 선의 주체는 그의 **무위**가 무엇이든간에, 세계에 부재한다. 그는 세계를 아무것도 아닌 것으로 간주한다. 그는 다른 곳에 있다. 비록 이 다른 곳이 아무것도 아니라 할지라도 말이다. 도의 주체는 언제나 여기 있다. 그 증거는 도가의 많은 일화들, 우화들이다. 예를 들면 날카로운 해학, '삶의' 큰 방향, '현실'이 있음. 물론 세계는 하나의 환상처럼 판단되지만, 하나의 비전의 선명하고 명확한 윤곽을 간직한다. 그래서 나는 이렇게 말할 것이다. 〔도가의 현자는〕 상상계를 껴안고 있으면서 분열로 그것을 유도하지 않는다.

# 꽃

   실론의 수도원: 안뜰과 정원들이 있음. 개인 정원처럼 나무 · 잔디 · 꽃 덤불이 있음. 아마 자발적으로 그리고 무상하게(종교적인 이득 없이) 그랬 겠지만, 구더기 · 때 · 어둠 속에서 25년 동안 살았던 멜라니는 병원에 옮겨지자, 꽃들을 요구하고 그것들을 열렬히 좋아한다.

이런 사실 때문에 나는 '꽃들의 안건'을 제시하고자 한다. 내가 알기로는 이 안건은 결코 다루어진 적이 없다. (정원에, 식탁에 있는) 꽃들은 당연하다(cela va de soi). 그런데 '당연하다' 할 때, 우리는 알아보러 가야 하며, 그래서 '당연하다'가 대답이 없는 많은 질문들로 이루어져 있다는 것을 알아차리게 된다. 질문은 이런 것이 될 수 있을 것이다. 왜 꽃들인가? 단순히 이 안건의 몇몇 통로들을 검토해 보자.

1) 꽃들: 천국의 신화와 연결됨. 크세노폰에게 정원=천국임. 그리스어로 **호이 파라데이소이**[15]임. 아베스티크(이란어)로 **파이리다에자**(pairidae-za): 페르시아 왕의 방대한 동방 정원을 나타냄. 아마 기후상의 최적 상태를 재현한 것이 '천국'일 것임. 그것의 기원이 따뜻한 나라에 있다는 점=너무 뜨거운 것의 반대임. 정원=자연에 반하는 사치, 군주의 특권임. 따라서 상류 계급의 산물이자 즐거움임.

2) 신에게 바치는 제물로서 꽃: 특히 불교에서 나타남. 절에 가는 세속인은 입구에서 꽃을 산다. 그는 나중에 상인에게 돌려 주는 작은 쟁반에다 꽃을 받아서, 절에 모신 부처님께 내민 다음 제물을 바치는 제단인 탁자 위에 그것을 놓는다. 항상 꽃받침 조각 밑을 자른 꽃들임(꽃다발이 아

---

15) Hoi paradeisoi(그리스어): 공원들, 낙원들.
* 바로, p.11. **《푸아티에의 감금된 여인》, p.64. *** 바로, p.11.

님. 줄기가 없는 것=비심미적임). 주목 사항: 주제적으로 볼 때, 꽃은 피 · 기름 · 희생물인 육류적인 제물의 반대임. 희생이 없는 종교임. 따라서 엄밀하게 〔말해서〕 종교가 아니다. 다른 곳에 뿌리내리고 있는 하나의 의례가 있음. 그렇다면 어디에? 사실 고대의 종교들, 유대교, 그리고 기독교까지도 동물의 생명을 제물로 바침("이것이 저의 피이고, 저의 육신입니다" 등). 인류학이 상당히 잘 탐사한 문제임. 그렇다면 꽃은? 아마 사치, 추가의 존재 자체일 것이다. 그것은 유용한 열매를 넘어서거나 열매에 미치지 못하기 때문임. 그것은 사치의 경제 속에서만 받아들여질 수 있다. 이 사치가 수수하다 할지라도 말이다.[16] 시골 교회에 있는 조야한 석고 성모상들의 발 아래 놓인 초라한 (그리고 비심미적인) 꽃다발≠부르주아 교회의 풍요로운 꽃다발.

3) 꽃, 꽃들의 묶음: 상징적 실천들에 통합된 대상과 같음. 희귀함/풍부함이라는 고전적인 하나의 패러다임을 열어 보라. a) 많고 풍부하며 넘치는 꽃다발, 즉 단: 소비, 축제, 포틀래치(북미 인디언의 부와 지위 과시용 베풂과 선물)이며, 라스펠리에르에서 베르뒤랭 부인, 혹은 오데트 스완의 꽃다발들[17]임. b) 희귀한 타원형 꽃다발: 하나의 신화 세계를 이룸. 어린아이의 선물(들꽃의 테마), 작은 제비꽃 다발(상징적 몸짓+겸손과 은밀함이란 제비꽃의 코드화)이 있음. 그리고 특히 **이케바나**[18]라는 선불교의 부케가 있음. 이것은 복잡한 상징 체계가 숨쉬는 희귀한 것임(일본에는 이케바나-꽃꽂이 강의가 있음). 꽃다발(bouquet)(작은 숲(bosquet)에서 비롯됨): 어원적으로 혼합 양식과 수가 적음을 지시한다(cf. 포도주의 향기(bouquet)). 본질의

---

16) 〔바르트는 육성 강의에서 그것은 '아무 까닭이 없다는 것(pour rien)의 상징이다'라고 밝힌다.〕

17) 《소돔과 고모라》(II, 제2장) 및 《꽃피는 처녀들의 그늘에서》(제1부, '스완 부인을 중심으로'). 특히 겨울 정원의 묘사 부분, 클라라 판본 p.592, 타디에 판본(파리, 갈리마르, '플레이아드' 총서, 1987), p.582 참고.

18) Ikebana(일본어): 문자 그대로 '살아 있는 꽃,' 일본식 꽃꽂이.

대립되는 두 테마가 있음. 즉 충만함 · 무한 · 무궁무진함에 표상되는 본질이 있으며, 반대로 희귀한 것 · 미세한 것 축소된 것에 의해 표상되는 본질이 있음(발레리: 사물들의 본질적인 야윈 모습을 언급함).[19]

4) 마지막으로 꽃=색깔임. 그런데 색깔은 충동의 차원에 속한다고 보여지는 무엇임. 꽃은 봉헌물이거나 충동의 문명화된 형상화라 할 것이다. 미묘한(깨지기 쉽고 소멸하기 쉬운) 것으로서 충동 말이다.

이 안건에 대한 많은 다른 개진들이 있음. 특히 **미학**(꽃의 그림). **환유**(꽃, 계절의 환유). **해석학**(꽃의 언어). **사회학**(우리 사회에서 꽃의 사용은 어떤 상황에 있는가? 그것은 완전한 장사이다)에서 말이다. 그러나 아마 꽃의 의미는 그것이 불필요한 것(≠열매), 희귀한 것(기후 조건에 따라서), 색깔이 있는 (충동적인) 것이라는 사실로부터 온다.

나는 이 안건에 대한 결론으로 2개의 일화를 제시할 것이다. 여러분은 여러분의 감성에 따라 이것들을 숙고하기 바란다.[20]

1. 마르셀 리에브만은 《레닌 치하에서 레닌주의》, 쇠이유, 73(I, 31)에서
* 이렇게 말함: "레닌이 우리에게 남긴 그에 관한 기억들을 보면, 자신의 초기 혁명 동지들 가운데 한 사람——그러나 그는 동지로서 오래가지 못했다——인 발렌티노프는 소비에트 제도의 장차 창립자의 주변 사람들 사이에서 어느 날 다음과 같은 학설상의 문제로 토론이 벌어졌다고 이야기하고 있다. 즉 직업적인 혁명가가 꽃을 좋아하는 것이 합당할 수 있는가? 레닌의 동료들 가운데 한 사람은 지도자 자신이 지나치다고 판단한 열성을 드러내며 그것은 금지되어 있다고 단언했다. 그 이유는 이렇다. 여러분은 꽃을 사랑하는 것으로 시작하지만, 곧바로 지주처럼 살아가고 싶은

---

19) 이 참조는 확인될 수 없었다.

20) 그가 강의에서 밝히고 있듯이, 바르트는 이 두 일화를 이브 알랭 부아가 리시츠키와 말레비치의 작품에 나타난 공간의 견해를 다룬 3기 박사학위 논문(고등실천연구원, 1977, 지도교수: 롤랑 바르트)에서 빌리고 있다.

* A. 부아.

마음이 들 것이다. 멋있는 정원 한가운데 해먹에 게으르게 누워서 프랑스 소설을 읽고, 아첨하는 하인들의 서비스를 받는 지주 말이다.”

2. 《사각형의 구성》(#[21] 1924년경)을 제작하던 시기에 몬드리안은 돈벌
* 기와 관련된 단순한 이유로 꽃을 계속해서 그렸다. 따라서 이 시기(완전한 ‘추상’의 시기)에 몬드리안은 때때로 꽃 한 송이를 그려 네덜란드의 친구들에게 쉽게 팔았다. 이로부터 브로샤이가 몬드리안의 아틀리에로부터 나오면서 내뱉은 다음과 같은 말이 나왔다. “저 친구는 살기 위해서 꽃을 그리는 사람이군. 그는 왜 살고자 하는가? 직선들을 만들기 위해.”


# 목가적인 것[22]

갈등이 없는 것에 의해 규정된 인간 관계의 모든 공간을 ‘목가적’이라고 부르자. (주목해야 할 것: 현대적 의미에서—— ‘목가적이다!’ ——목가적이란 말은 최근에 나타난 것임. 리트레 사전을 보면, 전원적 대상에 관한 조그만 서정시와 관련됨.)

목가적이란 말이 꼭 유토피아와 관련된 것은 아니다. 푸리에의 유토피아는 갈등을 제거하지 않고 인정하지만(이것이 그의 매우 커다란 독창성이다), 그것을 귀찮게 하여 중화시킨다. ‘전원적’이란 말은 그것의 어원이 말하고 있듯이, 다분히 그것의 관계적 공간의 문학적 재현(혹은 환상화)으로 귀결된다.

전원적인 조직 망(더불어 살기)의 예를 들면 《신비한 섬》의 5명의 식민

---

21) p.150 참조.
22) 이 단상은 원고에서 말소되어 있고 강의중에도 언급되지 않는다.
* 부아, p.19.

자가 있음. 과학자이자 엔지니어로서 대장인 사이러스 스미스+매우 재능 있는 제자로서 아주 젊은 청년 하버트+기자 게데옹 스필레트+선원이자 물질적 임무를 맡은 펜크로프+흑인 요리사 냅으로 이루어짐. 주목 사항: 사회적인 소세계를 이룸. 상류 계급의 과학자·기자·피후견인(이들은 '관리자들' 임)+한 사람의 프롤레타리아+노예 상태 및 심지어 동물성(개의 감수성)에 가까운 하층 프롤레타리아로 이루어짐.

함께 살고 있는 이 5명의 인물들의 관계가 어떻게 묘사되고 있는지 보자.


애정

→

1)　　　　사이러스 ←→ 하버트

　　　　　←→ 활기 있고 정중한 우정


펜크로프 ←→ 냅

서로 좋아하고 반말한다.


2)　　　　냅　　　　→ 사이러스

　　　　　헌신


＊　펜크로프는 사이러스+하버트를 보지만 질투하지 않음.


3) 기자이자 지식인인 스필레트: 어떠한 정서적 분류도 안 됨.


주목 사항:

---

＊《신비한 섬》, I, p.250.

1. 상호성은 같은 계급에서만 존재한다. 따라서 정서적 균형은 감정의 구별임(애착/정중한 우정). → 보완적 뉘앙스. 하나의 계급에서 다른 하나의 계급으로 넘어갈 때 상호성은 없고, 전염도 없다(펜크로프는 바라보지만, 질투하지 않는다).

2. 사실 사회적 계급에 의해 감정들이 구조화됨. **Cf.** 18세기 마리보에서 보마르셰까지의 연극을 보면, 주인들의 **파토스**≠하인들의 **파토스**임. 그러나 바로 그렇기 때문에 (이것이 원동력이지만) 동요, 상호 간섭, 전염, 유전적 재결합이 나타남. 모든 것은 감정의 행위자들이 자신들의 위치로 되돌아가거나 되돌려질 때에만 (인위적으로) 질서가 다시 잡힌다. (문학적) 전원시=사회적·준(準)사회적 현실을 지우는 형태임. 한편으로 그것은 이 현실을 그 자리에 놓아두고, 전복하지 않으며, 동질적인 것들의 차이를 그 속에 놓아둔다. 다른 한편으로 그것은 이 별개의 동질적인 것들이 일으키는 마찰·알력·삐걱거림(=세계, 노아의 방주)을 무의식적으로 배제한다. 인간들과 동물들은 분리되지만 서로 잘 통한다.

3. 마지막으로 지식인의 비장소적인(atopique) 위치를 지적해야 함. 그는 관리자도 노동자도 아님. 그는 과업들과 역할들을 책임지는 위치에 있지 않다. 따라서 그는 정서적 생활이 없다.

# 한계 상황

10세기와 그 이후의 서양[1]에 고유 리듬의 유혹이 있었음(특히 아토스 산에서). 일부 개인들(아니면 매우 작은 개인 집단)에게는 공동체 안에서 따로 떨어져 살 수 있는 권리가 인정됨. 대수도원들로부터 멀지 않은 아토스 산의 **스키트들**, 카르투지오파, 《카라마조프의 형제들》에서 은자 조시마[2]가 그런 예들임. 따라서 고유 리듬은 한계 상황(marginalité)의 경험처럼 나타난다. 그러나——적어도 서양에서는——이러한 한계 상황은 최초 한계 상황과 관련해 2차적이고 분리됨. 이 1차적 한계 상황은 바로 공동 수도 생활의 한계 상황임. → 따라서 2개의 한계 상황, 즉 공동체적 한계 상황/고유 리듬적 한계 상황이 존재함.

## 최초의 소외: 공동 수도 생활

박해받는 기독교 → 권력으로부터 벗어난 기독교도들: 고통스러운 한계 상황에 처함. → 순교자들이 나옴. 반대로 콘스탄티누스 대제의 개종이 이

---

1) '아토스 (산)' 및 '수도원 제도' 항목 참조.
2) [바르트는 육성 강의에서 "그는 하나의 수도원에 속해 있지만, 옆에 조그만 집을 가지고 있다"고 설명한다.]
* 《세계대백과사전》.

루어짐. 313년의 밀라노 칙령 → 기독교도들은 권력 쪽으로 이동한다. 따라서 기독교도가 됨으로써 명예, 임무, 세속적 이익을 확보함. → 권력 자

* 체 안에서 세계로부터 소외되고 분리된 지대들이 재구성됨. 즉 수도원들이 나타남. 수도사는 순교자의 계승자——본질——가 됨. 따라서 수도사는 공동체에서 살 때조차도 문자 그대로 예외적 개인임.

— 그는 정신적으로 예외적 개인이다. 엘리트층 개인들에서 성스러운 것의 밀도 있는 집중이 이루어지기 때문임.

— 4세기에 그는 시간적으로 예외적 개인이 됨(동방에서 공동 수도 생활의 폭발). 그 당시에 수도사의 조건은 여가(오시움)[3]에 대한 귀족의 견해와 연결됨. 경제적으로 비생산적인 삶의 상태임——그러나 정신적으로 그리고/혹은 지적으로는 초생산적인 상태(베네딕투스파의 박식함)임. 어떠한

** 사회에나 필요한 상징 영역의 사치임. 왜냐하면 상징 영역이 없다면 인간은 죽기 때문이다(심신 상관 이론에서 볼 때, 상징화의 결여 → 신체적 질병). 사회 스스로가 종의 생명적 요구(상징 영역의 요구)를 만족시키기 위해 구성원들 가운데 작은 일부분의 소외화를 야기한다(cf. 마녀에 관한 레비 스트로스의 견해[4]).


## 두번째 소외: 고유 리듬


*** 역사적·통시적으로 볼 때, 고유 리듬은 연대적으로 최초 한계 상황이다. 아나코레트들, 은둔자들은 국가와 관련해 소외 상태에 있음. 이집트

---

3) '수도원 제도' 항목 참조. 〔바르트는 육성 강의에서 otium을 '여가' '일하지 않음'으로 번역하고 있다.〕

4) p.183 참조.

* 페스튀지에르, I, #18. **《세계대백과사전》. *** 데카로, p.21.

에 우선적으로 그리고 특히 납세 및 국방 의무와 단절된 개인들이 있었음.[5] 그들은 구조적으로 두번째 한계 상황, 즉 공동 수도 생활의 한계 상황 속에서 한계 상황이 된다. 어떤 과정을 통해서?

공동 수도 생활이 있자마자(한편으로 파코미우스의 최초 수도원들과, 다른 한편으로 4세기에 기독교가 권력으로 이동하는 현상 사이에 시간적·역사적·정치적 일치를 다시 상기하자).[6] → 은둔 생활의 예상 가능한 위험과 막연한 위험이 고발됨. 계속적인 상이한 수준들에서 해석된 예상 가능한 위험들은 아래와 같음.

*    1) 심적 위험: 끔찍한 우울, 밤의 환상=우울한 위험(=아세디).

2) 죄을 지을(pécamineux)[7] 위험: 자기 만족·자존심·이기주의·오만·
** 게으름이나, 허약성으로 확인되는 고독. 은둔자는 용기가 부족하기 때문에 다양한 의지들의 일상적 충격에서 벗어난다. 그는 자기와 같은 인간들의 짐을 질 수가 없다 등. (반대로 수도원에서 공동 생활은 그것의 어려움 자체로 인해 개선의 실효성이 있는 것으로 제시됨.)

이어서 더 이상 직접적으로 정신 현상의 관점에서가 아니라, 자연법으로서의 사회가 개인에게 강제한 사회적 통합의 관점, 즉 사회의 관점에서 다음과 같은 위험들이 따름.

1) 은둔에 의한 소통의 단절. 기독교는 죄를 청취하는 공간임(사제의 귀에 대고 말하는 고해. 이것도 훨씬 훗날에 나타남. 그 이전에는 오직 공개적 고백이 있었음). 은둔자는 자신의 승리와 패배를 알릴 수 없다.

---

5) pp.84-85 참조.

6) p.60 참조.

7) 혹은 péccamineux. 〔바르트는 육성 강의에서 '죄를 지었다는 표시를 가져올 수 있는'이라고 설명한다.〕 P. 라뇌즈, 《4세기와 5세기 중반 파코미우스파 공동 수도 생활에 관한 연구》, 프랑크푸르트, 미네르바, 1961, 제1장, 〈파코미우스와 그의 계승자들 아래서 공동 수도 생활의 탄생과 변화〉, p.169 참조.

* 아망, p.47.  ** 라뇌즈, p.169.

2) 상궤를 벗어난 행동. 다시 말해 신체적 외관(공동 수도 생활자들에게
* 매우 규제됨), 의복, 인간 관계, 생활 방식 등에서 사회 생활의 규범에 반
하는 개인적 파괴. 이런 '엉뚱한 행동들' 가운데(특히 고행의 영역에서) 몇
몇을 상기해 보자. 4세기 시리아에서 엄격함과 독특함이 극에 달할 정도
까지 간 고행들이 폭발적으로 일어남.

— 풀을 뜯어먹는 자들: 풀과 뿌리.

— 나무 생활자들(Dendrites)[8]: 하늘에 접근하기 위해 나무 속에 기거함
(이는 또한 가장 오래된 자연에 대한 관념임: 영장류의 주거 환경).

— 칩거자들: 자신을 닫아 버리고 외부와는 지하의 주랑을 통해서만 소
통한다.

— 움직이지 않는 자들(Stationnaires): 세상 속에 살지만 세상과 소통하지
않고, 조각상처럼 움직이지 않으며 침묵을 지키고, 단식을 하며, 거처가
없다( → 긴장병(catatonie)의 상태에 있음). 그런 형태의 하나가 탑·기둥 위
에서 고행하는 자들임.

공동 수도 생활의 이름으로 은둔 생활의 잠재적(때로는 분명한) 단죄는
개인주의에 대한 사회의 단죄임. 다음과 같은 두 목소리 사이에 아주 오
래된 긴장이 있음.

1. '사회적인 자극제들'의 필요성을 제기하는 공동체로서의 사회의 목
소리. 종(種)이 종으로서 내는 목소리임(cf. 예컨대 보이스카우트 활동[9]).

** 2. 비사회적이고 유아론적인 신비주의의 목소리 → 사회는 통합의 법칙
을 강제함. 이 법칙은 은둔 생활과 이것의 완화된 형태인 고유 리듬에 의
해 전복됨.[10]

---

8) p.91 참조.
9) 〔강의에서 바르트는 스카우트 활동에 대한 '자신의 불행한 경험'을 이렇게 환기한
다. '그것은 나에게 별다른 효과가 없었다.'〕
* 데카로, p.31. **《세계대백과사전》.

따라서 우리는 다음과 같은 쟁점을 이해함.

— 소외된 자(2차적 한계 상황의 개인)로 살 운명에 처한 자, 사실상 광인임. 규범은 다수이고 공동체이다. 광인은 비정상적이다. (편집증 환자의 경우를 제외하곤) 광인에 대한 정의는 다음과 같은 것 이외는 없는 것 같다. 즉 그는 권력이 전혀 없는 자이다. 이로부터 터무니없는 위상이 비롯됨. 왜냐하면 중립적이기 때문이다. 그는 권력에 찬성도 반대도 아니다(주인도 노예도 아님). 그는 바깥에 머물고자 한다. 그러나 이것은 지켜질 수 없음. 이로부터 광인, 소외된 자에 의해 야기되는 사회적인 강렬한 긴장이 비롯됨.

— 파코미우스와 최초의 수도원: 매우 중요하고 결정적인 시점임. 개인적 광기로서 기독교적 '광기'를 거두어들임. 법, 공동체, 지도자에 대한 복종, 간단히 말해 니체적 표현으로 군거성에 의해서 그렇게 됨.

— 그러나 소외는 고정 종양(abcès de fixation)의 자격으로 용인됨(레비스트로스의 경우 주술사[11])——하지만 사회에 의해 통제된다는, 다시 말해 사회에 코드화된다는 조건이 따름. 예를 들면 서양에서 은둔 생활의 점진적인 코드화[12]가 있음. 1) → 10세기 말엽까지 **은둔자**(eremus)에 대한 교부
* 학적 견해가 유지됨(이집트). 수도원 옆의 은자들의 처소가 있으나 수도원과 구별됨. 2) 11-12세기에 은둔 생활은 성직자들의 공동 수도 생활이 된다. 수도원 생활의 고독(카르투지오파의 유형)이 있음. 3) 13세기에 성 아우구스티누스 교단의 은자들은 필요에 따라 고독이 없는 공동체적 은둔 생활을 함('사막'[13]=수도원에서 침묵의 실천임). 일반적으로, 서양의 은둔

---

10) 〈수도사들 수도원 제도〉 항목 참조.

11) p.183 참조.

12) 장 르클레르크, 〈1천 년까지 서양에서 은둔 생활〉, 앞의 책.

13) 〔육성 강의에서 바르트는 카르투지오파에게 "사막은 침묵의 실천이 된다"고 설명한다.〕

* 《아토스 산의 1천 년》, p.177.

생활은 매우 통합되어 있고 사교적이고 사회적임. → '은자의 자비 및 예의의 활동'(휴마니타스 호스피탈리타스)[14]

　　사회는 소외 지대를 감시함. 즉 수도원 근처에 은자들의 처소를 배치
* 함. 은자들은 사제에 종속되며, 사제는 정의상 권력을 벗어난 최초 고유 리듬의 부정 자체이다. 그러나 사회는 그것이 수도사에게 강제하는 두 가치들, 즉 통합의 본질적 가치들인 복종과 안정을 통해 통제한다.[15]

　　여기서 한계 집단들의 사회적 억압에 대한 모든 안건과 접촉해야 한다.
** 이 억압은 비정상 상태들(마약 · 광기)에 대한 법적인 억압이며, 법이 직접적으로 허용하지 않을 때는 경찰을 통한 억압이 있다. 예컨대 1968년 이후에 프랑스의 소외된 유사 히피 '공동체들'이 정착하는 데 많은 어려움이 있었음. 도지사들이 버려진 마을들의 목록을 제공하지 않았기 때문임. 또 정착을 시도할 경우 경찰의 조사가 있었음.


# 모노시스


수도사 < 모니쿠스(monicus)(→ 뮌흐(Münch)[16])

　　　　　　　　　　→ 옛 프로방스어: 몽주(monge).

모나쿠스(monachus), 모나코스(monachos)의 변질된 형태임(→이탈리아어: 모나코(monaco))＝가족 없이 홀로(싱굴라리스[17]) 사는 고독한 자.

---

14) Humanitas hopistalitas(라틴어): 문자 그대로 '환대적 인정'을 의미한다.

15) 장 르클레르크, 〈1천 년까지 서양에서 은둔 생활〉, 앞의 책.

16) 〔육성 강의에서 바르트는 (monicus가) '독일어로 수도사를 의미하는 Münch를 파생시켰다'고 설명한다.〕

17) Singularis(라틴어): 혼자서, 단독의.

* 《아토스 산의 1천 년》, p.166.　** 갈리앵, p.11.

→ 모노시스: 결혼하지 않고 사는 상태, 방식임. 허리띠를 졸라매고 시
* 련에 대비함(금욕을 하지 않을 수 없음). → 모나코스: 부부 생활을 단념하
는 고행자들의 유형임.[18]


## 하나/둘


나는 하나〔一者〕와 둘〔二者〕(라캉에서 마오쩌둥까지)[19]의 엄청난 안건을
다루고 싶지는 않다. 다만 언어들의 구조가 함축하는 잠재적 이데올로기
(언어 권력, 의무적 관행의 테마임)를 상기하자. 우리의 언어에는 하나/여
럿(단수/복수)의 대립이 있다. 그러나 많은 언어들에는 하나/둘/여럿의
대립이 있음. → 쌍수(雙數). 이 쌍수는 육체적 분명함으로부터 비롯됨. 즉
눈 · 귀 · 손 · 고환 등 쌍을 이룸. → 육체는 둘로 된 하나의 자연적 단위
의 이미지를 강제함. 이것은 기관들의 이중적 쌍의 분리 작용을 세밀하게
묘사하는 헤르마프로디토스(남녀 양성) 신화에 의해 연출됨.[20] 이것의 의
미는 일자(유일한 육체) 자체가 잠재적으로 분할되어 있다는 것이다. 근
본적 테마는 쌍이다. 이로부터 1) 일자의 잠재적 분할과 2) 통일성으로서

---

18) 기요몽의 글에 대한 참조는 그의 논문, 〈수도원 제도와 유대-기독교 윤리〉,《종교
학 연구》, vol. 60, nº 2, 1972년 4-6월, 특히 p.200 및 201, 207 이하, 211 등에서 발췌
되었다.

19) 마오쩌둥에 따르면, 정치는 다음과 같은 원리에 따른다. "하나는 둘로 나뉘어진다."
모든 혁명적 당에는 필연적으로 우측 날개와 좌측 날개가 형성된다. 이러한 분할은 대립
자들의 지속적인 제거와 '문화 혁명'을 정당화시킨다. 라캉의 참조는 '거울 단계'로 귀
결된다(〈나라는 기능의 형성체로서 거울 단계〉, in《에크리》I, 앞의 책.) 사랑의 담론에 대한
세미나에서 바르트는 다음과 같이 매우 유사한 고찰을 표명했다. "Alter는 둘 가운데 내
가 아닌 타자이지만, 나는 그와 함께 쌍수——문법적 실체——속에, 이자 관계(라캉의
실체) 속에 갇혀 있다."

20) 플라톤,《향연》, XIV 참조.

* 기요몽, 〈수도원 제도〉.

쌍의 재구성(짝짓기, 쌍쌍 모임과 같은 사랑을 결합을 통해서) 사이에 끊임 없는 변증법이 비롯됨. 이 변증법은 언어에서 두드러진 다음과 같은 두 운동으로 이루어진다: 일자는 둘로 되어 있다(일자는 분할된다)/둘은 하나의 통일적 단위이다(쌍, 쌍수).

## 둘의 욕망

여기서 나는 사랑의 욕망, 다시 말해 사랑의 결합을 하고 싶은 욕망이란 안건을 다루지는 않을 것이다. 내가 다만 주목하는 것은 (위에서 지적된 변증법의 양면성이지만) 일자는 징벌로서 평가된다는 점이다. 일자로만 존재하도록 된 운명은 무언가에 대해 징벌을 받은 존재이다. 로빈슨은 끊임 없이 다음과 같은 믿음을 표현한다. 즉 무인도에 홀로 살도록 운명지어진 것을 보면 그는 자신의 젊은 날에 저지른 잘못들과, 특히 배를 타는 것을 금지시켰던 아버지에 대한 반항의 대가를 지불하고 있다는 것이다. 난파
* 를 당한 후 그가 자신의 상황을 종합적으로 검토할 때, 그는 둘에 대한 욕망을 폭발시킨다. "오! 한 사람만이 구조되었구나! 오! 한 사람만이 구조되었어!" 그리고 나서 사람 발자국의 흔적을 발견하는 에피소드가 이어진다. 이때부터 모든 것은 다른 사람을 발견하는 서스펜스에 의해 분절된
** 다. 따라서 우리들 각자에게도 해당되는 것으로 우리가 말할 수 있는 바는 둘은 하나의 서스펜스이다(그리고 하나는 둘을 품고 있다)라는 점이다.

이와 같은 변증법은 아담의 신화에서 정묘하게 표현되고 있다. 우선 아
*** 담은 홀로 창조된다. 그는 일자, 즉 **헤이스**[21]이다. 그러나 이브의 창조는

---

21) Heis(그리스어): 하나, 일자.
  * 《로빈슨 크루소》, p.184. ** 153. *** 기요몽, 〈수도원 제도〉.

즉각적으로 아담 안에 존재하는 잠재적인 이원성의 현실화, 구체화에 불과하다. 이것은 정확히 헤르마프로디토스의 도식이다. 그러나 《향연》에서 아리스토파네스의 경우[22] 하나의 분열은 고통스러운 것이다. (이것은 제우스가 남녀 양성적 행복의 '오만'에 대하여[23] 내린 징벌이다.) 행복은 둘로 구성된 것으로서의 일자이다. 〈창세기〉에서 죄는 분할 다음에 온다——비록 그것 또한 이브로부터 오기 때문에 분할로부터 온다 할지라도 말이다.


## 하나의 찬양

따라서 신화적 차원에서 볼 때, 하나(일자)와 둘(이자)을 그렇게 대립시켜서는 안 된다. 하나는 구성된 하나이고 분할된 하나이다. 이로부터 모든 교부학에서 하나[24](모나코스)에 대한 찬양이 비롯된다.

1) **모노시스**: 주체가 둘로 찢겨지기 전에 아담의 조건을 모방하게 하는 운동. 즉 아담의 고독을 모방하는 것임.

* 2) **모나코스**: 독신일 뿐 아니라 단 하나의 목적으로 방향이 지워진 삶을 지님. 수도사는 **모노트로포스**(monotropos)[25]이다. 왜냐하면 그는 단 하나의 대상에 투자하기 때문이다(cf. **마니아**, 사랑의 열광[26]). 이런 측면은 영혼의 통일에 관한 플라톤의 이론, 즉 단 하나의 대상의 배려에 집중한다는 이론과 만남.

---

22) 《향연》, XV.

23) 바르트는 원고에서 대하여(contre)가 아니라 로서(comme)라는 말을 쓴 것 같다.

24) 〔바르트는 육성 강의에서 '이 구성된 하나'라고 설명한다.〕

25) 〔육성 강의에서 바르트의 설명에 따르면, "모노트로피(monotropie)는 단 하나의 대상에 자신의 모든 것을 투자하는 것이다."〕

26) 〔바르트는 육성 강의에서 정념은 '에로스' 쪽이 아니라 '마니아' 쪽에 속해 있다라고 설명한다.〕

* 기요몽.

3) 세상=나눔 · 혼합 · 분할된 둘의 공간임. 예컨대 결혼에서 결혼한 남자=그는 분할되고, 찢겨진(갈팡질팡하는) 자임. 반면에 수도사는 비분할 · 순수함 · 비혼합의 세계 속에 있음. 그(수도사)는 찢겨지지 않는 존재이다.

4) 갈팡질팡하지 않는 수도사와 갈팡질팡하는 기혼자의 대비는 패러다임으로 제시된 다음과 같은 2개의 개념[27] 속에 나타남.

— **하플로테스**[28]: 단순성, 비갈팡질팡, 올곧음, 구성된 하나 및 통합의 경험.

— **디프수키아**[29]: 망설임 · 회의를 경험하는 분할되고 갈팡질팡하는 이중의 영혼을 지닌 자의 상태(psuchè).[30] 성서에서 마음=정서적 영혼임.

* 5) 이 시대의 또 다른 중요한 대비 속에 다음과 같은 동일한 패러다임이 있음.

— **비오스 프락티코스**[31]: 실천적 삶=정치적 · 사회적 활동, 정치적 · 사회적 의무들. 이것은 경멸적이 아님. 스토아학파 철학자들에게 **비오스 프락티코스**는 올바른 도덕적 활동(아스케시스)을 포함한다. 미덕의 실천, 정념과의 투쟁임.

— **비오스 테오레티코스**[32]: **하플로테스**에 도달했고, 갈팡질팡하지 않으며, 투쟁이 없는 관조적 삶, 통일된 삶. 특히 **비오스 프락티코스**의 시기가 지난 후, 노년에 좋음.

— 이 대비는 혼합과 순수함의 대비임. **비오스 프락티코스**: 조화롭지

---

27) 〔육성 강의에서 바르트는 '교부학에 사용되는 그리스어' 임을 밝힌다.〕

28) Haplotès(그리스어): 단순성.

29) Dipsuchia(그리스어): 불확실성, 결단성 없음.

30) Psuchè(그리스어): 영혼.

31) Bios praktikos(그리스어): 적극적 삶.

32) Bios théôrètikos(그리스어): 관조적 삶.

* 기요몽, 《필론》.

못하고 복잡한 천으로 된 잡색의 튜닉[33]을 입은 사람에게 비교되는 삶. ＝ 포이킬로스[34] 삶. 이런 사람과 반대되는 자가 고요한 장소인 사막에서 혼합이 없는 활동, 조용한 고독, 요컨대 내적 평화(헤수키아)로 살아가는 자임.

* — 내적 평화에 대한 이와 같은 꿈은 매우 근대적일 수 있다. '한 공동체 참여자'(아르데슈에 있는 어떤 공동체의 참여자)는 인터뷰에서 더불어 살기를 정당화하기 위해 이렇게 답변한다. "필요한 것은 온종일 삐거덕거리는 소리가 나지 않는 소리 없는 고요한 삶이다." 이것은 헤수키아(내적 평화), 하플로테스(단순성), 아담의 꿈, 분할된 하나가 아니라 구성된 하나에 대한 정확한 정의임.

6) 왜냐하면 모나코스(공동 생활 수도사가 아니라 내가 여기서 다루고 있는 아나코레트)의 하나는 (아담처럼) 둘의 잠재성을 간직하는 구성된 하나이기 때문이다. 절대적 은둔 상태에 있는 아나코레트는 사실 사랑에 빠진 은둔, 이원적인 은둔과 관련된다. 파프뉘스[35]와 관련해 카시엔은 이렇게 말했음: 파프뉘스는 '자신이 떨어질 수 없게 사랑에 불탔던 주인과 보다 확실하게 결합하기 위해'[36] 홀로 살기를 원했다. 마치 인간은 승화의 대체물들을 통해서 하나 속에 쌍수와 짝을 재구성하려고 활동하는 것처럼 말이다. 왜냐하면 육체와 문법이 말하고 있듯이, 진정한 통일성은 이원적이기 때문이다. 나에게 이러한 모습은 하나의 탐구·질문·가정의 방

---

33) 육성 강의의 해설은 이 부분의 노트를 이렇게 분명히 밝혀 준다. 즉 바르트는《구약 성서》에서 '갈팡질팡하고,' '우유부단 인간' 인 요셉에 대해 암시하고 있다는 것이다.

34) Poikilos(그리스어): 여러 가지의, 잡색의.

35) 육성 강의에서 바르트는 파프뉘스(Paphnuce)가 아나톨 프랑스의《타이스 *Thaïs*》에 나오는 은둔자임을 상기시킨다.

36) A.-J. 페스튀지에르, 《동방의 수도사들》, 앞의 책, t. I, p.42에서 재인용. 바르트는 인용을 자유롭게 각색했다. 원문을 보면 '이제부터 어떠한 인간 사회도 그를 붙잡지 못한 상태에서, 그가 떨어질 수 없게 사랑에 불탔던 주인과 보다 수월하게 결합하기 위해' 로 되어 있다.

* 드루아 갈리앵, p.8.

향, 즉 내가 아직은 철저하게 밀고 갈 순 없지만 막연하게 짐작하고 있는 무언가의 방향을 지닌다. 이 무언가는 이런 것이다. 대립하는 것——의미(방향)를 만드는 것——은 하나와 둘이라기보다는 통합된(구성된 것보다 나은) 하나와 해체된(분해되고, 분할되고, 찢겨진) 하나이다. 이로부터 다음과 같은 두 가지 주목 사항이 비롯됨.

1. 갈팡질팡(디프수키아)의 개념은 근본적이다. 그것은 주체가 대립되는 범주들에 복종할 것을 요구받는 상황(혹은 삶의 유형) 앞에서 미칠 것 같은 실존적 감정이다. 이 상황은 전형적으로 전심리적(pré-psychologique) 상황(이중 구속)이다. "동전을 던져서 뒷면이면 내가 이기고, 앞면이면 네가 진다."(브루노 베텔하임의 표현임[37]) 그런데 그것은 모순적인 책임들이 혼란스럽게, 오만하게 주체를 요구하는 세속적인 상황 일반이다. 반대로 **하플로테스, 헤수키아**=통합된 존재, 책임의 영도. 갈팡질팡하지 않는 여유로움임. 이것이 **모노시스**의 목적이다.

2. 방법적으로 보면, 하나와 둘을 평화/갈팡질팡의 속성들을 지닌 것으로 간주하지 않아야 한다. 그보다는 근본적 상태들의 은유들로 간주해야 함. 하나는 법을 절대적으로 통합시킨 심급 없는 주체(신비적 상태)로 귀결될 것이며, 둘은 억압의 길고 힘든 역사에 시달리는 종속적이며 동시에 반항적인 주체로 귀결된다.

---

37) Duble-bind(영어): '이중의 구속, 이중의 속박.'〔육성 강의에서 바르트는 이렇게 설명한다. '내가 2개의 반대적 범주에 속하는 2개의 청원을 동시에 받는다면' 더블 바인드가 있다. '전형적으로 정신병 전증(前症)으로 언급되는 구조'임.《사랑의 단상》의〈해결의 상념〉에서 바르트는《텅 빈 요새》(파리, 갈리마르, 1969, p.85)에 나오는 동일한 문장을 인용했다. "주체가 어떻게 하든 이길 수 없는 상황. 뒷면이면 내가 이기고 앞면이면 네가 진다."(OCIII, 594)

# 이름

이 문형(figure)의 목적은 더불어 살기의 공간에서 고유 명사들의 안건을 다루는 것이다. 다만 3개의 지표(혹은 출발점)가 주목될 것임.


## 별명

역사민족학의 방대한 문제임. 왜냐하면 우리의 성(姓)들은 원래 지명들[38] 이거나 별명들(직업, 신체적 특징들)이기 때문이다. 기독교 문명에서, 성의 생성[39] 메커니즘은 다음과 같다고 보여진다.

1) 매우 작은 공동체(예컨대 가족) 내에서 이름들(prénoms)은 재발생될 수 있을 가능성은 거의 없고, 따라서 각각의 이름은 뚜렷이 구분되고 적절하다. 하나의 가족 내 방계 혈족의 차원에서 보면 동일한 이름은 전혀 나타나지 않음. 따라서 가족은=고유 명사적 패러다임임.

2) 공동체가 확대되어 부족, 마을이 될 때, 동일한 이름을 지닌 자들을 구별할 필요성이 생김. 예컨대 검은 머리 장/금발의 장, 대장장이(Lefevre) 앙리/농부(Payen) 앙리 등등. 다음과 같은 방법의 이탈을 지적해야 함. 즉 하나의 '부족'에 공통적인 성(姓)을 토대로, 차별화하는 두번째 별명들이 자발적으로 생산됨. 예컨대 붉은 손 구피/통킹(Tonkin) 구피.[40] 또 게르망 트가(家)에서 공작/왕자 등. 이러한 과정에서 언어의 근본적 문제가 제기

---

38) 〔육성 강의에서 바르트는 자신의 성을 예로 든다. '켈트-이베리아' 어에서 하나의 바르트는 '주기적으로 강물에 의해 범람하는 초원'이다. 바르트는 어린 시절에 '바르트 들의 대단히 비참한 상황'을 이야기하는 신문 기사들을 읽은 적이 있음을 회상한다.〕

39) 〔Onomatogenèse: 육성 강의에서 바르트는 그리스어 onoma(이름)로부터 만들어진 이 신조어를 '성의 창조'로 정의한다.〕

됨. 쉬프터[41]: 발화되는 상황으로부터만 의미를 지니는 단위임(예컨대 '나' '여기서' '지금'). 내가 가족적 공간 내에서 '장(Jean)'이라고 말할 때, 그 것은 하나의 연동소이다. 이 연동소는 하나의 어휘적 본질이나 의미소[42] 로 귀결되는 것이 아니라, 상황-맥락에 전적으로 종속된 관여성으로 귀 결된다. 내가 맥락에서 벗어나면, 나는 헤매게 된다. 예컨대 '장 프랑수 아'라고 사인된 우편엽서를 받음[43](그런데 나는 이런 이름을 지닌 5,6명을 알고 있다). 이로부터 집단에서 별명이 비롯됨. "장 프랑수아. 어떤 장 프 랑수아? 그 의사(의대생) 말이야." → 의사 장 프랑수아. 우리가 가족의 성 (姓)-별명으로 향할 때, 우리는 언어를 '탈연동화하며(dé-shiftérisons),' 사 전(전화번호부, 인명록) 쪽으로 향한다. 우리는 언어를 '탈프로그램화한 다'(의미론/화용론 참고). 우리는 상황과 실존을 억압한다(오늘날 성(姓)들 의 리스트와 억압적 관료제의 테마 사이에 신화론적 관계가 있음. 예컨대 바 르트, 롤랑이라고 적혀 있는 우편엽서를 받을 때 작은 침해를 느낌[44]).

우리의 자료체에서 볼 때 《마의 산》에 이런 문제의 흔적이 나타남. 여 기서 집단은 서로를 알지 못하고, 서로의 주민등록상의 이름을 잘 알지 도 못하면서 자주 만나는 사람들의 폐쇄된 공동체임. 이로부터 알려진 하나의 특징(알아볼 수 있는 모든 것의 기호에 대한 취향)이 추가 이름(sur-
* nom; 별명)으로 점진적으로 부각됨. 예컨대 "마그누스 부인, 알부민이 빠

---

40) 《붉은 손의 구피족》: 육성 강의에서 바르트는 피에르 베리의 농촌 풍속 소설(1937)
로부터 비롯된 자크 베케르의 영화를 참조한다. 구피족은 모두가 신체적인 특징(붉은 손)
이나 전기적 특징(통킹)에 연결된 하나의 별명을 지니고 있다.

41) Shifter(영어): 언어학의 용어, 문자 그대로 '연동소'를 의미함. Shifter는 언표와 언
표 행위('나')에 동시에 속하는 낱말들을 지칭한다.

42) Sémantème(언어학 용어): 의미 단위.

43) 〔강의에서 바르트는 자신이 하나의 '조그만 책'에서 이 예를 이미 제시했다고 상
기한다. 《롤랑 바르트에 의한 롤랑 바르트》(OCIII, 221)에서 장 루이라는 이름(prénom)과
관련된 것이다.〕

44) 〔바르트는 육성 강의에서 여기서 '롤랑은 연동소'라고 밝힌다.〕

* 《마의 산》, p.142.

진 그 여자 말이야." 이윽고 사람들은 연결부호를 넣어 그녀를 부르게 될
것이며, 그것이 그렇게 길지 않으면 별명(알부민 부인)이 될 것이다. 이것
은 이야기에 고유한 서사적 방법임. 예컨대 아테네(청록색 눈의 여신), 인
디언들의 이름들(예컨대 스라소니의 눈)에 나타남. 혹은 도교에서 다양한
신들의 이름들에 나타남. 예컨대 머리털의 신은 신비한 기호들의 꽃이라
불리고, 눈(yeux)의 신은 텅 빔의 감독자라 불림. → 아마 별명과 이야기가
관계 있다는 자취일 것임. 다시 《마의 산》에서, 하나의 진정한 별명의 탄
생을 보면, 멕시코 출신의 부인 '둘이 다(Tous-les-deux)' 이다. 그녀의 아
들 가운데 하나는 죽어가고, 다른 하나는 형을 보러 왔다가 병에 걸렸던
* 것이다. 그녀는 '둘이 다' 라는 말밖에 할 줄 모른다. 이것은 '비통한 표현
이지만 그녀의 별명이 되었다.'

---

* 《마의 산》, p.49,124.

## 이름(계속)

### 카리타티즘(caritatisme)

이것은 언어학적 용어로 일상적 대상들을 지칭하는 명사들에 때때로 부여되는 다정한 형식들을 지칭한다. 패션 잡지들은 이것에 의존함. 예컨대 '당신을 따뜻하게 해주는 작은 망토'에서 '작은 망토'는 카리타티즘임. (우리의 자료체 내에서) 두 형태의 카리타티즘을 지적하자. 이상한 일이지만 부르주아의 체면, 구더기, 그리고 광기가 혼합된 더없이 '끔찍한' 이야기인 《푸아티에의 감금된 여인》 속에 나타남.

1) 외관상 잔인한 관계(어머니와 오빠는 이 처녀를 감금했다고 고발됨——그리고 이런 측면은 법정이 숙고한다는 점이 전제되지만, 법정에 숙고할 수 있는 무언가를 틀림없이 제공했을 것이다)를 드러내는 이 칩거적 가족에서 다정한 별명들이 사용됨. 오빠는 멜라니를 '사랑스러운 제르트뤼드'라 부른다. 누이는 감금자로 추정되는 오빠를 '사랑하는 피에르'라 부른다.

---

1) 〔이번 강의를 시작하면서, 바르트는 수강생들이 서면으로 전달한 몇몇 질문들에 대해 대답한다. 1) '꽃(Fleurs)'과 '한계 상황(Marginalité)' 사이에 여타 단상이 없음은 제목의 명명과 알파벳이라는 이중의 자의성으로 설명된다. 2) '상징 체계(symbolisme)'라는 낱말이 라캉적 의미로 사용되지만 매우 일반적이며, 거의 '인류학적인' 방식으로 사용된다. 바르트는 이렇게 결론을 내린다. 즉 "우리는 낱말들의 비순수성이 필요하다." '너무 많은 개념들이 있으면,' '언어(langue)'와 '주제들은 죽을 수밖에 없다.'〕

* 아이들은 엄격하고 존경할 만한 늙은 부인인 어머니를 '부닌(Bounine)' 이라 부른다.

흥미로운 현상은(나는 아직 그것을 잘 설명할 수는 없다) 하나의 가족에서 때때로 이름을 바꾸고, 주민등록상의 이름과는 다른 이름을 부여하고, 또는 설명할 수 없는(아마 어린 시절의 묻힌 사소한 사건일지 모르지만) 별명들을 만들어 낸다는 것이다. 아마 새로운 이름들의 고안은 '모든 사람들' 의 세상과 단절이고, 추가 울타리(sur-clôture)이며, 새로운 통합이라 할 것이다. 요컨대 그것은 하나의 개종(세례의 의미)임. 언어를 바꾸는 것은 모든 혁신들, 모든 탄생들, 모든 강력한 통합들의 최초 행위이다. 때때로 '공동체의' 언어 활동에는——새로운 언어의 창조가 아니라——단절의 공개적 표명만이 있다. 예컨대 시골의 공동체 생활자들(1966년경 미국과 프랑스에서 공동체들)에 나타남. 리즈라는 어떤 여자는 파리에서 더 이상 숨을 쉴 수가 없었다(오염의 테마. 오염으로서의 위생과 단정함[2]). "그녀는 '파리' 말씨로 말하고, 그녀가 말한 문장들의 대부분은 '빌어먹을(putain)' 로 시작하여 '어쩔 수 없는 일이야' 로 끝난다. 아들 다도운이 책을 찢을 때

** 그녀는 이렇게 소리를 지른다. '빌어먹을, 그놈(mec) 참 어리석구나.' 그 '놈' 은 둥그런 눈을 크게 뜬 뒤 어린 강아지와 퇴비 속으로 놀러 간다." 이는 언어-배척(langage-rejet)인가? 그렇다. 하지만 모든 언어는 그것이 배척하는 것에 의해 규정된다 → 언어의 영도(零度)는 없음(비록 각자가 '자연적' 언어를 말한다 믿지만[3]).

2) 멜라니에게는 사회적 상황에 따라 2개의 언어가 있음. a) 매우 추잡

---

2) 〔바르트는 육성 강의에서 "오염으로 느껴지는 것이 위생이고 단정함이다"라고 설명한다.〕
3) 〔육성 강의에서 바르트는 이렇게 설명한다. "나의 언어를 통해서 내가 배척하는 언어들은 어떤 것인가를 항상 자문해야 한다."〕
* 《푸아티에의 감금된 여인》, p.124.
** 드루아 갈리앵, p.18, 《행복 쫓기》, 1972, 칼만-레비.

한 언어로서 병원에서 그녀에게 말을 거는 사람들에게 대답을 거부하고 그들을 내쫓음. 욕설과 외설스러운 말=멜라니의 '사회적' 언어, 타자를 위한 언어, 단절의 찌꺼기임. 그것은 위대한 그녀가 깊은 곳 말랑피아라 부르는 동굴에의 침입을 알리는 것임.

　b) '공동체의'(그녀에게 공동체는 그녀 자신이고, 그녀의 고독이며, 그녀의 동굴이다) 언어=유치한 카리타티즘들에 의해 지속적으로 특징지어짐. 예컨대 '그녀의 소중한 귀여운 연필,' '그녀의 소중한 사랑스러운 장미.' '그녀의 소중한 귀여운 걸레'(그녀는 때가 덕지덕지 끼고 곤충들이 우글거리는 이 걸레로 머리를 덮고 있었음)를 요구함. '소중한 귀여운 닭,' '소중한 귀여운 음료'(딸기 음료), 그리고 '소중한 귀여운 초콜릿 마카롱 과자'를 먹고 싶어함. 내가 생각하기에 이런 카리타티즘들은 보통 명사를 자신을 위한 고유 명사의 지위로 이동시키거나, 최소한 그런 움직임을 개략적으로 드러낸다. 카리타티즘은 정서의 투영을 통해서 대상을 개별화한다. 그것은 대상을 나의 (자기 도취적인) 확장체로 만들고 그것을 비교할 수 없는 것[4](고유 명사라는 용어 자체가 말하듯이, 이것이 고유 명사의 이상적 지위이다)으로 명명한다. 그것은 환원 불가능한 것으로서 궁극적 차이의 표시임. 혹은 궁극적 차이, 그것은 나이다. Cf. 코르네유의 《메데이아》를 보자: #[5] "이 극도의 불행 속에서(그녀는 그녀를 버린 이아손에 대한 복수로 아이들을 목 졸라 죽였다) 당신에게 남은 것은 무엇인가?"나[6]——절대적인 유폐 속에서 당신에게 남은 것은 무엇인가?——나의 연필, 나의

---

4) 〔바르트는 육성 강의에서 이렇게 설명한다. "고유 명사는 비교할 수 없는 것으로 귀결되는 명사이다."〕

5) p.150 주(註) 참고.

6) 그토록 큰 역경 속에서 당신에게 남은 것은 무엇입니까?——나/나라고 나는 말합니다. 그것만으로 충분합니다(《메데이아》, I, 5). 사실, 메데이아는 다만 막 이아손의 배신을 발견한 참이다.

　* 《푸아티에의 감금된 여인》, p.49.

닭, 나의 딸기, 나의 초콜릿 마카롱 과자. 명사는 내가 좋아하는 것의 이름이고, 그것은 나의 이름이다. 나는 내가 좋아하는 것만을 명명한다. 나는 다만 명명될 만한 가치가 있는 것만을 명명한다.


## 명칭이 없음

따라서 카리타틱(caritatique)한 호칭은 역명명(contre-nomination)으로 나타난다. 따라서 나는 언어의 일반성으로부터 명칭들(noms)을 제거해 버린다. 즉 언어의 명명이 모든 현실을 분류하여 조종하는 데 소용되는데도, 나는 사랑의 대상이 아닌 모든 것을 언어에서 부정한다. 따라서 나는 언어를 파괴하고, 그것을 방대한 폐허로 만든다. 이 폐허 속에는 사랑의 대상인 몇몇 명칭들만이 서 있다. 카리타틱한 명명은 이원적인 (일반성을 벗어난) 사랑의 공간을 함축한다. 카리타티즘은 공동체에서 권리가 상실되어 있다. 공동체는 언제나 조종의 공간들을 구성해 내는 경향이 있으므로, 이름들(prénoms)이나 별명들과 같은 고유 명사들만 남아 있다. 그러나 고유 명사와 함께——공동체 공간에서——하나의 위험, 즉 험담의 위험이 떠오른다.

고유 명사는 대명사적 대체물로 그/그녀를 지니고 있다. 따라서 그라는 3인칭은 타자를 비워내고, 타자를 언급되는 남자나 여자로 만든다.

a) 고유 명사는 호격이다. 그러나 그때 그것은 너의 허사적 확장이고, 음향적 애무이다. ("아리아드네, 난 그대를 사랑합니다"라고 니체의 디오니소스는 말한다.)[7] 이름은 모든 일반성에서 벗어나, 타자들로부터 벗어나——전원적인 이원성 속에서 타자로부터 벗어나——유지된다. 그래서 호격은

---

7) 니체는 1889년 1월에 코시마 바그너에게 보내는 쪽지에서 이렇게 쓰고 있다. "아리아드네, 난 그대를 사랑합니다."

험담의 반대이다.

b) 아니면 고유 명사는 지시적 이름, 다시 말해 부재하는 무언가의 이름이다. 그래서 공동체는 험담의 공간으로 변모된다. (그/그녀, 그런 남자/그런 여자는 심술궂은 이름들(prénoms)이고 명칭들(noms)인 것이다.[8]) 이상적인 (유토피아적) 어떤 공동체에는 사람들이 서로에 대해 결코 이야기할 수 없도록 하기 위해 이름들이 없을 수도 있을 것이다. 이미지 · 부재가 아니라 부름 · 현존만이 있을 것이다. 이름을 통한 조작이 없을 것이다. 조작이 좋든 나쁘든 말이다.


# 음식


* 음식의 상징화 문제는 그것만으로 백과사전 하나가 될 것이다. 나는 '현대식' 요리책들의 일방적인 상업화에 대한 반작용으로 이에 대해 생각해 본 적이 있었다. 이 상업화는 '합리적'이라고 자처함으로써 오늘날에도 음식의 상징 체계와 의례가 있다는 것을 완전히 망각하고 있는 것 같다. 이 문제는 '위생'과 '건강'의 커다란 이데올로기적 협잡이 관련되어 있음. 이 백과사전은 도(道)에서 성서까지, 성서에서 레비 스트로스(《날 것과 익힌 것》)까지 포괄함.

따라서 나는 이 안건을 (우리의 자료체에 입각해) 다음과 같이 조금만 다룰 것이다. 1) 리듬 2) 음식물 3) 실천. 각각의 항목 자체가 지구적 차원

---

8) 〔바르트는 육성 강의에서 이렇게 설명한다. "때때로 우리는 우리가 사랑하는 사람을 '그'나 '그녀'로 말하는 데 커다란 저항을 우리 내부에서 헤아릴 수 있다. 적어도 그렇게 나는 느낀다."〕

* 음식의 상징화.

에서, 그리고 시간 속에서 보면 백과사전적이기 때문임.

## 1) 리듬

=음식 섭취의 리듬(시간표)임. 다음과 같은 세 가지 문제가 제기됨.

* 1) 공동체들에서 식사 시간표는 중요함. 왜냐하면 a) 다른 곳에서보다 더 일상에 리듬을 주기 때문임. 식사의 엄격한 리듬과 사적인 일(오시움)의 관계가 있음(시골에 은둔한 자의 세심한 시간표에서 식사는 대항 권태(contre-ennui)임). b) 식사는 만남, 회식의 기회임(눈에 띄지 않는 축제). 이집트의 아나코레트들은 비록 홀로이지만 조정적인 규범을 따른다. 일반적으로 하루에 단 한번의 식사를 함: 낮잠을 잔 후 9시과(오후 3시)경임. 공동 수도 생활이 출현하자, 서구 공동 수도 생활의 엄격한 계율에까지 커다란 동요가 야기됨. 그러나 성 파코미우스 수도원들에서는 때로는 각자가 원할 때 하루에 한번의 식사를 하고, 때로는 구내식당에서 함께 식사함(점심+

** 저녁). 여기다가 자신의 독방에서 식사를 할 수 있음. 그러나 아무것도 보관할 수 없음. 금욕적 맥락에서 문제는 양식이 결핍되게 하는 것이다. 식사 시간을 최대한 줄이든가, 아니면 극도로 조절하든가 하면서 말이다. 왜냐하면 잘 만들어지고 잘 유지되는 규칙의 목적은 시간을 투명하게 만드는 것이기 때문이다. (자발성이나 불규칙보다는) 결핍의 코드임.

2) 시간표와 단식의 관계. 금욕적 지나침(동방의 아나코레트들)은 식사를 없앰으로써 단식을 완성한다. 많은 성인전에서 여러 날 동안 계속되는 굶주림의 진정한 파업이 나타남——그리고 통상적으로 하루에 한번의 굶주린 식사를 함. 이로부터 '체제유지주의자' 들의 반발이 비롯됨. 진정으

---

* 드라게, **p.XLV**. ** 라뢰즈, p.298.

로 단식한다는 것은 갑작스럽게 그리고 철저하게 음식을 끊는다는 것이 아니라 배고픈 상태에 항상 있는 것이다(이것은 오늘날 홀쭉해지기 요법임. * 아주 조금씩 자주 먹음)고 반발함. 성 히에로니무스(4세기)는 젊은 과부 푸리아에게 이렇게 말함. "간소한 음식을 선택하는 게 좋고, 위를 언제나 배고픈 상태로 유지하며, 3일 동안의 단식을 하게나. 드물게 포식하는 것보다는 매일 아주 조금씩 먹는 게 낫네." 이따금씩 하는 단식에 관련해 성 히에로니무스는 '탐욕적인 절제'[9]를 이야기한다. 주목할 점은 성 히에로니무스가 단죄한 리듬이 오랜 세월 동안 하나의 경제적인 구속이었다는 것이다. 재원의 불규칙성 → 굶주린 영양 섭취와 갑작스러운 영양 과잉이 무질서하게 교대함: 이것이 중세의 통상적인 체제임. 이로부터 우리가 볼 때, 지난날 식단의 묘사들이 드러내는 이해할 수 없는——비현실적인——성격이 비롯됨. 이 식단(호사스러운 음식)만이 주목되었음. 다양한 서비스로 볼 때, 그것은 오늘날도 믿을 수 없는 것처럼 보인다. (브리야 사바랭의 저서에서조차도 말이다.[10]) 게다가 과시나 포틀래치처럼 풍요로웠던 것은 식탁이었다. 각자는 원하는 만큼 먹을 수 있었던 것이다.

   3) 양식이 결핍되게 하는 다른 방식은 그것을 노동으로 획득하지 않고, 그것을 교환의 구속(빵/스테이크를 얻기 위해 일을 함)으로부터 벗어나게 만드는 것임. 그것은 음식을 동냥하는 행위임. 양식을 요청하여 얻어먹는 것임(현물 기부/돈 기부). 보편적인 관행임. 그러나 가장 흥미있는 것은 음 ** 식 보시의 불교적 상징성이다. 불교 수도승들은 다음과 같이 세 번 음식이 없도록 만든다. a) 양식을 일해서 얻지 않고 오게 만든다. b) 양식을 부탁하지 않는다. c) 그것을 쳐다보지 않는다. 사실 실론의 수도원들에서 탁발

---

9) A.-J. 페스튀지에르, 《동방의 수도사들》, 앞의 책, t. I, p.67.
10) 브리야 사바랭(1755-1826)은 프랑스의 법관, 식도락가, 그리고 작가임. 특히 그는 《맛의 생리학 혹은 고차원적 식도락의 사색》을 펴냈다. 〔역주〕
　* 페스튀지에르, I, p.66. ** 바로, p.65.

이 점점 더 드물어지긴 하지만(수도원에 양식을 가져옴), 그것은 아직도 존재하고 있고 상징적 충만함을 간직하고 있다. 탁발은 10시-11시경에 이루어진다. 수도승들은 한 사람씩 차례로 나가 각자가 한 구역씩 맡는다(각자 개별적으로 11시 30분경 돌아와, 12경 식사를 함). 승복 속에 감추어진 바리때를 가슴에 대고서. 수도승은 눈을 아래로 뜨고, 상당히 천천히, 그러나 주저하지 않고 걸어간다. 때때로 그는 집이나 가게 앞에서 멈추고, 움직이지 않고 조용히, 문 쪽으로 돌아서지 않고 기다린다. 누군가가 나와서, 승복을 벌리고 바리때 속에 양식을 붓거나, 바리때를 부엌으로 가져가 채운 다음, 그것을 수도승의 팔 안쪽에 다시 갖다 놓는다. 세속인이 인사를 하자, 수도승은 조용히 복을 빌어 주고 천천히 멀어져 간다. 수도승은 움직이지 않고 침묵을 지키며, 양식에 시선을 주지 않음. 양식뿐만 아니라 그것의 구걸까지도 취소시키는 모든 작용들을 주목해야 함. 이는 대단한 위선이든가 대단한 존엄성(나는 이 감정으로 기울어진다)이다.

이 모든 것에서 분명한 점은 구조들(고유한 의미에서 이데올로기들)과 연결된 두 리듬 집단이 있다는 것이다. 1) 양식을 제거하는 (육체를 벌주는) 금욕적 리듬 2) 양식이 결핍되게 하고, 그것을 투명하고 무의미하며 비감정적으로 만드는 중립적 리듬.


## 2) 음식물

여기서도 음식물은 또한 특히 금지를 중심으로 한 문제들의 심연임. 금지는——정신분석학은 말할 것도 없고——인류-민족학의 전투마(馬)임.


### a) 금지의 균열들: 금지된 것/용인된 것

보편적으로 알려진 금지된 것들: 고기 금지/생선으로 대체됨(사순절).

육류 금지/채소류로 대체됨(채식주의에서). 비늘이 있는 생선 금지/비늘이 없는 생선 용인됨. 그리고 유대교의 다른 금지들(새끼염소를 어미 젖으로 익히지 말 것. 이것이 오늘날 노르망디 지방의 에스칼로프 요리를 배제하게 함!) 카쉐 메뉴[11]의 모든 문제와 관련됨. 다만 덜 알려진 것으로 2개의 금지된 것을 환기시킬 것임. 왜냐하면 그것들은 금지된 것들의 미로(강박적인 철각 보루), 균열들의 미묘함을 잘 보여 주기 때문이다.

* 　1) 동방의 아나코레트들. 기본적으로 샐러드(상치, 라샤나(lachana)),[12] 녹색 야채(날 것), 소금, 빵(하루에 6온스짜리 2개의 크레이프. 1온스는＝로마
** 의 파운드 #[13] 340그램)으로 생활함. 반대로 금지된 것: 익힌 요리, 술, 기름(토요일의 애찬(愛餐) 제외), 깍지가 있는 콩과식물. 기름과 관련해 보자면, 파코미우스 장로는 잘게 빻아진 소금 위에 기름을 보고 이렇게 말함.
*** "주께서는 십자가에 못 박히셨는데, 나는 기름을 먹는구나!"[14](기름: 액체가 아니라 고도로 영양이 있는 밀도 있는 음식물임. cf. 수프를 마시는 게 아니라 먹는다고 말함. 게다가 기름은 아마 윤활 작용의 행복한 테마이며, 미끄러지지 않는 까끌까끌하고 건조한 음식과 반대됨). 깍지가 있는 야채(완두콩·잠두콩): 전분질 야채에 가까움. 아마 너무 영양이 풍부하기 때문일 것임. 그러나 도(道)에서는 곡식이 엄격히 금지됨. 하지만 호사·금욕·죄의 상징 체계와는 전혀 다른 상징 체계 때문임. 곡식은 죽음을 야기한다(도는——영혼이 아니라——육체를 불멸화시키고자 한다). 왜냐하면 그것은 생명력을 갉아먹은 벌레들(초월적 존재들)을 육체 속에 태어나게 하기 때문이다. 세 마리의 벌레가 있음: 1) 푸른 늙은이(이것은 눈멀고 귀먹게 하고, 대머리가 되게 하며, 이가 빠지게 만들고, 코가 막히게 한다). 2) 흰 처녀: 심

---

11) 유대 전통에 따른 정갈한 음식 메뉴.
12) Lachana(그리스어): 야채, 채소.
13) p.150 참조.
14) 드라게, 《사막의 교부들》, 앞의 책, p.61.
* 페스튀지에르, I, p.59. ** 드라게, p.XLV. *** 아망, p.43.

장을 두근거리게 하고, 천식과 우울증을 일으킴. 3) 피로 물든 시체: 복통, 류머티즘, 생기 잃은 피부, 무력증, 조기 치매를 일으킴. 투쟁은 곡식(쌀·조·밀·귀리·강낭콩)을 금지하는 것임. "다섯 가지 곡식은 생명을 끊는 가위이고, 오장을 썩게 만들며, 수명을 짧아지게 하느니라. 곡식 한 톨이 너의 입에 들어간다면, 영원한 생명은 기대하지 말라! 네가 죽기를 원하지 않는다면, 너의 내장이 비어 있도록 하라! 곡식은 해롭도다. 왜냐하면 땅의 본질로서 그것은 오로지 **음**이고, 반면에 하늘은 **양**이기 때문이니라."*

나는 도를 인용했다. 왜냐하면 그 속에서는 금지된 것이 어떤 죄(따라서 금욕을 통한 속죄)와 직접적으로 결합되어 있지 않고, 육체의 형이상학적인 해부학과 연결되어 있기 때문이다(게다가 우리의 육체가 역사적이라는 것은 연구해 볼 만함).

2) 또 다른 미묘한 균열은 불교 수도승들의 탁발임(cf. 앞서 언급한 부분). 그들은 (그들의 바리때 안에)——술을 제외하고——모든 것이 완전히 준비되어 증여된다면, 어떤 것이나 (야채·생선·고기) 받을 수 있다. 준비되지 않은 음식이 증여되면 그들은 고기도, 생선도, 계란도 받을 수 없다. 하인들은 고기와 생선을 살 수 있지만 계란은 안 된다. 왜냐하면 그것을 깸으로써 생명을 죽이기 때문이다. 이는 음식의 요구에 있어서와 마찬가지로 책임의 포기임. 물건을 거부하는 것이 아니라 그것에 대한 모든 행동을 삼가는 것임. cf. **무위**(無爲). 방정식은 무위하면서 살아가는 것이다(풀기 힘든 방정식임!).**

## b) 음식의 내포적 의미들(내포적 의미를 띠는 음식)

하나의 식단은 그것이 보여지거나 이야기되자마자 그것의 단순한 기능을 넘어서는 의미를 실어나른다. '햄+샐러드+감자'로 된 식단을 말하는

---

* 마스페로, 《도교》, p.367.  ** 바로, p.65.

것과 '거위간+송로를 넣은 메추라기+꿩+아스파라거스 등'으로 된 식단을 말하는 것은 동일한 것이 아니다. 사실을 지수로, 지수를 기호로 변모시키는 단순한 메커니즘이 아님. 다시 말해 비싼 것은 희귀한 것을 지수화시키고, 이 지수는 기호, 호사(혹은 축연)의 기호가 된다는 메커니즘이 아님. 왜냐하면 기호가 있자마자, 기호는 상호 작용하는 이미지들의 복잡한 체계, 다시 말해 전적으로 홀로 기능하는 체계 속에서 포착되기 때문이다.[15] 포토프 요리는 시골풍, 대중성(예전에 파리에서 마부들 식당에서 삶아서 호염과 함께 내놓은 쇠고기 찜임)을 지닌 것이었음. 그것이 속물 근성에 의해 호사의 과시로 뒤집어질 수 있다. 따라서 음식의 사회적 이미지들로 된 온전한 하나의 체계가 있음. 예컨대 피자의 파란 많은 역사를 들 수 있음. (나폴리의 서민이 먹는) 가장 저속한 음식이었음. → 파리에서 속물적인 이탈리아 취향이 됨. → 비용이 별로 안 드는, 밤 외출을 위한 비싸지 않은 수수한 음식의 기호가 다시 됨. 생 제르맹의 피자집[16]을 보라. 이러한 체계는 분명 각 시기마다 기술해 볼 필요가 있다. 브리야 사바랭의 저서에서 상이한 사회적 생활 수준들에 관련된 전형적 식단들이 나타나며, 식단들의 진정한 코드가 드러나지만, 모든 언어에서 그렇듯이 통시성이 존재한다(브리야 사바랭 #[17] 1825년).

〔첫번째 계열[18]〕

추정 소득: 5천 프랑(초라함).

---

15) 〔육성 강의에서 바르트는 이렇게 설명한다. "음식기호학은 기호학의 매우 가능성이 있는 분야이다. 음식들의 기호학을 한다는 것은 매우 가능성이 있다. 그러나 그것은 단순한 리스트들, 단순한 어휘들을 확립할 수 없는 복잡한 기호학이 될 것이다."〕
16) 〔육성 강의에서 바르트는 이렇게 설명한다. "이것은 피자의 변증법에서 종점이다."〕
17) p.150 참조.
18) 바르트가 강의에서 읽는 브리야 사바랭의 텍스트는 원고에는 나타나지 않는다.
 * 브리야 사바랭, p.109.

돼지 기름을 곁들여 그 국물로 익힌 송아지의 질긴 허벅지 고기.

리옹산 밤을 다져 넣은 시골 칠면조.

라드로 싸서 적당히 익힌 기름진 사육 비둘기.

달걀 흰자로 만든 눈 과자.

소시지로 덮고 스트라스부르의 훈제 라드로 싼 슈크루트 요리.

표현: "저런! 먹음직스러워 보이는군. 자, 먹어 보자구……."


두번째 계열

추정 소득: 1만 5천 프랑(웬만함).


장미빛 염통을 곁들여 그 국물로 익힌 소 안심.

오이를 곁들인 다진 소스에 노루 한 조각.

양념하지 않은 가자미.

송로를 넣은 칠면조.

갓 나온 그린피스.

표현: "아! 여보게, 그야말로 마음에 들게 나오는구만! 진짜 결혼 축하연 같아!"


세번째 계열

추정 소득: 3만 프랑 이상(부유함).


페리고르산 송로를 둥그렇게 다져 넣은 7파운드짜리 가금 한 마리.

보루 형태로 나온 엄청난 스트라스부르산 거위간 파이.

노르스름하게 잘 익혀 장식을 한 커다란 라인 강산 잉어.

바질릭(꿀풀과) 향료를 넣은 버터 바른 토스트 위에 소뼈를 곁들인 송로 메추라기.

예술적 조리의 법칙에 따라, 속을 다져 넣어 가재 크림을 덮은 강에서 잡은 곤들매기.

기막히게 구운 토스트 위에 뾰족한 모양으로 속을 다져 넣어 적당히 익힌 꿩.

오스마좀[19] 소스를 곁들여 대여섯 줄로 길게 놓은 갓 나온 풍요로운 아스파라거스.

비서와 요리사의 수첩에 적혀진 대로, 프로방스식으로 요리된 멧새 열두 마리 두 세트.

표현: "아! 선생님 혹은 나리, 요리사가 훌륭한 사람이군요! 이런 요리들은 여기서밖에 맛볼 수가 없습니다!"


위와 같은 요리들은 역사라는 주식 시장에 상장된 것들이다. 브리야에게 '달걀 흰자로 만든 눈과자'는 '초라함의 기호'임. → 오늘날에는 괜찮은 레스토랑들에서 나옴. 음식의 내포적 의미들의 체계＝(형이상학적 · 종교적) '대자연'에서 사회적 외양으로 상상적으로 이동한 음식('사회'는 우리의 '자연'이 되었다)의 커다란 상징 영역이 지닌 세속적 흔적임.

2) 음식의 기호학? 내포적 의미의 코드들＝그런 기호학의 첫번째 영역임. 그러나 이것이 전부는 아니다. 또 다른 기호학적 문제는 음식 용어의 프로필('잠재적 소비층')임. 일반적으로 볼 때 나는 단어와 지시 대상의 관계가 결정적으로, 보편적 도식으로 환원되는 것은 아니라고 생각한다. 독자나 청자 주체는 낱말들의 지시 대상들에 따라 낱말들과 차별적 관계를 지닌다. 이것이 니체가 원했던 그 적극적 문헌학의 연구 방향일 것이다. 힘들 · 차이들 · 강렬도들의 문헌학 말이다. 독서는 낱말이 정서 · 욕망 ·

---

19) '생고기(또는 익힌 고기)에 자연스럽게 곁들이는 (그 맛으로) 귀한 재료이다.'(《브리야 사브랭의 저서 읽기》, OCIII, 288)

혐오 등에 의해 차별화되는 한, 낱말(단수)과의 관계를 고려할 때에만 그 나름의 이론을 찾아낼 수 있다(있을 것이다). 어떤 낱말들에는 지시 대상의 이미지나 관념이 플래시처럼 빛을 발한다. 나는 '오믈렛'이란 단어를 읽으면 반드시 식욕 혹은 구역질의 순간적 움직임을 나타낸다. → 모든 이야기나 증언에서 식단들을 읽는 것은 내포적 의미와 정서(감응)라는 2개의 기호학적 축의 교차점에 위치하는 것이다.

3) 기호학적 읽기로 채택된 읽을 식단의 몇몇 사례. (물론 어떠한 해석도 정서적 읽기를 책임질 수 없다. 방법은 '먹고 싶다' / '먹기 싫다' 의 차원임.) → 내가 상징적 해석을 이를테면 연습하는 것임을 단순하게 환기시킴.

*   — 실론의 불교 수도원들. 아침 식사: 차 또는 설탕 커피 · 빵 · 크레이프 · 버터 · 잼 · 꿀. 점심 식사: 카리가 곁들여진 쌀밥, 야채, 차가운 혹은 엉긴 우유, 과일. 저녁 식사: 차 혹은 우유를 넣지 않은 설탕 커피, 혹은 과일주스. → 간소함과 채식주의. 그러나 서구식이며 안락함. 금욕적인 것이 아무것도 없음.

**   — #[20] 1970년 프랑스에서 공동체 생활자들. 정오: 버섯 오믈렛, 샐러드, 염소 치즈. 저녁: 마늘을 곁들인 감자 혹은 영양이 고루 갖추어진 쌀밥, 석쇠에 구운 밤. → 시골풍, 프랑스적 특성, 준(準)채식주의, 장수 식이요법의 숭배.

***   — 멜라니의 식사. 감금되어 믿을 수 없을 정도로 지저분함 속에서 살고 있음. 그러나 역설은 정성이 담기고, 최고로 부르주아적인 비싼 음식이 제공된다는 것임(그런데 어머니는 인색하다). 아침 식사: 단순하게 콩파니 콜로니알(Compagnie coloniale)[21] 제품 초콜릿 음료 한 잔으로 때움. 점심 식사: 튀긴 솔(물고기), 감자가 둘러 쳐진 갈비. 때로는 (푸아티에의) 호텔 드

---

20) p.150 참조.
21) 〔육성 강의에서 바르트는 '하나의 상표' 라고 밝힌다.〕
 * 바로, p.67. ** 드루아 갈리앵, p.20. ***《푸아티에의 감금된 여인》, p.95,99.

프랑스로부터 배달시킴: 백포도주로 요리한 버섯 닭, 루 소스를 곁들인 닭, 굴, 거위간 파이+최고급 포도주(보르도, 한 병에 2,3백 프랑). 저녁 식사: 브리오슈(둥글게 부푼 모양에 둥근 작은 꼭지가 달린 빵) 혹은 '제수이트' (?[22])라 불리는 케이크로 만족함. → 프랑스적 특성, 부르주아 계급, 변덕.

* — 조스랑 씨 집에서 식사: '외양' '진짜처럼 속임' '눈속임(poudre aux yeux)' (이것은 라비슈의 극작품 제목임[23])의 문제에 사로잡혀 있으면서 쪼들리는 부르주아 가정의 전형임. 삼촌 나르시스의 환심을 사 그가 5만 프랑을 지참금으로 딸 하나에게 주도록 하기 위함. 식단은 검은 버터를 곁들여 식초를 너무 많이 친 의심스러운 가오리+파이 같은 지방질의 투르트(파이 껍질 속에 고기·생선을 넣은 볼로방, 고기를 넣은 파이 과자)+물에 담근 녹색 강낭콩에다 송아지 스튜 한 조각+바닐라−까치밥나무 크림으로 짜여짐. 주목해야 할 점은 서사적 방법에 따라 졸라 자신이 기의들(signifiés)을 제공하거나, 아니면 최소한 그가 기표를 다음과 같이 쪼갠다는 것이다. 한편으로 명칭에 그친다면 외관상 객관적인 수준(생선·앙트레·구운 고기·크림=괜찮은 수준)임. 그러나 다른 한편으로 각각의 요리에 파산 상태를 나타내는 특징을 부여함(지방질, 너무 많이 친 식초, 물에 담근 강낭콩). 이는 서사적 테마이다. 부르주아 계급은 상이한 현실(간통, 쪼들림)을 토대로 한 외관의 모습으로 규정됨. 따라서 음식은 사회적 거짓을 실어나른다.[24]

---

22) 〔육성 강의에서 바르트는 이렇게 설명한다. "나는 그것이 아몬드 과자라 생각되지만, 이건 순전히 직관적이다."〕

23) 외젠 라비슈 및 에두아르 마르탱, 《눈속임》(1861). 소부르주아인 말랭자르 씨 부부와 라티누아 씨 부부는 그들의 아이들을 결혼시키기 위해 서로간에 재산이 있음을 가장한다.

24) 육성 강의에서 바르트는 외국에서 젊은 교수로서 활동했던 추억을 환기시킨다. 즉 동료 교수들끼리 마련한 식사들에 조스랑 씨 부부에서와 같은 동일한 음식 코드, 동일한 생활 수준이 발견되었다는 것이다.

*《포부이》, I, #[21] 50.

— 고독한 사람의 식단(독신자의 주제임). 자기가 사는 구역의 변변찮은 식당들에서 하는 식사의 음울한 묘사가 있음: 위스망스의 《흘러가는 대

* 로》(졸라 작품과 동일한 서사적 방법). 여기서 모든 음식은——수도원에서 신비적으로 갱생하라고 은연중에 부름과 더불어——도시 독신자의 실추, 상속받은 유산이 없는 상태를 함축한다. 반대로 간소하면서도 행복한 음식인 고독한 철학자의 음식이 있음. 말년에 보르뷔르흐의 한 방에 은거한 스피노자의 경우가 그러함. 어떤 날은 버터로 조리된 우유 수프와 맥주 한 잔으로 하루를 때움. 또 어떤 날은 포도 및 버터와 함께 준비된 귀리 요리로 때움——한 달에 포도주 1리터. → 절제, 간소, 자연성(cf. 실론의 수도승들).

여기서 중요한 것은 내포적 의미들이라는 점은 말할 필요가 없다. 어떤 사회적 조건에 결부된 (따라서 어떤 사회학이 다루어야 할) 객관적 특성들이 아니라, 기호들(기호학) 말이다. 이미지들, 거울들의 유희가 있음. 하나의 이야기, 하나의 텍스트(성인전·잡지·소설·전기)에서 취한 음식, 우리가 읽는 그대로의 음식 속의 유희임. 그러나 서로를 읽는 것 말고 다른 것을 해보자. 우리 자신이 먹고 있는 모습을 읽는 것 말이다. 사적인 비밀로서 음식의 테마가 있음(63-64년도 고등실천연구원에서 세미나의 경우[25]). 이미지가 없는 어떤 현실이 있을까? 이미지는 즉각적이고 동시에 존재한다. 욕구는 욕망, 지수는 기호, 기능은 상징계 위로 무너져 내린다.

---

25) 〔《현대적 의미 체계들의 목록》. 바르트는 육성 강의에서 이 세미나를 환기시킨다. 바르트는 식단들의 자료체를 모으려고 하다가 학생들에게서 '예컨대 가족끼리, 사석에서 식사한 것에 대해 증언하는 데 대한 커다란 저항'이 있음을 알아차린다. (…) 또 "공개된 장소에서 식사한 것에 대해 이야기하는 것은 거의 성적 터부에 가까웠다."〕

* 〈스피노자의 삶〉, 장 콜레뤼스, 플레이아드, p.1319.

## 3) 실천

실천의 문제=함께 먹기의 문제임. 다시 말해 엄격한 의미에서 함께 기분을 내는 능력(convivialité)의 문제임. 나는 이 항목을 참고 삼아 제시한다. 왜냐하면 엄청난 민족학적 안건이기 때문이다. 함께 먹기를 위한 단체들이든 모임들이든 연회들의 모든 의식(儀式)과 관련됨. 나는 다만 이 안건에 대한 몇몇 공격 지점을 지적한다.

— 홀로 먹기에 대한 공포는 일반적인 것 같다. 홀로 먹기는 불행의 느낌을 주며, 본질적 차원에서 고독을 나타내는 것 같음. 따라서 그것은 철학적 혹은 신비주의적 전환의 특별한 대상(은둔자들, 스피노자의 경우)이며, 또한 때때로 책을 읽으면서 홀로 먹는 자기 도취적 즐김이 있기는 함(뤼테티아[26]에서 지드).

— 성찬의 의식(儀式): 상징적인 음식을 함께 섭취하는 것으로 그것을 나눈다는 것 자체가 상징적임. 누구도 자신의 적과 함께 먹지 않음. 성찬식은 포함 · 통합 · 모방의 의식(儀式)임(cf. 잔치의 담론: 통합적인 파롤 행위임).

— 황홀한 성찬식: 육체들을 함께하는 행위와 음식(음료)의 효과를 통해서 주체를 개인적 껍데기를 벗어던지게 하는 의식임. 극단적 형태는 통음난무임. 그러나 우리의 문명에서 이와 같은 황홀의 촉발을 밋밋하게 대체하는 것들은 연회 · 가족 식사임. 술과 음식+과도한 지속 시간 → 시간을 통해 이를테면 자신을 마비시키는 것임. 통음난무의 속성은 스스로를 절제하지 않는 것이기 때문임. cf. 발칸인들이 즐기는 한낮의 절대적 안식.[27]

---

26) 파리 6구 라스파이유 대로변에 위치한 호텔 식당임. 〈환상으로서의 작가〉라는 단편적 글(《롤랑 바르트에 의한 롤랑 바르트》)에서 바르트는 이 식당에서 지드가 '배를 먹으면서 책을 읽는' 모습을 보았다고 기록하고 있다(OCIII, 154).

― 만남으로서의 잔치 분위기. 함께하는 식사는 일들이 벌어지는 은밀-
* 에로틱한 무대이다. 예컨대《마의 산》에서 잘 묘사됨. '함축된 내적 긴장
과 호기심거리들 때문에 그가 매우 귀중하게 평가하는 그 식사들' +식탁
에서 위치의 변화가 있음. 자리의 선택은 에로틱함(cf.《향연》). 잔치 분위
기는 두 가지 효과를 낳는다. 1) 즐거움의 다원적 결정. 브리야 사바랭은
이 결정이 처음에만 지속된다고 말한다.[28] 2) 에로스는―― '공식적'인 식
도락의 즐거움에 비해――간접적 입장, 다시 말해 퇴폐(부차적 즐김)의 입
장에 있다.

― 공동 수도 생활의 실천에서 공동 식사가 있음(성 베네딕투스 수도회
부터). 음식을 부족하게 만들 뿐 아니라(앞서 언급한 내용 참조), 경전의 텍
스트를 단조롭게 읽게 함으로써 잔치 분위기의 즐거움이 없게 만든다.

**결론** 혹은 최소한의 마지막 주목 사항.

― 음식: 삶과 (생물학적인) 생명적인 것에 연결되어 있음. 의미·가치
를 부여받은 삶의 모든 은유들은 환유적 전환을 통해서 음식에 대해 그
것들의 일정 부분을 할애한다. 삶의 변화들과 음식의 변화들 사이에 상
징적 교환이 있다. 다시 태어난다는 것＝다른 음식을 먹는 것임. 인간의
세 번의 태어남은 태아의 영양분 삽입 성장(성장을 위한 물질의 흡수)/갓
난애에게 모유/젖떼기와 연결됨.

―《마의 산》에서 요양원의 환자들을 보면, 그들은 자신들의 생명을 구
하기 위해, 질병에서 벗어나 다시 태어나기 위해 그곳에 있다. 요양원은
그들을 새로운 인간들로 만들기 위해 그들에게 엄청나게 흡수성이 강한
음식을 제공하고, 음식을 배불리 먹게 만든다. 그러나 반대로(당연한 것

---

27) 바르트는 1947년 루마니아에 체류했던 점을 상기시킨다.

28) 따라서 식탁의 즐거움에 대해서 브리야 사브랭은 이렇게 말한다. "식탁은 처음에
지겹지 않은 유일한 장소이다."(〈브리야 사브랭 읽기〉, **OCIII**, 290).

  *《마의 산》, p.152.

이지만, 모든 것은 어디에서 출발하느냐에 달려 있다), 수척해지는 요법들[29]은 흔히 자신의 욕망 및 나아가 세계의 지배자로서 '자신의 삶을 바꾸고,' 다른 삶으로 태어나고, 회춘하고픈 갈망과 연결되어 있음.

　— 하나의 음식에서 다른 하나로 이동의 문제. 예컨대 결혼하는 남자의 문제임. 결혼하는 것은 어머니의 음식에서 아내의 음식으로 이동하는 것이기 때문임(아내의 음식이 잘 받아들여지면, 그것은 제2의 어머니의 음식이 된다. 그래서 소부르주아들은 그들의 아내를 '엄마'라고 부른다). 이런 이동은 동시에 죽음과 재탄생에 관련된 하나의 작업을 온전히 구성할 수 있다.

---

29) 〔육성 강의에서 바르트는 "수척해지는 요법은 종교적 행위이다"라고 설명한다.〕

## ■ 1977년 4월 20일 강의

《푸아티에의 감금된 여인》. 멜라니의 식사: 초콜릿+ '제수이트' 라 불리는 케이크였음. 누군가 세부 설명을 가져왔으나 결과는 다소 이해할 수 없음. 이는 '제수이트(예수회 수도사)' 가 본다면 놀라울 게 아무것도 없음. 이 케이크는

— 일종의 편도 크림을 채운 케이크(사실 증명: 나에게 그것을 주고자 한 사람이 있었다).

— 외관상 초콜릿을 덧씌운 케이크이지만 속은 겹겹이 쌓은 머랭그와 초콜릿으로 구성됨. 케이크는 제수이트(예수회 수도사)처럼 그것의 게임을 잘 감추고 있다는 말이 있는데, 그럴듯함. 초콜릿의 거무튀튀한 색＝제수이트의 검은 옷이라 생각할 수 있음(스탕달의《적과 흑》참조).

## 근접

예를 들어 설명해 보자. 저녁에 나는 잠자리에 들고, 불을 끄며, 자기 위해 이불 속에 파묻힌다. 그러나 나는 코를 풀고 싶다. 어둠 속에서 나는 팔을 뻗어, 정확히 머리맡 탁자의 첫번째 서랍에 닿는다. 그리고 이 서랍 속 오른쪽에 있는 손수건에 역시 정확히 닿는다. 나는 역시 확실하게 다시 놓고 닫는다.

이것은 근접(proxémie)의 개념을 제시하게 해주는 전형적 에피소드이다.

# 개념

에드워드 트위첼 할(1966년,《숨겨진 차원》, 1971년 번역됨)이 제안한 신조어인 근접학에 근거함. **근접학**(proxemics)= '인간이 특수한 문화적 산물로서의 공간을 사용하는 그 용법에 관한 관찰들과 이론들의 총체'임.
* 따라서 그것은 거리의 변증법을 적용함. 나의 경우는 다만 이 낱말을 주체를 직접적으로 둘러싸는 매우 제한된 공간에 적용하면서 사용할 것이다. 이 공간은 몸을 움직이지 않은 채(거의 더듬어서. cf. 처음에 제시한 예) 팔로 닿을 수 있는 물건들 및 친숙한 시선의 공간임. 수면·휴식의 공간이고, 자신의 집에서 앉아 하는 일의 공간임. '즉각적인 몸짓'(몰레스[1])의 영역으로, 육신을 움직이지 않고 몸짓으로 도달할 수 있는 1평방
** 미터임. 따라서 미시 공간임. 몰레스가 제시한 예들을 보면, 자신의 조그만 침대 속에 있는 어린아이, 사무용 책상에 앉아 있는 기업인, 자신의 책상에 앉아 있는 지식인, (TV·담뱃대·안경·신문이 가까이 있으면서) 소파에 앉아 있는 퇴직자가 있음.

근접(proxémie): 주체가 정서적으로 거주하는 주체적 공간들의 유형학에 속한다. 그것은 다음과 같은 공간들을 대체함: >[2] 1) 영토(영지) → 2) 본거지(방, 로빈슨의 오두막,《신비한 섬》에서 식민자들의 화강암 속에 있는 거처). (숑바르에 따르면, 가족= '동일한 열쇠를 방패 삼아 살고 있는 사람들
*** 전체'[3]임.) 3) 근접적 장소: 둥지, 잠자리. 다시 말하면 어떤 의미에서 a)

---

1) J. 에캉비 슈미츠,《주거 환경의 지각》, 파리, 대학사, 1972에서 재인용. 아브라암 앙드레 몰레스 및 엘리자베트 로메르,《공간의 심리학》, 파리, 카스테르만, 1972 참조.
2) 〔육성 강의에서 바르트는 기호 '>'를 '인간이 거주하는 공간들의 하향적 리스트'라고 설명한다.〕
* 《사회과학사전》. ** 《주거 환경의 지각》, p.16. *** 에캉비, p.10.

시선(혹은 냄새나 소리)이 미치는 곳.[4] b) 사람들이 무언가를 가져다가 은닉하는 곳.[5] c) 손이 미치고 닿는 곳.[6]

위치상으로 근접(근접 공간)을 만들어 내는 주체로서 2개의 물건이 있다. 램프와 침대임. 이것들은=주체가 자신과 동일시하는 경향이 있는 중심-대상들(objets-centres)임.


## 램프

램프는 여기서 근접을 구체화시키는 중심-대상의 유형으로 제시됨.

— 그러나 이 대상들은 역사에 따라 다르다. 수천 년 동안 그것들은 열기의 원천인 아궁이, 불이었음. 가시적 원천(불의 상징 영역)이었음. 난로는 나무 불(냄새, 부드럽고 생기 있는 빛+자잘한 삽화들이 있는 광경 같은 불의 흔들림)보다 덜 근접적임. 오늘날은 텔레비전이 불이 있는 곳을 대신하는 경향이 있음. 두 지배적 대상들(불이 있는 곳과 텔레비전) 사이에 칩거적 미시 공간을 창조하는 대상이 램프임.

— 근접적 중심으로서의 램프는 하나의 문명 양식으로 포착됨. 1) 전구(ampoule): 농가의 공동 방. 2) 천장등(샹들리에): 소부르주아의 식당. 3) 램프(흔히 천장의 중심적 불을 끄는 것과 함께 작동됨). 따라서 조명에 관한 하나의 온전한 역사, 즉 통시적 양태가 있음. 이것은 아직도 기차 여행을 따라 구체화될 수 있으며, 그 속에서 우리는 상이한 문명들의 내부들과

---

3) A. 몰레스가 J. 에캉비 슈미츠의 책에 쓴 서문에서 재인용. 폴 앙리 숑바르 드 로위, 《인간들과 도시들》, 파리, 페이요, 1965, p.104 참고. 정확한 표현은 '같은 열쇠 아래 살고 있는 사람들 전체'이다.

4) [육성 강의에서 바르트는 '영토'라고 세부적으로 설명한다.]

5) [육성 강의에서 바르트는 '본거지'라고 세부적으로 설명한다.]

6) [육성 강의에서 바르트는 '둥지'라고 세부적으로 설명한다.]

상태들에 잠길 수 있다.

— 주목할 것은 근접이 문명들의 상태에 따라 다르다는 점임. 1) 천장에 매달은 전구: 근접이 전혀 없음. '내부'의 내부성이 없음. 2) 천장등(샹들리에): 근접의 시작. 가족적 근접: 식탁 주변에서 이루어짐(식탁에 아무것도 없으면, 그것은 신문 읽기, 초등학생의 숙제, 게임과 같은 근접적 기능을 지속적으로 수행한다.) 3) 램프: 강력한 근접을 만들어 냄. 글쓰는 책상, 소파를 분리시키고, 조명을 받는 존재와 어두운 무(無)를 창조함. → 역설적이지만 논리적 전복을 통해 완전한 어둠은 습관적 몸짓을 적나라하게 드러낸다. 그것은 근접의 본질 자체를 창조할 수 있다(cf. 처음의 예). 나 자신의 본질은 내가 즐기기 위해 볼 필요조차 없는 바로 그것이다.

— 근접의 시련들이 있다.[7] 호텔에 들어갔을 때, 좋지 않은 머리맡 램프가 있고, 작업 램프가 없고, 친근하지 않은 어둠이 있는 경우임. 반면에 근접이 인위적이고 정교하게 재구성된 경우가 있는데, 침대차의 간이침대가 그런 예임. 개별적 램프, 비우게 되어 있는 그물 주머니, 시계걸이 못이 갖추어져 있음.


# 침대

환자의 침대: 가장 강력하고, 가장 많이 체험되며, 흔히 가장 잘 조직화된 근접임(말년의 마티스와 그가 데생하였던 긴 탁자 침대).

*　　전형적인 예: 레오니 숙모의 침대.

---

7) 〔육성 강의에서 바르트는 이렇게 설명한다. "나는 나 자신을 상당히 근접적이고 근접의 감미로움을 맛보는 존재로 알고 있다."〕
　* 프루스트, I, p.52, 49.

```
                                    → 노란 서랍장

         거리 ← 침대

                                    → 약 탁자 및 주제단(主祭壇)
```

레오니 숙모는 근접의 모든 단계들을 편력했다. 그녀는 '콩브레를 떠나고 싶지 않았고'(영토), 그리고 자신의 집(본거지), 그리고 자신의 침대(둥지, 침실)를 떠나고 싶지 않았기 때문임.

침대는 근접의 본질 자체로서 이를테면 육체에 속한다. 다섯번째 사지로서 육체의 보철 기구임. 움직이지 않는 육체의 사지, 기관임.

 *   1. 아토스 산의 수도사들(동방 정교회의 수도원들이 성립되기 이전)은 절대적으로 아무것도 소유하지 않았고, 집도 물건도 없었으며, 등에 유일한 소유물인 돗자리를 지고 다니면서 도보로 이동했다. 그들은 이 돗자리 위에서 밤에 휴식을 취했다.[8]

    2. 스피노자는 자신의 침대에 대해 이상한 집착을 나타냈음. 아버지가 죽을 때 자식들 사이에 유품들을 나누는 문제가 있었음. "그러나 배분이 문제되었을 때, 스피노자는 모든 것을 자신의 '형제들과 누이들'에게 넘겨 주고, 다만 매우 훌륭한 하나의 침대와 이것에 딸린 가장자리 시트만을 간직해 사용했다." 스피노자는 근접의 철학자인가?

침대=주체의 환상적인 확장의 중심임. 그 방법은 1) 독서를 통해서. 2) 가능하다면 창문을 통해서. 침대: 안락한 초소임. 레오니는 침대에서 거리를 내려다보고, 사람들이 잡화점에 들어가는 것을 본다. 3) 환상적인 구상을 통해서. 레오니는 기분 전환을 하기 위해 그녀가 정열적으로 추적하는 상상의 돌발적 사건들을 창안해 낸다(예컨대 프랑수아가 자신의 무언가

---

8) 장 르루아, 앞의 책 참고.
  * 《아토스 산의 1천 년》, p.108.  ** 〈스피노자의 삶〉, 장 콜레뤼스, 플레이아드.

* 를 훔쳐 가는 것)= '침대에서 연출' [9]임.

(이로부터 아마 다음과 같은 어떤 유형학이 가능할 것임. 한편으로 자신들의 침대[10]와 좋은 관계——다기능적일 풍요로운 관계——를 유지하는 주체들이 있으며, 다른 한편으로 아무런 관계도 갖지 않는 주체들이 있음. 후자의 경우 침대는 비인격적이며, 순전히 기능적이고, 아무래도 좋은 대상임. **Cf.** 일을 하기 위해 근접을 구성해야 할 필요성이 있는 주체들≠아무 데서나 일을 할 수 있는 주체들.[11])

# 장방형

## 장방형의 문명

주거 형태에 대한 인식을 보면, 대부분의 경우 90도와 180도로 이루어짐. 집·건물·문·창문·지붕·승강기, 모든 것이 장방형임≠'자연.' 자연에는 (바위의 일부 면들을 제외하면) 장방형 물체가 없기 때문임. →
** 오늘날에 도시, 주거 형태, 인류, 그리고 오염이 결합되어 있기 때문에, 장방형을 통한 오염이 있다. 이 오염의 주체들: 건축가들임. 이른바 '조절적 설계도들'의 중요성이 있었음(압제가 있었음): "모든 건축가들이 이것(장

---

9) pp.159-160 참고. 인용은 프루스트 작품에서 온 것이다.
10) 〔육성 강의에서 바르트는 침대가 '게으름의 상징'이 아니라고 부연 설명한다.〕
11) 강의에서 바르트는 근접과의 관계에 따른 작가들의 유형을 확립할 수 있음을 암시한다. 카드 84: "정리 정돈. (…) 분류학적 문제들. 레비 스트로스. '너는 어떻게 분류하는지 말해 보라……' 근접: 주체가 자신과 다시 만나는 **무질서의 소유**. 개인 언어적 질서."
* 프루스트, I, p.117. ** 에캉비, p.55.

방형)에 의존해야 한다"(르 코르뷔지에). 물론 그것은 '이성'과 일치함('그리스적' '기하학적' 이데올로기에서 비롯됨). 여기서 장방형 오두막은 순환적이고 방사상의 텐트와 대립됨(cf. '방'). 그것은 아마——그럴 가능성이 있지만——조상 전래의 장엄하고 종교적인 기능의 환기. 그리스어 **렉스**(**Rex**)＝설계도를 작성하는 사람임(직선 긋는 도구 **레귤러**(Regula), **오레고**[12] cf. 뒷부분 참조). → 장방형: 권력의 단순한 형태 같음.

# 틀

다음의 두 가지 사실——혹은 두 가지 사실-문제——두 탐구 주제는 장방형의 전적으로 인위적인 성격을 분명히 확인하게 해준다. 인위적이란 말은 역사적 · 문화적 · 이데올로기적이며, 심지어 신경증적일 수 있다는 의미임. 이 두 주제는 모두 장방형과 이미지 · 이미지화 · 이미지 집합(어떤 사실들이나 인물들에 대한)의 관계와 연결되어 있다.

1) 장방형＝회화적 틀 작업의 원형적 형태임. 이미지는 틀에 넣어진다. 틀(cadre)[13]＝정사각형임. 그러나 정사각형은 결국 장방형의 (흔히 비의적인) 순수 사유 형태에 불과하다. (이브 알랭 부아[14] 및 메예르 샤피로의 논문을 참고할 것: 〈도상 기호에서 시야와 전달 매체〉, 《비평》, 1973년 8월).

틀: 나중에 창안된 것임. 선사 시대의 예술을 보면, 구석기 시대 암벽화는 준비되지 않은 바탕, 즉 동굴의 벽에 직접 그려짐. 이미지의 균질한 울

---

12) Orégô(그리스어): 내밀다. 펼치다.
13) 〔바르트는 육성 강의에서 cadre란 낱말의 어원이 quadratio, 즉 정사각형임을 환기한다.〕
14) pp.189-190 참조.
* 라이크워트, p.12.

타리(도시의 성벽과 같음)는 대략 기원전 2천년 경에 나타남. 이미 다루어
지고 있는 안건임. 이탈리아식 무대, 영화 화면을 연구해 볼 만함. 이런
측면은 정신 구조를 부른다.

2) 메예르 샤피로는 이렇게 쓰고 있다. "(…) 그러한 시야(장방형)는 자
연 속에서 아무것에도 부합하지 않으며, 혹은 시각적 기억의 환영들이 어
렴풋한 모습으로 무한히 나타나는 **정신적 이미지 집합**(imagerie mentale)
속에서 아무것에도 부합하지 않는다."[15] 이런 판단이 전적으로 정확한 것
은 아니다. '정신적 이미지 집합'에는 장방형으로 배치된 이미지에의 의
존이 나타난다. 정확히 말하면 상상적 활동, 즉 주체가 집착하는 유착적
이미지들 속에 그를 끌어들이는, 그런 활동의 어떤 에피소드들 속에 그같
은 의존이 나타남. 틀=이미지의 최상급, 즉 이미지를 완성시키는 것과 같
음. 상상적인 이상(異常) 현상은 틀, 장방형의 재단, 윤곽선을 절대적으로
요구하는 것 같다. Cf. 사랑의 황홀, 벼락을 맞은 듯한 사랑, 갑작스러운
반함=어떤 이미지에 의한 유괴임. 그런데 이 이미지는 일반적으로 틀에
배치되어 있다.[16] 사랑받는(사랑하는) 대상은 갑작스럽게 나타난다. a) 뚜
렷한 실루엣——혹은 그의 육체에서 물신화할 수 있는 어떤 세부적 부분
으로 나타남. b) 하나의 틀 속에 나타남. c) 상황으로, 무언가를 하고 있
는 모습으로 나타남.[17] 예를 들면 문이라는 틀 속에 들어온 샤를로트와
버터 바른 **빵** 조각.[18] 늑대 인간의 하녀 그루샤.[19] 저부조에서 한쪽 발을
들고서 걷고 있는 그라디바.[20]

---

15) 완전한 제목은 〈시각 예술기호학의 몇몇 문제들에 대하여: 도상 기호들에서 시야
와 전달 매체〉(p.843)임.

16) 바르트는 강의에서 《사랑의 단상》의 표지를 상기시킨다. 이 표지는 《토비아스와
천사》라는 그림(베로키오의 아틀리에)의 세부 묘사를 나타내고 있다(파리, 쇠이유, '텔켈'
총서, 1977).

17) 〔육성 강의에서 바르트는 이렇게 설명한다. "아무것도 하지 않는 사람과 사랑에
빠진다는 것은 어려운 일이다." 바르트는 콩트의 인물들만이 어떤 초상화와 사랑에 빠질
수 있다고 덧붙인다.〕

# 전복?

장방형을 전복시킬 수 있는가? 이 또한 엄청난 안건임. 광경의 예술, 조형 예술(회화/조각), 건축이 관련되기 때문임. 원형의 물건(둥글둥글한 것)의 기능을 재검토해야 함. 둥그런 형태들이 장방형을 몰아내거나──장방형에 의해 내쫓긴다는 점에서 그것들에 대한 분석을 해야 함(여기저기서 이루어졌지만 규합해야 할 안건임).

1. 고대의 극장: 원형적 관현악단(그리스), 준(準)원형적 관현악단(로마)에 맞추어짐. 오늘날 무대를 의미하는 센(scène)은 우선적으로 배우들이 옷을 입기 위한 천막이었음. 그들은 센으로부터 나와 그 앞에 있는 **프로세니움**(proscenium)이라 불리는 곳으로 나와 역할을 연기했음. 따라서 극장은 장방형과 원형 극장의 투쟁을 증언하고 있음.

2. 만들기 힘든 것으로서의 원: 초자연의 비밀로서, 정복으로서 바퀴의 신화와 관련됨(아리스토파네스는 헤르마프로디토스가 둥그스름하다고 주장한다). 로빈슨 크루소는 그가 가구로서 원하는 모든 것을 만든다. 그는 정방형의 형태들(탁자·의자·붙박이장)을 손쉽게 만든다. 그러나 그는 외 * 바퀴 손수레나 큰 통을 만들 수 없다.

---

18) 괴테의 이름을 알린 첫 소설에서 베르테르는 샤를로트가 어린아이들에게 간식을 주고 있는 모습을 발견한다(제1편, 6월 16일자 편지).

19) 〈늑대 인간〉,《다섯 가지 정신분석》, 파리, **PUF**, 1936, 1976. 한 젊은이가 마룻바닥을 닦고 있는 하녀 그루샤를 갑자기 발견하고 그녀에 대한 욕망을 느낀다.

20) S. 프로이트,《W. 옌센의《그라디바》에서 착란과 꿈》, 프랑스이 번역, 폴 아렉스·로즈 마리 제이틀랭·장 벨맹 노엘, 파리, 갈리마르, '폴리오' 총서, 1991. 한 젊은 고고학자는 걷고 있는 모습으로 표현된 저부조상인 그라디바와 사랑에 빠진다. 〔육성 강의에서 바르트는 이렇게 설명한다. "그라디바는 전진하고, 걷는 중에 있는 여자를 의미한다."〕《사랑의 단상》에서 한 문형의 제목이 '그라디바' 이다(OCIII, 573).

* 《로빈슨 크루소》, p.78.

회화 예술에서 틀을 없게 하거나 부수려는 많은 시도들이 있었음. 이는 세잔 이후로 회화 공간과 보다 광범위하게는 동양 회화의 전체 역사이다. 보다 덜 알려진 사실은 만화의 역사에서 틀(장방형)의 교묘한 전복이 있었다는 점이다. 팽숑(《베카신》)은 매우 다양한 형태들(반드시 장방형은 아니다)로 이미지들을 둘러친다. 뿐만 아니라 만화가 프레드[21]는 하나의 틀에서 다른 하나의 틀로 가면서 인물들을 대화시키고, 서로 싸우게 만든다. (은유적으로 흥미있는 것은 어떤 형태나 원형(archétype)의 전복이 반드시 반대되는 것에 의해 이루어지는 것이 아니라, 형태를 간직하면서도 겹침 · 취소 · 넘침의 유희를 창안함으로써 보다 교묘하게 이루어진다는 점이다.)

# 규칙

## 레굴라(regula)

벤베니스트는 다음과 같은 점을 잘 보여 주었다(《인도 유럽어권 제도들의 어휘집》, II, 도입부). 렉스(Rex): 지휘자가 아니라 인정된 공간들(도시, 영토)을 결정하는 자이며, 선을 획정하는 자임. 라틴어 레고(Rego) < 그리스어 오레고(orégô)＝직선으로 펼치다(≠페타누미(pétannumi), 폭으로 펼치다). 오레고는 점유된 지점으로부터 직선을 앞으로 긋는 것——직선의 방향으로 앞으로 향하는 것을 말하며 이것이 렉스가 하는 일임. 오레고와 관련해 말[馬]들(호메로스)을 통한 다음과 같은 메타포가 있음: 튀어오르면

---

21) 만화가 프레드는 풍자적 잡지 《하라 키리》의 창간에 참여했다.

서 몸을 쭉 뻗어 폄.[22] → 레지오(Regio): 직선으로 도달된 지점. 레굴라: 직선을 긋는 도구. 이 모든 어원적 과정은 나로 하여금 규칙[23]과 영토(영토는——내가 그렇게 했던 것처럼——'울타리'에 결부될 수 있지만 아마 '규칙에 보다 잘 결부될 수 있을 것이다)를 연결하게 해주는데, 이 점은 내가 생각하기에 해명적인 측면이 있음.

　예컨대 로빈슨을 보자. 그가 자신의 삶을 조직화하고, 얼마나 지속될지
＊ 모르지만 자신의 고독한 삶을 받아들일 때, 그는 동시에 집터를 구획하며
＊＊ 하나의 생활 규칙(타이밍)을 고정시킨다. 따라서 우리는 영토의 민족학적
＊＊＊ 개념을 다시 한번 상기해야 한다.


## 영토


　1) 영토는 우리가 보았듯이 침입에 대해 방어된 전유 공간이며(인간·울새·사슴),[24] 여기서 개인은 지배적임. 또한 그것은 반복적인 기능들과——인간적 표현을 쓰면——습관들에 연결된 장소임. 다음과 같은 여러 유형의 영토가 있음.
＊＊＊＊　— 번식·과시·짝짓기·집짓기·먹을 것 찾기: 꾀꼬리과, 울새.
　— 다만 번식 및 집짓기. 경쟁자들은 경계선에서 대립함(댕기물떼새).
　— 둥지와 둥지 주변의 몇 평방데시미터(거의 언제나 접촉 상태에 있는 쌍): 종달새.

---

22) 《일리아드》에서 말들의 보폭을 묘사하기 위해 orégô라는 동사가 여러 번에 걸쳐 사용되고 있음이 발견된다. 특히 스물두번째 노래(1-34행) 참조.
23) 〔육성 강의에서 바르트는 '수도원적 의미에서'라고 밝힌다.〕
24) pp.137-138 참조.
＊《로빈슨 크루소》, p.50. ＊＊ 72. ＊＊＊ 73. ＊＊＊＊《세계대백과사전》.

— 연중 내내 영토성(울새)≠일시적 영토성(번식 시기). **Cf.** 중첩된 **타이밍**에 관해 뒤에 나오는 부분.

*    2) 공간/기능의 관계(습관) → 인간적 (인류학적) 차원에서＝영역의 개념임.《로빈슨 크루소》에서 로빈슨은 하나의 영역을 마련한다. 기능들에 따라 다음과 같이 구성됨: 성채－거처＋2개의 밀(식량) 창고＋시골집＋가축을 위한 목책＋카누 장소. (**Cf**: 디포 자신이 아름답게 치장한 집이 스토크 뉴잉턴에 있음. 마구간·부속 건물들·과수원, 그리고 디포 자신이 설계한 커다

**   란 정원으로 구성됨.)《마의 산》에도 두 장소로 된 영역이 있음: 평평한 낮은 곳(비환자들)/높은 곳의 환자들(규칙에 예속됨).《포부이》에서 서로 교차하는 두 공간이 분할되어 있음: **a**) 주인들/하인들(식당들의 안쪽 마당에서 생활, 마당－하수구임), 마당은 하녀들의 배출구이며, 처음부터 토끼 내

***  장을 버림.[25] **b**) 주인들: 생활 수준(돈－체면)에 의해 건물을 따라서 위층에 분할된 공간에 거주함. 이 모든 영역들은 특수한 생활 규칙들에 연결됨.

3) 영토(영토를 상기시켜야 함)의 일반적 기능: 안전에 연결되어 있을 뿐 아니라 거리상의 구속 요소에 연결되어 있음. 그것은 주체들의 영토들 사이에 공간적 간격을 부여할 뿐 아니라, 영토 내에서 한 주체가 다른 한 주체에 대해 갖는 일정한 조정 거리를 갖게 함. 위험이 있는 경우 영토 내적 간격은 줄어든다(물고기떼, 찌르레기들의 날기). 그러나 위험이 지나가

**** 면, 각각의 주체는 거리를 다시 유지한다. 개인들 사이의 관계를 통제하는 비판적 거리의 개념. → 이 비판적 거리를 실행(연출)하는 것이 규칙의 기능일 것이다.

사실, 환유적으로 말해 우리는 모든 규칙 체계를 하나의 영토로 간주할

---

25) 매우 흥분한 하녀는 대답했다. "주인님, 이거 역시 그 더러운 아델이 한 짓이에요. 그 애가 토끼 내장을 창문으로 던졌어요……."《포부이》, 파리, 포켓판, 1984, 제1장, p.18-19)
   * 《로빈슨 크루소》, p.152. ** 《마의 산》, #[26] p.263. *** 《포부이》, p.134.
   **** 《세계대백과사전》.

수 있다. 시간적(**타이밍**) 체계이든, 몸짓(행실)의 체계이든 말이다.


## 규칙과 습관

규칙＝습관의 체계임(적극적으로 강조하면 습관의 체계화임). 규칙의 습관적 기원: 중요함. 왜냐하면 그것은 원래 규칙과 법을 구분하게 해주고 심지어 대립시키게 해주기 때문이다.

*  1) 수도원 규칙의 주요 설립자들은 우선적으로 규칙에 단순한 판례집의 모양새를 부여했다. 성 바실레우스·성 아우구스티누스·성 베네딕투스·성 안토니우스는 (은둔자들을 위해) '규칙이 아니라 습관'[26]을 요구함.

2) 규칙: 제어의 기능이자 도구임. 금욕에 연결됨. 그러나 잊지 말 것은 **아스케시스**가 방법적 노력, 훈련(이 훈련은 금욕에 한정되지 않음)을 의미한다는 점임. 조절한다는 관념＝시간·욕망·공간·물건들을 이끈다는 관념임. 이와 같은 제어와의 연관 속에서 우리는 **오레고**의 개념과 다시 만난다. 규칙＝시간을 직선으로 늘이고 지역들(시간, 행동)을 구획화는 방식임——호메로스의 말들의 메타포조차도 고유 리듬의 역설적이고 독특한 규칙에 매우 적합하다. 튀어오르면서 몸을 쭉 뻗치는 것, 이것이 고유 리듬적 시간이다. 규칙적이만 가볍게 튀어오르고——다시 튀어오르는 시간 말이다.[27]

3) 규칙-습관은 계약의 개념을 통해 규칙-법(억압적 체계의 첨가를 통

** 해)으로 방향을 잡게 된다. 성 베네딕투스[28](6세기)의 규정: 신참자는 1년

---

26) '수도원 제도' 항목, p.208.
27) p.238 참조.
28) '수도원 제도' 항목.
 *《세계대백과사전》. **《세계대백과사전》.

동안의 수련기를 거친 후, 서원을 함=공동체와 서원 수도사 사이의 쌍방적 계약임. 규칙(위반과 처벌의 개념)에 복종하는 대가로 안정성(당시에 귀중했음. cf. 오늘날 직업의 안정성)이 보장됨. 이미 파코미우스의 후계자<br>* 는 수도사들로 하여금 규칙에 복종하겠다는 서원에 서명하게 함.


## 규칙과 법


규칙이 계약 속에 정해지자마자 → 위반 → 불복종 → 처벌. 그리하여 나쁜 사이클이 정착됨.

** 1) 파코미우스의 후계자, 세노우디: 수도원들의 집단을 위한 다음과 같은 위반 목록을 확립한다. 규칙을 어기고 수도원에서 외출하는 것, 쫓기는 수도사들에게 이야기하기 위해 밤에 빠져나가는 것, 의무실에서 단 것을 훔치는 것, 친척들과 친구들을 위해 만들어진 산물들의 일부를 간직하는 것. 따라서 우리는 기숙사·병영·공장이 이미 이곳에 있다고 말할 수 있다.

2) 규칙 아래서 법은 저항할 수 없는 힘으로 되돌아온다. 인간 주체 안에는 법 충동 같은 것이 있는 듯하다. 이 충동은 역설적임. 왜냐하면 그것은 법이 권력의 이데올로기적 돌변이고 의복이라는 점에서 이데올로기적 충동이라 할 수 있기 때문이다.

— 《파리대왕》[29](골딩), p.49를 보자. 아이들은 자신들이 섬에서 그들 스스로의 주인이 된다는 사실을 발견하자마자, 자연의 상태에서 규정, 따라서 법의 상태로 이동함. 잭의 경우가 그러함. "그는 열광하여 이렇게

---

29) 프랑스어로 Sa Majesté des mouches.
* 라되즈, p.208. ** 라되즈, p.215.

외친다. 우리는 법적 규정들을 갖게 될 것이다. 많은 규정들을. 따라서 복종하지 않는 자들은······."

— 캘리포니아에 **사이나넌**(Synanon)이라는 한 공동체를 보면, 마약 세계에서 벗어난 2백 명의 젊은 남녀들 → 분명한 규칙이 있는 팔랑스테르임. 예컨대 일정 시간 동안 성행위를 할 권리가 없음. 이어서 별도로 마련된 방들에서 성행위가 가능함. 이어서 커플들이 이루어짐.

— 이와 같은 두 모습을 통해서 우리는 규칙(계율)과 법적 규정 사이의 분절이 어디에 있는지 잘 알 수 있다.

a) **규칙**: 윤리적 행위(우리는 어떤 경우들에 있어서 신비주의적이라고까지 말할 수 있음)로서 그 목적은 되풀이하건대, 삶·일상에 투명성을 제공하는 것이다. 그것은 (아주 작은 공동체들에서) 가벼운 몇몇 조건들——이것들은 질서에 속함——아래서 공동으로 지켜지는 개인적 행위임: 각자가 조금씩 조금씩 지켜 가는 공동의 습관들이 정착됨. 습관, 다시 말해 비성문화된 것의 질서임(≠항상 성문화된 규정, 법). 규칙의 특권적 공간=고유 리듬임. 고유 리듬적 유토피아(예컨대 작은 친구 공동체)를 상상하는 것은 (규정이 아니라) 규칙을 상상해야 한다는 근본적 문제를 거쳐 간다.

b) **규정**: 권력으로서 사회적인 것의 강제임. 성문화된 매개인 문자 표기로서의 에크리튀르(écriture)를 통해서 말이다. 에크리튀르(이 용어의 의미 있는 양면성, 즉 에크리튀르-법≠에크리튀르-쾌락을 주목할 것)는 위반, 다시 말해 과오를 낳는다.

— 규칙과 규정(법)의 분할선 → 다음과 같은 극단적인(모순적인) 두 실천을 관찰해 보자.

a) 사드의 세계: 규칙과 규정 사이의 현실화된(그리고 현실화되어 유지되는) 대립에 근거함. 남자들은 규칙을 지킴(특히 복수에 대해 그들 사이에 동

---

의된 규칙: 우리가 한 사람을 위해 하는 짓거리를 그 한 사람이 이어서 우리를 위해 하기로 동의함). 반면에 희생자들은 성문화된 가차없는 규정에 복종함(《소돔의 120일》). 이 규정이 남자들에게 소용될 때 그것은 쾌락의 원천임——그리고 그것이 규칙에 입각해 고찰될 때 쾌락의 원천임. → 규칙이 주는 쾌락의 최상급과 낙원≠규정의 지옥. 규칙과 규정 사이의 극단적 거리를 보여 주는 전범적 사례임.

  b) 반대로 모든 규칙은 규정을 배태하고 있고, 모든 습관은 (일종의 이데올로기적 표변을 통한) 위장된 법형식이라는 비판적 사유가 있음. 브레히트의 사유: '규칙 속에서 남용을 발견하라.'[30] 여기서 규칙=틀에 박힌 모든 의견들과 상투적인 행실들 전체임(나는 이 문장을 《신화학》의 제사(題辭)로 인용할까 생각했었다). 그것은 브레히트가 '대(大)관례(Le Grand Usage)'[31]라 부른 것임. 설사 내적이라 할지라도 모든 규칙은 얼마간의 (역사적 · 개인적) 시간이 지나면 남용으로 바뀌는 것이 아닐까? 때에 따라서는 자신의 규칙을 흔들 필요가 있지 않을까? 모든 공동체, 모든 집단에는 하나의 '대관례'가 은밀하게 정착된다. 따라서 '대관례'를 흔든다는 것은 이해되지 못하는(읽을 수 없는) 행위가 된다. 《카라마조프의 형제들》에서
* 수도사들인 조시마와 알료샤를 보자. 알료샤의 자질들——건강, 순수함, 남을 판단하지 않음, 물질적 재화에 유혹받지 않음——은 그로 하여금 수

---

30) "친근한 것 아래서 기괴한 것을 발견하라./일상 아래서 설명할 수 없는 것을 간파하라./이른바 습관적인 모든 것이 당신을 불안하게 할 수도 있다./규칙 속에서 남용을 발견하라./그리고 남용이 나타난 곳이면 어디서나,/치유책을 찾아내라."(《예외와 규칙》의 마지막 절) 바르트는 베르나르 도르가 《브레히트 읽기》(파리, 쇠이유, 1960, p.92)에서 제시하는 번역문을 참고하는 것 같다.

31) 육성 강의에서 바르트는 '대관례'를 각자에게 행실을 명령하는 '그 상투적인 지혜'로 정의한다. 《No라고 말하는 자》(《브레히트 극작품 전집》, 베르나르 소벨 및 장 뒤프르 번역, 파리, 라르크, 1955–1962, t. VIII)에서, 젊은이는 걸을 수가 없기 때문에 '대관례'에 따라 골짜기 속으로 내던져지는 것을 받아들이지 않는다. 에두아르 프프림메르는 《브레히트 극작품 전집》본에서 문제의 표현을 '대(大)관습'으로 번역하고 있다.

  * 《아토스 산의 1천 년》, p.356.

도사의 신분이 되지 않을 수 없도록 논리적으로 운명짓는다. 그러나 조시마는 죽어가면서 그에게 세상 속에서 살라고 명령한다. → 19세기 초엽에 러시아의 젊은 수도사들을 대표하는 안토니우스 대주교의 다음과 같은 항의를 유발함: "도스토예프스키는 여기서 교육의 핑계를 내세워 진실에 반하는 진정한 죄를 지었다. 왜냐하면 어떠한 경우에도 수도원의 수도사들은 알료샤 카라마조프처럼 열정적인 초심자를 세상 속으로 되돌려보내지 않을 것이기 때문이다."[32] **대관례**의 억압적 목소리('그건 맞다/그건 안 맞다'라고 말하는 존재들의 목소리)≠신비주의적 규칙의 고독한 목소리, 조시마의 목소리.

---

32) 레옹 장데, 〈도스토예프스키의 작품에서 수도원 제도——현실과 이상〉, 앞의 책.

## 더러움

우리의 자료체 가운데 두 종류의 존재들에서 배설물과 더러움의 문제가 제기된다. 동방의 수도사들(탑 · 기둥 위에서 고행하는 수도자들)과 감금된 여인이 그들임.

## 주목 사항

물론 프로이트 이후로 우리는 배설물에 의미를 부여하고, 그것을 하나의 상징 논리 속에 위치시키는 것에 익숙해 있으며——또 그것을 당연하다고 생각한다. 그런데 여기서 이미 잊어서는 안 되는 점은 프로이트 이전에 문학(문학은 모든 것에서 언제나 앞서 간다)이 배설물에 대해 정통하고 있다는 것이다. 왜냐하면 분뇨담이 그것의 언어로 많은 위대한 작품들을 관개하고 있기 때문이다. 노먼 브라운, 《에로스와 타나토스》, 제2부 참고.[1]

그러나 (우리의 자료체의 차원에서) 의미 작용들을 전제하기 이전에, 그리고 배설물(더러움)은 억압의 특별한 대상들이기 때문에, 말하자면 이 대상들이 주목할 만하다는 점을 지적해야 한다. 하나의 의미를 지니기 전에,

---

1) 〔바르트는 육성 강의에서 이 책이 '프로이트로부터 영감을 받은 책' 으로서 '배설물의 문학적 테마' 를 다룬다고 설명한다.〕

배설물은 사건으로서 지적된다(구조적 표현을 쓰자면, 하나의 사물에 대해 이야기한다는 것은 이미 모든 내용에 앞서 그것에 하나의 의미를 부여한다는 것이라는 점이 지적됨).

배설물이 사건이 되는——무엇보다도 우리의 자료체의 차원에서—— 방식들.

1) 강렬한 표시: 과도한 더러움은 주목하게 만들고 묘사하지 않을 수 없게 만든다. 그것은 어떤 기준에 따른 것인가? 언제부터 하나의 환경은 더러워지는가? 더러움의 '역사적' 역사는 무엇을 제공할 수 있는가? Cf. * 눈물의 역사.[2] 우리에게는 육체들의 역사가 없다.《푸아티에의 감금된 여인》을 보면, 경찰 보고서의 두드러진 묘사가 나타남. 방을 보면, 공기가 오염되어 빠져나오지 않을 수 없으며, 혐오스럽게 더러움. 침대 위의 배설물 속에서 서식하는 곤충들과 구더기들이 있고, 지푸라기가 썩어 있으며, 주변에는 똥·고기 조각·야채·생선·썩은 빵·굴껍질이 뒤엉켜 생긴 딱지가 있음. 머리칼 더미는 머리칼·똥·음식 찌꺼기가 엉겨 속을 넣은 것처럼 꽉 찬 모습임. → 냄새가 너무도 끔찍하기 때문에 의사들은 (방을 발견할 때) 그 방에 있는 사람들에게 담배 피우는 것을 허용한다. 주목 사항: 위와 같은 내용이 구조적 방법론에서 윤곽을 잡고 확실하게 포착하기가 매우 어려운 개념인 과도함에 대한 규정이라는 것이다.[3] 증가가 새로운 행실(행실: 몸짓, 불연속적인 것의 범주임. 따라서 그것은 구조 분석을 통해 포착될 수 있다. 의식(儀式)처럼)을 결정지을 때 과도함이 있

---

2) 누가 눈물의 역사를 쓸 것인가? 어떤 사회에서, 어떤 시대에 사람들은 눈물을 흘렸는가? 언제부터 (여자들이 아니라) 남자들은 더 이상 울지 않게 되었는가? 왜 '감성'은 어떤 시점에서 '감상(感傷)'으로 바뀌었는가?(《눈물의 찬가》,《사랑의 단상》, OCIII, 627)

3) 〔바르트는 육성 강의에서 이렇게 해설한다. "이 방법론은 양에 대해선 관심이 없다. 그것은 항끼리의 대립에 관심이 있다. 그것은 양의 변화에는 그렇게 관심이 없다. 플러스와 마이너스, 많고 적음은 엄밀하게 말해서 구조 분석에 속할 수 있는 개념들이 아니다. 구조 분석에 속하는 것은 그렇다 혹은 아니다이지 플러스나 마이너스가 아니다."〕

*《푸아티에의 감금된 여인》, p.23.

다. 여기서는 매우 분명하지만 흥미진진한 구조적 작용이 있음: '금연'의 세계를 나타내는 경찰, 판사들이 담배 피우는 것을 허용함. → 법은 위반을 허용한다. 이것은 진정 더러움의 과도함(과잉)을 표시하는 것임.

2) 갑작스러운 없애기. 갑작스럽기 때문에 그것은 배설물에 대한 일반적 억압을 강렬하게 의미함. 탑·기둥 위의 고행 수도자인 다니엘의 이야기를 보자. 그는 열렬한 신앙, 강렬한 정신성, 승화, 그리고 순수함의 상황 속에 있음. 성인은 영광스러운 몸에 연결됨(이 몸은= '똥을 싸지 않는 몸'이고, 배설 작용과 부패가 정화된 몸임. 천국에서 영원한 우리의 몸임. 관을 다시 열었을 때 성인들의 온전한 육체에 대한 수많은 일화들이 있음). 그러나 다니엘은 자기 육체의 인간적인 본성을 겸허하게 인정한다. 그래서 이 성인은 '인간처럼 처신하고' '모든 사람처럼' 빈번하게 변화한다. * "형제여, 나를 믿게나. 나는 내 욕구에 충분할 만큼 먹고 마시네. 왜냐하면 나는 순수한 정신도 아니고, 육체를 초월한 것도 아니며, 한 사람의 인간이고 육신을 걸치고 있기 때문이네. 다른 욕구, 즉 배설하고픈 욕구에 대해 말하자면, 나의 똥은 내가 극도로 말랐기 때문에 염소 똥 같네."

## 의미

우선 배설물은 하나의 사건임. → 이로부터 의미가 나옴. 배설물(더러움)의 '의미.' 자료체는 그것의 여러 의미를 대략적으로 드러냄.

1) 우선 《푸아티에의 감금된 여인》 영토의 동물행동학적 개념으로 다시 ** 한번 되돌아감. 영토를 지닌 동물들(사슴·하마·인간[4])을 이미 언급했음.

---

4) pp.137-138 참고.
* 페스튀지에르, II, p.136. **《사회과학사전》.

그런데 영토는 배설물을 통해서 의도적으로 (드러나게) 표시될 수 있다(하마). (비교생물학에서) 냄새 나는 공간의 개념: 냄새가 활동하는 3차원의 넓이임. 개인화의 과정, 즉 이웃 영토들 및 전유의 표시와 연결됨. 거리의 개들: 영토를 탐색함. 이미 잔뜩 오줌을 맞은 타이어 바퀴 위에 각자가 자신의 영토를 덧씌워 표시한다. 냄새: 기호들의 투쟁을 형성함. 누가 자신의 기호를 통해서 다른 사람의 기호를 없앨 것인가 하는 투쟁임. 성적 매력으로서 냄새: 영토(짝짓기의 영토)로의 유혹임. 배설물은 진정으로 향수의 (상징적) 기원이다. 《푸아티에의 감금된 여인》에서, 강한 냄새들의 축적은 영토의 강화에 해당한다. 그래서 동굴, 위대한 깊은 곳 말랑피아로 표현됨. 따라서 첫번째 의미는 영토의 전유이고 규정임.

* 　2) **이탈**: 스투디오스의 수도사들(콘스탄티노플 옆에 있는 스투디오스 수도원)의 예에 나타남. 그들은 몸을 씻지 않는데, 금욕 때문이 아니라 세상의 관습을 단념했기 때문이다. 더러움이 반-규범, 반-오염으로서 기능한다는 점은 이미 지적되었음. 그것은 세속적인 것으로부터 분리시킨다(히피들이 다소 변형시켜 수용한 테마임).

　3) **내밀함**: 여기서 가족의 깊은 본질이란 강한 의미에서 이해해야 함 (라틴어 **인티무스**(intimus)는 최상급으로서 가장 내면적인 것을 나타냄). 유전자형으로서 바스티앙 가족은 칩거의 취향과 더러움의 취향이라는 2개의 특징에 의해 나타난다.

　**a)** 자신의 방에 틀어박혀 사는 할아버지는 사위가 옆방에서 죽었을 때조차도 나와 보지 않았다. 집은 어떠한 방문에도 폐쇄되어 있음. 어머니는 실내복을 입고 주말을 보내기 위해 토요일 오후에 두 종류의 방문을 분류한다.

　**b)** 더러움의 취향: 더욱더 '특이한' 것임(주목 사항 → 과도함. cf. 앞에

---

서 다룬 부분). 오빠의 경우, 타락(배설물 취미)의 모든 고전적 특징들이 나
* 타남. 크라프트 에빙[5]식의 진정한 사례임. 그는 자신의 시트를 바꾸는 것
을 원치 않는다. 방에는 반쯤 찬 여러 개의 양동이 변기가 있음. 가운데에
는 가장자리까지 가득 찬 요강이 있음. 요리사가 식사를 하는 동안 양동
이를 식당에 가져오곤 함. '냄새가 잘 나도록' 아내의 침대 옆에 요강을
놓음. 오빠는 매일 누이를 상당히 오랫동안 방문한다. 창문 옆에 앉아서
《빈 신문》을 읽는다. 결코 냄새 때문에 불쾌해하지 않는다. 더러움이 집
단적 **내밀함**(intimum)의 최상급 기호로 공동화되어 있음을 잘 볼 수 있음
(언제나 영토의 개념).

　4) 마지막으로 아주 분명한 것이지만, 배설물은 배설물의 길들이기=교
육이라는 보완의 의미까지 띤다. 이는 프로이트가 탐사해 심화시킨 기능
으로서, 그에 의해 일련의 상징적 변형들이 부여됨. 우리의 자료체에서 배
** 설물에 대한 사회의 권리는 병원(수녀들)에 의해 대변됨. 멜라니는 그녀
의 동굴에서 빼내어져 병원에 입원된다. 자신의 동굴에서 그녀는 요실금
증세를 보인다. 병원에서 처음에 그녀는 침대에 용변을 본다. 그러나 조
금씩 조금씩 '그녀는 교육된다.' 그리하여 수녀들은 대만족을 나타내고,
사회는 멜라니를 복귀시킨다.


## 미묘함


'자연'은 깨끗하지 않다(그것은 깨끗하지도, 더럽지도 않다). → 깨끗함
의 행실은 상징적·문화적 가치들, 이데올로기적 구실들로 이루어진 한

---

5) 《성의 정신병질 *Psychopathia sexualis*》(1886)에 대한 암시이다.
　* 《푸아티에의 감금된 여인》, p.49, 96, 119 및 이하.
　** 《푸아티에의 감금된 여인》, p.72.

무더기의 복잡한 덩어리를 실어 온다. → '깨끗함'은 '자연,' 즉 '자연적인 것'으로 바뀐다. 사람들이 말하는 바와는 반대로, '기술적 진보'를 하나의 자연, 자연적인 것과 동일시하는 경향이 있음. 그러나 주체는 '자연적인 것'의 이와 같은 덩어리를 아주 잘 분열시킬 수 있다. 왜냐하면 그는 이런 점에서는 깨끗하고, 저런 점에서는 더러울 수 있기 때문이다. 그는 어떤 복잡한 경제에 따라 선택한다.

— 멜라니——우리가 보았듯이, 그녀는 더러움의 전형임——는 오텔-
* 디외 병원의 인턴들을 놀라게 한다. 식사에 손을 대기 전에 이렇게 말함. "이거 정말 깨끗한가요?" 그녀는 손으로 밥을 먹지만, '매우 섬세하게' 먹으며(한 인턴은 말한다), 사람들이 빼앗을 때까지 오렌지씨들을 손안에 간직한다.

— 사드가 섬세함의 원칙을 말했던 것은——더러운 내의 이야기의——더러움과 관련해서이다(《사드 · 푸리에 · 로욜라》, p.174).[6] 〔"매혹적인 여인이여, 당신은 내 더러운 내의, 나의 기막힌 내의를 원하는가? 당신은 이게 놀랍도록 섬세하다는 것을 아는가? 당신은 내가 얼마나 대단히 사물들의 가치를 느끼고 있는지 보는가? 나의 천사여, 들어 보게. 나는 이것에 대해 당신을 만족시키고 싶은 생각이 간절하오. 왜냐하면 당신은 내가 취향 · 환상을 존중한다는 것을 알기 때문이오. 그것들이 다소 괴상하다 할지라도, 나는 그것들을 모두 존중할 만하다고 생각하오. 그 이유는 사람들이 그것들의 지배자가 아니기 때문이며, 또 모든 것들 가운데 가장 특이하고 가장 이상한 것은 잘 분석되면, 항상 섬세함의 원칙으로 거슬러 올라가기 때문이오."〕[7]

---

6) 앞의 책(OCIII, 1161). 바르트가 강의중에 읽은 인용문은 원고에 나타나지 않는다. 카드 35: 《마의 산》 263. 입문(사랑)으로서의 체류(더불어 살기). 한스는 (높은 곳에서) '전대미문의 것, 모험, 형언할 수 없는 것 등의 매우 깊은 뉘앙스를 포착할 수' 있게 된다. 그 다음을 참고. 요컨대 이는 섬세함의 수련이다."

* 《푸아티에의 감금된 여인》, p.67.

# 크세니테이아[8]

우리는 그리스어 **아케디아**, **아세디**로 시작했다. 우리는 하나의 그리스어 개념과 낱말로 끝맺음할 것이다.


## 의미론적 망

모든 의미소(의미하는 한 모든 낱말)는 하나의 의미뿐 아니라 하나의 가치가 부여되어 있으며, 이로부터 그것을 망으로 연결해야 할 필요성이 비롯된다는 점을 소쉬르의 훌륭한 학설로서 상기하자.

　1) **크세니테이아**: (동방의) 고대 기독교 수도원의 금욕적 교의의 본질적
* 요소임. 고향(고국)에서 벗어남, 국외로 떠남, 자발적 망명(xénos[9])을 의미함. 라틴어의 **페레그리나시오**(peregrinatio)——먼 나라 여행에 해당함( ＞ 순례자(pèlerin)). **페레그리나시오**의 기원은 군사적임. 그것은 자신의 나라 밖에서 용병이 하는 체류임. (우리들 각자가 현재 위치해 있는 세계에서 용병으로 규정되고 느낀다면 어떻겠는가? 또 우리의 것이 아닌 다양한 명분들에 초연하여 돈을 받고 봉사하고, 이 명분들에 의해 낯선 지역들에 끊임없이 파견되어 외국인이 된다면 어떻겠는가?)[10]

　다음과 같은 등가적 사실들이 있음.

---

　7) 사드의 부인이 감금된 사드에게 내의를 세탁하기 위해 벗어 달라고 요구했을 때, 사드의 반응이었다 한다.
　8) Xéniteia(그리스어): 외국 체류.
　9) Xénos(그리스어): 이방인(외국인).
　10) 기요몽, 〈필론과 수도원의 기원〉, 앞의 책.
　* 기요몽.

　*　　a) 불교 수도승들의 서품에서 첫번째 단계: **파바자**(pabbaja).[11] 이전의 조건으로부터 벗어남. 출발[12]임.

　　　b) 미국에서 초창기 공동체적 움직임에서 **드롭 아웃들**. 이들은 모든 것을 놓아 버리는 자들, 대열을 떠나는 사람들임(≠**드롭 인들**≠어디론가 들어가 통합되는 자들[13]). **드롭 아웃**의 유혹이 있음. (그것은 모든 것을 떠나고, 다른 것을 시작하기 위해 가난해지는 종교적 의식에 부합하는 환상일 수 있음. 영원히 벗어나야 할 대상들과 간직해야 할 최소한의 것 등을 계산하면서 자신의 출발을 조정하고 조직하는 상상적인 의례일 수 있음. '자신의 일에 질서를 부여하는' 환상일 수 있음. 예컨대 시골에 완전히 정착하러 떠나는 것 등.)

****** 　　2) **스테노코리아**[14]: 좁은 길, 좁은 삶임. 그것은 **크세니테이아**처럼 망명의 형태이나, 매우 내적인 망명이기 때문에 세상 사람들은 그것을 거의 보지 못한다. 알려지지 않은 상태로 남아 있는 지혜, 공표되지 않은 지성, 감추어진 삶, 다른 사람들이 내가 추구하는 목표에 대해 지닌 무지, 영광의 거부, 심연의 침묵과 같은 것임. 내가 **좁은 공간**을 지적하는 것은 먼저 그것이 **외국 체류**와 가깝기 때문이고, 다음으로 그것이 도(道)의 '좁은 공간'[15]에 상당히 부합하기 때문이다. 이 공간은 자신을 드러나게 하지 않는 데 목표를 둔 심오한 행실에 있다.

　　　3) **외국 체류**와 패러다임적 대조를 이루는 2개의 개념은 다음과 같음.

　　　a) **틀리프시스**,[16] **틀리보**[17]: 죄다, 압력을 가하다, 억압하다, 짓누르다,

---

11) 바로, 《실론의 근대적 불교 공동체들의 삶과 조직》, 앞의 책, p.63 참조.

12) 반대적인 표시를 제외하곤, 기요몽에 대한 참조는 그의 글 〈고대 수도원 제도에서 금욕 형태로서 고국 벗어나기〉, 《고등실천연구원 연감》, vol. LXXVI, 1968-1969.

13) p.148 참조.

14) Sténochôria(그리스어): 좁은 공간.

15) 〔바르트는 육성 강의에서 이렇게 설명한다. "알려지지 않은 상태에 있는 지혜, 공표되지 않은 지성, 영광의 거부 등. 이 모든 것은, 자신을 드러나게 하지 않는 것을 근본적인 행실 원칙으로 정한 도(道)에 의해 매우 훌륭하게 묘사되고 권장되는 행실들이다."〕

　*　기요몽.　**　드루아 갈리앵, p.203.　***　기요몽.

극도로 불안하게 하다. **틀리프시스**는 **외국 체류**에 가해진 시련이고, 단절

* 이며, 세상에 대한 애정 어린 사유의 회귀이다. 친척들에 대한 추억의 매

력에 자신을 내맡기고, 고독 속에서 아버지 · 어머니에 대한 연민, 아이들

에 대한 애정, 사랑에 대한 욕망 등에 자신을 내맡기는 것임. **틀리프시스**

=**외국 체류**에서 되살아나는 기막힌 악마임. 애정을 통해서 사람들이 본

국으로 송환됨. **틀리프시스**: 향수 쪽에 위치함. 목표는 어디론가 되돌아

가고픈 병임(≠우울(spleen): 목적이 없는 어떤 끝없는 회귀의 병, 긍정적 환

상이 없는 유배임. 우울=다분이 아세디임).

  b) **파레시아**.[18] **틀리프시스**는 **크세니테이아**에 대립되나 정서 · 사랑의

** 고귀함을 포함한다. 반면에 **파르시아**는 **크세니테이아**에 대한 위대함이 없

는 대립이고, 째쩨하고 순전히 사회적이고 세속적인 대립임. 사실 **크세니**

**테이아**=(존재들, 사물들, 추억, 세상과의) 친밀함이 없는 성향임. 반면에

**파레시아**(=솔직함이나 종교적 의미는 아님): 자유스러움 · 친근함 · 거리낌

없음 · 경솔함임. 그것은 어디서나 자기 집에 있거나 자기 사람들 사이에

있다고 느끼는 사람의 성향임. → **파레시아**: 근본적으로 언어 활동의 사

회적 과다함, 언어 활동의 무례함, 언어 활동에 의한 전유의 의지, 언어

활동을 통한 파악 의지[19]에 연결됨(나로서는 **파레시아**가 언어 활동의 독단

적 형태라고 말하고 싶다). 이로부터 (다른 사람들의 언어가 아니라) 자신의

언어를 통달할 때 반대되는 의미로서 **크세니테이아**가 비롯됨. (이런 의미

*** 에서) **크세니테이아**의 예를 들면 스피노자임. "그는 자신의 화를 자제할

줄 알았다. 그래서 그에게 불쾌한 일이 일어날 때에도 아무것도 겉으로 드

---

  16) Thlipsis(그리스어): 압력, 억압.

  17) Thlibô(그리스어): 죄다, 억압하다.

  18) Parrèsia(그리스어): 말의 자유, 솔직함.

  19) '파악–의지'와 '비파악–의지'('동양으로부터 모방한 표현')는 바르트가 《사랑의
단상》에서 사용한 표현들이다(앞의 책, OCIII, 677).

  * 기요몽. ** 기요몽. *** 〈스피노자의 삶〉, 장 클레뤼스, 플레이아드, p.1370.

러나지 않았다. 적어도 자신의 괴로움을 어떤 몸짓이나 말로 나타내는 일이 있을 때에도, 예의에 반하는 어떠한 행동도 하지 않기 위해 곧바로 자리를 뜨곤 했다." 예의는 여기서 세속적인 단순한 순응주의가 아니라, 다른 사람들을 거북하지 않도록 하기 위해 조심하는 태도이다(반대로 **파레시아**: 거리낌 없음). 요컨대 **크세니테이아**는 예의와 관계가 없지 않다. 서양의 (계급상) 세속적이고 피상적인 '예의'가 아니라, 동양의 예의 말이다(**cf.**《기호의 제국》및 **부시도**).[20]

　　이것이 **크세니테이아**의 망——혹은 망의 일부——이다. 모든 망이 그렇듯이, 그것에 대한 관심이 보여 주고자 하는 것은 의미가 살아 있다는 점, 다시 말해 은유적인 변모들과 조정들에 노출되어 있고,——역사를 통해서, 그리고 흔히 역사에 반하여——심층적으로가 아니라 산발적으로 우리의 관심들에 맞게 조정될 수 있다는 점이다.


## 허위적 이미지


　　(하나의 주체 안에) 정착된 **크세니테이아**는 **크세노스**(Xénos)가 되기 위해 무한한 변증법을 스스로 전개한다. 우리가 보았듯이, **크세니테이아**와 근접한 개념인 **스테노코리아**는 **크세니테이아**에서 자신이 할 수 있는 것, 태도나 자세를 지닐 위험이 있는 것을 철저하게 없애는 것임. 보이지 않게 　*　**크세노스**가 되는 것임. → 이미지와의 논쟁, 투쟁이라는 집요한 문제가 나타남. 이미지를 해체하거나 피하기 위해서는 가짜의 대항 이미지(contre-image)를 구축해야 한다. 이미지의 영도(零度)는 없다. 이 영도가 존재한다

---

20) 〔바르트는 육성 강의에서 이렇게 설명한다. '사무라이 도덕의 몇몇 측면들과 더불어' 부시도는 '사무라이들의 도덕'이다.〕
　*　기요몽.

면, 그것은 이를테면 **크세니테이아** 자체일 것이다. 예컨대 동방의 원시 기독교(이것은 우리에게 자료체의 일부를 제공한다)의 영역에서, 각자는 인간들의 어떠한 존중으로부터도 벗어남으로써 세상에 이방인이 된다. 심지어 각자는 모욕과 불명예를 끌어들인다.

1. 우리는 해면 스펀지의 이야기를 검토했고, '자신의 깊은 지혜를 보호하기 위해 미치광이가 된다는' 테마를 보았다: 동시에 성서와 도(道)에 나타남.

2. 에베소의 요한: 《동방 성인들의 삶》에서 발췌함. 안탈리아의 두 젊은이, 즉 남자와 여자 이야기임. 모든 것을 버리고 떠돌이 생활을 함. 남자는 곡예사처럼, 여자는 창녀처럼 옷을 입었음. '근심이 없는' 오누이처처럼 생활함. 기도하고 금욕하는 자신들의 삶을 모든 사람에게 감추었고 광기를 가장함. **크세니테이아**의 방식임. 오르 신부(4세기 니트리의 수도사)는 이렇게 말함: "사람들로부터 진정으로 달아나든지, 아니면 습관적으로 광인처럼 행동하면서 세상과 인간들을 우롱하라."


## 탈현실


**크세니테이아**: 어쩌면 일종의 탈현실(Déréalité)의 경험이라 할 수 있으며, 따라서 신비주의 및 정신병의 경험과 친화성이 있음.

**비현실(Irréalité)/탈현실**. 정신분석학(라캉[21])이 유형학적 표현으로 밝힌 대립임. Cf. 《사랑의 단상》, p.106.[22] 현실로부터 동일한 은둔이 아님.

1. 비현실화시키다(irréaliser): 나는 환상의 이름으로 현실을 거부한다.[23]

---

21) 《세미나》, 제1권 《프로이트의 기술적 에크리》, 파리, 쇠이유, 1975, p.134.
22) 파리, 쇠이유, 1977(OCIII, 541).
23) 〔바르트는 육성 강의에서 '어원적 의미에서'라고 명백히 한다.〕

나의 주변에 있는 모든 것은 하나의 상상계를 기준으로 가치가 변한다. 예를 들면 사랑하는 사람은 그의 현실인 사랑받는 이미지를 기준으로 (그를 둘러싸고 있는) 세상을 비현실화시킨다. 이런 의미에서 세계를 비현실화시킨다는 것은 사랑의 돌발적 사건들과 유토피아를 현실화시킨다.

≠

2. 탈현실화시키다(déréaliser): 나는 마찬가지로 현실을 상실하지만, 어떠한 대체도 이러한 상실을 보상하러 오지 않는다. 나는 상상계에서조차 더 이상 존재하지 않는다. 나는 (사랑의 대상에 대해서조차도) 꿈을 꾸지 않는다. 모든 것이 고정되고, 화석화되고, 광택이 없다. 다시 말해 그것은 대체 불가능하다. 비현실화시키는 것은 신경증 환자가 되는 것임. 반면에 탈현실화시키는 것은 광인이 되는 것임. 사랑하는 자는 이 둘 사이를 왔다갔다한다. 아마 **크세니테이아** 역시 때로는 비현실(신에 대한 사랑에 투자) 속에, 때로는 어떠한 조국(혹은 모국)도 없는 탈현실 속에 있다 할 것이다.

따라서 **크세니테이아**는 어떠한 보상적 투자도 없이 내적인 조국 상실(dépatriement)까지 갈 수 있다. 멜라니는 **크세니테이아**의 이와 같은 철저
* 한 형태를 잘 나타내고 있다. 이것은 현장에서의 망명인 칩거에 반대가 아니다. 수도사들은 독방에서 **크세니테이아**를 경험한다＝perigrinatio in stabilitate.[24] 멜라니는 철처한 **크세니테이아**를 실천한다. **a)** 그녀는 (최고
** 의 궁극적 조국인) 자신의 이름 속에 머물지 않는다. "당신 이름이 멜라니 바스티앙 아닙니까?——그런 이름을 가진 사람은 한 사람뿐입니다." 그런데 "그는 그처럼 머리털이 많았던 내가 아닙니다. 그는 다른 사람이었어요. 그같은 이름을 가진 자는 나 말고 다른 사람들이에요." **b)** 세상 사람들이 '이기주의'(이것은 도(道)의 테마와 접근된다)[25]라 규정할 수 있는

---

24) **Perigrinatio in stabilitate**(라틴어): 그 자리에서 여행, 움직이지 않는 여행. 〔육성 강의에서 바르트는 '동일한 장소에 머물면서 망명하는 것'으로 번역한다.〕

 * 기요몽. **《푸아티에의 감금된 여인》, pp.141-146.

것을 받아들임. 멜라니는 모든 사람들에 대해——가족의 모든 구성원들
에 대해——이렇게 말한다. "그는 그가 지금 있는 곳에 그대로 머물러야
해. 그는 아주 안락해" 혹은 "그녀에겐 유감이지만 할 수 없지. 모든 사람
에겐 유감이지만 할 수 없어."

**결론.** 우리 내부에서 유혹하는 **크세니테이아**는——그것이 우리 내부에
있을 때——오늘날 우리 안에 있다. 왜 아니란 말인가?——그것은 다음
과 같은 이중의 환상이란 형태를 띨 수 있다.

1. 슬프거나 아니면 최소한 무거운 환상임. 자신의 나라에서, 자신의 계
층에서, 자신의 계급에서, 자신이 위치된 제도들 속에서 낯섦을 느끼는 것
임. 예를 들어 이런 매우 개인적인 예가 허용된다면, 내가《르 몽드》지를
읽을 때마다 나는 **크세니테이아**가 발작한다.[26] 이러한 **크세니테이아**는 급
성장한다. 그것은 주체 주변의 사회적 공간을 모두 차지할 수 있다. 수도
사 피스토스는 **크세니테이아**를 이렇게 정의했다. "**크세니테이아**는 무엇인
가?——조용히 하고, 네가 어디를 가든 이렇게 말하라: 나는 여기서 할 게
아무것도 없다. 바로 이것이 **크세니테이아**이다." 나의 첫번째 강의를 시
작할 때: **크세니테이아**의 순간이었음.

2. 적극적 환상임. 하나의 구조가 굳어지자마자 떠나고 싶은 욕구임. 예
컨대 수도원에서 몇 년 세월을 보내자, 수도사에게 습관의 무게, 주변 사
람들의 존경, 여유로움 같은 것이 생김. → 이것들로부터 멀어져 가고, 다
시 이방인이 됨. 마찬가지로 우리 주변에 하나의 언어·학설·사상 운
동·전체 입장——우리가 이것들에 참여했다 할지라도——이 굳어지고,

---

25) "현자는 명예도, 부도, 그 어떤 이익도 추구하지 않는다. 그는 그 자신만을 위해
산다. 따라서 그는 완벽하게 이기주의자이다"(J. 그르니에,《도의 정신》, 앞의 책, p.107).

26) 〔육성 강의에서 바르트는 이렇게 설명한다. 이 발작은 '신문의 문체에 고유한' 것
이다. 바르트는 '이 언어에 낯설다는 감정'을 느낀다. 그는《르 몽드》지가 하나의 기사
를 주문할 때 '내적 제작의 불안'을 느낀다.〕

*《푸아티에의 감금된 여인》, p.78. ** 기요몽.

견고해지고, 고정되고, 한 무더기의 꽉 찬 습관·결탁·수월함이 되기 시작하자마자, 우리는 **크세니테이아**의 충동을 느낄 수 있다. 다른 곳에 가고 싶고, 그리하여 지적 배회의 상태 속에서 살고 싶은 충동 말이다.

그렇게 하여 정서적 집단에 대한 유토피아로, 고유 리듬이 있는 공동체에 대한 환상으로 회귀가 이루어짐. 이런 공동체는 대(大)타자[27]와 관련해 어떤 **크세니테이아**를 공동의 조국으로서 가능하게 한다고 보여짐. 그러면서 그것은 각각의 주체를 정서적 절대 고독, 정서적 망명의 불안으로부터 보호해 줄 수 있으리라. **틀리프시스**(억압) 없는 **크세니테이아임.**[28]

* 내가 **크세니테이아**와 **틀리프시스** 사이의 이러한 논쟁에, 이러한 형상에 (옛날의 발라드에서처럼) 궁극적 '발구(跋句)'를 부여해야 한다면, 그것은 수도사의 관례적 삶(예컨대 성 베네딕투스)에서 빌린 특징이 될 것이다. 우리가 알다시피, 수도사의 일정(**타이밍**)은 연중 내내 (1년의 사이클은 부활절을 중심으로 조직된다. 매년 계획표를 만드는 것은 성기실 담당자 혹은 성가대원이다), 그리고 동시에 하루 24시간 내내 다음과 같이 매우 **빡빡하**다.[29]

** 새벽 기도: 첫 새벽 빛이 비칠 때.

제1기도: 태양이 뜰 때.

하루의 마감: 만도.

초저녁: 종과(취침하기 전).

종과의 발상: 좋음. 공동체는 밤과 대결하기 위해 취침으로 무장한다(밤이 오면 진정 어둠의 위협이 시작되고 불빛도 없는 매우 외딴 시골을 생각할 것). → 더불어 살기: 어쩌면 다만 밤의 슬픔에 함께 대결하기 위한 것일

---

27) 라캉의 표현임. 이 대타자는 그것이 초개인적인 교양과 주체의 무의식을 구성한다는 점에서 언어(langage)의 질서이다.

28) '베네딕투스회 수도사들' 항목.

29) '베네딕투스회 수도사들' 항목.

* 뒤비, 《성당의 시대》, p.99. **《세계대백과사전》.

수 있음. 이방인이 된다는 것은 밤이 올 때를 제외하면 피할 수 없고 필연적이다. [30]

30) 〔바르트는 육성 강의에서 '바람직하다'라는 말을 덧붙인다.〕

# ■ 1977년 5월 4일 강의

## 유토피아

* 나는 더불어 살기에 대한 열세 번의 강의가 있을 것으로 생각했다. 그래서 나는 열세번째 강의를, 고유 리듬을 지닌 더불어 살기의 유토피아를 여러분 앞에서 구축하는 데 할애할 생각이었다——왜냐하면 이 강의는 그 같은 환상에서 출발했기 때문이다.[1] 따라서 그렇게 구축했다면 나는 다음과 같은 작업을 했을 것이다.

a) 지금까지 훑어본 안건의 긍정적 특질들을 선택했을 것이다. 다시 말해 자료체 속에 끌어들인 매우 다양한 주체들의 더불어 살기의 방식에서 나를 즐겁게 해줄 수 있고 구미가 당기게 할 수 있었을 모든 것을 끌어 모았을 것이고——이어서 내가 더불어 살기, 즉 우발적이면서도 동시에 익명적인 한 집단의 더불어 살기에 대한 (거의 소설적인) 하나의 픽션을 생산하기 위해 조정하고 배치할 수도 있었을 모든 것을 결집했을 것이다.

b) 뿐만 아니라 나는 고유 리듬을 지닌 하나의 공동체를 형상화시키는 요소들, 파편들, 조각들을 여러분 자신이 제공하도록 권유했을 것이다. ——왜냐하면 나는 하나의 작품 · 담론 · 강의에 대한 계획적인 작업을

---

1) 카드 280: "유토피아적 더불어 살기를 위해서 가장 좋은 모델은 실론의 불교 수도승이다. 바로의 책, 세부적 설명을 참고할 것."

카드 283: "열세번째 강의: 유토피아를 묘사할 것. 나의 **어떻게 더불어 살 것인가**(AC: 사전류의 아주 훌륭한 서가가 있음!)." AC는 바르트의 친구인 앙투안 콩파뇽(Antoine Compagnon)의 두 이니셜임.

* 유토피아.

받아들이고 고무시켜야 한다는 생각을 점점 더 많이 하기 때문이다.

* 이 열세번째 강의는——적어도 내가 상상한 순수한 형태, 다시 말해 주관적인 형태로는——진행되지 않을 것이다. 왜 그런가? 여러 우발적인 이유들이 있다. 우선 여러분의 참여를 받아들일 만한 시간이 없고, 행복한 유토피아를 즐겁게 건설하기 위한 개인적 열의가 없기 때문이다. 뿐만 아니라 나에게 점차적으로 나타난 이론적 이유가 있는데, 즉 고유 리듬을 지닌 더불어 살기의 유토피아가 사회적 유토피아가 아니기 때문이다. 그런데 플라톤으로부터 푸리에까지 기록된 모든 유토피아들은 사회적이었다. 나로 말하면 가족의 유토피아가 없다는 점을 자주 아쉬워했으며, 그것을 쓰고 싶다는 생각을 자주 했다. 주체가 정서나 상징과 맺는 좋은 관계를 나타내고 예견하는 이상적인 (행복한) 방식 말이다. 그런데 이것은 엄밀하게 말해서 유토피아가 아니다. 그것은 다만——혹은 지나치게——최고선의 구상적 추구이다. 여기서 최고선은 그 속에 머무는 것이 관건임. 그런데 최고선——그것의 형상화——은 주체의 모든 확장과 심층을 그의 개별화 속에, 다시 말해 그의 전체 개인적 역사 속에 동원한다. 하나의 글쓰기——아니면 이런 표현이 좋다면 소설적 행위(소설은 아니라 할지라도)——만이 이것을 설명할 수 있을 것이다. 오직 글쓰기만이 극도의 주관성을 받아들일 수 있다. 왜냐하면 글쓰기에는 표현의 간접적 측면과 주체의 진실 사이에 일치——우리가 어떤 것을 원하든, 직접적이고 연극적인 말(따라서 강의)의 차원에서는 불가능한 일치——가 있기 때문이다. 사랑의 담론에 대한 책은 아마 세미나보다 더 빈곤할 것이지만, 나는 그것이 보다 진실하다고 생각한다. → 따라서 여기서 나는——연구되는 자료체의 분석을 통해 내가 믿는 바에 따라——고유 리듬적 선(善)의 다음과 같은 몇몇 외관상 객관적 원칙들만을 제시할 것이다.

---

* 최고선.

    *   1) 하나의 집단이 만족스럽게 돌아가도록 하는 조건들의 예를 상기하자. 월터 러프리슈트 바이온(《소집단들에 대한 연구》, PUF, 1965)이 제시한 조

** 건들은 다음과 같다. a) 공동의 목표(무찌르고, 방어하는 것 등). b) 집단의 한계에 대한 의식. c) 통합하거나 상실하는 능력(융통성). d) 엄격한 제한을 받는 내적 하부 집단의 부재. e) 누구나 자유롭고 중요함. f) 적어도 세 사람의 구성원. 이는 개인 상호간의 관계(두 사람=개인적 관계임)가 이루어지기 위한 것임. 둘과 셋 사이에는 질적인 문턱이 있다는 통상적 감정이 있음. 왜냐하면 "둘은 내밀한 관계이고 셋은 군중이다"이기 때문임.

***   2) 이런 측면은 수의 문제로 이어진다. 고유 리듬을 지닌 집단의 최적

**** 수의 문제. 우리는 아토스 산의 고유 리듬들과 관련해 수에 대한 몇몇 시사점들을 살펴본 바 있다. 2개의 추가적 정보는 이렇다. 실론의 사원들에는 10여 명의 수도승들이 거주함. 미국의 준(準)히피들의 근대적 공동체들에는 평균 20 내지 30명임. 프랑스에는 대략 15명임(나는 이 수치들이 ——비록 공동 수도 생활 수도원들에 비해 매우 제한적이라 할지라도——과도하다고 생각한다. 나는 최적 수가 10명——심지어 8명——이하가 되어야 한다고 생각한다).

  3) 우리는 동물행동학에서, 가장 덜 개인화되고 가장 밀집된 동물 집단들(물고기떼, 나는 새떼)에서 외관상 가장 군거적인 종들도 개체간의 거리를 조절한다는 점을 알고 있다. 이것은 비판적(critique) 거리이다. 아마 이 문제는 더불어 살기의 가장 중요한 문제일 것이다. 넘어서거나 미치지 못하면 위기가 생기는 비판적 거리를 찾아내고 조절하는 일 말이다. (크리틱(critique)이란 낱말을 사용할 때는 어떤 경우에도 그것을 위기와 결부시키는 것을 잊어서는 안 된다. 특히 (문학) 비평(critique)은 위기화시키는 데 목표를 두고 있다). 이 문제가 우리의 세계(이른바 소비 사회의 산업화된 세계)에

---

* 주요 목표들. ** 바이온, p.14. *** 바로. **** 드루아 갈리앵, p.204.

서 그만큼 더 날카로운 이유는 가장 비싼 것, 즉 절대적 재화는 자리이기
* 때문이다. 집 · 아파트 · 열차 · 비행기 · 강의 · 세미나에서 호화스러운 재
화는 자신의 주변에 자리를, 다시 말해 '몇몇 사람들,' 하지만 아주 적은
사람들을 확보하는 것이다. 고유 리듬의 전형적 문제임. → 우리가 수도
원의 규칙을 모방한 일종의 텔렘 수도원[2]적 규칙을 상상한다면, 이는 오
늘날 성 베네딕투스의 규칙 같은 것을 제공할 것이다. 즉 사제는 각각의
수도승에게 다음과 같은 소유물들을 준다. 승복 한 벌, 튜닉 한 벌, 신발
및 양말 몇 켤레, 허리띠 하나, 칼 한 자루, 펜치 하나, 바늘 하나, 손수건
하나, 선반 몇 개=살아가는 데 필요한 물건들의 증여임. 최소한의 필요
하고도 중요한 의미를 지니는 것들임(왜냐하면 그 당시에 값이 나가는 것,
따라서 증여품이기 때문임. 제조된 물건들임). 그런데 오늘날 같으면 텔렘
수도원적 규칙은 더 이상 물건들을 주는 것(이것이 서품적 증여물을 구성
하기에는 너무 쉽고, 너무 가치가 없다)이 아니라 자리를 주게 될 것이다.
→ 자리의 증여는 (유토피아의) 규칙을 구성하는 것이 되리라.

　4) 가치로서의 거리. 이것은 단순한 오불관의 태도라는 쩨쩨한 관점에
서 받아들여서는 안 된다. 니체는 거리를 강력한 가치——희귀한 가치
——로 만들고 있다. "(…) 인간과 인간, 계급과 계급 사이의 심연, 유형
들의 다양성, 자기 자신이고자 하고 구별되고자 하는 의지, 내가 **거리의
파토스**라 부르는 것은 모든 강력한 시대들의 속성이다."(《우상의 황혼》,
**p.**107) → 유토피아의 긴장——이 긴장은 고유 리듬에 관한 환상 속에 내
재하고 있다——은 다음과 같은 점에서 비롯된다. 즉 욕망되는 것은 정서
를 깨지 않는 거리라는 것이다('거리의 파토스'는 훌륭한 표현임). → 해결
할 수 없는 문제, 연금술의 돌(풀기 힘든 난제), 유토피아에 대한 커다란

---

2) 텔렘 수도원은 라블레의 《가르강튀아》에 나오는 이상적 수도원이다.〔역주〕
　* 성 베네딕투스, **ch.LV.**

* 비전(후파르)[3]임. 이 거리는 애정이 스며들어 적셔진 거리임. **에로스적인
것과 소피아**[4]**적인 것이 들어올 수 있는 파토스임**[5](투명한 큰 꿈). 시대적 ·
이데올로기적 구분들이 따르지만, 아마 그런 종류로서는 플라톤이 **소프
로니스테르**(Sophronistère)[6]의 이름으로 목표하고자 했던 것이 될 것이다
(cf. 소프로니스테르는 고행원(ascétère) 및 팔랑스테르처럼 구성된 말임)(소프
론[7]: 절제된, 지혜로운).

여기서 우리는 내가 '섬세함'(이것은 현 세계에서 다소 도발적인 낱말임)
의 이름으로 규정하려고 조금씩 시도하는 그 가치와 합류한다 할 것이다.
섬세함은 다음과 같은 것을 의미한다 할 수 있다. 즉 거리와 존중, 관계
에 있어서 무거움의 부재, 그러나 이 관계의 생생한 열기. 그것의 원칙은
타자, 다른 사람들을 통제하지 않는 것이고, 조종하지 않는 것이며, (서로
의) 이미지들을 적극적으로 단념하는 것이고, 관계의 상상계를 자극할 수
있는 모든 것을 피하는 일이 될 것이다. 이것이 엄밀하게 말해서 유토피
아임. 왜냐하면 최고선의 형태이기 때문임.


## 그렇다면 방법은?


** 이 강의는 니체가 제시한 대립, 즉 방법과 **파이데이아**(교양(Culture))[8]의

---

3) **Hupar**(그리스어): 각성하여 지닌 비전.
4) **Sophia**(그리스어): 지식, 실천적 지혜, 그리고 지혜.
5) 카드 64: "파토스는 요컨대 (정서적) 상상계이다."
6) 그리스어 sophronistèrion(교정원, 소년원)에서 비롯됨. 플라톤, 《법》, 908a 참조.
7) **Sôphrôn**(그리스어): 분별 있는, 절제된, 지혜로운.
8) 〔육성 강의에서 바르트는 "하지만 이 낱말은 좋지 않다"라고 밝힌다.〕
 * 마세비오, p.287. ** 비방법.

* 대립을 상기시키면서 시작되었다. 방법: '사상가의 열의' '사전에 숙고한 결정'이고, 원하는 결과를 얻기 위해 의도적으로 선택된 직접적 수단임. → 방법: 다른 가능한 장소들을 희생시키고 특권적 장소로서 목표를 물신화하는 것임. 반대로 **파이데이아**: 가능성들의 엉뚱한 노선이며 지식의 블록들 사이에서 비틀거리는 것임. 물론 여기서 우리는 방법 쪽에 위치해 있지 않고, 파이데이아 쪽에, 아니 보다 신중하게 (그리고 잠정적으로) 말하면 비방법 쪽에 위치해 있다. 이 점이 의미하는 것은 우리가 정신 구조(psychisme)를 바꾸며, 하나의 정신 현상(psyché)에 반대해 다른 정신 현상을 선택한다는 점이다. 방법=공격과 방비('의지'·'결정'·'사전 숙고,' 지름길로 가기 등)의 남근적 정신 구조임. 반대로 비방법: 여행과 극단적 변화(훨훨 날아다니기, 벌의 꿀 모으기)의 정신 구조임. 우리는 하나의 길을 추구하지 않고 우리가 발견한 것을 점차적으로 드러낸다. '히스테릭한' 구조인가? 어쨌든 불안(trac)⁹⁾을 야기하는 것임. 이 강의들 가운데 불안이 없는 강의는 하나도 없음. → '나는 설명한다(J'expose)'는 말은 '나는 나를 노출시킨다(Je m'expose)'의 의미를 지닐 뿐 아니라 **나는 무슨 가치가 있는가**라는 히스테릭 환자의 매순간 질문을 담고 있음.

따라서 방법은 없음——그러나 (노획물의) 전시/설명의 절차(protocole)가 있음. 내가 보기에 여기서 이 의례 절차는 다음과 같은 다섯 가지 항목으로 됨.

---

9) 〔육성 강의에서 바르트는 "trac이 히스테릭한 현상이다"라고 밝힌다.〕
* 들뢰즈, pp.123-126.

## 1) 단상 · 문형 · 칸

Cf. 《사랑의 단상》[10]에서 담론의 문형들(figures): 수사학적인 의미가 아니라 다분히 체조적 의미임. 그리스어로 스케마(schèma)임. '쉐마(schéma —도식) (방법의 남근 숭배임)가 아니라 스케마, 즉 행동의 몸짓임(스케마는 육상선수, 연설가, 동상(銅像)의 몸짓에 적용됨). 각각의 '문형'＝(결과를 고려하지 않고) 작업하고 있는 어떤 사람의 운동중에 있는 태도임. 따라서 이로부터 다음과 같은 2개의 결론이 비롯됨.

1) 칸들을 놓음. 이는 하나의 장소론(topique)을 구성함(장소들로 이루어진 격자). 그것들을 채우는 것은 각자가 할 일임. 이는 여럿이 하는 놀이로서 퍼즐과 같은 것임. 나는 나무판을 재단하는 제조자(장인)임. 여러분들은 놀이자들임. 여기에는 비철저함의 원칙이 지배함. 하나의 문형의 전시(설명)가 철저하지 않기 때문임.[11] 나는 보다 멀리 나아갈 것이다(아마 나 자신을 정당화하는 방식일 것임). 어쩌면 이상적인 강의는 교수——말하는 자——가 청자들보다 더 평범하고, 그가 말하는 것이 그가 야기하는 것에 비해 후퇴해 있는 강의일 것이다. 전형적인 최근의 예: 배설물과 《푸아티에의 감금된 여인》임. 보다 지적이고 보다 멀리 갈 필요가 있었다. 하지만 강의가 명제들의 교향악이라 할지라도, 명제는 불완전해야 한다——그렇지 않으면 그것은 관념적인 공간의 남근적 점유이고, 입장이다. 이상적 꿈은 일종의 비억압적이고 통풍이 좋은 평범함이라 할 것임 (cf. '섬세함').

2) 혹은 더불어 살기라는 막연한 알레고리임. 이것 조금 건드리고, 저

---

10) 〈어떻게 이 책은 만들어졌는가?〉(OCIII, 461) 참조.
11) 바르트는 육성 강의에서 문형들의 목록이 망라된 (철저한) 것이 아니라고 밝힌다.

것 조금 빛을 비추고 하는 식의 계속적인 터치들임. 이런 일이 계속되는 한, 우리는 그것이 어디로 갈지 알지 못한다. cf. 회화에서 타시즘, 분할 화법(쇠라), 점묘법. 화가들은 색깔들을 팔레트 위에서 혼합하지 않고 화폭 위에 병치한다. 나는 문형들을 나의 집에서, 나의 책상 위에서 혼합하지 않고 강의실에서 병치한다. 차이가 있다면, 여기서는 최후의 그림이 없다는 점이다. 그것은 최선의 경우 여러분이 만들면 될 것이다.[12]


## 2) 분류


우리가 일련의 문형들에 의미를 부여하는 일을 단념한다면, 우리가 이 비의미를 중시한다면 외관상 가장 옳은 방법은 우연일 것이다. 우연을 통해 문형들을 도출해 보는 것임. 그러나 우연은 괴물들을 만들어 낼 수 있다(라고 어느 수학자는 말한다).[13] 괴물은 피하고 싶은 것의 모습처럼 보이면서, 논리적 연결이 있는 단편이 될 수도 있는 것이다. 여러 각도에서 전개된 논술 같은 것이 됨. 이로부터 중국의 회화가 잘 알고 있었던 창조적 방법에의 의존이 비롯됨. 분류 작업에 있어서 통제된 우연, 우연의 가벼운 통제로서 알파벳순의 배열 말이다. 사실 알파벳순의 연속은 아무것도 말하지 않으며, 어떠한 논리적 픽션에도 종속되지 않는다. 그러나 이 우연은 다음과 같이 두 번 수정된다. a) 제목에 대한 결정이 있다. 나는 아무 제목이나 선택할 수 없고, 3,4개의 제목 가운데서 선택할 수 있다. 예컨대 '더러움' '냄새' '배설물' 등을 말이다. 이로부터 알파벳순 연속으

---

12) 〔바르트는 육성 강의에서 "나는 더불어 살기에 대한 철학을 가지고 있지 않다"라고 밝힌다.〕

13) 브누아 만델브로, 《프랙털 도형》, 파리, 플라마리옹, 1975, 제3장, 〈우연의 역할〉 참조.

로 된 나의 문형들 속에 나타나는 구멍들(공백)이 비롯됨.[14] b) 알파벳 순
서는 역사에 따라서가 아니라 이성에 따라서 무작위적이다. 따라서 오래
된 순서이고, 친근성에 의해 다져진 우연임.


## 3) 주제 이탈

(비방법이라는) 이 새로운 수사법은 주제 이탈(digression)에 대한 무한한
권리이다. 심지어 우리는 허구적인 하나의 제목에서 출발해 주제 이탈들
로만 이루어진 하나의 작품이나 강의를 편향적으로 상상할 수 있다. '주
제'(la quaestio)는 끊임없는 회피라는 책략에 의해 소멸되기 때문이다. Cf.
《디아벨리 변주곡》[15]에서 주제는 거의 존재하지 않으며, 그에 대한 매우
막연한 기억만이 32개의 변주를 섬광처럼 가로지른다. 그리하여 각각의
변주는 절대적인 주제 이탈이 된다.[16]


## 4) 하나의 안건을 열어 보다

끊임없이 나는 (거의 매 문형에서) "우리는 다만 하나의 안건을 열어 보
는 것이다"는 말을 했다. 하나의 안건을 열어 본다는 것은 매우 훌륭한 백
과사전적 행위임. 디드로는 자기 시대의 모든 안건들을 열어 보았다. 그러

---

14) p.209 주(註) 참조.
15) 베토벤이 그의 친구 작곡가인 안톤 디아벨리의 왈츠곡으로부터 영감을 받아 작곡
한 33개의 변주곡으로 작품 제120번을 말한다.〔역주〕
16) 바르트는 앙드레 부쿠레슐리에프의 《베토벤》(파리, 쇠이유, 1963)을 읽었다.〈변
주〉, p.77 참조.

나 그 시대에 그것은 유효한 행위였음. 왜냐하면 지식이 (아리스토텔레스나 라이프니츠의 것과 같은 시대의) 하나의 인간은 아니라 할지라도, 하나의 팀에 의해 통제될 수 있었기 때문이다. 반면에 오늘날은 지식의 남김 없는 철저함이 더 이상 가능하지 않음. 지식은 완전히 다원화되어 있으며, 소통되지 않는 언어들로 회절됨. 백과사전적인 행위는 더 이상 가능하지 않지만(cf. 현재 백과사전들의 실패)——백과사전적인 제스처는 나에게 픽션의 가치, 그 나름의 즐거움을 지니고 있음. 결국 그 나름의 스캔들을 말이다.

## 5) 텍스트-받침(texte-appui)

모든 작업은 몇몇 텍스트들에 의지해 이루어졌다. 텍스트-버팀목들(textes-tuteurs): 이야기하게 해주는 것임. → 상호 텍스트, 여기서 이것은 모든 언표 행위를 구성하는 것으로 인정됨. 이같은 텍스트들 가운데——본의 아니게——다음의 2개가 지속적으로 나타났음. a)《푸아티에의 감금된 여인》: 절대적인 한계 상황의 텍스트이고, 매우 강렬하기 때문에 함께-살기의 은밀하고 예민한 측면들을 공격한 한 정신 상태의 홀로-살기를 드러낸 텍스트임. b) 수도승들의 텍스트. 나는 그것들에 그렇게 기대하지는 않았었다. → 확실히 모호한 연결임. 무엇 때문인가?

  1) 그것은 특히 대조적으로 작용했다. 서양의 너무 잘 알려진 수도원 제도와 관련해서, 그리고 병영 같은 공동 수도 생활(아나코레트들, 고유 리듬을 지닌 자들)과 관련해서 말이다. (나에게는) 동양과 동일한 혼란 및 투시의 가치를 지님.

  2) 아니면 보다 심층적으로 말해 종교적 것——종교적인 것의 범주——때문임. 종교와의 관계 속에서가 아니라, 상징 영역의 특별한 설명으로서

말이다. 여기서 상징 영역은 한계 상황과 (교회, 공동체) 제도 사이의 투쟁에 의해 커다랗게 투시됨.

3) 그리고 하나의 유토피아(특히 일상의 유토피아)가 여기저기서 거침없이 빌린 현실의 조각들로 구축되기 때문임. 그것은 매우 다양한 문명들, 사상들, 관습들 속에 존재하는 좋은 것의 혼합임. 동양의 수도승들은 여기서 그들 나름의 기여를 했다.

내가 생각하기에 이상과 같은 것들이 방법을 대신하게 된 설명 절차의 주요 특징들이다. 나는 처음에 비방법을 말했다. 언제나 그렇듯이, 비(non)는 너무 단순하다. 전(前)방법(pré-méthode)이라 말하는 게 더 낫겠다. 이는 마치 내가 방법적으로 다루기 위해 자료들을 준비하는 것 같다. 마치 실제로 내가 어떤 방법에 대해서도 걱정하지 않은 것처럼, 이 자료들은 이해될 것이다. 모든 것이 가능하다. 정신분석학, 기호학, 이데올로기적 비평이 이 자료들을 이용할 수 있을 것이다——사람들이 지적할 수 있었던 바와 같이, 이 점은 이 자료들의 소개 자체가 정신분석학적·기호학적·정치적이 되지 않도록 해주었다. 그러나——여기서 내가 끝맺음하고자 하기 때문이지만——이러한 방법의 준비는 무한하고, 무한히 확장적이다. 그것은 종료가 계속해서 미루어지는 그런 준비이다. 방법은 신기루로서만 받아들일 수 있다. 그것은 **보다 뒤에**(plus tard)의 차원에 속한다. 따라서 모든 작업은 **보다 뒤에**에 의해 이끌어질 때에만 받아들여진다. 인간=**더 이상 결코**와 **보다 뒤에** 사이에 있음. 현재는 없다. 그것은 불가능한 시간이다.

이상임.

감사의 말——연설의 형식이 아님——왜냐하면 이 강의의 불편함을 의식하기 때문임. 특히 강의가 처음 시작될 때.

다음해에 이 불편이——내가 기대하는 바이지만——다시 수강하고자 하는 사람들에게는 줄어들 것임.

a) 아마 토요일 아침이 될 것임(2시간이 묶여짐).

b) 8 강의실: 외관상 안락함.

c) 일반에 공개된 강의. 그런데 일반에 공개된다는 것: 집행 유예를 받은 현실임. 일반인들이 와서 둘러싸는 것은 말하는 자를 수수께끼 같은 집행 유예의 상태에 위치시킨다. 그들은 호의로 주어지는 관대한 현존임(게다가 이 점은 즐거움을 준다). 조수, 태음월처럼 그들은 물러갈 수 있다. 매년 나는 그걸 기다린다.

어떤 주제를 다룰 것인가? 나는 아직 모른다. 내가 방금 비방법에 대해 언급한 것은 근본적으로 '주제'(la quaestio)는 적합하지 않다는 것을 암시한다. 내가 '주제'로서 무엇(예컨대 외관상이라 할지라도 매우 문학적인 주제)을 선택하든 주제 이탈적인 실천, 주제 이탈의 권리가 있음. 나는 언제나 할 수 있는 한 수없이 다음과 같은 동일한 말을 한다. 즉 윤리적 성격에 속하는 간접적인 것이 있을 것이다. 그러나 그것이 하나의 **윤리학**이 되지는 않을 것이다.

# 담론을 개진한다는 것은 무엇인가

## 투자된 파롤에 대한 연구

1) 담론을 개진한다는 것

2) 샤를뤼스-담론

세미나

# 담론을 개진한다는 것[1]

## "그러니까 나는 ……라고 말했습니다."

내가 알고 있는 어떤 사람은 바로 이런 말로 변함없이 매회 자신의 분석을 시작한다.

이러한 말(나는 이런 현시(épiphanie)라고 말하고 싶다)로부터 인상적이고 (내가 보기에는) 눈부신 의미 작용적 특징이 나타남. 나는 즉시 다음과 같은 생각을 도출해 내고 싶다. 우리는 동일한 담론을 개진하고 항상 계속할 것이다──그런 만큼 우리를 둘러싸고 있는 사람들이 다시 시작되는 이 담론, 우리의 인생 내내 우리의 것인 이 냉정한 담론을 견딜 수 있기 위해선 인내가 필요하다. 우리는 죽을 때까지 단 하나의 동일한 담론을 말하며, 따라서 죽음은 이 담론의 개진을 깨고 단절시킬 수 있는 유일한 힘이다. 담론은 결코 거세되지 않는 바로 그것이다. 그것은 다시 시작하고 다시 태어나는 것이다. 그 친구(어떤 사람)가 사실 다소 특별한 청취, 즉 분석가의 청취의 도움을 받아 1주일에 세 번 용기를 내어 명료하게 밝히는 것은 담론의 이와 같은 집요성이다.

---

1) 이 강의를 담은 페이퍼들은 둘로 접어진 종잇장 속에 정돈되어 있는데, 이 종잇장 위에는 강의 구도의 요점들이 나타나 있다. '담론을 개진한다는 것' 다음에 다음과 같은 말이 덧붙여져 있다. '방법의 장에서 힘의 개념 출현.'

달리 말하면, 시작한다는 것은 언제나 주체의 지위에서 이어받는 것
(enchaîner, 이어받아 연결하는 것)이다. 무엇을 이어받는 것인가? 언급되고
있었던 것을 이어받는 것이다. 나는 내가 말했던 것을 이어받는다. 어디
서 말했던 것을? 고등실천연구원에서? 언제? 지난해, 제한적인 하나의 세
미나를 이끌었을 때. 이 세미나에서 다루어지지는 않았다 하더라도 제시
된 주제는 '언어(langage)의 위협'이었다. "그러니까 나는 ……라고 말했습
니다." 여기서 내가 이 말을 수용하면서 지적하고자 하는 바는 나에게 연
구원과 콜레주(재미있는 약어들이다!) 사이에 불연속성이 없다는 점이다.

질문: 하나의 삶에서——담론의 단절을 야기하는——파열적 요소들은
어떤 것인가? 전환인가? 대상들의 전환은 있을 수 있지만 담론의 전환은
없다.


## 언어의 위협


**Cf.** 취임 강의에서 하나의 환상(fantasme)을 탐구의 기원에 갖다 놓는 것
을 받아들여야 한다고 말했음.[2] 나는 분노의 환상을, 즉 타자(다른 사람들)
의 언어(검토해야 할 사항임)를 계속해서 탐색한다. 이 언어가 분노를 일
으키는 한, 다시 말해서 그것이 예속을 가져오는 한 말이다. 또 그것이 어
떤 조작자들(opérateurs)에 의해, 내가 위협을 느끼는 힘의 관계에 들어가는
한 말이다. 이런 측면은 플라톤이 이론 혐오라 부르는 것(《파이돈》, 플레
이아드, 813)의 범주에 들어갈 것이다. 그가 볼 때 그것은 경멸적인 것으
로 추론의 혐오임. 우리가 볼 때는 보다 폭넓은 입장에서 타자의 담론(추론
은 분명 이런 무기들 가운데 하나인 바)에 의해 붙들리는 것에 대한 저항임.

---

2) p.49 참조.

방법: 힘으로서의 언어라는 회귀점을 중심으로 매우 자유로운(내가 초청자들에 대해 속단할 수 없기 때문에 그만큼 더 자유로운) 탈선적 여행이 될 것임. 언제나 환상으로 되돌아감(환상을 잊어서는 안 됨). 환상=내가 타자의 담론(어떤 다른 사람들의 어떤 담론들)을 보는 재단된 시나리오나 이미지임. 이 담론은 내가 받아들이지 않거나 혹은 반대로 내가 종속되는 것을 즐기면서 받아들이는——왜냐하면 어떤 주체에 대해서도 속단하지 않아야 하기 때문임——그런 권력의 (조작자들의) 속성들을 부여받고 있음.

그런데 이런 실존적 (혹은 환상적) 상황, 즉 언어의 위협을 나는 아직 진정으로 기호학적 상황으로 변모시키지 못했다. 이것은 가능한가/불가능한가? 이를 아는 것이 다소간 이 세미나의 작업이 될 것이다. 나는 환상을 변모시키지 않고 그것을 반복할 것이다(이것이 다소간 환상의 정의이다).

이 반복은 기표들을 통해 이루어진다(그것이 개념들을 통해 이루어진다면, 그것은 반복이 아닐 것이다). 따라서 언어의 위협 → '담론을 늘어놓는다는 것'과 연결됨.

주목 사항: to diéxérchesthai[3]처럼 동사를 중성으로 어미 변화시키는 그리스어와는 달리,——순전히 지적인 방법을 제외하고——그것을 실사화하지 못하게 하는 프랑스어의 태만이 있음. 프랑스어에서 나는 행동을 선(先)존재하는 주어(주체)에 결부시킴으로써만 그것을 언어적으로 다룰 수 있다. 행동은 의무적으로 주어의 속사이고 술어이다. 나는 행동에 행동으로서의 성격을 남겨두면서도 그것의 주어를 부재시키거나 일반화시키면서는 행동을 제시할 수 없다. 예컨대 '담론(이야기)을 늘어놓는다 것(le discourir)'이 무엇을 말한다고 생각되는지를 말이다. 그 반대로 우리는 대상으로서, 조작된 것으로서,——기껏해야 고풍적 언어에서 담론을 늘

---

3) To diéxérchesthai(그리스어): 편력하는 현상, 특히 말(parole)을 통해 편력하고 세부적으로 설명하는 현상.

어놓는 재능(talent de discourir)으로서, 다시 말해 주체의 순수한 특성처럼 받아들여진 잠재적 행동으로서——'담론(discours)'만을 지니고 있다. 디드로는 이렇게 말했다. "오귀스트는 군주에게나 걸맞은 신속하고도 수월한 담론을 지니고 있었다."[4]

환상을 표현하기 위한 낱말들을 이처럼 모색하는 가운데 내가 불가피하게 선택한 표현이 '하나의 담론을 개진한다(tenir un discours)'이다. (이런 사실이 의미하는 것은 이렇다. 누군가 나에게 하나의 담론을 개진하면, 나는 위협을 받는다——뿐만 아니라 다소 과대망상증이 있는 나는 '어떤 담론을 개진한다'는 현상에 매우 예민하다. 나는 누군가 나에게 하나의 담론을 개진한다는 인상을 아주 빠르게 받는다. 그런 만큼 또한 나는 '하나의 담론을 개진하는 것'을 매우 두려워한다.)


## 한 언어의 고유한 관용어법(l'idiotisme)


'하나의 담론을 개진한다' =탐사해야 할 지대임. 그것은 한 언어에 고유한 관용어법(프랑스어에 특유한 관용어법인가? 나는 다른 언어들을 모른다)이다. 가벼우며 그렇게 두드러지지 않는 관용어법임. 다시 말해 이 표현의 요소들이 어떤 의미론적 독립성——우리는 곧바로 이것을 이용할 것이다——을 간직함(반면에 pomme de terre[5]는 그렇지 않음). 그러나 어쨌든 굳어진 표현임. 그 증거는 리트레 사전 속에 있다. 따라서 랑그(소쉬르적 의미에서) 속에는 '하나의 담론을 개진한다'는 말의 어휘적인 인정이 포함되어 있음. 그러나 대개는 '이야기(담론)들을 늘어놓는다(tenir des

---

4) 이 인용문은 확인될 수 없었다.
5) 감자를 의미한다.

discours)'는 말로 쓰임. 주목 사항: 이 말은 같은 것이 아님. 복수(le pluriel)
는 연극처럼 최소화하고, 평가절하하며, 객관화시킨다. 반면에 단수는 수
미일관성, 강조의 효과로 귀착됨. 이런 점은 다분히 우리가 사용하는 의
미임.

우리는 잠시 다음과 같은 사실에 주목해야 한다. 즉 하나의 관용어법이
이번 세미나의 '주제'와 이 주제의 명칭을 부여하고, **콰에스티오**(quaes-
tio), 즉 논점에 제목을 부여한다는 점이다. 나는 언젠가 강의·수업·연구
발표·소논문(논술)·학위 논문의 제목들에 대해——다시 말해 '담론'(이
낱말은 앞으로 보겠지만, 학업적 의미를 지니고 있다)의 명칭이 붙는 것들
에 대해 누군가 작업을 했다면 좋았으리라 생각된다. 나로서는 기꺼이 다
음과 같은 위계를 제시함.

1) 하나의 문장으로부터 출발하는 것(주해하는 것)을 생각함. 이것이 논
술이다. 하나의 문장을 '주해하는 것(commenter)'의 고통이 있음. 왜냐하
면 문장의 미학적 기능은 '결정적인 것' '주해할 수 없는 것'의 통사적 형
태를 구성하는 것이기 때문이다. 우리는 훌륭한 문장이 말하는 것 이상으
로 더 잘 말할 수 없거나 다시 말할 수 없고, 혹은 그 이외의 것을 말할 수
없다. 이로부터 논술이 지닌 심히 무익한 성격이 비롯됨. 학업적 주제는
아무것도 생산할 수 없고 심지어 변질을 가져오는 과제로 몰리게 되는 사
태를 당한다. (고등학교에서 주해해야 할 문장들이 여전히 제시되는지 모르
겠다. 내가 다닐 때는 그것이 거의 일반적인 규칙이었다.)

2) 하나의 낱말로부터 출발하는 것을 생각함. 이것은 보다 낫다. 왜냐
하면 낱말은 순수한 기표이기 때문임. 그것은 '주해들'로 폭발하는 것이
아니라——내가 사용하는 의미에서 최소한 다음과 같은 2개의 왕도(王道)
에 따라——다른 기표들로 폭발한다.

a) 어원, 가짜-기원, 기원의 함정, 생성, 단어의 통시적 동요, 그것의 전
복들, 그것의 역설들. 예컨대 '담론(discours)'이란 말 자체가 그러함. 그것

은 언어 활동(langage)의 에피소드들을 분리하고 물리치면서 이리저리 달린다(courir)를 말함. 그래서 '사랑의 담론' → (단단하게 결속된 부분들로) 구축된 긴 파롤의 불분명하고 잠 오게 하는 덮어씌운 층(nappe)임.

b) 공시(connotation), 공시적 장, 다시 말해 틀에 박힌 관용어법들의 침전, 낱말의 사회적 진동. 이 모든 것으로 인해 낱말은 **콰에스티오**라는 제목처럼 잘 선택된 경우(도시·음식·의복 등은 배제해야 함), 기표의 작업을 하게 해준다. 그래서 논술은 멀어진다. Cf.《프르미에르 리브레종》이란 잡지(마티외 베느제와 라쿠 라바르트. 사고(accident). 초상(初喪). 모방.[6])

3) 하나의 관용어법으로부터 출발하는 것을 생각함. **이디오스**: 언어에만 속하는 것임. 추상적이고 보편적인 구조가 아니라 관용어로서 말이다. 한 국민의 역사적·사회적 몸체(le corps) 그대로의 언어임. 언어가 은유, 다시 말해 몸체로 수용적으로 회귀한 것임. (의미 작용적) 연상의 장은 폭넓게 열려진다. 왜냐하면 이런 장을 준비한 것이 언어 자체이기 때문이다.

우리가 택한 관용어법: '하나의 담론을 개진한다' 임. 나는 이것이 가벼운, 다시 말해 상대적으로 해체할 수 있는 관용어법이라는 점을 언급했다. 이는 의미 효과가 전체적 연사(連辭)의 수준에 있다는 점을 의미하는 것이 아님. 따라서 우리는 일시적으로, 인위적으로 해체하는 작업을 할 것이다. → 나는(안타이오스처럼 나는 여기서 나의 환상과 다시 접촉한다) 중요한 낱말은 '담론(discours)'이 아니라 '개진하다(tenir)'라고 생각한다. 나는 '담론'이란 낱말로 시작할 것인데, 이는 우리가 우리의 환상과 관련될 수 있는 의소(sème)를 이 낱말에서 발견할 수 있는지 보기 위해서이다.

---

6) 1975년에 마티외 베느제(작가)와 필립 라쿠 라바르트(철학자)에 의해 창간된 잡지《프르미에르 리브레종 *Première livraison*》은 4페이지로 되어 매년 12호씩 3년 동안 발행되었다. 기고된 글들은 2,3개의 핵심 단어로부터 씌어지도록 요청되었다.

# 담론

내가 지적했듯이, (16세기) 근대 프랑스어의 구성에서부터 이 낱말의 프랑스어 의미는 언어 활동의 층(면(nappe))이다. 'Discours'란 낱말이 사용되기 시작한 연대는 1503년임(중세에는 드물었음). 어원과 관련해서 보면, 전복이 있음. 즉 discurro=사방으로 달린다임(dis=반대 방향들로 분리, 떼어 놓음). 다만 후기에 와서 '담론(이야기)을 늘어놓다' (diélthein)[7]라는 비유적 의미가 나타남. 특히 스콜라 철학에서 discursus의 중세적 의미를 검토해야 한다. 내가 분실한 흥미있는 자료 카드가 있지만, 간격·분열의 의미를 상기해야 함.

라틴어 discursus: 이리저리 뛰어다님, 이야기의 조화롭지 못한 횡설수설임. 이 단어는 근대적 의미로의 이동을 지시한다. 'Discours'는 일종의 일탈이고, 횡설수설임. 말라르메의 《횡설수설 *Divagations*》, 1897(〈리하르트 바그너〉〈연극 스케치〉〈시의 위기〉〈책에 관하여〉 등으로 엮어진 모음집). 그런데 말라르메는 자신의 통상적 예지력을 통해 이 모음집을 주해하면서 '횡설수설'이란 낱말의 두 모순적 끝을 붙들고 있다. 우리가 볼 때 이
* 낱말이 스크린, '담론'의 스크린이라는 점에서 말이다. 그는 말한다: "건축이 없는 산만한 책들처럼, 내가 좋아하지 않는 책……"[8]이라고(이것이 분리-달리기(dis-cursus), 세분(dépiècement)임). 그러나 이렇게 말한다. "일반인이 금지된 하나의 수도원 경내가 부서졌다 할지라도, 그것은 산책자에게 그 나름의 교의를 발산하는 것처럼, 외관상의 횡설수설은——내가 이

---

7) Diéthein(그리스어): 가로지르다, 편력하다.
8) 말라르메의 권두 텍스트의 처음에 나오는 말임. 바르트는 플레이아드 총서로 나온 앙리 몽도르 판본(파리, 갈리마르, 1945)을 인용하고 있다.
 * p.1340.

것을 외국에서 다시 본다면——단일한 사유 주제를 다루고 있다.” ('tenir'
의 단수형 과거분사 'tenu' 가 나타남.)

　담론의 어원적 경계와 근대적 경계 사이의 매개적 의미는 '탈선(excur-
sion)' 임=(어떤 것의) 바깥에 있지만 어떤 지속, 일관성, 형상을 지닌 언어
조각임(그런데 그 어떤 것은 무엇인가? 담론이 그 '바깥에 있음(en-dehors)' 을
차지하는 그것은 무엇인가?). 우리는 하나의 '탈선' 을 기억하고 있다. 《스
완네 집 쪽으로》《게르망트가의 사람들》, 이것들은 결국 '탈선들' 이다.

　담론의 일반적 의소는 리트레 사전에 의해 제시된다. 그것은 '어떤 방
법과 길이를 가지고 표명되는 모든 것에 대해 말해진다.' 요컨대 그것은

　1. '바깥에 있는' 단편 조각임. 사람들이 발열이나 발광을 언급하듯이,
나는 이미 '발작(accès)' 이라 말하고 싶다. '정상적' 표현을 파괴하러 오는
것임. 아니면 '표시가 나지 않는 무표(non-marqué)에 비해 '표시가 나는
유표(marqué)임.

　2. 내적으로 구축됨. 주변에 이야기되는 '담론' 의 '탈중심성(excentri-
cité)' 에 내적 통일이 전도된 모습으로 대응한다. 담론은 '그 나름의 주장'
을, 하나의 내용을 발산한다. 이 내용과 관련하여 담론은 스스로를 결정
하고 방법적으로 탐색한다.

　3. 주목할 만한 길이를 지니고 있음. 다시 말해 '짧다' 는 것이 드러나
지 않는 언어의 단편 조각임(이 모든 것은 구조적 · 패러다임적 표현으로 이
해되어야 한다).

　리트레 사전의 상이한 의미 항목들——별로 많지 않으며 매우 서로 접
근됨——가운데 하나가 특히 더 나의 관심을 끈다. 그것은 학교 세계와
관련한 다음과 같은 특별한 역사적 · 기술적(技術的) 항목임. '중학교에서
제시되는 작문으로서, 일정한 상황에서 어떤 인물의 담론과 관련해 선생
이 지시한 개요를 전개하는 것임.' (리트레) 이 담론은 라틴어로 (예수회 중
학교에서 우등상을 다툼) 제시되다가 후에 프랑스어로 제시됨. 논술과 집

필의 선조격임. 산문의 예: 프루스트(《꽃피는 처녀들의 그늘 아래》, p.911)[9]

"소포클레스는 라신에게 《아탈리》가 성공하지 못한 것을 위로하기 위해 지옥을 묘사한다." 지젤의 답안지는 그녀가 이야기의 다음 내용에 대해 알고 있는 모든 것을 위치시킨다. 하지만 앙드레의 우월하고 빈정대는 채점은 '별도의 종이에다 자신의 구도(plan)를 쓰기'('구축'의 원리)로 표현됨. 이 항목에서 나의 흥미를 끄는 것은 담론이 하나의 복사, '흉내' 연극이라는 점이다. 요컨대 선생이 준 개요에 대한 역사적 표명이라는 것임(또한 단편적인 시험이고, 의무일 수 있음).


## 개진하다


나는 이제 '개진하다' ——그리고 물론 암묵적이지만 (하나의 담론에 의

* 해) '지탱되다(être tenu)' ——를 다룰 것임. 누군가가 '하나의 담론을 개진한다'는 것은 사실(아마 우리는 이 점을 다시 다룰 것이다), 마치 그가 최초의 확신을 가지고 그것을 창안하는 것처럼, 수없이 언급되고 들었던 담론(케케묵은 담론)을 자신의 것으로 삼는 것이다. 칼라스는 정열적으로 이렇게 말했다. "나는 여자이다……. 우리가 여성성을 빼앗기면 남는 게 무엇인가? 등." 달리 말하면 그녀는 '언급된 것에 의해서' 지탱되기(être tenue) 때문에 버티고 있다(tient).

'Tenir'란 낱말은 어법이 많다. 그러나 그것은 간단하게 탐색될 수 있다. 리트레 사전을 보면, 72개 의미 항목이 있음. (대충 훑어보면) 그 가운데: 손에 잡다 ——사람을 붙들다 ——소유하다 ——장소를 점유하다(군사적

---

9) p.156 참고.

* 능동적/수동적.

의미)──구성(조직) 속에 포함하고 있다──어떤 것들에 대한 권한을 갖다──누군가 혹은 어떤 것이 어떤 상태에 있게 하다──……하는 것을 억압하다, 막다──길을 따라가다──약속을 지키다──버티다.

분명한 것은 이러한 의미들 가운데 다음과 같은 2개의 근본적 의소가 있다는 점이다.

— 권력, 힘, 예속시킴, 지배.

— 지속, 끈기.

이런 측면은 다음과 같은 관용어법들(이 가운데 '하나의 담론을 개진하다'가 들어간다), 즉 '집에 손님을 초대하다(tenir maison)'(위신, 과시의 힘), '대항하다(tenir tête)' '버티다(tenir pied)' '지속에 의해 강제하다. 지속을 강제하다(tenir l'oeil)' '……로 만족하다(s'en tenir à)(자기 자신에 행사된 힘)' '어떤 힘을 꾹 참고 있다(en tenir)' 매혹 '시키다(tenir sous)' (le charme)(더 이상 저항이 없을 때까지 오랫동안 예속하고, 구속하고, 억압하다).

그러나 이것이 전부가 아니다. 원형-어원적 지평에서 또 다른 의소가 나타난다. **Teneo**는 실제 'tendre'(＝실제로 힘을 행사하여 최대한 지속시키다)를 의미하는 **Tendo**와 동일한 어근을 지니고 있다. 근본적 의소는 아마 다음과 같이 긴장이라는 관념을 중심으로 하고 있다 할 것이다. 자신을 생기 있게 유지하다(se tenir), 긴장을 유지하다(se tendre vivant)(강조적 의미에서 **존재임**: 긴장이 두드러지게 분명한 방식으로 살아 있는 존재). 요컨대 나는 이렇게 말할 수 있을 것이다. "당신은 마르크스주의자인가, 라캉주의자인가?"＝"당신은 마르크스주의적 담론을 개진하는가(견해를 지니고 있는가), 라캉적 담론을 개진하는가(Tenez-vous discours maxiste, lacanien?)"

# 견해를 유지하다

위와 같은 모든 의소들은 '하나의 담론을 개진하다' 속에 들어 있다. 이 표현은 실제 다음과 같은 것들을 지시한다.

1) 힘·강제·예속의 겨냥.

― 지속, 끈기.

― 긴장, 긴장되고 체계적인 일관성.

달리 말하면 총체성·영원성·존재를 겨냥함.

2) 연극화의 효과. 다시 말해 '담론'을 통한 파롤의 과시적인 활약 같은 것을 드러내고, '개진하다'를 통해 여러분의 장소가 아닌 존재 장소를 차지하는 것임. 어떤 역할을 유지하는 것 → 담론을 개진하다＝언어적인 가면을 쓰고 있다.

기호학적인 주목 사항:

― '견해를 유지하다'(담론을 개진하다)＝숙어, 관용어법, 굳어진 연사임. 그런데 우리가 소쉬르를 읽었던 시기를 환기해야 함. 굳어진 성구 (syntagme figé)[10]는 랑그/파롤이라는 빛나는 이분법에서 소쉬르를 곤란하게 만들었던 것임. 그것들은 랑그인가 파롤인가? 여기서 우리는 소쉬르 학설(그것도 의식적인 학설)의 한계와 관련된다. 바로 이 한계로부터 현재의 언어학적 고찰의 몇몇 주장들이 출발하고 있다(수행적 발화, 제3자 관련 발화(le Délocutoire)).[11] '견해를 유지하다'는 애매한 문식임. 왜냐하면 랑그의 '행위'이며 랑그의 파롤이기 때문임.

― 모든 것은 마치 '견해를 유지하다'에서 소쉬르(그리고 심지어 촘스

---

10) 성구는 어휘화된 표현이다. 따라서 이것은 랑그(코드)와 파롤(사용)에 동시에 속한다. 예를 들면 세론(qu'en-dira-t-on) 같은 것임.

11) p.291 참고.

키)의 수사학적 분류가 뒤섞이고 빗나간 것처럼 진행된다. 수사학:

1. Heurésis[12]/inventio, taxis[13]/dispositio, léxis[14]/elocutio: 랑그로서의 담론: 구조적 결합 요소들(랑그, 언어 능력, 아리스토텔레스의 '기하학').[15]

2. Pronuntiatio,[16] hupokrisis/delivery/actio[17]: 파롤, 언어 수행. 뿐만 아니라 배우라는 단어도 고려해야 함. Actio는 연극이다. 연설가=수사학적 배우들임. 주목 사항: 키케로는 연설가를 어릿광대와 이와 같이 동일시하는 성격을 알아차렸다는 것임. 그는 actio가 '배우나 어릿광대를 토대로 해서가 아니라, 전사들의 매너(남성성!)를 토대로'[18] 형성되어야 한다고 요구했다. 그것은 힘을 위해서 무대를 떠나는 것이었다! 그런데 '담론을 개진하다'에서 랑그 자체는 actio 속에 있다. 언어 수행의 질서에 속하는 '개진하다'는 코드화되어 있다(우리가 재발견해야 하는 것은 다소간 이 코드이다). 게다가 우리는 소쉬르의 그 커다란 이분법을 근본적으로 전복하는 것이 주체의 일반적 범주로서의 '무대'가 아닌지 자문할 수 있다. 사실 이 이분법은 개인/사회라는 소쉬르 시대의 고전적·사회학적 대립(타르드와 어쩌면 뒤르켐으로 대변되는 그 시대 사회학과 소쉬르의 관계를 잊어서는 안 됨)이 이론적으로 복잡해질 때부터 허물어지게 된다. 그런데 이와 같은 복잡화는 오늘날 전면에 등장한 언표(발화) 행위라는 새로운 범주를

---

12) Heurésis(그리스어), inventio(라틴어): 창안, 발견.

13) Taxis(그리스어), dispositio(라틴어): 배열, 정돈.

14) Léxis(그리스어), elocutio(리틴어): 말, 발성법.

15) 공간적 은유는 수사학의 '상투적인 표현들(lieux communs; 공통의 장소들)'로 귀결된다. 《고대 수사학》, 'B. I. 18. 장소(lieu), 토포스(topos; 장소), 로쿠스(locus; 위치)' (OCIII 959).

16) Pronuntiatio(라틴어): 웅변(술).

17) Hupokrisis(그리스어), delivery(영어), actio(라틴어): 하나의 역할을 하는 행동, 그리고 웅변. 찰스 시어즈 발드윈, 《고대 수사학과 시학: 표상적 낱말들로부터의 해석》, 웨스트포트(코네티컷), 그린우드 프레스, 1971.

18) 《변론집》, III, 59. 이 번역문은 확인할 수 없었음. 아마 바르트 자신의 번역일 것임.
  * 발드윈, I, p.23.

통해 다가온다. 어떤 의미에서 보면 언표 행위를 떠나서는 아무것도 존재하지 않는다. 랑그는 조작적 · 분류적 가치를 상실하는 일종의 가공물이다. 라캉의 '라랑그(lalangue)'[19] 속에 있는 그 운동, 또 수행적 발화 · 제3자 관련 발화에 대한 탐구에서 드러나는 그 운동의 흔적임(플라오 · 밀네[20]).


## 투자하다(포위하다)


내가 '담론을 개진하다'에서 의미하고자 하는 것은 연극화라는 그 의소(힘의 의소와 짝을 이룸)이다. 이 의소가 나로 하여금 세미나의 제목을 '투자된 파롤'이나 '파롤의 투자'라는 개념을 통해 분명히 하도록 해주었다.

'투자 · 포위(investissement)'라는 낱말은 프로이트의 Besetzung부터 온 것임(라플랑슈 및 퐁탈리스[21]). '경제적 개념으로서 어떤 심적 에너지가 하나의 표상이나 표상 집단, 신체의 일부나 하나의 대상 등에 집착해 있는

---

19) "라랑그는 소통 이외의 모든 것들에 소용된다. 그것은 무의식이 라랑그로 이루어진 이상, 이 무의식의 경험이 우리에게 보여 준 것이다. 여러분도 알다시피, 나는 그것을 단 한 단어로 쓰고 있다. 이는 우리들 각자와 관련된 것이 무엇인지를 지칭하기 위해서이다. 그것은 모태적 라랑그인데, 맥없이 그렇게 언급된 것이 아니다."(《세미나, 앙코르》, 제20권, 파리, 쇠이유, 1975, 〈미로 속의 쥐〉, p.126).

20) 프랑수아 플라오 및 장 클로드 밀네는 둘 다 언어학자이다. 〈소개〉에서 바르트는 '제3자 관련 발화(délocutoire)'의 개념을 이렇게 규정한다. "왜냐하면 현대 언어학자들이 우선적으로 **표현**(locution)이나 '발화(le locutoire)'(나(je)의 표현이나 발화임—〔역주〕)에 관심을 가지고 있지만(당연히 문제들을 계열화해야 할 것이다), **상호 대화**(inter-locution)의(다른 사람에게, 다른 사람과 함께 말하는 것) 문제들을 이제 제기해야 한다. 따라서 다음과 같은 마지막 복잡성이 남아 있다. 즉 두 사람 혹은 여러 사람이 누군가에 대해 혹은 어떤 사물에 대해 이야기할 때 무슨 일이 일어나는가? 문제는 더 이상 이 누군가나 사물을 형식적으로 다루는 것(수사학이 이미 이런 일을 해놓았다)이 아니라, 이미지들의 복잡한 놀이에 따라 파롤의 파트너들과 쟁점들을 결합시키키거나, 나아가 표현(locution), 상호 대화(interlocution) 그리고 대화의 대상(쟁점)(dé-locution)을 결합시키는 변증법에 접근하는 것이다."(OCIII, 1001)

21) p.52 주(註) 참고.

현상임.' 우리가 주목할 것은 독일어와 프랑스어가 정확히 일치하지는 않는다는 점이다. 독일어는 점유하다, (군사적) 점유의 의미를 지님. 프랑스어에서는 이 의미에다 재정적 의미, 즉 어떤 사업에 자본의 투자라는 의미가 있다고 라플랑슈와 퐁탈리스는 말한다. 우리는 이와 같은 프랑스어의 추가적 의미가 충분하지 않고, 우리의 흥미를 끌게 되는 것은 제3의 의미라는 점을 곧 알게 될 것이다.

어쨌든 상기해야 할 점은 프로이트의 경우, 그것이 심적 기원을 지닌 개념(동태심리학과 신경생리학의 연결이 시도됨)으로서 '흥분의 양' 임. → '표상' 과 이 표상에 투자된 '정서 양' 이 구분됨. 심적 장치의 두번째 이론에서 투자의 기원: 이드(le ça)임. → 표상이나 대상에 대한 투자 → 가치들이 투자된 것으로서 표상과 대상. 지각 · 정신에 강하게 호소하는 가치의 경우, 투자 중단이 없으면서도 에너지의 부하가 부정적일 수 있다. 공포의 대상=회피되어야 하는 것으로서 투자됨. 이로부터 투자의 개념이 지향성의 관념들, 대상-가치들, 요컨대 현상학으로 방향 설정이 가능함. 즉 정서적 목표들로 말이다(이 모든 것: 라플랑슈 및 퐁탈리스 참조).

한번 더 랑그로 되돌아가 보자(왜냐하면 결국 이 서론의 의미는 랑그를 쓸어 버리는 것이기 때문임——이것은 앞으로 이루어질 발표들이 가져올 것에 대해 속단하지 않는 방식이다). 리트레 사전은 '투자하다' 에 재정적 의미를 아직 인정하지 않고 있다. 그것은 군사적 의미를 인정한다. 그러나 특히 그것은 독일어에 없는 (라틴어의) 어원적 의미를 단연 중시한다. 'Investir' = 어떤 옷을 입히다, 다시 말해 '어떤 의복의 전달을 포함하는 몇몇 의식(儀式)들이 수반되는 권력, 권위를 소유하게 하다.' 이런 수여(investissement)를 예시하기 위해 선택될 수 우화는 브레히트의 《갈릴레이》[22]가 될 수 있을 것이다. 이 작품에서 바르베리니 추기경은 처음에 갈릴레이에게 호의

---

22) 《갈릴레이의 삶》, 1938년에 씌어진 이 극작품은 1943년 취리히에서 초연되었다.

적이나, 갈릴레이가 서서히 교황이 수여하는 옷을 입게 되어감에 따라 그에게 점차로 적대적이 된다. 그에게 전달되는 각각의 의복에 유보된 권리는 증가하고, 옷입기가 끝날 때 그것은 비난으로 바뀐다. 교황은 추기경을 포위했던(investi) 것이다.

이와 같은 의복(vêtement)의 개념은 프로이트의 방식과는 다르게(그렇다고 그것을 반박하는 것은 아님) investissement이라는 관념에 방향을 설정한다. 그것은 이 관념을 어떤 역할 수행 같은 것, 다시 말해 연극화된 에너지로 만든다. → 투자된/포위된 ('개진된') 말, 담론=(프로이트의 의미에서) 투자된 대상, 출구가 폐쇄된 점유되고 닫혀진 언어(langage)이고, (경찰에 포위된 어떤 지역처럼) '포위되고' 타자에 의해 '포위되기'를 목표로 하는 언어임——또한 권위의 표지로서의 의복처럼 연극적으로, 그리고 의례적으로 입혀진 언어-의복임.

그리고 항상 상기해야 할 것은 능동/수동의 혼잡한 교대임. 하나의 담론에(을) 투자(포위)한다는 것=하나의 담론에 의해 투자(포위)된다는 것임. '하나의 담론을 개진한다'=어떤 어법의 명령(질서)을 따른다. 이전에 나온 어떤 책을 신념을 가지고 재생(복사)한다: 베르테르와 오시안.[23] 부바르와 페퀴셰.[24] 그리고 이들이 계속적으로 투자하는 담론들의 연속 행진을 보라. 플로베르의 소설은 소외를 투자, 즉 복사로 변모시키는 것임.


## 측면들

우리가 이해했듯이, 이 서론은 세미나 제목의 낱말들의 주름을 펴는 것

---

23) 아일랜드 · 스코틀랜드의 전설적 영웅 시인.〔역주〕
24) 1975년 바르트는 고등실천연구원에서 이끈 세미나를 《부바르와 페퀴셰》에 할애했다.

이외의 다른 목적이 없다. 이러한 펴기——이러한 설명——는 매우 직관적이고, 주관적이다. 나는 내가 이 낱말들 속에서 의미하고자 했던 것이 무엇인지 말하려고 노력했다. 어쨌든 의미들을 읽고 듣는 기계들은 없다. 다만 나의 청취는 어원적 길, 사전학적 길, 기표의 길과 같은 몇몇 길들——코드의 길들——을 따라 이루어졌다.

구두적 '담론을 개진한다' 는 것의 세 가지 사례는 다음과 같음.

1) 권고: 《로빈슨 크루소》의 도입부에서 아버지가 로빈슨에게 함.[25] '이야기를 한다(tenir discours)' 와 하나의 장르의 일치 문제가 있음.

2) '이야기를 한다' 는 것의 침투. 예컨대 저녁-모임에서 남자들과 그들의 아내들. 남자들은 이야기하고, 포르투갈 · 중국 · 텔레비전에 대해서 말하고 토론한다. 여자들은 조용히 있다. 갑작스럽게 한 여자가——그녀의 조그만 개가 잠에서 깨어났기 때문에——개들에 관해 대단한 담론을 개진한다. 그것들의 애정, 그것들의 지적 능력이 훌륭하다는 것임. 우리는 내가 단순히 사물(la Chose)[26]이라 부르는 투자된 사물의 그 문제로 되돌아갈 것이다.

3) 나는 택시를 잡는다. 그러자 즉시 운전사가 말을 하고, '프랑스인들이 그들의 재력 이상으로 지출한다' 는 것에 대해 견해를 늘어놓는다(tenir discours). 목적지에 도착하자, 담론(이야기)은 갑자기 멈춘다. 그렇지만 나는 '하나의 담론을 개진한다' 는 것의 성격이 손상되었다는 느낌을 갖지 못했음(그렇다면 그것은 마감의 표시로서 결론을 맺으며 구축된 것이 아닌가?). 미터——택시미터에 맞추어진 담론임. 예컨대 생 제르맹에서 뒤토가(街)까지 맞춘 이야기(담론)를 나에게 해주시오.

복잡한 '담론(이야기)을 개진한다' 의 세 가지 사례는 아래와 같음. 사실

---

25) 《로빈슨 크루소의 삶과 모험》, 앞의 책, p.4 및 이하.
26) p.115 주(註) 참고.

나는 구두적·몸짓적·행동적 표시들로 일종의 일반화된 확장을 해야 한다면, '담론을 개진한다'는 느낌——분명함——을 갖는다고 생각한다. 다시 말해 몸이 자신의 존재를 드러내고, 몸의 자만이 있는 곳이면 어디서나 그런 느낌을 갖는 것임.

1) 생의 의지의 조직화된 과시. 나는 X가 어느 북쪽 나라에 여행하고 있는 모습을 본다. 그는 산뜻한 아침 식사 앞에 자리를 잡은 뒤 조용하면서도 맹렬하게, 바쁘지만 절도 있게 먹고 있다. 그는 누가 보기에도 욕구가 만족되어, 즐거움을 드러내고 있다. 나는 이런 식으로 먹는 아침 식사가 X가 개진하는 하나의 담론이라는 강렬한 인상을 받는다. 힘·점유·연속성·긴장, 어떤 연극 같은 것을 느끼는 것이다. 투자(포위): 아침 식사는 하나의 의복이다.

2) (개인적인) 또 다른 현시. 첫번째 현시: 다정한 현시임(잘 먹는 모습이 드러나는 사람을 좋아함). 이 현시는 보다 자극되어 있고, 보다 부식적임. 기차에 '전문직의 어떤 젊은 여간호사'가 있음(젊은 중학교 교사와 여행을 하고 있으며, 그는 그를 지배하는 그녀에게 감탄하고 있다). 확언을 나타내는 일련의 표시들과 이 표시들의 협력이 드러남. 그녀는: a) 열차칸에 거친 스테레오 카세트를 틀어 놓음. b) 힘 있고 울리는 목소리를 냄. c) 조심성의 장벽이 전혀 없는 말을 함. d) 두 좌석을 차지하며 퍼져 있음. e) 신발을 벗음. f) 오렌지를 먹음. g) 나와 같이 여행하는 사람에게 내가 말하는 것에 대해 개입함. 요컨대 그녀는 담론을 개진하고 있다. 이 담론의 의미=나는 거북해하지 않는다=나는 존재한다=나는 관용적인 기질이 있는 사람이다. 요컨대 '담론을 개진한다'는 것은 하나의 코드화된 문형으로 귀결된다. 그 증거로 이 문형은 동방 수도사들의 어휘 속에 **파레시아**라는 하나의 이름을 지니고 있었음. **파레시아**(수월, 친근함, 솔직함)≠**크세니테이아**(친근함이 없는 기질).

3) 마지막으로 '담론을 개진하다'의 간단한 현시임. 위르트[27]에서 헬멧

을 쓴 젊은 오토바이족 한 사람이 인적이 없는 항구의 광장에서 굉음을
내면서 폼을 잡고 달리고 있다. 진정으로 그는 담론을 개진하고 있다. 왜
냐하면 담론을 개진한다는 것은——최후의 의소로서—— '다른 사람들을
귀찮게 굴다' 는 것이 아닐까?

이와 같은 예들(현시들)에 '담론을 개진하다' 의 대항 범주(contre-caté-
gorie)를 대립시켜 봄. 조각상처럼 담론을 개진하지 않는 자, 언어가 박탈
당하고, 언어를 지니지 않고, 따라서 아무것도 개진할 수 없는 자, 낙오자
를. 낙오자에게는 힘도, 긴장도, 연극도 없다.


## 결론


이 서론의 기능은 세미나를 하나의 환상에 결부시키고, 몇몇 구두적 기
표들을 통해서 환상을 탐색하는 것임. 환상의 체계적인 탐색임. 하나의 선
례: 쥘리에트가 아름다운 도니스 백작부인에게 하는 충고를 들 수 있음.[28]
우리는 이제 적어도 정당화로서의 환상과 결별하고, 상이한 주제들의 상
이한 접근들을 통해 '담론을 개진하다' 는 표현을 파열시킬 것이다.

따라서 우리는 일련의 자유로운 발표들을 듣게 될 것이다. 각각의 발표
자는 제안된 표현으로부터 자기 생각대로 출발하는 것 이외는 다른 임무
가 없기 때문이다. 프로그램은 다음과 같다.[29]

---

27) 바르트가 집을 한 채 소유했던 바스크 지방의 마을이다.

28) "……당신이 단 하나의 부정 행위만을 저지른다 할지라도, 당신은 여자들 가운데
가장 불행할 것입니다. 시작하지를 말든지, 아니면 당신이 가장자리에 발을 디디자마자
완전히 깊은 구렁 속에 빠지십시오."(사드, 《쥘리에트 이야기》, 《사드 전집》, t. III, 파리, 갈
리마르, '플레이아드' 총서, 1998, p.749)

29) 세미나 발표자들: 프랑수아 플라오(언어학자), 뤼세트 물린(문학비평가), 프랑수아
레카나티(언어학자), 코제트 마르텔(문학비평가), 자크 알랭 밀러(정신분석학자), 앙투안
콩파뇽(문학비평가), 루이 마랭(1931-1992, 에세이스트).

| 1월 19일 | 플라오 | 담론과 표징(insigne) |
|---|---|---|
| 1월 26일 | 뤼세트 뮬린 | 프루스트의 문장: 절과 반복<br>(stances et insistances) |
| 2월 2일 | F. 레카나티 | 개진된 담론, 개진될 수 있는 담론,<br>개진될 수 없는 담론 |
| 2월 9일 | 코제트 마르텔 | 말해진 여인 |
| 2월 16일 | J.-A. 밀러 | 쌍방의 담론 |
| 2월 23일 | 방학 | |
| 3월 2일 | A. 콩파뇽 | 열정(enthousiasme) |

(부활절까지) 마지막 세미나들을 위해, 나는 아마 '담론을 개진하다'에 대한 몇몇 분석을 제안하기 위해 다시 발언을 할 것이다. (나는 이에 대해 아직 아무것도 모른다. 그것은 내가 다른 사람들의 발표들에서 배운 것에 달려 있다. 이는 세미나의 원칙이다.)

| 3월 9일 | L. 마르탱 | 담론과 표징 | 플라오? |
|---|---|---|---|

**샤를뤼스-담론**
한 담론의 개략적 분석

**샤를뤼스-담론**[1]
이중의 차이:
담론의 유형
방법: S/Z

**1) 동력학**
우연
삼단논법의 논리
휘묻이
계속적인 표시

**2) 시동 장치**

**3) 대화 상대방의 심급**
앙드로마크
샤를뤼스-담론
굴절소(inflexèmes)

**4) 힘들**
'심리학.' 폭발소(explosèmes)

---

1) 줄을 그어 지워진 카드로서 강의 노트와 합쳐져 있다.

'정신분석학'

강도


**결론**




결론

## ■ 1977년 3월 23일 세미나[1]

# 샤를뤼스-담론

샤를뤼스가 어느 날 게르망트 댁에서 저녁 식사를 마친 후 그를 방문하는 화자에게 개진하는 담론임. 《게르망트가의 사람들》, II, 제2장, 플레이
* 아드, II, p.553-561.[2] 이 담론은 비난과 절교의 담론이며, 여기에다 보완으로서 《앙드로마크》 III막 4장을 다룰 것임.

처음[3] 읽을 때부터 모순적이고 역설적인 인상을 줌.

1) 한편으로 화자에게 퍼부어진 끈질기고, 밀도 있으며, 연속적이고 덮어씌워진(nappé) 담론임. 화자는 그것을 몇 번 반복하여 간단하게 되풀이할 뿐임. 그것은 '담론을 개진하다'의 본래 의미를 수행하는 것처럼 보인다. 밀도와 긴장이 담겨 있음.

2) 그러나 다른 한편으로, 동시에 매우 유동적이며 구름 낀 풍경처럼 변화하는 담론임. 굴곡들로 이루어진 일종의 미묘한 물결무늬 같음. 굴곡적 담론임. 이러한 의미에서, 우리는 이와 같은 두 성격 때문에 이렇게 말할 수 있을 것이다. 바그너 음악의 연속적이고 굴절적이며, 묵직하면서도 섬세한 직조물과 비교될 수 있음. 음악적 몸짓들(gestes)의 운동성이 있음. 니체가 **톤 세미오티크**[4]라 부르면서 퇴폐의 표현으로 단죄했던 것이 있음.

---

1) 세미나의 조직에 관해서는 p.297 참조.
2) p.157 주 참조.
3) 원고에서 말소된 긴 대목의 시작이다.
* 묵직한 그리고 미묘한.

《바그너의 경우》에서 니체의 말: "바그너의 음악에는 처음에 환각 현상들이 있으며, 음들이 아니라 몸짓들이 있다. 그가 우선적으로 음악기호학을 추구하는 것은 몸짓들을 위해서이다. 우리가 그를 찬양하고자 한다면, 바로 여기서 그가 작업하는 것을 보아야 한다. 그가 어떻게 해체하고, 어떻게 작은 단위들로 분리시키고, 어떻게 그것들에 활기를 불어넣고, 어떻게 그것들을 되살아나게 하고, 어떻게 그것들을 가시적으로 만드는지를! 그러나 이렇게 함으로써 그는 탈진한다. 나머지는 아무 가치도 없다."[5]

나의 흥미를 끄는 것은 묵직한 덩어리(주조물)와 몸짓, 넓이와 굴곡 사이의 그 관계이다. 이로부터 특히 방법론적 분석의 도정이 비롯됨. 투박한 시작, 세심하지도 철저하지도 않은 처음 실마리의 풀어감 같은 것 말이다. 나는 구조적인 요소들의 완전한 목록을 만들려는 것이 아니라, 다만 방법의 문제들을 제기하려는 것이다――아니면 야망을 보다 줄여서 조작상의 문제들을 제기하려는 것이다. 샤를뤼스의 것과 같은 담론을 분석하기 위해서 (장차) 어떻게 작업을 해야 할 것인가?

*　먼저 방법론적인 환상을 제거해야 한다. 샤를뤼스의 담론은 하나의 사례나 견본이 아니다. 그것은 '개진된(정리된) 담론들'의 덩어리라 할 전형적인 덩어리를 나타내지 않는다. 그것은 어떤 차이 속에서――(지난날 구조적 분석가였던) 나에게는 다음과 같은 이중의 차이 속에서――선택된 것이다. a) 독사(doxa), 다시 말해 상투적 견해에 대해 '담론을 늘어놓는다' 는 것과 비교하고, b) 《S/Z》라는 이전의 분석과 비교하는 차이.

** 　1) '담론을 개진하는' 하나의 정형, 혹은 여러 정형들이 있을 수 있다 (연구의 직관적 가정임). 예컨대 우리가 하나의 유형인 정치적 담론들을

---

4) Ton-Semiotik(독일어): 음악기호학.
5) 《우상의 황혼》, 앞의 책, p.161.
* 이중의 차이. ** 샤를뤼스-담론.

청취할 때나, 구조적 분석의 고전적 길들에 따라 구조화시킬 수 있는 담론인 강력한 상투적 코드를 들을 때 지니는 직관임. 따라서 담론의 자료체가 있음. → 우리는 이로부터 어떤 정형(어떤 문법)의 묘사를 도출한다. 그러나 샤를뤼스의 담론은 다르다. 그것은 비정형적이기 때문이다. 우리는 그것의 전체가 아니라 단편들을 알아볼 수 있다. 그런데 그렇게 알아보자마자 기호가 있다(기호는 인지된다, 벤베니스트). 따라서 샤를뤼스의 담론에는 기호학적인 면이 있다. (이것이 니체가 바그너의 작품에 대해 언급한 내용의 의미이다.) 그러나 이 담론은 유일하다(인지함≠되씹어 봄). 그것이 '샤를뤼스-담론'이다. 이로부터 우리는 다음과 같은 인식론적 문제를 만난다. 즉 어떻게 유일한 것을 구조화할 것인가? 유일한 것은 그것이 구조화 밖으로 뛰어들 수 없는 한에서, 다시 말해 말로 표현할 수 없는 것 속으로 뛰어들 수 없는 한에서 유일하다. 유일한 것(l'Unique)=텍스트(le Texte)임. '샤를뤼스-담론'은 하나의 목소리, 하나의 육체가 말하는 하나의 대문자 텍스트이다. 그러니 얼마나 놀라운 육체인가! 샤를뤼스의 육체는 《잃어버린 시간을 찾아서》 전체에 강하게 현존하며, 매우 비유적이다. 모든 자료체 밖에서 포착해야 할 관점, 비정형적인 텍스트에 관한 이와 같은 관점은 《S/Z》에서 채택되고 주장된 관점임.

*　2) 그러나 '샤를뤼스-담론'의 코드들은 《사라진》의 코드들——이것도 이 작품의 서술적 표시와는 별개이다——과 동일한 관점(동일한 '질서') 속에서 채택될 수 없다. 발자크가 불투명하면서도 드러난 것 같은 단위들로서 문화적 코드(예컨대 예술에 대한 암시)에 의지할 때, 주어지는 것은 문화의 기존(既存) 존재(l'être-là)이고, 그것의 자연 상태이다. 그러나 샤를뤼스의 경우는 다르다. 그의 경우는 문화적 코드(예컨대 의자들의 스타일)에다 정서적·감정적·발화적 추가 보충이 있음. 샤를뤼스라는 주체는 오

---

*　≠《S/Z》.

만·공격이라는 문화적 단위(통일성) 속에 자리한다. 문화적 코드는 그에게 타자와 대면하여 위치하는 데 도움을 주고, 이미지·자리의 상호적 놀이 속에 들어가는 데 유용하다. 코드들의 축적, 스테레오 현상이 있다. 예컨대 벨라스케스의 《창》[6]: 회화+기사도의 코드+관계의 연극화 등. → '샤를뤼스-담론': 코드들의 평범한 직조물(cf.《사라진》)+보충물들임. 예컨대 문화는 하나의 참조, 기원(발자크)일 뿐만 아니라, 발화 행위의 장소이다. 그리하여 적어도 바그너와 《발퀴레》를 알고 있는 이 젊은 베를린 출신 인물이 나오는 대목은 다음과 같이 정리될 수 있음. a) 문화적·음악적 코드+b) 샤를뤼스의 현대성(당시의 바그너)+c) 독일에 대한 샤를뤼스의 취향+d) 제시된 충고의 코드. 우리의 방법론적 문제(《S/Z》에서 과소평가된 문제)를 만드는 것은 코드들의 다음성적 작동이다.[7]

새로운 방법(새로운 문제)의 이와 같은 최초의 (그리고 개략적인) 탐색을 계속하기 위해, 나는 가장 덜 알려진 것을 향해 문을 밀어붙이기 위해 알려진 것에서 출발할 것이다. 알려진 것은 구조적 분석, 다시 말해 담론을 구성하는 단위들, 형태소들의 식별이다. 가장 덜 알려진 것은 분석의 장에서 힘의 개념이다.

구조적 방식으로[8]

## 1) 동력학(cinétique)

(이야기의) 구조 분석: 처음에 제시함. 이는 정상적임. 왜냐하면 새롭고

---

6) 《브레다의 항복 혹은 창》, 1635.
7) 원고에서는 말소된 대목의 끝이다.
8) 원고에는 제목이 펠트펜으로 지워져 있다.

어려운 분석은 텍스트의 '구축'(텍스트 설명에 의해 영향을 받는 구축), 즉 구도를 재발견하려는 경향이기 때문임. 단위들(코드들의 출현들)과 결합 관계, 배열을 재구성함. → 이와 같은 1차적 분석의 탁상적(tabulaire) 성격. 탁상적이란 것은 대상으로서의 텍스트의 부동하고, 파노라마적이며, 평면 측량적 성격임.

그러나 매우 신속하게 진짜 문제가 의식됨. 즉 어떻게 텍스트는 전진하는가? 일단 출발하고 나면, 어떻게 그것은 자라기 시작하고 증식하는가? 어떻게 담론의 상황들, 지형들(situs)의 변화가 이루어지는가(단위들보다 지형들에 대해 이야기하는 것은 이미 진보라 할 것이다)? 담론이 '효과를 나타내는' 방식·전개·확장(cf. 담론의 유지)의 비밀과, 단위들(지형들)을 이동시키는 비밀은 무엇인가? → 이런 문제들은 담론의 동력학, 하나의 역학(이리저리 뛰어다님(dis-cursus) 속에 있는 뛰어다님(cursus)의 동력들, 담론의 동력들은 무엇인가?)에 속한다 할 것이다. 이것은 또한 여행의 기술(art)임. 텍스트는 어떻게 여행하는가? (여기서 우리는 **호도이포이아**,[9] 즉 여행과 방법 속에 있는 **호도스**,[10] 길을 다시 만난다 할 것이다). 추상적으로 보면, 최소한 다음과 같은 4개의 작용, 4개의 동력이 가능하다(이것은 1차적인 개략임).

* 　1) 우연: 배제해서는 안 됨. 게다가 자주 근대성은 흔히 언어(말)적 영향의 우연을 가지고 놀이를 했다. 낱말들, 문장들, 어휘소들(이것들이 무엇이든 단위들임)이 모자 속에 던져졌음. 그 다음은 제비뽑기=우발적인 방법이 될 것이다. 가장 단순한 역학이지만 가장 평범한 결과임. 왜냐하면 그것은 요소들이 분화될 수 없는 일련의 연쇄(위치의 적합성은 없다)를 창출할 것이기 때문이다. 우연은 일단 주어지면, 그것 자체 내에서는 전형

---

9) Hodoiporia(그리스어): 여행.
10) Hodos(그리스어): 길.
　* 우연.

적인 차이들을 낳을 수 없다. 그러나 a) 문장들('샤를뤼스-담론'의 문장들)을 가지고 하는 경험은 아마 흥미있을 것이다. 우연은 논리적 연쇄들의 단편들로부터 나올 수도 있는데, 이는 좋은 관찰 대상임. b) 망각해서는 안 될 것: 많은 미학적 형태들이 교정된 우연, 통제된 우발적 일(사고)의 원칙에서 탄생했다는 점이다. 우연은——언제나 어려운——연쇄의 시작을 준다.

3개의 다른 동력(우연이 아닐 때 남는 것).

2) 프렐만의 《수사학》[11]을 제외하고 잘 연구되지 않았기 때문에 참고 삼
* 아 말하면, 논리적 동력이 있음. 이것은 추론의 분절들을 통해서 전진하는 담론임. 하나의 명제는 논리적인 구속의 법칙, 혹은 어떤 논리의 구속에 따라 후건(後件)을 끌어들이거나 강제한다. 가장 많이 실행된 것은 삼단논법이나 생략삼단논법이다. (우리의 통상적 담론들은 아마 우리가 생각하는 것보다 훨씬 더 생략삼단논법을 따르고 있을 것임. 흥미있는 시험으로서 연구해 볼 만함. 왜냐하면 에세이의 담론과 새로운 가독성(可讀性)으로 귀결될 것이기 때문임.)

** 3) 휘묻이 혹은 새싹. 러시아 형식주의자들의 원칙은 이렇게 표현할 수 있음: 처음에 하나의 못이 박혀 있는 것은 주인공이 결국 그것에 목을 매달도록 하기 위한 것이다.[12] 오래되고, 확산되어 있으며, 강력하게 여론적

---

11) 샤를 프렐만 및 뤼시 올브레히트 티테카, 《새로운 수사학. 논증론》, 2 vol., 파리, PUF, 1958.

12) 바르트는 체호프의 다음과 같은 유명한 표현을 변형시키고 있는 것 같다. "아무도 사용할 의도가 없다면 장전된 총을 무대에 놓을 필요가 없다."(〈1889년 11월 1일 A. S. 라자레프 그루진스키에게 보낸 편지〉, 《전집》, t. 20, 《서한집》(1877-1904), 프랑스어 번역, 르네 고세 · 리다 베르낭 · 미셸 탕기 · 주느비에브 루셀, 파리, 프랑스 연합 출판, 1967, p.270) 러시아 형식주의자들이 1966년 프랑스에서 진정으로 알려지게 된 것은 T. 토도로프의 선집(《문학의 이론: 러시아 형식주의자들의 텍스트》, 파리, 쇠이유, 1966) 덕분이었다. 이 책에서는 체호프의 문장에 대한 어떠한 언급도 발견되지 않는다.

* 생략삼단논법. ** 휘묻이용 가지.

인 일종의 논리, 경험의 퇴적, 경험적 논리를 상정함. 문을 두드린다 → 열다/열지 않는다. 질문 → 대답(혹은 대답 없음). 새싹——혹은 휘묻이——이 있다. 왜냐하면 다른 시퀀스들로부터 온 단위들은 다소간 많은데, 첫 번째 싹과 두번째 싹 사이에 놓일 수 있기 때문이다. → 시퀀스들의 얽힘＝편물, 텍스트. 이 모든 것에 대해서는 《S/Z》를 참고. 고전적 이야기의 특권적 동력임.

4) 이 모든 것(우연에 의지하는 것을 제외하고) 안에는 분석이 전제하는 심급, 즉 일종의——유사 과학적인 혹은 경험적인——논리 자체(en soi)가 있음. 이 논리가 매니저, 작가, 혹은 담화자의 최소한의 도움으로 담론이 저절로 전진하게 만든다. 그것은 비인격적인 구조이며, 논리적 랑그와 이것을 성취하는 파롤의 유일한 관계임. 주체——다시 말해 타자——를 개입시키지 않는 분석임.

5) (암묵적으로가 아니라) 구조적으로 타자를 개입시키는 (고전적인) 네 번째 동력은 다음과 같은 계속적인 표시들의 체계임.

— 플라톤에 의해 주어진 모델. 이것은 나쁜 수사학(소피스트들)과 좋은 수사학의 대립 속에 다시 들어감.[13] 후자는 철학적 혹은 변증법적 수사학이나 영혼 수련(psychagogie; 말을 통한 영혼의 수련)임.

— 영혼 수련적(psychagogique) 담론. 문어가 아니라 음성 언어의 담론임. 개인적인 상호 대화, 논리적 상호 반박(adhomination)을 추구함. 전형적인 예: 사랑의 고취에 의해 결합된 주인과 노예의 대화. 함께 생각한다는 것, 이것이 담론의 동력이다. 이런 수사학＝사랑의 대화임.

— '전개'(언제나 이 낱말은 다소 순환적 의미로 사용함. 그것은 전진의 방식임)의 예. 진리의 추구에 있어서 불명확한 전체적 통일성으로부터 출발해 분할 불가능한 종류에 다다를 때까지 (계단들의) 자연적 분절들을 따

---

13) 《고르기아스》 참조.

라, 층계참들로서의 종류들을 따라 내려감. 각각의 계단에는 양자택일이 있음. 즉 내려감을 다시 시작하기 위해 둘 가운데 하나의 용어를 선택해야 한다. 예를 들면 다음과 같은 소피스트에 대한 점진적인 규정이 있음.[14]

사냥감의 포획
    야생 동물/가축
        손에 무기를 들고/설득을 통해
           공적으로/사적으로
               증여물로/이익을 위해
                   먹기 위해/돈을 위해
                       아첨꾼들/소피스트들

— 역동화된 이 구조는 유표/무표처럼 언어의 계열체적 구조를 닮았다. 내려감을 다시 가동시키는 것은 유표이다. 그런데 표지는 대답하는 자(제자)의 양보에 의해 확보됨. 2명의 대화자가 필요하고, 하나는 머리를 끄덕이거나 그에 상당하는 언어적인 표현으로 찬동을 해야 함. 소크라테스의 대화들이 지닌 다소 웃기거나 답답한 모든 소사(小辭)들이 그런 역할을 함. 사실 이 소사들은 결국 사랑의 행위들과 수사학적인 조작자들임.

이런 측면이 우리의 문제에 도입하는 것은 정서의 표시들을 통한, 혹은 조작자로서의 정서를 통한 담론의 전진임.


## 2) 시동 장치들

우리가 최소한 받아들여야 할 것은 어떤 순간들에 담론의 새로운 흐름

---

14) 바르트는 《고대 수사학》에서 매우 유사한 도표, 'A. 3.3. 분할, 표지'를 해설했다 (OCII 906-907).

을 (갑작스럽게) 작동시키는 사건들(사건-낱말들)이 상대와의 대화적 상황 속에 있음으로써만 전진하는 담론(담론성)의 방식들이 존재한다는 점이다. 이것들은 시동 모터들, 선동 장치들, 연동소들이고, 일종의 대화적 **쉬프터들**[15]이다. 연동시킨다는 것은 '모터와 이것이 움직여야 하는 기관들 사이에 소통을 확립한다'는 의미임. 대화적 **쉬프터**는 담론의 수사적 기관들과 정서적 모터를 갑작스럽게 소통시킨다. 그래서 담론적 자동차가 나아간다. 시동 장치들은 담론에 진동들을 표현할 수 있다. 샤를뤼스 담론에서 분명한 점은 샤를뤼스가 담론을 물어뜯는다(broute)는 것임. ('brouter': 어떤 도구들에 이야기하면서 움찔거리며 자르는 행위이며, 브레이크 · 클러치 · 기계에 대해 이야기하면서 단속적으로 움직이는 행위임). (물어뜯는다는) 은유는 내가 처음에 이야기한 그 특별한 변증법을, 즉 덩어리와 신속한 굴절들을 매우 잘 설명해 준다. 샤를뤼스는 잔디 깎는 기계처럼, 굴착기처럼 이야기한다. 그는 담론을 게걸스럽게 물어뜯는다.

전형적인 시동 장치들:

1) 몸짓들. 나쁜 안락의자에 앉는다. → 경멸적이고 열정적인 장광설. 혹은 부정의 몸짓 → 가혹하게 반복됨.

2) 타자의 말. 전형적인 의미 작용적 형태로서 말 자체가 담론-정서의 흐름을 가동시킨다. 그리하여 구속되어, 모욕을 줌(p.558). 아이스킬로스: 채찍 같은 말(《오레스테이아》).[16] 때때로 그것은 말이 아니라 관념, 기의이다. 따라서 어떤 해석을 통해서 이런 게 나타남: "나는 아무것도 말하지 않았다는 것을 당신에게 맹세한다." → "그렇다면, 나는 거짓말을 하고 있군!"(p.560) 그러나 정서적 물결은 매우 변화무쌍하고, 동력은 매우 변덕

---

15) p.206 참조.

16) 《탄원하는 여인들》, V. 466 참조. 폴 마종은 '가죽끈으로 후려치는(cinglants) 말'이라 번역한다. (아이스킬로스, 《비극집》, 파리, 갈리마르, '폴리오' 총서, 1982, p.75) '채찍 같은 말(mot coup-de-fouet)'은 《작가 솔레르스》에서 '시의 매우 오래된 방법'으로 언급된다(OCIII, 943).

스럽기 때문에 이 동력이 절대적으로 예기치 않게, 갑작스럽게 방식을 바꿀 수 있다. → 매우 놀라운 선회: "당신은 기만당했다." → '그럴 수 있다.'(이 말은 '그렇다면 나는 바보이군' 대신에 갑자기 나온다) 이는=디플레이션임. 디플레이션은 담론의 힘들에 관한 기호학, 우리가 개략적으로 그려내고자 하는 그 기호학의 분명 중요한 요소임.

3) 주체 자신에 의해 언급되면서 시동 장치가 되는 말. 나의 말은 나를 둘로 나누고 나를 다른 담론으로 방향지운다. Cf. 마르셀린 데스보르드 * 발모르의 말: "20세에 심한 고통이 나로 하여금 노래를 단념하지 않을 수 없게 만들었다. 왜냐하면 나의 목소리가 나를 울게 했기 때문이다." 또한 ** 베르테르의 말: "나는 그것이 너무도 생생하게 떠올라 이렇게 어린애처럼 울고 있소."[17] 이것들은 샤를뤼스 감동과 같은 것임. 샤를뤼스는 당신은 최소한 나에게 편지를 쓸 수 있었을 텐데라고 테마를 전개시킬 때 눈물이 날 정도까지 믿는다. → 자가-감동(auto-émotion). 이것은 주체가 말하는 자와 자기 자신의 청자로 양분되는 현상임.

4) 자가-시동 장치(auto-déclencheurs)의 범주에서 깊이 다루어야 할 문제: '통사적 기교'의 문제임. 진부한 통사적 표현, 틀에 박힌 문장 조각의 예: "그걸 말해야 할 대상은 내가 아니야……." "난 당신에게…… 숨기지 않겠다." 이러한 통사적 기교 혹은 구문 방식은 공허하고, 그 다음이 올 때에만 내용을 지닌다. 전개의 틀에 박힌 시작임. 그런데 하나의 검토 안건임. 왜냐하면 그것은 꿈에서 분봉하는 언어적 환각(프로이트·라캉 참조)을 상기시키기 때문이다(cf. 사랑의 담론에 관한 세미나[18] 및 사푸앙, 《오이디푸스》, 43, 110).[19] 통사적 부분에 한정되는 잘려진 문장의 예: '비록 네

---

17) 바르트가 《사랑의 단상》의 〈다변〉, 3에서 이미 인용한 것임(OCIII, 610). 마르셀린 데스보르드 발모르에 관해선 V. 위고, 《돌 *Pierres*》, 앙리 기유맹 편집 및 소개, 주네브, 밀리외 뒤 몽드, 1951, p.150 참고. 베르테르에 관해서는 《젊은 베르테르의 슬픔》, 파리, 몽테뉴, 1931, p.125 참조.
* 위고, 《돌》, p.150. ** 《베르테르》, p.125.

가 ……이지만,' '네가 다시 ……해야 한다면.'

일반적으로 볼 때 담론의 이와 같은 내적 시동 장치들, 혹은 내적 시동 모터들은 '담론적 장치들'의 1차적 분류를——아마——가능하게 해줄 수 있을 것이다. 이야기들('지적인 이야기들'을 포함해야 할 것이지만, 추론-이야기들은 검토 사항임)≠장면들(내적 시동 장치들을 지닌 담론들). 장면-담론(discours-scène)에서 변화(전진)의 원동력은 울림이다. 즉 어떤 기표-자극(signifiant-stimulus)에 모든 상상적인 것이 드러내는 즉각적인 반응이다. 이는 속임수(leurre)와 마주한 주체——붉은 케이프와 마주한 투우——의 상황 바로 그것이다. 장면-담론(그리고 특히 샤를뤼스의 장면-담론)은 하나의 투우술임. → 속임수(**해석해야 할**[20] 말·몸짓, 구문상 기교). 속임수는 폭력적 이미지, 타자의 이미지이고, 그리고/혹은 타자가 나에 대해 갖고 있거나 갖게 될 것이라고 내가 생각하는 이미지이며, 혹은 내가 타자의 시선 아래서, 타자의 심급 속에서 내 스스로 무대를 연출하는 나 자신의 이미지임. 이런 측면은 나를 ……로 이끈다.

---

18) 바르트는 "나는-너를-사랑한다"에 할애된 전개(1975-1976년 세미나)에 대해 다음과 같이 암시한다. "**나는 너를 사랑한다**(jetaime)의 한 문장을 한 단어로 표현하는 일문 일어의 성격. (…) **외침**(cri)과 관계가 있음. 외침(프로이트, 사푸앙이 《구조주의》 36 및 이하에서 다시 다룸)에 근거할 때, 그것은 부르는 외침임, 왜냐하면 어린아이는 우선 목소리(방출)라는 외부의 도움을 통해서만 실현될 수 있는 특수한 행동을 유발할 수 없기 때문이다. (…) 프로이트의 말: '환각이 이루어지는 것은 부르는 외침 속에서이다.' 실제 **나는 너를 사랑한다**는 '나 역시'라는 대답의 환각을 일으키게 한다. 외침으로서 **나는 너를 사랑한다는 모든 부정성을 배제한다.** (…) 이와 같은 개인적인 해석은 이미 더 이상 정신분석학적이 아니다." 무스타파 사푸앙, 《구조주의란 무엇인가? 정신분석학에서 구조주의》, 파리, 쇠이유, '푸앵' 총서, 1973.

19) 《오이디푸스에 대한 연구. 주체 이론 서설》, 파리, 쇠이유, '프로이트 장' 총서, 1974.

20) Interpretandum(라틴어): 해석해야 할.

# ▨ 1977년 3월 30일 세미나

## 샤를뤼스-담론(계속)

### 3) 대화 상대방(allocutoire)의 심급

타자와 나 사이에서 이루어지는 위치들의 놀이: 정신분석학적 연구의 대상임. 그런데 어떻게 이와 같은 연구에 기호학적 버전(혹은 측면)을 부여할 수 있을 것인가? 어떻게 하나의 장면-담론을 분석할 수 있는가? 어떻게 위치들과, 그것들의 인접 정도들을 분류하고, 어떻게 언표 행위——대화——의 위치들을 결정할 수 있는가? 이는 현재 탐구되고 있는 새로운 언어학(새로운 기호학)의 대상임. 아니면 담론=전략 속에서 (일렁이는 물결처럼 운동중인) 자리들이 문제되고 있는 이상, 위치의 '전략소들(tactè-mes),' 선언들, 조작자들을 체크해 볼 필요가 있음. 실제 화용론(≠엄밀하게 말해서 구조 분석)에서 하나의 위치를 공공연하게 표명하는 것은 타자를 이동시키는 것임. 따라서 모든 공공연한 표명은 여기서 타동사화된다.

나는 이와 같은 '전략소들'의 목록이나 분류를 감히 제안하지는 않을 것이다. 다만 시작으로 다음과 같은 개략적인 구분을 하고자 함. a) 타자의 정치적 조종과 같은 추론되고 계산된 전략이 있는 담론. 이것은 고대 수사학(설득시키고, 타자의 판단·결정을 변형시키는 일)의 영역 자체였다(《앙드로마크》, Ⅲ, 4). 반대로 b) 폭발적인 풍부한 표현들로 점철된 야성적 담론. 이것은 전략은 없지만 효과가 없지 않은 담론임. 예컨대 샤를뤼스-담론. (일시적이고 논의의 여지가 있는 구분이지만 모든 담론은 아마 전략적이라 할 것이다. Cf. 다음 부분)

### a) 앙드로마크

담론은 무언가를 획득하는 것을 목표로 한다. 즉 그녀(앙드로마크)의 아들을 구하기 위해 에르미온이 피뤼스에게 부탁하도록 하는 것이다. 모든 전략은 자기 도취적인 상처를 피하고, 공모와 유대를 유발하는 데 있음. (매우 통상적인 상황: 상처 주는 것을 피하면서, 혹은 상처를 주지 않고 아첨하여 획득하는 것임. 실수의 위험이 도사린 상황임. 게다가 담론의 분석 가능한 우발적 사고로서의 실수는 연구해 볼 만함.)

앙드로마크의 담론:

— 철저하게 에르미온이라는 대화 상대방에게 집중됨. 대화 상대방이 절대적 표적이 된 경우임. 어떠한 횡설수설도, 어떠한 손실도 없음. 자기 자신에 대해서는 표현하는 게 전혀 없고, 상대방이 받아들일 것만을 생각함. 일종의 헌신적이고 순수한 담론임.

— 앙드로마크는 에르미온을 역할들로 엄격하게 분해하며, 역할들이 고정되자 이 역할들에 은연중에(en creux) 자신의 위치를 맞춘다. '은연중'이란 것은 비공격의 매우 조심스러운 담론임. 진정으로 전략적인 담론은 이제부터 모든 거슬리는 점을 참으며 미래에 굴복한다. 다시 말해 에르미온의 암묵적인 담론들, 위치의 담론들[1]에 미리 부합한다.

오직 두번째 난만이 '추론화(담론화)되어' 있다＝언술화됨(그러나 첫번째 난, 즉 언술 행위가 수반됨).

의심스러운(위험한) '전략소': 빚에 대한 환기, 인정·교환(상대방으로

---

1) 혹은 '그녀의' 담론들.

| 에르미온의 역할 | 앙드로마크 |
| --- | --- |
| 경쟁자 | 그녀의 승리를 인정한다 |
| 승리자 | 자기를 낮춘다 |
| 적수 | 평화를 제안한다 |
| 위협받는 자 | 사라지겠다고 약속한다 |
| 어머니 | 공모 |

하여금 결코 감사하도록 강요하지 않음)에의 호소.

에르미온의 응답: 모든 역할들을 버리고 힘의 위치에 있는 경쟁자라는 하나의 역할만을 간직한다. 어떤 의미에서는 담론을 개진하는 것은 바로 그녀이다. 그녀의 담론은 전략적이 아니지만, 의미심장하고 긴장되어(유지되어) 있고, 어떤 힘을 분명히 드러내기 때문이다.

앙드로마크의 '전략소들'은 매우 세련된 문법적·문체적 도구들을 지니고 있으며, 그녀는 이것들을 미묘하게 일렁이는 음향처럼 다룬다. 파트너들과 관련되는 임무를 띤 대명사들이 그런 것들임. 대명사들의 재글쓰기가 있다.

— '나(je)' → 헥토르의 미망인(cf. '나의 헥토르'). 부부의 성격을 부각시키고, 앙드로마크를 (나의) 게임으로부터 벗어나게 함.

— '우리의' '우리들' → 모성적 공모.

— '사람들(on)'[2](사람들은 '우리에게서 그애를 뺏어 가려 한다.' '사람들은 무엇을 두려워하는가' ?): 피뤼스와 아가멤논을 완곡하게 표현하고, 그들의 나쁜 역할을 지워 준다.

반대로 에르미온은 난폭하고 적나라하게, 나(moi)/당신(들)(vous)이라 말함.

---

2) 프랑스어의 on은 일반적 주어(어떤 사람·사람들)는 물론이고 나·너·그·우리들· 당신들·그들을 모두 나타낼 수 있음. 대상 인물들을 여기서는 일반화시켰다.〔역주〕

‘je’ / ‘on’에 관해서,[3] 보다 정확히 말하면 ‘je’ → ‘on’(‘on’으로 다시 씌어짐). 유명한 기본적 범례, 전쟁 기간 동안 브리쇼의 글들:《잃어버린 시간을 찾아서》, III, p.792.[4]

‘je’를 ‘on’으로 다시 쓰기: 지식서사적 글쓰기(écrivance)의 한 문체론이 성립될 가능성을 나타냄. 이 문체론은 매우 필요하다 할 것이다. (우리가 글쓰기와 지식서사적 글쓰기 사이에 제안된 구분을 받아들인다면 말이다.)[5] 과학적인 지식서사적 글쓰기: 텍스트는 베르뒤랭 부인의 공포적인 시선 속에서 씌어진다.

대체어들을 통해 확산되고 교대된 방식으로, ‘나(je)’ / ‘너(tu)’가 부재적인 비인격적 형태들로 다시 씌어지는 문제(왜냐하면 모든 담론은 그 응답의 전략은 아니라 할지라 하더라도 사유를 포함하고 있기 때문이다)는 언술 행위의 모든 문제임. ‘je’를 ‘on’으로 다시 쓰지 않을 수 없음으로써 처음에 얻는 이점은 그것이 엄청난 논리적·정신분석학적·화용론적 안건(언술 행위에서 대타자(l’Autre)와 타자(l’autre)[6] 사이에 있는 주체의 위치)에 대해 기호학을 통해 접근할 수 있는 조그만 통로를 나타낸다는 것이다. 사실 ‘je’를 ‘on’으로 다시 쓰기는 결국 문체이다. ‘문체(style)’(이것은 증발해 버린 문체론과 함께 심하게 추락한 개념임)는 ‘je’를 ‘on’으로 변모시키는 아주 조그만 담론적 변화(굴절)에도 나타난다. (게다가 이 변화는 통사적일뿐 아니라 어휘적이다.) 예컨대 앙드로마크, 그리고 파업 슬로건에서. 이로부터 외시(dénotation)에 대한 새로운 개념을 막연하게나마 볼 필요가 있음(cf.《S/Z》도입부[7]). 그것은 가정(假定)상 문체적 장식을 벗어난 언표

---

3) 원고에서 말소된 부분의 시작이다.

4) p.157 주 참고.

5) 이와 같은 구분에 대해서는 〈작가(écrivains)와 글쟁이(écrivants)〉(OCI, 1277) 참조. 글쟁이는 랑그를 수단으로 이용하고, 작가는 목적으로 랑그를 실천한다.

6) 바르트는 라캉을 회상하며 이 대립을 사용한다. 대타자는 문화로 귀결되고, 타자는 개별적인 대화 상대자로 귀결된다.

의 깨끗하고 중립적이며 추상적인 개요(메시지 자체)가 전혀 아니라 그 반대로 '나(je)'의 범주와 장이며, '나'로 다시 씌어진 텍스트임. '나(je)'는 텍스트의 의미 심장한 원초적·자연 발생적 상태가 아니라(이런 것은 존재하지 않는다) 텍스트의 중합된 상태이며, 그것도 풀(합체)처럼 분해가 불가능하다. 그것은 욕망의 힘+몰인식의 힘이다(몰인식의 대명사인 'je' ≠ 거짓, 연막, 전략적인 공공연한 표명의 대명사인 'on').[8]

## b) 샤를뤼스-담론

이 담론은 단순한 전략(직접적인 계산)에 속하지 않는다. 그것은 아마 주체 자신에 의해 결정된 것이 아니라 할, 모호하고 수수께끼 같은 전략임(cf. 뒤에 나올 '표현' '폭발'에 관한 부분). 그러나 나는 확신하건대, 전략은 화자의 마음을 얻고 사로잡는 것임. 게다가 전략이 없는 담론이 단 하나라도 있는가? 모든 담론: 타자(타자들)를 표적으로, 다시 말해 소유할 수 있고 변모시킬 수 있는 대상으로 삼겠다는 암묵적 혹은 무의식적 관념임. 희망이 없는 담론은 존재하지 않을 것이다. 이야기한다는 것은 희망한다는 것이기 때문이다. 전략의 태만=침묵이라면, 파롤은 불필요한 것 속으로 추락함(정신분열증? 자폐증?).

샤를뤼스의 전략: 앙드로마크의 전략처럼 분석될 수가 없다. 그것은 a) 무의식적일 수 있다. b) 교활한, 즉 구부러지고 부정적이며 뒤집혀진 길들을 따라간다. 공격의 형태로 주어진 욕망임. 또한 직접적이고 단순한 시동 장치들이 아니라 담론을 변경시키는(굴절시키는) 것들이 있음. 담론의 변화(굴절)를 결정하는 정서의 자극으로서 다음과 같은 '굴절소들(inflexèmes)'이 나옴.

---

7) 〈III. 공시 connotation: 반대〉, 〈VI. 공시: 찬성〉(OCII, 559-560).
8) 원고에서 말소된 부분의 끝이다.

1) 책임의 귀결: "그건 당신 일입니다." "그건 그의 문제입니다." 이는 공격의 흔한 형태임. 분리·비소통의 언어적 행위임. 타자를 홀로 놓아두며, 이와 같은 말을 그에게 함. 그것은 '분리소(isolème)'와 같음.

2) 항의가 예견되는 어떤 제안을 내민다. (이 항의를 자신의 자기 도취적 이익으로 삼는다.) 매우 자주 나타나는 말: "나는 늙어가고 있습니다" → "천만에요!" 등등. 여기서 "우리는 결정적으로 헤어질 것입니다." → "천만에, 다시 봅시다." (제안은 아마 진지하게 말해진다 할 것이다. 이 경우 그것은 자가─시동 장치이다. 슬픔의 자가─시동 장치임. 그러나 또한 그것은 극히 작은 희망의 씨앗을 수반하며 동시에 전략적으로 언급된다.)

3) 비난: 예컨대 '당신의 비방적인 술책들.' 모욕: 예컨대 '더없이 효율적으로 보호적인 의미에서' '누가 그 가치를 모르는가.' → 부정·설명을 불러오고, 타자로 하여금 수동 상태에 머물거나 반격을 가하지 않을 수 없게 만든다.

4) 관계의 묘사를 언어적 세련화를 통해 애무한다: '선언적 태도(décla-rationisme)'임. 장막 언어(mots écrans)를 변화시키고 세련화시킨다. 여기서 샤를뤼스는 이것을 공격적으로 실행하지만, 스침(애무)의 즐거움은 동일하다. 그래서 '공감' '친절'은 욕망을 말하는 가면들임.[9]

5) 개진된 담론을 메타 담론으로 옮겨 놓는다: 예컨대 "대담은 (…) 종점을 나타내게 될 것입니다." '메타소들(métèmes)'이 나옴. 선언적 태도의 미묘한──혹은 분리된──형태: 애무의 애무이고, 애무로서의 애무의 의식(意識)임. 1차적 즐거움의 의식의 2차적 즐거움임.

이는 직관적인 분류의 개략에 불과하다. 그러나 내가 이 담론을 관찰할 경우 다음과 같은 점들을 주목하겠다.

---

9) **Larvatus prodeo**(라틴어): 나는 가면을 쓰고 전진한다. 데카르트, 《철학 전집》, t. I, 파리, 가르니에, 1988. 〈서문〉 참조. 바르트는 이 표현을 여러 번에 걸쳐 사용한다(《글쓰기의 영도》, OCIII, 159. 《사랑의 단상》, OCIII, 500).

— 담론적 공격들의 일반적 성격, 어떤 유형이 있을 것이다. 즉 타자를 책임으로, 책임의 고독으로 밀어붙이는 것임. 의타적 태도(anaclitisme)[10]의 단절, 어린애 같은 무책임의 분쇄: 어머니를 상실하지 않을 수 없게 만듦. 샤를뤼스는 타자로 하여금 자신의 책임을 인정하지 않을 수 없게 만들고자 한다. 1) 단절은 당신의 과실에 속한다. 2) 그것은 당신의 문제이다. 3) "내가 보기엔 단지 당신은 ……할 수도 있었을 것이다."

— 책임의 귀결은 소통의 분리처럼 작용한다. 그러나 그것 자체가 소통을 구성한다. 이 모든 단절의 '굴절소들'이 대답의 요구들, 호소들을 구성한다는 점에서 말이다. 샤를뤼스는 타자를 대답하지 않을 수 없는 위치에 놓는다──비록 그가 그에게 그럴 시간을 주지 않는다 할지라도 말이다. 따라서 대화 상대방의 모든 담론은 대답의 구속이라 할 것이다. 담론 ＝대답이 담겨진 말의 그 수행임. → 방법론적으로(구조적으로), 우리는 대답의 암묵적인 단위들을 고려하지 않고는 담론을 기호학적으로 분석할 수 없을 것이다. 대답＝담론의 의무적 항목임.

주목 사항: 더블 바인드, 즉 이중 구속의 이론[11](나는 엄밀하게 모순적인 2개의 강제적 명령을 받는다) → 정신병을 낳을 수 있는 상황('타자를 미치게 만들기 위한 노력,' 설[12]). 샤를뤼스는 대답하시오/대답하지 마시오라는 입장에 있다. 그런데 이 언어는 모든 경찰적 권력의 언어이다＝아주 정확히 다음과 같은 경찰의 언어임: "당신은 그에 대한 책임이 있소." → '맞습니다, 그러나……' → '맞습니다가 아니라.' 연쇄의 이 지점에서 심문을 받는 주체는 반항(순경에 대한 난폭 행위)을 하거나 무기력한 수동적 태도를 취하지 않을 수 없다. 그는 (위험을 통해서) 자신의 인격이나, 자

---

10) pp.162-163 참조.

11) p.204 참고.

12) The effort to drive the other person crazy(영어): '타자를 미치게 만들기 위한 노력.' 바르트는 이미 《사랑의 단상》의 타불라 그라툴라토리아(참고 문헌)에서 이 문장을 인용하며, 《신(新)정신분석 잡지》, nº 12, 부제: 《라 프시케》, 갈리마르를 참조하였음(OCIII, 682).

신의 이미지를 변질시키는 것을 선택하지 않을 수 없다. 화자——그는 《잃어버린 시간을 찾아서》가 전개되는 시간 내내 게임의 바깥에, 대답이 중지된 상황에 위치한다——자신이 여기서 **액팅 아웃**[13]의 궁지로 몰리게 된다(소설 전체에서 유일함): 이러지도 저러지도 못하는 상태. 그는 샤를뤼스에게 대답하고 소통에 참여한다——이것이 샤를뤼스를 진정시킨다.


## 4) 힘들

여러분은[14] 이 모든 분석이 담론('샤를뤼스-담론')을 (기호학적 · 고전적 · 분류학적) 배열 법칙들을 따르는 단위들의 목록으로서보다는 운동적인 강도들, 힘들(물결처럼 일렁임, 시동 장치들, '전략소들,' '굴절소들'을 생각해야 함)의 게임과 장으로서 제시한다는 발상에 의해 유도되고 있음을 알아차릴 것이다. 그러나 분석의 관점에서 볼 때, 이 힘들은 직접적으로 포착되지 않는다. 그것들은 분석적인(묘사적인) 중계들——게다가 이 가운데 어떤 것도 잘못된 것이, 아니 보다 정확히 말하면 작동되지 않는 것이 아니다——을 거쳐 간다. 그것들은 중계(교대)들로 배치된 힘들의 묘사적 상태들과 같다. 나는 그 가운데 3개를 볼 것이다.

### a) '심리학'

'심리학적으로' 샤를뤼스를 묘사하기 위해 이 담론을 이용하는 것이 가능함. '전략소들'(타자와 관련한 위치의 사유)의 (운동적) 연쇄로서의 샤를뤼스-담론에 대한 분석으로부터 벗어난다고 생각되는 것은 어떤 순간

---

13) Acting out(영어): 행동으로 넘어감.
14) 원고에서 말소된 대목의 시작이다.

들, 다시 말해 샤를뤼스의 말 속에 무언가가 폭발하는 것 같고, 또 그것이 어떠한 전략과도 상관없이, 샤를뤼스 '자신 안에' 있는 어떤 존재를 (강한 의미에서) 표현하는 것 같은 순간들이다. 예를 들어 보자(p.558). "당신은 당신의 5백 명의 착한 친구들이 독기 찬 침을 흘린들, 그것이 나의 존엄한 발가락만이라도 건드릴 수 있다고 생각합니까?" 하나의 '모욕'은 샤를뤼스–존재가 지닌 일종의 원초적 모습의 외면화처럼 폭발하는 어떤 오만의 움직임(어떤 정념)을 결정하는 것 같다. 샤를뤼스의 성격, 영혼은 그의 진실, 그의 솔직함이고, 전략의 기적적이고 예외적인 사라짐임. 오만: 마지막 지주임.

그러나 이와 같은 '폭발소들(explosèmes)'은 어떤 진정한 순간들에 타자가 제쳐 놓여진다는 점을 받아들이는 '자연적' 심리학을 따를 때에만 전략 밖에 위치한다. 그러나 프시케의 '물 자체로서' 모든 것(tout 'en soi')을 거부하며, 따라서 담론의 모든 부분들을 화자의 구상 작업——타자를 향해 있는 작업(이미지의 놀이, 따라서 전략)——속에 위치시키는 심리학들이 있다. 이러한 작업은 지향적이거나 무의식적일 수 있다.

지향적이라고? 이것은 통상적 의미에서 무의식적이라는 의미를 반드시 띠는 것은 아니다. 사르트르의 《감정 이론 개요》에서 '실신'이나 '분노'[15]를 생각해 보자. (이것은 샤를뤼스에게 매우 잘 들어맞는다.) 그것들은 용서할 수 없는 것 앞에서 달아나는 행동들임. 사실 사람들은 자신의 실신, 자신의 분노를 지향화시킨다(intentionnalise). 이것들은 무언가에 소용되고, 주체가 지향하는 경제 속에 자리를 잡는다. 그것들은 이익을 가져다 주는 행동들이다. 모든 분노는 전략적이다.

무의식이라고? → 샤를뤼스의 '폭발소들'에 대한 해석이 가능하다. →

---

15) 《감정 이론 개요》, 파리, 에르만, 1995. 실신에 관해서는 p.46, 분노에 관해서는 특히 p.30 참조.

힘들의 또 다른 층위가 발견된다.

## b) '정신분석학'

(해석적인 정신분석학이라는 좁은 의미, 즉 통속적 의미로 사용함.) 물론 샤를뤼스를 정신분석하자는 게 아니다. (책 속의 종이 존재를 정신분석하는 것은 전혀 적합하지 않다. 따라서 문학적 정신분석이라는 것은 존재하지 않는다.) 다만 담론의 힘들에 접근하기 위해서 두번째 중계(교대)를 가정해 보자는 것이다.

— 담론의 '폭발소들,' 전략 내적(in-tactiques) 행위들은 더 이상 '물 자체들(des en-soi),' 환원 불가능한 표현들이 아니라, **인테르프레탄다**[16]이고, 징후들이다. 예컨대 물망초가 담긴 책을 보내는 일은 샤를뤼스에게는 아주 명료한 메시지(나를 잊지 말아다오)이고, 화자에게는 아주 모호한 메시지임. → "당신에게 말하는 보다 투명한 방법이 있었습니까……." 일종의 오버 해석이고, 이것 자체가 해석될 수 있다. 다시 말해 하나의 유형학 속에 옮겨질 수 있다. 앞서 나온 '오만' 이라는 버팀대는 보다 방대한 도표 속에 이동되고, 밀려지고, 통합될 것이다. 징후들의 복잡한 놀이로서 임상적 도표 말이다. 프루스트 자신이 샤를뤼스-신드롬의 구성 요소들, 즉 오만 · 동성애 · 광기를 제시하고 있다(p.558). → 편집증자라는 고전적인 유형.

— 물론 나는 정신분석학을 해석 체계로, 심리학적 해석의 버팀대들을 밀어낼(오만 → 편집증) 해석학으로 축소시키는 것이 아니다. 그러나 (통상적 대화들에 물꼬를 트는) 통속화된 정신분석학에 따르면 분석적 담론 혹은 '탈분석적' 담론(흐리멍덩한 담론)이 하나의 해석으로 기능한다는 점은 맞다. (이런 담론에서) 이 정신분석학의 기능은 장막 · 가리개(écran)

---

16) Interpretanda(라틴어): 해석해야 할 것들, 해석의 대상들.

를 걷어내는 것이다. 문제(나의 문제)=언어의 무한한 무대에서, 하나의 막이 걷힐 때, 하나의 배경, 요컨대 또 다른 장막이 나타난다는 것임. 실제로 내가 현재 정신분석학을 바라보는 태도는 이렇다. 즉 그것 자체가 무언가를 감추고 있는(아니면 반은 감추거나 투명하게 가리는) 가리개와 같은 것이다. 이 무언가는 아마 앞에 있을 것이다. 앞에 있는 것을 감추는 가리개의 관념은 투명한 커다란 꿈이자, 결코 믿어진 적이 없는 예언적 비전(피티아[17])인 **후파르**와 통속적 꿈인 **오나르**(onar)의 대립을 나타냄. Cf. 사랑의 담론 p.72.[18]

이것이 전부가 아니다. 나는 정신분석학을 가리개처럼 체험하고, 이 가리개 위에 나의 것인 그 시간 속의 사물들──그것도 매우 아름답고 나에게 매우 필요한 것들──이 그려질 수 있고 또 그려진다. 그것들은 내가 이용하는 픽션이며, 색칠한 커다란 장막이고, 이름들·형태들·유형들로 뒤덮인 **마야**[19]임.


## c) 강도

'투명한 커다란 꿈'(후파르): 명백한/감추어진 것을 무너뜨리는 것임.[20] 담론의 힘들은 반드시 어떤 유형학(깊이와 운동에 따른 공간의 이탈) 속에서 포착되는 것은 아니며, 강도에 따라 포착됨.

1) (담론적 상태들, 표시들의) 과도함과 빈곤(희귀성)의 개념──선(禪)에서──은 적합하게 된다. 예컨대 화자는 샤를뤼스를 과도함 자체의 정도에 따라 평가한다. 어머니는 신중함(**디스크레시오**(discretio): 거리·단속(斷續)의 어떤 힘)의 정도에 따라 사랑받는다.

---

17) 델포이 신전에서 아폴론의 신탁을 받는 여사제이다.
18) 《사랑의 단상》(OCIII, 516).
19) maya는 현상들 전체를 말한다. 불교에서 마야의 베일은 환상으로서의 세계를 말한다. 브란만교에서는 반대로 마야의 베일은 세계의 본질의 현현이다.
20) 원고에서 말소된 대목의 마지막이다.

2) 상이한 강도들의 미묘한 반짝임, 일렁임이란 개념의 적합성. 하나의 예술, 즉 음악은 이와 같은 강도의 일렁임을 구조적으로 받아들인다. a) 음악은 상징화할 수 있는(symbolisable) 것이 아니라 상징으로 나타내고 (symbolisante) 있다. 따라서 그것은 해석학적 공간의 운동에 따라 해석될 수 없다(음악의 기호학은 없다). b) 음악: 프루스트에게서 근본적임. 뱅퇴유-소악절[21]이란 담론(기억의 철학)의 차원이 아니라 언어, 다시 말해 음악으로서의 언어의 음악이라는 차원에서 말이다. 프루스트가 목소리들에 기울이는 정열적이고 집요한 관심이 있음. 예컨대《프랑수아 르 샹피》[22]를 읽는 어머니.[23] 운동중에 있는 목소리들의 묘사: 목소리의 부침이 드러내는 섬세함과 날카로움을 그려냄. 샤를뤼스를 정확히 보면, 샤를뤼스의 장소(힘들에 있어서 그의 정체성을 나타냄): 그의 목소리임. → 힘들의 기호학의 대상, 담론의 적극적 문헌학의 대상으로서, 그의 목소리는 낭독, **프로눈시아시오**(pronuntiatio)라 할 것이다. (그 중에서도) 예를 들면 p.556을 보자. "그는 경멸적으로 미소짓고, 목소리를 최고도로 높였고, 거기서 더없이 날카롭고 더없이 불손한 음조(말투)를 부드럽게 드러내기 시작했다……." 모든 것은 여기서 강도들의 선율적인 차등 장치에 의해 초월되는——혹은 취소되는——것 같다.


## 작별과 만남을 위하여

사실 내가 '샤를뤼스-담론'에 대해 아주 조금밖에 이야기하지 않았지

---

21) 뱅퇴유가 연주하는 소나타의 소악절을 말한다. 이 연주에 의해 촉발된 기억 속에서 오데트에 대한 스완의 사랑이 드러나게 된다.〔역주〕

22) 업둥이 프랑수아의 감정 변화를 그린 조르주 상드의 소설.〔역주〕

23)《스완네 집 쪽으로》,〈콩브레〉, 참조.

* 에릭 마르티.

만, 나는 (수도승, 도(道)의 경우처럼 의존 텍스트가 없는 말이 아니라) 하나의 텍스트에 의거하는 것이 필요했고——또 뜻깊었다. 왜냐하면 하나의 텍스트——픽션 속에 들어간 것으로서의 텍스트·담론——는 방법적 텍스트(과거와 미래에서 나의 것)의 다음과 같은 삼중적 길을 나타내기 때문이다.

* 1) 고전적 유형의 구조 분석: 샤를뤼스-담론의 묘사, 해부임. 지도를 작성하는 식의 방법에 따라서 담론이 무엇인지 묘사함. (샤를뤼스의) 담론(나는 이것을 만들지 않았지만 만들 수도 있었을 것이다)은 지역들·경계들·농지들을 읽을 수 있는 하나의 도표처럼 펼쳐짐. → 도표적 혹은 평면 측량적 분석.[24]

2) 발화 행위의 고찰——분석에서——이 있자마자 분석은 더 이상 평면 측량적·도표적이 아니다. 발화 행위 고찰: 담론 속에서 주체들의 위치를 고려하는 것임. 픽션적인 주체들(샤를뤼스와 그의 대화 상대자)이든, 독서의 주체들이든 말이다. 그것은 유형학적인 혹은 관점주의적인 (perspectiviste) 새로운 분석임. 담론 속에 작용하는 관점들을 (복잡하게) 조감하는 것임. 이와 같은 방향은 금년의 강연자들에 의해 지나치리 만큼 탐사되었는데, 담론의 (담론에서) 위치들에 대한 기호학임.

3) 예고되고, 요구되고, 이미 정리된 이 기호학에 보완적인 변화가 주어질 수 있다. (그것은 자신을 주려고 애쓰지만 아마 결국은 실패할 것이다.) 그것은 말하고, 듣고, 쓰는 사람의 힘·강도·과도함·수축, (얼굴의) 붉어짐과 창백함의 비전을 말한다. 그것의 모델은 더 이상 언어학이 아니라, 다분이 음악이 되는 것처럼 포착된다. → 평면들(a), 절단면들(b), 입면들

---

24) 바르트는 이 노트에 2개의 거의 읽을 수 없는 간단한 설명을 첨가하고 있다. Y.-A. 부아(pp.189-190 및 237 참고)의 주장에 영감을 얻은 이 설명은 '동양적 관점'과 '서양적 관점'을 나타내고 있다.

* 평면 측량.

(c)의 복잡한 도면. 텍스트의 일종의 투영법 혹은 중국인의 투시법(왜냐하면 투영법의 최초 정연한 적용은 중국으로부터 왔기 때문이다)일 뿐 아니라, 건축이자 근대적 회화임. 운동적이고 돌출적인 관점을 선택하는 것: 유람과 탈출이 있는 시선임. 유보된 부분들의 거리와 역할을 기꺼이 평가하며, 폭력 등이 없는 독서 질서임. 당연히 유보된 안검임.

당연한 것이지만 (최근 10년 동안의 기호학에 따른) 인식론적 절연은 a)와 b)+c) 사이에 있다. 해야 할 작업은 2)와 3)의 변증법 속에 있다. 이것이 (세미나에서가 아니라 연구의 다원성——금년 세미나는 이 연구를 공동으로 조금 시작했다——속에서) 주어진 랑데부이다. 우리는 이 작업을 화용론, 혹은 상호 대화의 관계를 다루는 언어학 속에 위치시킬 수 있는데, 레카나티[25]는 영국인들에게서 용어와 발상을 빌리면서 이에 대해 이야기했다. 그러나 아마도 또한 니체가 원한 새로운 문헌학 혹은 적극적 문헌학, 즉 무엇(quoi)이 아니라 누구(qui)의 문헌학[26] 속에 위치시킬 수 있을 것이다. (이것이 나의 경향이라 할 것이다.)

25) p.313 참조.
26) p.74, 221, 322 참조.

# 콜레주 드 프랑스 연감을 위한 롤랑 바르트의 요약문

문학기호학

롤랑 바르트 교수

강의:

**어떻게 더불어 살 것인가: 몇몇 일상적 공간의 소설적 흉내**

교수직의 취임 강의에서, 본인은 연구를 연구자의 상상계에 연결시킬 수 있는 가능성을 전제했다. 금년에 본인은 다음과 같은 특별한 상상계를 탐사하고자 했다. 그것은 '더불어 살기'의 모든 형태들(사회 · 팔랑스테르 · 가정 · 커플)이 아니라, 주로 동거가 개인적 자유를 배제하지 않는 매우 제한된 집단의 '더불어 살기'이다. 특히 아토스 산의 몇몇 종교적 모델에서 영감을 얻어 우리는 이 상상계를 고유 리듬의 환상이라 불렀다. 따라서 강의에 도움을 준 많은 자료들은 동방의 수도원 제도에서 빌려 왔으나, 자료체는 엄밀하게 말해서 여전히 문학적이다. 이 자료체는 몇몇 기록상의 혹은 문학적인 작품들을 (당연히 자의적인 방식으로) 결합했으며, 그것들 속에서 주체나 집단의 삶은 다음과 같은 전형적인 공간에 연결되어 있다. 고독한 방(A. 지드, 《푸아티에의 감금된 여인》). 본거지(D. 디포, 《로빈슨 크루소》). 사막(팔라디우스, 《수도원 새벽 기도 이야기》). 대저택(Th. 만, 《마의 산》). 부르주아 아파트 건물(졸라, 《포부이》).

채택된 방법은 선별적이며 동시에 주제 이탈적이다. 기호학적인 작업의 원칙들에 따라, 본인은 '더불어 살기'의 주제들이자 가치들인 많은 생활 양식과 습관들에서 제각기 하나의 준거 용어 속에 포섭될 수 있는 변별적인, 따라서 불연속적인 자질들을 도출하려고 시도했다. 이 용어 자체(단상이라 명칭이 붙음)는 하나의 '문형(figure)' 전체로서 고려되었으며, 이 문형 아래 일정 수의 주제 이탈들, 다시 말해 역사적 · 민족학적 혹은 사회학적 지식에서 자양을 얻은 주제 일탈들을 정리하는 것이 가능했다. 따라서 연구는 '안건들을 여는' 데 있었다. 왜냐하면 그것들을 자기 나름대로 채우는 일은 수강자들에게 맡겨졌고, 교수의 주요 일은 주체의 몇몇 분절들을 암시하는 것이었기 때문이다. 이 주제들(혹은 이 단상들, 이 문형들)은 준거 용어들의 알파벳순에 따라 제시되었는데, 이는 '더불어 살기'를 사전 결정된 어떤 전반적 방향에 따라 굴절시키지 않기 위해서이고, 고유 리듬의 환상을 '해석하지' 않으면 안 되는 것을 피하기 위해서이다. 따라서 대략 30개의 문형(동물 · 자급자족 · 지도자 · 울타리 · 집단 · 짝짓기 · 거리 · 청취 · 사건 · 음식 · 규칙 등)이 제시되고 다루어졌다. 우리는 이 주제들을 전체적으로 종합하여 검토하지는 않았다. 본인은 참여자들의 최적 수(최대한 약 10여 명)에 역점을 주고, 그들의 관계를 조정해 주는 필요한 '비판적 거리'에 치중하면서, 고유 리듬을 지닌 '더불어 살기'의 굴절(변화)들을 유토피아의 이미지와 대조하는 것을 우선시했다. 따라서 강의는 사회적 삶의 윤리 문제로 귀결될 수밖에 없었으며, 이 문제는 다음해의 강의에서 다른 형태로 다시 다루어질 것이다.

세미나:
**담론을 개진한다는 것은 무엇인가: 투자된 파롤에 대한 연구**

'담론'으로 분절된 인간의 언어(langage)는 사회적 · 정서적 파트너들 사이에 힘의 시험이 항구적으로 이루지는 무대이다. 우리가 탐색하려고 했던 것은 언어의 이와 같은 **위협** 기능이다. 교수는 '담론을 개진한다'는 관용어법을 언어(langue)의 데이터에 따라 명확히 설명하면서 세미나를 시작했다. 이 표현은 파롤을 통한 예속 작용들에 협력하는 힘들·강도들·지속들의 실행을 이미 함축한다. 이어서 초대된 강연자들은 각자 나름대로, 자기 전공의 적합성에 따라 다음과 같이 문제를 제기했다. 랑가주의 논리(프랑수아 플라오: '담론과 표징' 및 '완결성과의 관계.' 프랑수아 레카나티: '개진된 담론, 개진될 수 있는 담론, 개진될 수 없는 담론'). 문학(뤼세트 물린: '프루스트의 문장'). 정신분석학(자크 알랭 밀러: '한쪽의 담론, 다른 한쪽의 담론'). 담론의 기호학(앙투안 콩파뇽: '열정.' 루이 마랭: '까마귀와 여우의 만남.' 코제트 마르텔: '언급된 여자'). 결론으로 교수는 샤를뤼스가 화자에게 개진하는 담론(프루스트, 《게르망트가의 사람들》, 플레이아드, II, 553-561)에서, 그리고 앙드로마크가 에르미온에게 전개하는 담론(라신, 《앙드로마크》, III, 4)에서 힘들의 분석을 제시했다.

# 일치표

## 《포부이》

| 파스켈판(전2권) | 포슈판(전1권) |
|---|---|
| I, 6 | 18 |
| II, 113 | 349 |
| I, 134 | 146 |
| I, 3 | 12-13 |
| I, #50 | 제3장 #54 |
| I, 134 | 146 |

## 《마의 산》

토마스 만의 소설은 구할 수 있는 많은 판본이 있다. 소설의 각각의 장은 하나의 숫자, 하나의 제목, 그리고 여러 개의 부제들을 포함하고 있는데, 이것들은 참조 부분들의 위치를 쉽게 확인하게 해준다.

| 페이야르사판, 1961 | |
|---|---|
| 678 | VII. 대(大) 마비 |
| 470-471 | VI. 격퇴된 공격 |
| 121 | IV. 프랑스어로 대화 시도 |
| 185 | IV. 온도계 |
| 206 | V. 영원한 포타주와 갑작스러운 빛 |
| 48 | III. 새침한 우울함 |
| 142 | IV. 분석 |
| 49 | III. 아침 식사 |
| 124 | IV. 프랑스어로 대화 시도 |
| 152 | IV. 식탁에서의 화제 |
| 462 | VI. 격퇴된 공격 |
| #263 | V. 백과사전 |

《푸아티에의 감금된 여인》

| 1930 | 갈리마르<br>'폴리오' 총서 | 1930 | 갈리마르<br>'폴리오' 총서 |
|---|---|---|---|
| 28 | 29 | 62 | 45 |
| 85 | 58 | 95 | 64 |
| 133 | 83 | 99 | 66 |
| 23 | 26 | 23 | 26 |
| 106 | 70 | 58 | 44 |
| 53 | 41 | 49 | 39 |
| 80 | 55 | 96 | 65 |
| 40 | 34 | 119 및 이하 | 76 및 이하 |
| 61 | 45 | 72 | 50 |
| 67 | 48 | 67 | 48 |
| 144 | 88 | 141–146 | 87–90 |
| 124 | 78 | 78 | 53–54 |
| 49 | 39 |  |  |

프루스트의 《잃어버린 시간을 찾아서》에 대해서는 타디에판(갈리마르, '비블리오테크 드 라 플레이아드' 총서)에 나오는 일치표를 참조하면 된다.

*adunata*: 불가능한 것들, 비상한 현상들.

*agapè*: 애정, 복수로 **agapes**는 초기 기독교도들의 우의에 찬 식사를 말함.

*akèdeia*: 소홀.

*akèdéô*: 돌보지 않다, 소홀히 하다.

*akèdéstos*: 묘소도 없이 버려진.

*akèdia*: 소홀.

*ana-*: 아래로부터 위로.

*anachôrein*: 뒤로 물러나다.

*anachôrèsis*: 은둔.

*analogon*: 유추, 관계.

*anax*: 지배자, 왕.

*aphanisis*: 사라지게 하는 행위.

*askèsis*: 수련, 실천.

*askètèrion*: 수련이나 명상의 장소.

*autarkeia*: 자급자족하는 사람의 상태.

*baslieus*: 왕, 군주.

*bios praktikos*: 적극적인 삶.

*bios théôrètikos*: 관조적 삶.

*chôrein*: 은둔하다, 멀어지다.

*déndritès*: 나무와 관련된(자). 나무(*déndron*)의

*dia thuridos*: 창문을 통해서.

*diaita*: 생활 양식.

*diélthein*: 가로지르다, 편력하다.

(to) *diéxérchésthai*: 편력하는 현상, 특히 말(**parole**)을 통해 편력하고 세부적으로 설명하는 현상.

dipsuchia: 불확실성, 결단성 없음.

égkrateia: 절제.

épiméleisthai: 돌보다, 살피다.

épitropos: 무언가의 관리가 맡겨진 사람.

épochè: 중단, 중지.

érèmos: 사막, 혼자 사는 자.

éros: 사랑.

éthos: 습관. 관습.

haplotès: 단순성.

heis: 하나.

hèsuchazein: 조용히 있다, 고요하게 머물다.

hèsuchia: 고요함, 조용함.

heurésis: 창안, 발견.

hodoiporia: 여행.

hodos: 길, 도로.

homéostasis: homoios(유사한)와 stasis(위치)의 합성어.

Hulobioi: 인도 가르만족의 이름, 문자 그대로 숲 속에 사는 (사람).

hupar: 깨어 있으면서 지니는 비전.

hupokrisis: 어떤 역할을 하는 행동, 웅변 연습.

idios: 고유한, 개별적인.

kathismata: khatisma(거처를 정하는 행동)에서 파생됨, 거처.

kèdeia: 죽은 자에 대한 배려.

kèdeuô: 돌보다.

kéllion: 저장실, 지하 저장실.

koinobiôsis: 바르트가 koinos(공동의)와 bios(삶)로 만든 낱말로 공동 생활.

lachana: 야채, 채소.

léxis: 말, 말투.

mania: 발광, 사랑의 광기.

mélétè: 배려, 염려, 그리고 확장적 의미에서 실천, 실행.

monachos: 고독한, 홀로 사는.

monôsis: 고독.

monotropos: 단 하나의 존재 방식만 지닌.

oikia: 집.

onar: 꿈.

onoma: 이름.

orégô: 내밀다, 펼치다.

paideia: 어린이의 교육, 그리고 수련.

panérèmos: 전적으로 사막 같은(고독한).

paradeisoi: 공원, 낙원.

pathos: 정서.

préplos: 튜닉.

poikilos: 잡색의, 여러 가지의.

psuchè: 영혼.

rhein: 흐르다.

rhuthmos: 리듬.

schèma: 형태, 형상.

skènè: 오두막, 천막, 그리고 확장적 의미에서 천막 속에서 주어지는 식사.

sophia: 지식, 실천적 지혜, 그리고 지혜.

sôphrôn: 분별 있는, 온건한, 현명한.

sôphronistèrion: 교정원(소년원).

sténochôria: 좁고 옹색한 공간.

taxis: 배치, 정돈.

télos: 목적, 목표.

thalamos: 방.

thlibô: 좁히다, 압력을 가하다, 압축하다.

thlipsis: 압력, 압축, 억압.

xéniteia: 외국 체류.

xénos: 외국인(이방인).

# 참고 문헌


★ AMAND(dom David), *L'Ascèse monastique de Saint Basile. Essai historique*, Maredsous, Éd. de Maredsous, 1948.

ARMAND(Félix) et MAUBLANC(André), *Fourier*, 3 vol., textes choisis, préface, commentaire et postface, Paris, Éd. Sociales, 1937.

BACHELARD(Gaston), *La Formation de l'esprit scientifique. Contribution à une psychanalyse de la connaissance objective*, Paris, Vrin, 1938.

BLADWIN(Charles Sears), *Ancient Rhetoric and Poetic: Interpreted from Representative Words*, Westport(Conn.), Greenwood Press, 1971.

BALTRUSAÏTIS(Jurgis), *Le Moyen Âge fantastique: antiquités et exotismes dans l'art gothique*, Paris, Flammarion, coll. ⟨Idées et Recherches⟩, 1981.

— *Réveils et Prodiges*, Paris, Flammarion, 1988.

BALZAC(Honoré de), *L'Envers de l'histoire contemporaine*, Premier épisode, *Madame de la Chanterie*, in *La Comédie humaine*, texte établi par Marcel Bouteron, t. VII, Paris, Gallimard, coll. ⟨Bibliothèque de la Pléiade⟩, 1950.

★ BAREAU(André), *La Vie et l'Organisation des communautés bouddhiques modernes de Ceylan*, Pondichéry, Éd. de l'Institut français d' indologie, 1957.

BARTHES(Roland), *Œuvres complètes*, 3 vol., éd. établie et présentée par Éric Marty, t. I, *1942-1965*, t. II, *1966-1973*, t. III, *1974-1980*, Paris, Éd. du Seuil, 1993, 1994, 1995.

— *Sade, Fourier, Loyola*, Paris, Éd. du Seuil, coll. ⟨Points⟩, 1971.

— *Fragments d'un discours amoureux*, Paris, Éd. du Seuil, coll. ⟨Tel Quel⟩, 1977.

BENOÎT(saint), *La Règle de saint Benoît*, éd. d'Aadlbert de Voguë, 6 vol., Paris, Éd. du Cerf, coll. ⟨Sources chrétiennes⟩, 1971-1972.

BENVENISTE(Émile), *Problèmes de linguistique générale*, Paris, Gallimard, coll. ⟨Bibliothèque des sciences humaines⟩, t. I, 1966, t. II, 1974; rééd., coll. ⟨Tel⟩, 1976 et 1980.

— *Le Vocabulaire des institutions indo-européennes*, t. I, *Économie, parenté, société*, t. II, *Pouvoir, droit, religion*, Paris, Éd. de Minuit, 1969.

BETTELHEIM(Bruno), *La Forteresse vide. L'autisme infantile et la naissance de soi*, tran. fr. de Roland Humeny, Paris, Gallimard, coll. ⟨Connaissance de l'inconscient⟩, 1969.

★ BION(Walter Ruprecht), *Recherches sur les petits groupes*, trad. fr. de E. L. Herbert, Paris, PUF, coll. ⟨Bibliothèque de psychanalyse et de psychologie clinique⟩, 1965.

BLED(Victor du), *La Société française du XV<sup>e</sup> au XX<sup>e</sup> siècle*, Paris, Didier, 1900.

BOUCOURECHLIEV(André), *Beethoven*, Paris, Éd. du Seuil, coll. ⟨Solfèges⟩, 1963.

BRECHT(Bertolt), *Théâtre complet*, 10 vol., trad. fr. de Bernard Sobel et Jean Dufour, Paris, L'Arche, 1955–1962.

BRILLAT–SAVARIN(Anthelme), *Physiologie du goût*, préface de Roland Barthes, Paris, C. Hermann, Éd. des Sciences et des Arts, 1975.

BROWN(Norman Oliver), *Éros et Thanatos*, trad. fr. de Renée Villoteau, Paris, Denoël, coll. ⟨Les Lettres nouvelles⟩, 1971.

CASALS(Pablo), *Conversations avec Pablo Casals. Souvenirs et opinions d'un musicien*, Paris, Albin Michel, coll. ⟨Pluriel⟩, 1955, 1992.

CASSIEN, *Institutions cénobitiques*, éd. et trad. fr. de Jean–Claude Guy, Paris, Éd. du Cerf, coll. ⟨Sources chrétiennes⟩, 1965.

CHOMBART DE LAUWE(Paul–Henry), *Des Hommes et des Villes*, Paris, Payot, coll. ⟨Petite Bibliothèque Payot⟩, 1965.

COLERUS(Jean), ⟨La vie de Spinoza⟩, *in* Spinoza, *Œuvres complètes*, éd. et trad. de Roland Caillois, Madeleine Francès et Robert Misrahi, Paris, Gallimard, coll. ⟨Bibliothèque de la Pléiade⟩, 1954.

CURTIUS(Ernst Robert), *La Littérature européenne et le Moyen Âge latin*, Paris, PUF, 1956; rééd., Paris, Agora, 1986, et Paris, Presses Pocket, 1991.

★ DÉCARREAUX(Jean), ⟨Du monachisme primitif au monachisme athonite⟩, *in Le Millénaire du mont Athos(963, 1963). Études et mélanges*, t. I, Chevetogne, Éd. de Chevetogne, 1963.

★ DEFOE(Daniel), *Vie et Aventures de Robinson Crusoé*, in *Romans*, t. I, trad. fr. de Pétrus Borel, préface de Francis Ledoux, Paris, Gallimard, coll. ⟨Bibliothèque de la Pléiade⟩, 1959.

DELEUZE(Gilles), *Nietzsche et la Philosophie*, Paris, PUF, coll. ⟨Bibliothèque de philosophie contemporaine⟩, 1962.

DESCARTHE(René), *Œuvres Philosophiques*, t. I, Paris, Garnier, 1988.

★ DESROCHE(Henri), *La Société festive. Du fouriérisme écrit aux fouriérismes pratiqués*, Paris, Éd. du Seuil, 1975.

— *Dictionnaire de spiritualité ascétique et mystique: doctrine et histoire*, 30 vol., sous la direction de Marcel Viller, Paris, Beauchesne, 1937-1995.

DIDEROT(Denis), *Lettre sur les sourds et muets*, in *Œuvres*, t. IV, *Esthétique-Théâtre*, éd. établie par Laurent Versini, Paris, Laffont, coll. 〈Bouquins〉, 1996.

DORT(Bernard), *Lecture de Brecht*, suivi de *Pédagogie et Forme épique*, Paris, Éd. du Seuil, 1960.

★ DRAGUET(René), *Les Pères du désert*, Paris, Plon, 1949.

★ DROIT(Rogger-Pol) et GALLIEN(Antoine), *La Chasse au bonheur. Les nouvelles communautés en France*, Paris, Calmann-Lévy, 1972.

DUBY(Georges), *Le Temps des cathédrales*, Paris, Gallimard, 1976.

★ EKAMBI-SCHMIDT(Jézabelle), *La Perception de l'habitat*, Paris, Éditions Universitaires, coll. 〈Encyclopédie universitatire〉, 1972.

ESCHYLE, *Tragédies*, présentation, introduction et notes de Paul Mazon, préface de Pierre Vidal-Naquet, Paris, Gallimard, coll. 〈Folio〉, 1982.

ÉTIEMBLE(René), *Parlez-vous franglais?*, Paris, Gallimard, coll. 〈Idées〉, 1964. 1973.

FEBVRE(Lucien), *Le Problème de l'incroyance au XVI<sup>e</sup> siècle. La religion de Rabelais*, Paris, Albin Michel, coll. 〈L'Évolution de l'humanité〉, 1962.

★ FESTUGIÈRE(André-Jean), *Les Moines d'Orient*, t. I, *Culture ou Sainteté*, t. II, *Les Moines de la région de Constantionople*, Paris, Éd. du Cerf, 1961.

FLAHAUT(Français), *La Parole intermédiaire*, Paris, Éd. du Seuil, 1978.

FONTAINE(Nicolas), *Mémoires pour servir à l'histoire de Port-Royal*, I, Cologne, aux dépens de la Compagnie, 1738.

— *Mémoires ou Histoire des Solitaires de Port-Royal*, éd. de Paule Thouvenin, Paris, Champion, coll. 〈Sources classiques〉, 2001.

FREUD(Sigmund), *Cinq psychanalyses: Dora, le petit Hans, l'homme aux rats, le président Schreber, l'homme aux loups*, trad. fr. de Marie Bonaparte et Rudolph M. Loewenstein, Paris, PUF, 1936, 1975.

— *Cinq leçons sur la psychanalyse*, suivi de *Contribution à l'histoire du mouvement psychanalytique*, trad. fr. de Yves Le Lay et Serge Jankélévitch, Paris, Payot, coll. 〈Petite Bibliothèque Payot〉, 1989.

— *Trois essais sur la théorie sexuelle*, trad. fr. de Phillippe Koeppel, préface de Michel Gribinski, Paris, Gallimard, coll. 〈NRF〉, 1987.

— *Le Délire et les Rêves dans la 〈Gradiva〉 de W. Jensen*, trad. fr. de Paule Arhex, Rose-Marie Zeitlin et Jean Bellemin-Noël, Paris, Gallimard, coll. 〈Folio〉, 1991.

— 〈Communication d'un cas de paranoïa à contredire la théorie psychanaly-tique〉, in *Œuvres complètes*, t. XIII, *1914-1915*, Paris, PUF, 1988.

— *On bat un enfant: contribution à l'étude de la genèse des perversions sexuelles*, trad. fr. de H. Hoesli, Paris, Analectes, Théraplix, 1969.

GENET(Jean), *Le Journal du voleur*, Paris, Gallmard, coll. 〈Folio〉, 1982.

★ GIDE(André), *La Séquestrée de Poitiers*, Paris, Gallimard, coll. 〈Ne jugez pas〉, 1930.

— *La Séquestrée de Poitiers*, Paris, Gallimard, coll. 〈Folio〉, 1977.

GIRARD(René), *La Violence et le Sacré*, Paris, Grasset, 1972; rééd., Paris, Hachette, coll. 〈Pluriel〉, 1982.

GOETHE, *Les Souffances du jeune Werther*, Paris, Montaigne, 〈Collection bilingue des classiques étrangers〉, 1931.

★ GOLDING(William), *Sa Majesté des mouches*[*Lord of the Flies*], trad. fr. de Lola Tranec, Paris, Gallimard, coll. 〈Du Monde entier〉, 1956; rééd., Paris, Le Livre de Poche, 1968.

GREIMAS(Algirdas), *Sémantique structurale. Recherche de méthode*, Paris, Larousse, 1966; rééd., Paris, PUF, 1986, 1995.

GRENIER(Jean), *L'Esprit du Tao*, Paris, Flammarion, coll. 〈Champs〉, 1973.

★ GUILLAUMONT(Antione), 〈La conception du désert chez les moines d'Égypte〉, *Revue de l'histoire des religions*, 94ᵉ année, vol. 188, 1975.

★ — 〈Le dépaysement comme forme d'ascèse dans le monachisme ancien, *Annuaire de l'École pratique des hautes études*, vol. LXXVI, 1968-1969.

★ — 〈Monachisme et éthique judéo-chrétienne〉, *Recherche de science religieuse*, vol. 60, n° 2, avril-juin 1972.

★ — 〈Philon et les origines du monachisme〉, *Philon d'Alexandrie. Actes du colloque organisé par le CNRS, à Lyon, les 11-15 septembre 1966*, Paris, Éd. du CNRS, 1967.

HALL(Edward Twitchell), *La Dimension cachée*, trad. fr. d'Amélie Petita, Paris, Éd. du Seuil, coll. 〈Intuitions〉, 1971; rééd., coll. 〈Points civilisations〉, 1978.

HUGO(Victor), *Pierres*, textes rassemblés et présentés par Henri Guillemin, Genève, Éd. du Milieu du monde, 1951.

JACQUEMARD(Simone), *L'Éruption du Krakatoa ou Des chambres inconnues dans la maison*, Paris, Éd. du Seuil, 1967.

JAKOBSON(Roman), *Essais de linguistique générale*, Paris, Éd. de Minuit, 1963.

KAFKA(Franz), *Journal*, trad. fr. de Marthe Robert, Paris, Grasset, 1954.

KLOSSOWSKI(Pierre), *Nietzsche et le Cercle vicieux*, Paris, Mercure de France, 1969, 1975.

LACAN(Jacques), *Écrits*, Paris, Éd. du Seuil, 1966; rééd., 2 vol., coll. 〈Points〉, 1999.

— *Le Séminaire*, t. I, *Les Écrits techniques de Freud*, texte établi par Jacques-Alain Miller, Paris, Éd. du Seuil, 1975.

— *Le Séminaire*, t. IV, *La Relation d'objet*, texte établi par Jacques-Alain Miller, Paris, Éd. du Seuil, 1994.

— *Le Séminaire*, t. XX, *Encore*, texte établi par Jacques-Alain Miller, Paris, Éd. du Seuil, 1975.

LACARRIÈRE(Jacques), *L'Été grec. Une Grèce quotidienne de 4000 ans*, Paris, Plon, coll. 〈Terre humaine〉, 1976.

★ LADEUZE(Paulin), *Étude sur le cénobitisme pakhômien pendant le IV^e siècle et la première moitié du V^e*, Francfort, Minerva, 1961.

LAPLANCHE(Jean) et PONTALIS(Jean-Bertrand), *Vocabulaire de la psychanalyse*, Paris, PUF, coll. 〈Quadrige〉, 1998.

LASCAULT(Gilbert), *Le Monstre dans l'art occidental: un problème esthétique*, Paris, Klincksieck, 〈Collection d'esthétique〉, 1973.

LECLERCQ(Jean), L'érémitisme en Occident jusqu'à l'an mil, in *Le Millénaire du mort Athos(963, 1963). Études et mélanges*, t. I, Chevetogne, Éd. de Chevetogne, 1963.

LEROI-GOURHAN(André), *Le Geste et la Parole*, t. I, *Technique et langage*, t. II, *La Mémoire et les Rythmes*, Paris, Albin Michel, coll. 〈Sciences d'aujourd'hui〉, 1964.

LEROY(Jean), 〈La conversion de saint Athanase l'athonite et l'idéal cénobitique et l'influence studite〉, in *Le Millénaire du mont Athos(963, 1963). Études et mélanges*, t. I, Chevetogne, Éd. de Chevetogne, 1963.

LÉVI-STRAUSS(Claude), *Les Structures élémentaires de la parenté*, Paris, La Haye, Mouton, 1949, 1967.

— *Mythologiques*, t. I, *Le Cru et le Cuit*, Paris, Plon, 1964.

— 〈Introduction à l'œuvre de Marcel Mauss〉, *in* Marcel Mauss, *Sociologie et Anthropologie*, Paris, PUF, coll. 〈Bibliothèque de sociologie contemporaine〉, 1966.

— *Anthropologie structurale*, Paris, Plon, 1973.

LIEBMAN(Marcel), *Le Léninisme sous Lénine*, Paris, Éd. du Seuil, coll. 〈Esprit〉, 1973.

MALLARMÉ(Stéphane), *Œuvres complètes*, texte établi et annoté par Henri Mondor et G. Jean-Aubry, Paris, Gallimard, coll. ⟨Bibliothèque de la Pléiade⟩, 1945.

— *Œuvres complètes*, t. I, éd. présentée, établie et annotée par Bertrand Marchal, Paris, Gallimard, coll. ⟨Bibliothèque de la Pléiade⟩, 1998.

— *Divagations*, Paris, Fasquelle, coll. ⟨Bibliothèque Charpentier⟩, 1897.

MALRAUX(André), *Les Noyers de l'Altenburg*, in *Œuvres complètes*, t. II, éd. de Marius-François Guyard, Maurice Larès et François Trécourt avec la participation de Noël Burch, Paris, Gallimard, coll. ⟨Bibliothèque de la Pléiade⟩, 1996.

MANDELBROT(Benoît), *Les Objets fractals : forme, hasard et dimension*, Paris, Flammarion, coll. ⟨Nouvelle Bibliothèque scientifique⟩, 1975.

★ MANN(Thomas), *La Montagne magique*, trad. fr. de Maurice Betz, Paris, Fayard, coll, ⟨Horizon libre⟩, 1961.

MASPERO(Henri), *Le Taoïsme et les Religions chinoises*, Paris, Gallimard, coll. ⟨Bibliothèque des histoires⟩, 1971.

★ MASSEBIEAU(Louis), ⟨Le Traité de la *Vie contemplative* de Philon et la question des Thérapeutes⟩, *Revue de l'histoire des religions*, Annales du musée Guimet, Ernest Leroux éditeur, vol. XVI, 1887.

★ — *Le Millénaire du mont Athos(963, 1963). Études et mélanges*, t. I, Chevetogne, Éd. de Chevetogne, 1963.

MOLES(Abraham-André) et ROHMER(Élisabeth), *La Psychologie de l'espace*, Paris, Casterman, coll. ⟨Mutations, orientations⟩, 1972.

NIETZSCHE(Friedrich), *Le Crépuscule des idoles ou Comment on philosophe au marteau*, suivi de *Le Cas Wagner*, trad. fr. d'Henri Albert, Denoël/Gonthier, coll. ⟨Médiations⟩, 1980.

— *Nouvelle Revue de psychanalyse*, n° 12, *La Psyché*, Paris, Gallimard, 1975.

★ OLIEVENSTEIN(Claude), *Il n'y a pas de drogués heureux*, Paris, Laffont, 1976.

★ PALLADE, *The Lausiac History of Palladius*, 2 vol., éd. de C. Butler, Cambridge, ⟨Texts and Studies 5-6⟩, 1898, 1904.

— *Histoire lausiaque*, trad. fr. de A. Lucot, Paris, Picard, 1912.

— [PALLADE D'HÉLÉNOPOLIS], *Histoire lausiaque*, introduction, trad. fr. et notes du père Nicolas Molinier, Abbaye de Bellefontaine, coll. ⟨Spiritualité orientale⟩, 1999.

— [PALLADIUS], *Les Moines du désert. Histoire lausiaque*, éd. par les Carmélites de Mazille, Paris, Desclée de Brouwer, coll. ⟨Les Pères dans la foi⟩, 1981.

PERELMANN(Charles) et OLBRECHTS-TYTECA(Lucie), *La Nouvelle Rhétorique. Traité de l'argumentation*, 2 vol., Paris, PUF, ⟨Collection de sociologie générale et de philosophie sociale⟩, 1958.

— *Philon d'Alexandrie. Actes du colloque organisé par le CNRS, à Lyon, les 11-15 septembre 1966*, Paris, Éd. du CRNS, 1967.

— *Photo*, n° 112, janvier 1977.

PLANTON, *Phédon*, in *Œuvres complètes*, textes traduits, présentés et annotés par Léon Robin, t. I, Paris, Gallimard, coll. ⟨Bibliothèque de la Pléiade⟩.

— *Philèbe*, in *Œuvres complètes*, t. IX, texte établi et traduit par Auguste Diès, Paris, Société d'Édition, 1966.

PROUST(Marcel), *Du côté de chez Swann*, éd. de Pierre Clarac et d'André Ferré, Paris, Gallimard, coll. ⟨Bibliothèque de la Pléiade⟩, 1954.

— *Du côté de chez Swann—À l'ombre des jeunes filles en fleurs*(Autour de M[me] Swann), éd. publiée sous la direction de Jean-Yves Tadié, Paris, Gallimard, coll. ⟨Bibliothèque de la Pléiade⟩, t. I, 1987.

RÉCANATI(François), *Les Énoncés performatifs. Contribution à la pragmatique*, Paris, Éd. de Minuit, coll. ⟨Propositions⟩, 1981.

REICH(Wilhelm), *La Révolution sexuelle. Pour une autonomie caractérielle de l'homme*, trad. fr. de Constantin Sinelnikoff, Paris, UGE, coll. ⟨10-18⟩, 1968.

— *L'Analyse caractérielle*, trad. fr. de Pierre Kamnitzer, Paris, Payot, coll. ⟨Sciences de l'homme⟩, 1992.

RUFFIÉ(Jacques), *De la biologia à la culture*, Paris, Flammarion, coll. ⟨Nouvelle Bibliothèque scientifique⟩, 1976; rééd., t. I et II, coll. ⟨Champs⟩, 1983.

★ RYKWERT(Joseph), *La Maison d'Adam au Paradis*, trad. fr. de Lucienne Lotringer avec la collaboration de Daniel Grosou et Monique Lulin, Paris, Éd. du Seuil, coll. ⟨Espacements⟩, 1976.

SADE(Donatien, Alphonse, François de), *Histoire de Juliette*, in *Œuvres*, t. III, éd. établie par Michel Delon avec la collaboration de Jean Depron, Paris, Gallimard, coll. ⟨Bibliothèque de la Pléiade⟩, 1998.

SAFOUAN(Moustapha), *Études sur l'Œdipe. Introduction à une théorie du sujet*, Paris, Éd. du Seuil, coll. ⟨Le Champ freudien⟩, 1974.

— *Qu'est-ce que le structuralisme? Le structuralisme en psychanalyse*, Paris, Éd. du Seuil, coll. ⟨Points⟩, 1973.

SARTRE(Jean-Paul), *Esquisse d'une théorie des émotions*, Paris, Hermann, 1995.

SCHAPIRO(Meyer), ⟨Sur quelques problèmes de sémiotique de l'art visuel: champ et véhicule dans les signes iconiques⟩, *Critique*, n° 315-316, *Histoire/Théorie de l'art*, août-septembre 1973.

★ Schmitz(dom Philibert), *Histoire de l'ordre de saint Benoît*, 7 vol., Maredsous, Éd. de Maredsous, 1948-1956, t. I, premier chapitre.

Schwaller De Lubicz(René-Adolphe), *Le Temple dans l'homme*, Le Caire, Éd. Schindler, 1950; rééd., Paris, Dervy-Livres, 1979.

Tchekhov(Anton Pavlovitch), *Œuvres*, t. 20, *Correspondances(1877-1904)*, choix établi par Lida Vernant, trad. fr. de Renée Gauchet, Lida Vernant, Michèle Tanguy, Geneviève Roussel, Paris, Les Éditeurs français réunis, 1967.

Todorov(Tzventan), *Théorie de la littérature: textes des formalistes russes*, présentés et traduits par Tzvetan Todorov, préface de Roman Jakobson, Paris, Éd. du Seuil, coll. 〈Tel Quel〉, 1966; éd. revue et corrigée, Paris, Éd. du Seuil, coll. 〈Points〉, 2001.

Watts(Allan Wilson), *Le Bouddhisme Zen*, trad. fr. de Pierre Berlot, Paris, Payot, coll. 〈Bibliothèque scientifique〉, 1960; rééd., coll. 〈Petite Bibliothèque Payot〉, 1969.

★ Xénophon, *Économique*, trad. fr. de P. Chantraine, Paris, Les Belles Lettres, 1949.

Zender(Léon), 〈Le monachisme—réalité et idéal—dans l'œuvre de Dostoïevski〉, in *Le Millénaire du mont Athos(963, 1963). Études et mélanges*, t. I, Chevetogne, Éd. de Chevetogne, 1963.

★ Zola(Émile), *Pot-Bouille*, 2 vol., Paris, Fasquelle, 1906.

— *Pot-Bouille*, Paris, Le Livre de Poche, 1984.

★ — *La Conquête de Plassans*, Paris, Garnier-Flammarion, 1972.

# 역자 후기

　본 역서는 바르트가 강의와 세미나를 준비하기 위해 노트해 놓은 내용을 그대로 출간한 원서를 번역한 것이다. 그렇기 때문에 이 노트는 '일러두기'나 '서문'에서 언급되어 있듯이, 원래가 책으로 출간되기 위한 것이 아니다. 그것은 육성 강의를 위한 자료를 요약해 놓은 것이라 할 수 있다. 따라서 바르트가 살아 있다면 출간되지 않았을 것이지만, 타계하였기 때문에 전혀 다른 상황 인식에 의해서 출간되었다. 뿐만 아니라 편집 원칙도 책이나 작품 같은 외형적 틀을 배제한 채 가능한 노트의 원형을 보존하는 것이었다.

　이런 연유로 원서는 문장들이 아니라, 단어들로 이루어진 표현들을 콜론(:)이나 세미 콜론(;) 등으로 연결해서 나열해 놓은 부분들을 아주 많이 포함하고 있다. 따라서 전문 편집자들이 주(註)를 달아 다소 보충하고 있지만, 읽기가 쉽지 않은 부분이 많다. 역자는 원서에 나타난 의도를 살려 그대로 번역할 것인지, 아니면 그런 구두점들을 전부 없애고 읽기 좋게 문장으로 만들어 번역할 것인지 고민하지 않을 수 없었다. 그러나 다행히 바르트의 육성 강의가 MP3판으로 출시되어 판매되고 있음을 알았다. 따라서 출판사에 부탁하여 CD를 구입하였다. CD를 들어 본 결과 강의 노트만으로는 애매한 내용들이나 축약되어 난해한 부분들이 확실하게 이해되었다. 따라서 CD를 적극적으로 참고하여 독자가 이해하기 쉽도록 손질을 하였다. 이는 프랑스에서 강의 노트가 출간된 의도와는 다소 거리가 있지만, 프랑스 독자의 상황과 국내의 독자의 상황이 다르다는 점을 고려한 결과이다. 그렇다고 구두점들을 모두 없앤 것은 아니다. 이해하는 데 무리가 없다고 판단된 경우 그대로 살려두었다. 뿐만 아니라 강의 노트의 원래 형식을 다소나마 간직하기 위해서 메모식으로 간결한 문장들로 번역한 부분들도 많이 있다. 다른 한편으로 CD에는 세미나 부분이 빠져 있다. 그러나 역자는 강의 노트 번역과 균형을 이루도록 하기 위해 그것 역시 유사한 양식으로 번역했음을 밝혀둔다.

본서는 바르트가 타계하기 3년 전 콜레주 드 프랑스에 취임하여 첫 해의 강의와 세미나를 위해 준비한 노트를 엮어낸 것이다. 따라서 그것은 두 부분으로, 즉 강의를 위한 것과 세미나를 위한 것으로 나누어진다. 세미나의 제목은 '담론을 개진한다는 것은 무엇인가?' 이다. '담론' 이란 말은 프랑스어의 'discours' 를 옮긴 것인데, 경우에 따라 담화나 이야기를 의미하기도 한다. 바르트가 밝힌 것처럼, 담론·담화·이야기 모두가 말하는 자의 의지나 주장이 담겨 있는 것은 마찬가지이다. 따라서 본 역서에서는 부득이한 경우를 제외하곤 편의상 '담론' 으로 통일해 번역했음을 밝혀둔다. 또 필요한 경우 많지는 않지만 주(註)를 달아 미력하나마 독자의 이해를 돕고자 했다.

본서에 대한 해설이나 소개는 '일러두기' 와 '서문' 에 자세히 이루어져 있다. 독자는 학자와 예술가-작가로서 원숙기에 다다른 바르트가 전개하는 자유자재롭고 폭넓은 사유의 움직임과 흐름을 맛보는 즐거움을 얻을 수 있으리라 기대된다. 특히 본서에서 바르트는 한때 '방법에 속아 넘어간 적이 있다' 고 말하면서 그것의 함정을 피하여 '방법' 에서 '교양' 으로의 전환을 언급하고 있다. 그가 구조주의 열풍을 일으켰던 이른바 4인방(나머지 세 사람은 레비 스트로스·푸코·라캉임)의 한 사람이었다는 점을 고려하면, 이와 같은 전환은 그의 풍요롭고 창조적인 지적 여정에서 새로운 이정표를 나타낸다 할 것이다. 특히 이 강의에서 바르트가 동양의 불교와 도가 사상 등을 수용하면서 동·서양을 넘나드는 지적 유희를 하고 있음은 그의 사유의 지형도가 어떻게 변화하고 있는지 가늠하게 해준다.

바르트의 본 강의는 그만의 독특한 양식(style)을 창조하는 하나의 예술 작품으로 이해해야 할 것이다. 어떤 주제를 놓고 우연에 의지하여 단상들을 펼쳐 가는 방식은 예술적 창조의 작업으로서 하나의 양식을 낳고 있다. 이런 양식은 국내에도 번역 소개된 《사랑의 단상》(김희영 역, 문학과지성사, 1991)에서 이미 보여지고 있다. 특히 프랑스에서는 구조주의 바람이 몰아치면서 인문학자들이 자신의 저작들을 예술 작품으로 만들고자 했다는 점을 상기할 때, 바르트의 경우는 그 전범을 보여 준다고 할 것이다.

경우에 따라 그의 강의에 담겨 있는 독창적 발상들로부터 많은 아이디어를 얻을 수 있으리라 생각된다. 이와 관련해 생각나는 사실을 하나 지적해 보자. 바르트는 본 강의에서 《사랑의 단상》을 상기시키면서 '눈물의 역사'가 씌어지지 않았음을 이야기하고 있다. 그는 《사랑의 단상》에서 〈눈물의 찬가〉라는 단상을 펼치는데, 여기서 '누가 눈물의 역사를 쓸 것인가?' 라고 질문하고 있다. 그런데 18세기와 19세를 다룬 《눈물의 역사》(안 뱅상 뷔포 지음, 이자경 역, 동문선, 2000)가 프랑스에서 1986년에 나온다. 바르트가 질문을 던진 지 12년 만에 이 주제의 연구 결과가 출간된 것이다. 정확한 정보는 없지만, 이 책을 쓴 저자는 바르트의 이 지적에서 착상을 얻지 않았는지 의문이 드는 것이다. 위대한 창조자들의 주변에는 아이디어들이 풍요롭게 맴돌고 있음을 염두에 둘 필요가 있다.


김웅권

# 주제 색인

이 색인에 실린 주제들은 강의 노트에 나와 있는 것에 한정되었다.

김웅권

한국외국어대학교 불어과 졸업
프랑스 몽펠리에3대학 불문학 박사
현재 한국외국어대학교 연구교수
학위 논문: 〈앙드레 말로의 소설 세계에 있어서 의미의 탐구와 구조화〉
저서:《앙드레 말로-소설 세계와 문화의 창조적 정복》
논문: 〈앙드레 말로의《왕도》에 나타난 신비주의적 에로티시즘〉
(프랑스의《현대문학지》앙드레 말로 시리즈 10호),
〈앙드레 말로의《인간 조건》에서 광인 의식〉(미국《앙드레 말로 학술지》27권)
역서:《천재와 광기》《니체 읽기》《상상력의 세계사》《순진함의 유혹》
《쾌락의 횡포》《영원한 황홀》《파스칼적 명상》《운디네와 지식의 불》
《진정한 모럴은 모럴을 비웃는다》《기식자》《구조주의 역사 Ⅱ · Ⅲ · Ⅳ》
《미학이란 무엇인가》《상상의 박물관》《그라마톨로지에 대하여》등

문예신서
251

# 어떻게 더불어 살 것인가

초판발행 : 2004년 6월 10일

지은이 : 롤랑 바르트
옮긴이 : 김웅권
총편집 : 韓仁淑
펴낸곳 : 東文選

제10-64호, 78. 12. 16 등록
110-300 서울 종로구 관훈동 74
전화 : 737-2795

편집설계 : 李姃昡 李惠允

ISBN 89-8038-462-9 94160
ISBN 89-8038-000-3(세트 : 문예신서)

【東文選 現代新書】

| | | |
|---|---|---|
| 1 21세기를 위한 새로운 엘리트 | FORESEEN 연구소 / 김경현 | 7,000원 |
| 2 의지, 의무, 자유 — 주제별 논술 | L. 밀러 / 이대회 | 6,000원 |
| 3 사유의 패배 | A. 핑켈크로트 / 주태환 | 7,000원 |
| 4 문학이론 | J. 컬러 / 이은경 · 임옥희 | 7,000원 |
| 5 불교란 무엇인가 | D. 키언 / 고길환 | 6,000원 |
| 6 유대교란 무엇인가 | N. 솔로몬 / 최창모 | 6,000원 |
| 7 20세기 프랑스철학 | E. 매슈스 / 김종갑 | 8,000원 |
| 8 강의에 대한 강의 | P. 부르디외 / 현택수 | 6,000원 |
| 9 텔레비전에 대하여 | P. 부르디외 / 현택수 | 7,000원 |
| 10 고고학이란 무엇인가 | P. 반 / 박범수 | 8,000원 |
| 11 우리는 무엇을 아는가 | T. 나겔 / 오영미 | 5,000원 |
| 12 에쁘롱 — 니체의 문체들 | J. 데리다 / 김다은 | 7,000원 |
| 13 히스테리 사례분석 | S. 프로이트 / 태혜숙 | 7,000원 |
| 14 사랑의 지혜 | A. 핑켈크로트 / 권유현 | 6,000원 |
| 15 일반미학 | R. 카이유와 / 이경자 | 6,000원 |
| 16 본다는 것의 의미 | J. 버거 / 박범수 | 10,000원 |
| 17 일본영화사 | M. 테시에 / 최은미 | 7,000원 |
| 18 청소년을 위한 철학교실 | A. 자카르 / 장혜영 | 7,000원 |
| 19 미술사학 입문 | M. 포인턴 / 박범수 | 8,000원 |
| 20 클래식 | M. 비어드 · J. 헨더슨 / 박범수 | 6,000원 |
| 21 정치란 무엇인가 | K. 미노그 / 이정철 | 6,000원 |
| 22 이미지의 폭력 | O. 몽젱 / 이은민 | 8,000원 |
| 23 청소년을 위한 경제학교실 | J. C. 드루엥 / 조은미 | 6,000원 |
| 24 순진함의 유혹 [메디시스賞 수상작] | P. 브뤼크네르 / 김웅권 | 9,000원 |
| 25 청소년을 위한 이야기 경제학 | A. 푸르상 / 이은민 | 8,000원 |
| 26 부르디외 사회학 입문 | P. 보네위츠 / 문경자 | 7,000원 |
| 27 돈은 하늘에서 떨어지지 않는다 | K. 아른트 / 유영미 | 6,000원 |
| 28 상상력의 세계사 | R. 보이아 / 김웅권 | 9,000원 |
| 29 지식을 교환하는 새로운 기술 | A. 벵토릴라 外 / 김혜경 | 6,000원 |
| 30 니체 읽기 | R. 비어즈워스 / 김웅권 | 6,000원 |
| 31 노동, 교환, 기술 — 주제별 논술 | B. 데코사 / 신은영 | 6,000원 |
| 32 미국만들기 | R. 로티 / 임옥희 | 10,000원 |
| 33 연극의 이해 | A. 쿠프리 / 장혜영 | 8,000원 |
| 34 라틴문학의 이해 | J. 가야르 / 김교신 | 8,000원 |
| 35 여성적 가치의 선택 | FORESEEN연구소 / 문신원 | 7,000원 |
| 36 동양과 서양 사이 | L. 이리가라이 / 이은민 | 7,000원 |
| 37 영화와 문학 | R. 리처드슨 / 이형식 | 8,000원 |
| 38 분류하기의 유혹 — 생각하기와 조직하기 | G. 비뇨 / 임기대 | 7,000원 |
| 39 사실주의 문학의 이해 | G. 라루 / 조성애 | 8,000원 |
| 40 윤리학 — 악에 대한 의식에 관하여 | A. 바디우 / 이종영 | 7,000원 |
| 41 흙과 재 [소설] | A. 라히미 / 김주경 | 6,000원 |

| 84 | 조와(弔蛙) | 金教臣 / 노치준·민혜숙 | 8,000원 |
| 85 | 역사적 관점에서 본 시네마 | J. -L. 뢰트라 / 곽노경 | 8,000원 |
| 86 | 욕망에 대하여 | M. 슈벨 / 서민원 | 8,000원 |
| 87 | 산다는 것의 의미·1—여분의 행복 | P. 쌍소 / 김주경 | 7,000원 |
| 88 | 철학 연습 | M. 아롱델-로오 / 최은영 | 8,000원 |
| 89 | 삶의 기쁨들 | D. 노게 / 이은민 | 6,000원 |
| 90 | 이탈리아영화사 | L. 스키파노 / 이주현 | 8,000원 |
| 91 | 한국문화론 | 趙興胤 | 10,000원 |
| 92 | 현대연극미학 | M. -A. 샤르보니에 / 홍지화 | 8,000원 |
| 93 | 느리게 산다는 것의 의미·2 | P. 쌍소 / 김주경 | 7,000원 |
| 94 | 진정한 모럴은 모럴을 비웃는다 | A. 에슈고엔 / 김웅권 | 8,000원 |
| 95 | 한국종교문화론 | 趙興胤 | 10,000원 |
| 96 | 근원적 열정 | L. 이리가라이 / 박정오 | 9,000원 |
| 97 | 라캉, 주체 개념의 형성 | B. 오질비 / 김 석 | 9,000원 |
| 98 | 미국식 사회 모델 | J. 바이스 / 김종명 | 7,000원 |
| 99 | 소쉬르와 언어과학 | P. 가데 / 김용숙·임정혜 | 10,000원 |
| 100 | 철학적 기본 개념 | R. 페르버 / 조국현 | 8,000원 |
| 101 | 맞불 | P. 부르디외 / 현택수 | 10,000원 |
| 102 | 글렌 굴드, 피아노 솔로 | M. 슈나이더 / 이창실 | 7,000원 |
| 103 | 문학비평에서의 실험 | C. S. 루이스 / 허 종 | 8,000원 |
| 104 | 코뿔소 〔희곡〕 | E. 이오네스코 / 박형섭 | 8,000원 |
| 105 | 지각—감각에 관하여 | R. 바르바라 / 공정아 | 7,000원 |
| 106 | 철학이란 무엇인가 | E. 크레이그 / 최생열 | 8,000원 |
| 107 | 경제, 거대한 사탄인가? | P. -N. 지로 / 김교신 | 7,000원 |
| 108 | 딸에게 들려 주는 작은 철학 | R. 시몬 셰퍼 / 안상원 | 7,000원 |
| 109 | 도덕에 관한 에세이 | C. 로슈·J. -J. 바레르 / 고수현 | 6,000원 |
| 110 | 프랑스 고전비극 | B. 클레망 / 송민숙 | 8,000원 |
| 111 | 고전수사학 | G. 위딩 / 박성철 | 10,000원 |
| 112 | 유토피아 | T. 파코 / 조성애 | 7,000원 |
| 113 | 쥐비알 | A. 자르댕 / 김남주 | 7,000원 |
| 114 | 증오의 모호한 대상 | J. 아순 / 김승철 | 8,000원 |
| 115 | 개인—주체철학에 대한 고찰 | A. 르노 / 장정아 | 7,000원 |
| 116 | 이슬람이란 무엇인가 | M. 루스벤 / 최생열 | 8,000원 |
| 117 | 테러리즘의 정신 | J. 보드리야르 / 배영달 | 8,000원 |
| 118 | 역사란 무엇인가 | 존 H. 아널드 / 최생열 | 8,000원 |
| 119 | 느리게 산다는 것의 의미·3 | P. 쌍소 / 김주경 | 7,000원 |
| 120 | 문학과 정치 사상 | P. 페티티에 / 이종민 | 8,000원 |
| 121 | 가장 아름다운 하나님 이야기 | A. 보테르 外 / 주태환 | 8,000원 |
| 122 | 시민 교육 | P. 카니베즈 / 박주원 | 9,000원 |
| 123 | 스페인영화사 | J.- C. 스갱 / 정동섭 | 8,000원 |
| 124 | 인터넷상에서—행동하는 지성 | H. L. 드레퓌스 / 정혜욱 | 9,000원 |
| 125 | 내 몸의 신비—세상에서 가장 큰 기적 | A. 지오르당 / 이규식 | 7,000원 |

| 126 | 세 가지 생태학 | F. 가타리 / 윤수종 | 8,000원 |
| 127 | 모리스 블랑쇼에 대하여 | E. 레비나스 / 박규현 | 9,000원 |
| 128 | 위뷔 왕 〔희곡〕 | A. 자리 / 박형섭 | 8,000원 |
| 129 | 번영의 비참 | P. 브뤼크네르 / 이창실 | 8,000원 |
| 130 | 무사도란 무엇인가 | 新渡戶稻造 / 沈雨晟 | 7,000원 |
| 131 | 천 개의 집 〔소설〕 | A. 라히미 / 김주경 | 근간 |
| 132 | 문학은 무슨 소용이 있는가? | D. 살나브 / 김교신 | 7,000원 |
| 133 | 종교에 대하여—행동하는 지성 | 존 D. 카푸토 / 최생열 | 9,000원 |
| 134 | 노동사회학 | M. 스트루방 / 박주원 | 8,000원 |
| 135 | 맞불·2 | P. 부르디외 / 김교신 | 10,000원 |
| 136 | 믿음에 대하여—행동하는 지성 | S. 지제크 / 최생열 | 9,000원 |
| 137 | 법, 정의, 국가 | A. 기그 / 민혜숙 | 8,000원 |
| 138 | 인식, 상상력, 예술 | E. 아카마츄 / 최돈호 | 근간 |
| 139 | 위기의 대학 | ARESER / 김교신 | 10,000원 |
| 140 | 카오스모제 | F. 가타리 / 윤수종 | 10,000원 |
| 141 | 코란이란 무엇인가 | M. 쿡 / 이강훈 | 9,000원 |
| 142 | 신학이란 무엇인가 | D. 포드 / 강혜원·노치준 | 9,000원 |
| 143 | 누보 로망, 누보 시네마 | C. 뮈르시아 / 이창실 | 8,000원 |
| 144 | 지능이란 무엇인가 | I. J. 디어리 / 송형석 | 근간 |
| 145 | 죽음—유한성에 관하여 | F. 다스튀르 / 나길래 | 8,000원 |
| 146 | 철학에 입문하기 | Y. 카탱 / 박선주 | 8,000원 |
| 147 | 지옥의 힘 | J. 보드리야르 / 배영달 | 8,000원 |
| 148 | 철학 기초 강의 | F. 로피 / 공나리 | 8,000원 |
| 149 | 시네마토그래프에 대한 단상 | R. 브레송 / 오일환·김경온 | 9,000원 |
| 150 | 성서란 무엇인가 | J. 리치스 / 최생열 | 근간 |
| 151 | 프랑스 문학사회학 | 신미경 | 8,000원 |
| 152 | 잡사와 문학 | F. 에브라르 / 최정아 | 근간 |
| 153 | 세계의 폭력 | J. 보드리야르·E. 모랭 / 배영달 | 9,000원 |
| 154 | 잠수복과 나비 | J. -D. 보비 / 양영란 | 6,000원 |
| 155 | 고전 할리우드 영화 | J. 나카시 / 최은영 | 10,000원 |
| 156 | 마지막 말, 마지막 미소 | B. 드 카스텔바자크 / 김승철·장정아 | 근간 |
| 157 | 몸의 시학 | J. 피죠 / 김선미 | 근간 |
| 158 | 철학의 기원에 대하여 | C. 콜로베르 / 김정란 | 근간 |
| 159 | 지혜에 대한 숙고 | J. -M. 베스니에르 / 곽노경 | 근간 |
| 160 | 자연주의 미학과 시학 | 조성애 | 10,000원 |
| 161 | 소설 분석—현대적 방법론과 기법 | B. 발레트 / 조성애 | 근간 |
| 162 | 사회학이란 무엇인가 | S. 브루스 / 김경안 | 근간 |
| 163 | 인도철학입문 | S. 헤밀턴 / 고길환 | 근간 |
| 164 | 심리학이란 무엇인가 | G. 버틀러·F. 맥마누스 / 이재현 | 근간 |
| 165 | 발자크 비평 | J. 줄레르 / 이정민 | 근간 |
| 166 | 결별을 위하여 | G. 마츠네프 / 권은희·최은희 | 근간 |
| 167 | 인류학이란 무엇인가 | J. 모나건 外 / 김경안 | 근간 |

**【東文選 文藝新書】**

| 31 | 동양회화미학 | 崔炳植 | 18,000원 |
| 32 | 性과 결혼의 민족학 | 和田正平 / 沈雨晟 | 9,000원 |
| 33 | 農漁俗談辭典 | 宋在璇 | 12,000원 |
| 34 | 朝鮮의 鬼神 | 村山智順 / 金禧慶 | 12,000원 |
| 35 | 道敎와 中國文化 | 葛兆光 / 沈揆昊 | 15,000원 |
| 36 | 禪宗과 中國文化 | 葛兆光 / 鄭相泓·任炳權 | 8,000원 |
| 37 | 오페라의 역사 | L. 오레이 / 류연희 | 절판 |
| 38 | 인도종교미술 | A. 무케르지 / 崔炳植 | 14,000원 |
| 39 | 힌두교의 그림언어 | 안넬리제 外 / 全在星 | 9,000원 |
| 40 | 중국고대사회 | 許進雄 / 洪 熹 | 30,000원 |
| 41 | 중국문화개론 | 李宗桂 / 李宰碩 | 23,000원 |
| 42 | 龍鳳文化源流 | 王大有 / 林東錫 | 25,000원 |
| 43 | 甲骨學通論 | 王宇信 / 李宰碩 | 40,000원 |
| 44 | 朝鮮巫俗考 | 李能和 / 李在崑 | 20,000원 |
| 45 | 미술과 페미니즘 | N. 부루드 外 / 扈承喜 | 9,000원 |
| 46 | 아프리카미술 | P. 윌레뜨 / 崔炳植 | 절판 |
| 47 | 美의 歷程 | 李澤厚 / 尹壽榮 | 28,000원 |
| 48 | 曼茶羅의 神들 | 立川武藏 / 金龜山 | 19,000원 |
| 49 | 朝鮮歲時記 | 洪錫謨 外/李錫浩 | 30,000원 |
| 50 | 하 상 | 蘇曉康 外 / 洪 熹 | 절판 |
| 51 | 武藝圖譜通志 實技解題 | 正 祖 / 沈雨晟·金光錫 | 15,000원 |
| 52 | 古文字學첫걸음 | 李學勤 / 河永三 | 14,000원 |
| 53 | 體育美學 | 胡小明 / 閔永淑 | 10,000원 |
| 54 | 아시아 美術의 再發見 | 崔炳植 | 9,000원 |
| 55 | 曆과 占의 科學 | 永田久 / 沈雨晟 | 8,000원 |
| 56 | 中國小學史 | 胡奇光 / 李宰碩 | 20,000원 |
| 57 | 中國甲骨學史 | 吳浩坤 外 / 梁東淑 | 35,000원 |
| 58 | 꿈의 철학 | 劉文英 / 河永三 | 22,000원 |
| 59 | 女神들의 인도 | 立川武藏 / 金龜山 | 19,000원 |
| 60 | 性의 역사 | J. L. 플랑드렝 / 편집부 | 18,000원 |
| 61 | 쉬르섹슈얼리티 | W. 챠드윅 / 편집부 | 10,000원 |
| 62 | 여성속담사전 | 宋在璇 | 18,000원 |
| 63 | 박재서희곡선 | 朴栽緒 | 10,000원 |
| 64 | 東北民族源流 | 孫進己 / 林東錫 | 13,000원 |
| 65 | 朝鮮巫俗의 硏究(상·하) | 赤松智城·秋葉隆 / 沈雨晟 | 28,000원 |
| 66 | 中國文學 속의 孤獨感 | 斯波六郎 / 尹壽榮 | 8,000원 |
| 67 | 한국사회주의 연극운동사 | 李康列 | 8,000원 |
| 68 | 스포츠인류학 | K. 블랑챠드 外 / 박기동 外 | 12,000원 |
| 69 | 리조복식도감 | 리팔찬 | 20,000원 |
| 70 | 娼 婦 | A. 꼬르벵 / 李宗旼 | 22,000원 |
| 71 | 조선민요연구 | 高晶玉 | 30,000원 |
| 72 | 楚文化史 | 張正明 / 南宗鎭 | 26,000원 |

| 73 | 시간, 욕망, 그리고 공포 | A. 코르뱅 / 변기찬 | 18,000원 |
| 74 | 本國劍 | 金光錫 | 40,000원 |
| 75 | 노트와 반노트 | E. 이오네스코 / 박형섭 | 20,000원 |
| 76 | 朝鮮美術史硏究 | 尹喜淳 | 7,000원 |
| 77 | 拳法要訣 | 金光錫 | 30,000원 |
| 78 | 艸衣選集 | 艸衣意恂 / 林鍾旭 | 20,000원 |
| 79 | 漢語音韻學講義 | 董少文 / 林東錫 | 10,000원 |
| 80 | 이오네스코 연극미학 | C. 위베르 / 박형섭 | 9,000원 |
| 81 | 중국문자훈고학사전 | 全廣鎭 편역 | 23,000원 |
| 82 | 상말속담사전 | 宋在璇 | 10,000원 |
| 83 | 書法論叢 | 沈尹默 / 郭魯鳳 | 16,000원 |
| 84 | 침실의 문화사 | P. 디비 / 편집부 | 9,000원 |
| 85 | 禮의 精神 | 柳 肅 / 洪 熹 | 20,000원 |
| 86 | 조선공예개관 | 沈雨晟 편역 | 30,000원 |
| 87 | 性愛의 社會史 | J. 솔레 / 李宗旼 | 18,000원 |
| 88 | 러시아미술사 | A. I 조토프 / 이건수 | 22,000원 |
| 89 | 中國書藝論文選 | 郭魯鳳 選譯 | 25,000원 |
| 90 | 朝鮮美術史 | 關野貞 / 沈雨晟 | 30,000원 |
| 91 | 美術版 탄트라 | P. 로슨 / 편집부 | 8,000원 |
| 92 | 군달리니 | A. 무케르지 / 편집부 | 9,000원 |
| 93 | 카마수트라 | 바짜야나 / 鄭泰爀 | 18,000원 |
| 94 | 중국언어학총론 | J. 노먼 / 全廣鎭 | 28,000원 |
| 95 | 運氣學說 | 任應秋 / 李宰碩 | 15,000원 |
| 96 | 동물속담사전 | 宋在璇 | 20,000원 |
| 97 | 자본주의의 아비투스 | P. 부르디외 / 최종철 | 10,000원 |
| 98 | 宗敎學入門 | F. 막스 뮐러 / 金龜山 | 10,000원 |
| 99 | 변 화 | P. 바츨라빅크 外 / 박인철 | 10,000원 |
| 100 | 우리나라 민속놀이 | 沈雨晟 | 15,000원 |
| 101 | 歌訣(중국역대명언경구집) | 李宰碩 편역 | 20,000원 |
| 102 | 아니마와 아니무스 | A. 융 / 박해순 | 8,000원 |
| 103 | 나, 너, 우리 | L. 이리가라이 / 박정오 | 12,000원 |
| 104 | 베케트연극론 | M. 푸크레 / 박형섭 | 8,000원 |
| 105 | 포르노그래피 | A. 드워킨 / 유혜련 | 12,000원 |
| 106 | 셀 링 | M. 하이데거 / 최상욱 | 12,000원 |
| 107 | 프랑수아 비용 | 宋 勉 | 18,000원 |
| 108 | 중국서예 80제 | 郭魯鳳 편역 | 16,000원 |
| 109 | 性과 미디어 | W. B. 키 / 박해순 | 12,000원 |
| 110 | 中國正史朝鮮列國傳(전2권) | 金聲九 편역 | 120,000원 |
| 111 | 질병의 기원 | T. 매큐언 / 서 일 · 박종연 | 12,000원 |
| 112 | 과학과 젠더 | E. F. 켈러 / 민경숙 · 이현주 | 10,000원 |
| 113 | 물질문명 · 경제 · 자본주의 | F. 브로델 / 이문숙 外 | 절판 |
| 114 | 이탈리아인 태고의 지혜 | G. 비코 / 李源斗 | 8,000원 |

| 115 中國武俠史 | 陳　山 / 姜鳳求 | 18,000원 |
| 116 공포의 권력 | J. 크리스테바 / 서민원 | 23,000원 |
| 117 주색잡기속담사전 | 宋在璇 | 15,000원 |
| 118 죽음 앞에 선 인간(상·하) | P. 아리에스 / 劉仙子 | 각권 8,000원 |
| 119 철학에 대하여 | L. 알튀세르 / 서관모·백승욱 | 12,000원 |
| 120 다른 곳 | J. 데리다 / 김다은·이혜지 | 10,000원 |
| 121 문학비평방법론 | D. 베르제 外 / 민혜숙 | 12,000원 |
| 122 자기의 테크놀로지 | M. 푸코 / 이희원 | 16,000원 |
| 123 새로운 학문 | G. 비코 / 李源斗 | 22,000원 |
| 124 천재와 광기 | P. 브르노 / 김웅권 | 13,000원 |
| 125 중국은사문화 | 馬　華·陳正宏 / 강경범·천현경 | 12,000원 |
| 126 푸코와 페미니즘 | C. 라마자노글루 外 / 최 영 外 | 16,000원 |
| 127 역사주의 | P. 해밀턴 / 임옥희 | 12,000원 |
| 128 中國書藝美學 | 宋　民 / 郭魯鳳 | 16,000원 |
| 129 죽음의 역사 | P. 아리에스 / 이종민 | 18,000원 |
| 130 돈속담사전 | 宋在璇 편 | 15,000원 |
| 131 동양극장과 연극인들 | 김영무 | 15,000원 |
| 132 生育神과 性巫術 | 宋兆麟 / 洪　熹 | 20,000원 |
| 133 미학의 핵심 | M. M. 이턴 / 유호전 | 20,000원 |
| 134 전사와 농민 | J. 뒤비 / 최생열 | 18,000원 |
| 135 여성의 상태 | N. 에니크 / 서민원 | 22,000원 |
| 136 중세의 지식인들 | J. 르 고프 / 최애리 | 18,000원 |
| 137 구조주의의 역사(전4권) | F. 도스 / 김웅권 外　I·II·IV 15,000원 / III | 18,000원 |
| 138 글쓰기의 문제해결전략 | L. 플라워 / 원진숙·황정현 | 20,000원 |
| 139 음식속담사전 | 宋在璇 편 | 16,000원 |
| 140 고전수필개론 | 權　瑚 | 16,000원 |
| 141 예술의 규칙 | P. 부르디외 / 하태환 | 23,000원 |
| 142 "사회를 보호해야 한다" | M. 푸코 / 박정자 | 20,000원 |
| 143 페미니즘사전 | L. 터틀 / 호승희·유혜련 | 26,000원 |
| 144 여성심벌사전 | B. G. 워커 / 정소영 | 근간 |
| 145 모데르니테 모데르니테 | H. 메쇼닉 / 김다은 | 20,000원 |
| 146 눈물의 역사 | A. 벵상뷔포 / 이자경 | 18,000원 |
| 147 모더니티입문 | H. 르페브르 / 이종민 | 24,000원 |
| 148 재생산 | P. 부르디외 / 이상호 | 23,000원 |
| 149 종교철학의 핵심 | W. J. 웨인라이트 / 김희수 | 18,000원 |
| 150 기호와 몽상 | A. 시몽 / 박형섭 | 22,000원 |
| 151 융분석비평사전 | A. 새뮤얼 外 / 민혜숙 | 16,000원 |
| 152 운보 김기창 예술론연구 | 최병식 | 14,000원 |
| 153 시적 언어의 혁명 | J. 크리스테바 / 김인환 | 20,000원 |
| 154 예술의 위기 | Y. 미쇼 / 하태환 | 15,000원 |
| 155 프랑스사회사 | G. 뒤프 / 박 단 | 16,000원 |
| 156 중국문예심리학사 | 劉偉林 / 沈揆昊 | 30,000원 |

| 157 무지카 프라티카 | M. 캐넌 / 김혜중 | 25,000원 |
| 158 불교산책 | 鄭泰爀 | 20,000원 |
| 159 인간과 죽음 | E. 모랭 / 김명숙 | 23,000원 |
| 160 地中海(전5권) | F. 브로델 / 李宗旼 | 근간 |
| 161 漢語文字學史 | 黃德實·陳秉新 / 河永三 | 24,000원 |
| 162 글쓰기와 차이 | J. 데리다 / 남수인 | 28,000원 |
| 163 朝鮮神事誌 | 李能和 / 李在崑 | 근간 |
| 164 영국제국주의 | S. C. 스미스 / 이태숙·김종원 | 16,000원 |
| 165 영화서술학 | A. 고드로·F. 조스트 / 송지연 | 17,000원 |
| 166 美學辭典 | 사사키 겐이치 / 민주식 | 22,000원 |
| 167 하나이지 않은 성 | L. 이리가라이 / 이은민 | 18,000원 |
| 168 中國歷代書論 | 郭魯鳳 譯註 | 25,000원 |
| 169 요가수트라 | 鄭泰爀 | 15,000원 |
| 170 비정상인들 | M. 푸코 / 박정자 | 25,000원 |
| 171 미친 진실 | J. 크리스테바 外 / 서민원 | 25,000원 |
| 172 디스탱숑(상·하) | P. 부르디외 / 이종민 | 근간 |
| 173 세계의 비참(전3권) | P. 부르디외 外 / 김주경 | 각권 26,000원 |
| 174 수묵의 사상과 역사 | 崔炳植 | 근간 |
| 175 파스칼적 명상 | P. 부르디외 / 김웅권 | 22,000원 |
| 176 지방의 계몽주의 | D. 로슈 / 주명철 | 30,000원 |
| 177 이혼의 역사 | R. 필립스 / 박범수 | 25,000원 |
| 178 사랑의 단상 | R. 바르트 / 김희영 | 근간 |
| 179 中國書藝理論體系 | 熊秉明 / 郭魯鳳 | 23,000원 |
| 180 미술시장과 경영 | 崔炳植 | 16,000원 |
| 181 카프카 — 소수적인 문학을 위하여 | G. 들뢰즈·F. 가타리 / 이진경 | 18,000원 |
| 182 이미지의 힘 — 영상과 섹슈얼리티 | A. 쿤 / 이형식 | 13,000원 |
| 183 공간의 시학 | G. 바슐라르 / 곽광수 | 23,000원 |
| 184 랑데부 — 이미지와의 만남 | J. 버거 / 임옥희·이은경 | 18,000원 |
| 185 푸코와 문학 — 글쓰기의 계보학을 향하여 | S. 듀링 / 오경심·홍유미 | 26,000원 |
| 186 각색, 연극에서 영화로 | A. 엘보 / 이선형 | 16,000원 |
| 187 폭력과 여성들 | C. 도펭 外 / 이은민 | 18,000원 |
| 188 하드 바디 — 할리우드 영화에 나타난 남성성 | S. 제퍼드 / 이형식 | 18,000원 |
| 189 영화의 환상성 | J. -L. 뢰트라 / 김경온·오일환 | 18,000원 |
| 190 번역과 제국 | D. 로빈슨 / 정혜욱 | 16,000원 |
| 191 그라마톨로지에 대하여 | J. 데리다 / 김웅권 | 35,000원 |
| 192 보건 유토피아 | R. 브로만 外 / 서민원 | 20,000원 |
| 193 현대의 신화 | R. 바르트 / 이화여대기호학연구소 | 20,000원 |
| 194 중국회화백문백답 | 郭魯鳳 | 근간 |
| 195 고서화감정개론 | 徐邦達 / 郭魯鳳 | 30,000원 |
| 196 상상의 박물관 | A. 말로 / 김웅권 | 26,000원 |
| 197 부빈의 일요일 | J. 뒤비 / 최생열 | 22,000원 |
| 198 아인슈타인의 최대 실수 | D. 골드스미스 / 박범수 | 16,000원 |

| 241 | 부르디외 사회학 이론 | L. 핀토 / 김용숙 · 김은희 | 20,000원 |
| 242 | 문학은 무슨 생각을 하는가? | P. 마슈레 / 서민원 | 23,000원 |
| 243 | 행복해지기 위해 무엇을 배워야 하는가? | A. 우지오 外 / 김교신 | 18,000원 |
| 244 | 영화와 회화: 탈배치 | P. 보니체 / 홍지화 | 18,000원 |
| 245 | 영화 학습 ― 실천적 지표들 | F. 바누아 外 / 문신원 | 16,000원 |
| 246 | 회화 학습 ― 실천적 지표들 | F. 기블레 / 고수현 | 근간 |
| 247 | 영화미학 | J. 오몽 外 / 이용주 | 24,000원 |
| 248 | 시 ― 형식과 기능 | J. L. 주베르 / 김경온 | 근간 |
| 249 | 우리나라 옹기 | 宋在璇 | 40,000원 |
| 250 | 검은 태양 | J. 크리스테바 / 김인환 | 27,000원 |
| 251 | 어떻게 더불어 살 것인가 | R. 바르트 / 김웅권 | 28,000원 |
| 252 | 일반 교양 강좌 | E. 코바 / 송대영 | 근간 |
| 253 | 나무의 철학 | R. 뒤마 / 송형석 | 근간 |
| 254 | 영화에 대하여 ― 에이리언과 영화철학 | S. 멀할 / 이영주 | 18,000원 |
| 255 | 문학에 대하여 ― 문학철학 | H. 밀러 / 최은주 | 근간 |
| 256 | 미학 | 라영균 外 편역 | 근간 |
| 257 | 조희룡 평전 | 김영회 外 | 18,000원 |
| 258 | 역사철학 | F. 도스 / 최생열 | 근간 |
| 259 | 철학자들의 동물원 | A. L. 브라 쇼파르 / 문신원 | 22,000원 |
| 260 | 시각의 의미 | J. 버거 / 이용은 | 근간 |
| 261 | 들뢰즈 | A. 괄란디 / 임기대 | 근간 |
| 262 | 문학과 문화 읽기 | 김종갑 | 16,000원 |
| 263 | 과학에 대하여 ― 과학철학 | B. 리들리 / 이영주 | 근간 |
| 264 | 장 지오노와 서술 이론 | 송지연 | 18,000원 |
| 265 | 영화의 목소리 | M. 시옹 / 박선주 | 근간 |
| 266 | 사회보장의 발견 | J. 당즐로 / 주형일 | 근간 |
| 267 | 이미지와 기호 | M. 졸리 / 이선형 | 근간 |
| 268 | 위기의 식물 | J. M. 펠트 / 이충건 | 근간 |
| 269 | 중국 소수민족의 원시종교 | 洪 熹 | 18,000원 |
| 270 | 영화감독들의 영화 이론 | J. 오몽 / 곽동준 | 근간 |
| 271 | 중첩 | J. 들뢰즈 · C. 베네 / 허희정 | 근간 |
| 272 | 디디에 에리봉과의 대담 | J. 뒤메질 / 송대영 | 근간 |
| 273 | 중립 | R. 바르트 / 김웅권 | 근간 |
| 274 | 알퐁스 도데의 문학과 프로방스 문화 | 이종민 | 16,000원 |
| 275 | 우리말 釋迦如來行蹟頌 | 無寄 / 金月雲 | 18,000원 |
| 276 | 金剛經講話 | 金月雲 講述 | 16,000원 |
| 1001 | 베토벤: 전원교향곡 | D. W. 존스 / 김지순 | 15,000원 |
| 1002 | 모차르트: 하이든 현악 4중주곡 | J. 어빙 / 김지순 | 14,000원 |
| 1003 | 베토벤: 에로이카 교향곡 | T. 시프 / 김지순 | 18,000원 |
| 1004 | 모차르트: 주피터 교향곡 | E. 시스먼 / 김지순 | 근간 |
| 1005 | 바흐: 브란덴부르크 협주곡 | M. 보이드 / 김지순 | 근간 |
| 2001 | 우리 아이들에게 어떤 지표를 주어야 할까? | J. L. 오베르 / 이창실 | 16,000원 |

| 2002 상처받은 아이들 | N. 파브르 / 김주경 | 16,000원 |
| 2003 엄마 아빠, 꿈꿀 시간을 주세요! | E. 부젱 / 박주원 | 16,000원 |
| 2004 부모가 알아야 할 유치원의 모든 것들 | N. 뒤 소수와 / 전재민 | 근간 |
| 2005 부모들이여, '안 돼'라고 말하라! | P. 들라로슈 / 김주경 | 19,000원 |
| 2006 엄마 아빠, 전 못하겠어요! | E. 리공 / 이창실 | 근간 |
| 3001 《새》 | C. 파글리아 / 이형식 | 13,000원 |
| 3002 《시민 케인》 | L. 멀비 / 이형식 | 근간 |
| 3101 《제7의 봉인》 비평연구 | E. 그랑조르주 / 이은민 | 근간 |
| 3102 《쥘과 짐》 비평연구 | C. 르 베르 / 이은민 | 근간 |

## 【기 타】

| ▨ 모드의 체계 | R. 바르트 / 이화여대기호학연구소 | 18,000원 |
| ▨ 라신에 관하여 | R. 바르트 / 남수인 | 10,000원 |
| ▨ 說 苑 (上·下) | 林東錫 譯註 | 각권 30,000원 |
| ▨ 晏子春秋 | 林東錫 譯註 | 30,000원 |
| ▨ 西京雜記 | 林東錫 譯註 | 20,000원 |
| ▨ 搜神記 (上·下) | 林東錫 譯註 | 각권 30,000원 |
| ▧ 경제적 공포〔메디치賞 수상작〕 | V. 포레스테 / 김주경 | 7,000원 |
| ▧ 古陶文字徵 | 高 明·葛英會 | 20,000원 |
| ▧ 고독하지 않은 홀로되기 | P. 들레름·M. 들레름 / 박정오 | 8,000원 |
| ▧ 그리하여 어느날 사랑이여 | 이외수 편 | 4,000원 |
| ▧ 딸에게 들려 주는 작은 지혜 | N. 레흐레이트너 / 양영란 | 6,500원 |
| ▧ 노력을 대신하는 것은 없다 | R. 쉬이 / 유혜련 | 5,000원 |
| ▧ 노블레스 오블리주 | 현택수 사회비평집 | 7,500원 |
| ▧ 미래를 원한다 | J. D. 로스네 / 문 선·김덕희 | 8,500원 |
| ▧ 사랑의 존재 | 한용운 | 3,000원 |
| ▧ 산이 높으면 마땅히 우러러볼 일이다 | 유 향 / 임동석 | 5,000원 |
| ▧ 서기 1000년과 서기 2000년 그 두려움의 흔적들 | J. 뒤비 / 양영란 | 8,000원 |
| ▧ 서비스는 유행을 타지 않는다 | B. 바게트 / 정소영 | 5,000원 |
| ▧ 선종이야기 | 홍 희 편저 | 8,000원 |
| ▧ 섬으로 흐르는 역사 | 김영회 | 10,000원 |
| ▧ 세계사상 | 창간호~3호: 각권 10,000원 / 4호: 14,000원 |
| ▧ 십이속상도안집 | 편집부 | 8,000원 |
| ▧ 얀 이야기 ① 얀과 카와카마스 | 마치다 준 / 김은진·한인숙 | 8,000원 |
| ▧ 어린이 수묵화의 첫걸음(전6권) | 趙 陽 / 편집부 | 각권 5,000원 |
| ▧ 오늘 다 못다한 말은 | 이외수 편 | 7,000원 |
| ▧ 오블라디 오블라다, 인생은 브래지어 위를 흐른다 | 무라카미 하루키 / 김난주 | 7,000원 |
| ▧ 이젠 다시 유혹하지 않으련다 | P. 쌍소 / 서민원 | 9,000원 |
| ▧ 인생은 앞유리를 통해서 보라 | B. 바게트 / 박해순 | 5,000원 |
| ▧ 자기를 다스리는 지혜 | 한인숙 편저 | 10,000원 |
| ▧ 천연기념물이 된 바보 | 최병식 | 7,800원 |
| ▧ 原本 武藝圖譜通志 | 正祖 命撰 | 60,000원 |

東文選 文藝新書 241

# 부르디외 사회학 이론

**루이 핀토**

김용숙 · 김은희 옮김

**부르디외가 추천한 부르디외 사회학 해설서**

본서는 수년전 부르디외가 한국을 방문하였을 적에 그에게 자신의 이론을 가장 잘 해설한 책을 한권 추천해달라고 부탁해서 한국 독자들에게 소개하게 된 책이다.

저술의 원칙이 되는 본질적인 행위들을 제시하고, 지성적 맥락을 재구성하며, 인류학이자 철학적인 영역을 명시하는 것이 루이 핀토의 글이 갖는 목적으로, 그의 연구는 단순한 주해서를 넘어서서 이러한 저술이 제안하는 교훈을 총망라한다.

피에르 부르디외의 이론은 결코 객관주의나 과학만능주의가 아니며, 관찰자의 특권을 중시하는 과학적 실천의 중심부의 성찰을 함축한다. 그의 이론은 사회 세계나 우리 스스로에게 향한 우리의 시각을 변화시키는 지적 수단을 제공하고 있다. 이런 의미에서 그의 이론은 개인적이자 보편적인 사물들을 파악하게 하고, 우리가 하는 유희와 그 이해 관계, 그리고 모르던 것을 인정하는 데 필요한 저항들을 이해하는 데에 도움을 주는 사회 분석의 작업이다.

사회 질서는 심층에 묻힌 신념들과 객관적 구조를 따르므로, 사회학은 사회 세계의 정치적 비전을 반드시 갖고 있다. 사회학은 우리에게 유토피아 정신과 질서의 사실적 인식을 연결하는 것을 가르쳐 준다.

사회학자이자 철학자인 루이 핀토는 국립과학연구소(CNRS)의 소장직을 맡고 있다. 그의 연구는 언론, 문화, 지성인과 철학 등을 다루고 있다.

東文選 文藝新書 203

# 철학자들의 신

**빌헬름 바이셰델**

최상욱 옮김

　　바이셰델의 《철학자들의 신》은 철학의 역사를 통해 나타난 신에 대한 다양한 해석들을 다루고 있다. 이를 위해 저자는 철학과 신학의 관계를 분석하고 있으며, 이때 철학적 신학은 철학이나 신학 그 어느 한편으로 경도되지 않아야 함을 강조하고 있다. 이를 통해 저자는 특정한 성향이나 교리에 얽매이지 않은 포용적이고 자유로운 신에 대한 해석을 독자들에게 제시하려고 한다. 그리고 이러한 전제를 바탕으로 저자는 고대 그리스 정신에서의 신에 대한 이해를 출발점으로 하여 교부시대, 중세와 근대, 그리고 니체와 하이데거의 신에 대한 이해를 철학사적인 맥락에서 소개하고 있다.

　　이러한 그의 노력은 다른 책이 줄 수 없는 몇 가지 강점을 지닌다. 우선 이 책을 통해 독자들은 '신'이란 단어가 인간의 역사를 통해 변화 혹은 확대되어 왔음을 확인할 수 있다. 그리고 이러한 확인을 통해 독자는 신이란 개념의 의미 역시 인간의 역사적 상황과 사유구조에 걸맞게 드러났음을 이해할 수 있을 것이다. 또한 이러한 이해는 신에 대한 우리의 고착된 확신을 반성하는 기회를 줄 수 있을 것이다. 흔히 우리는 신에 대해 자유로운 사고보다는 무비판적으로 주어진 확신에 안주할 때가 많은데, 이 책을 통해 우리는 신에 대한 인간의 이해가 매우 다양하고 상이했음을 알 수 있을 것이다. 그리고 이러한 앎은 독자들로 하여금 배타적인 신관으로부터 자유로워지는 기회를 제공할 것이다.

東文選 文藝新書 201

# 기식자

미셸 세르

김웅권 옮김

　초대받은 식도락가로서, 때로는 뛰어난 이야기꾼으로서 주인의 식탁에 앉아 식사를 하는 자가 기식자로 언급된다. 숙주를 뜯어먹고 살고, 그의 현재적 상태를 변화시키고 그의 생명을 위태롭게 하는 작은 동물 또한 기식자로 언급된다. 끊임없이 우리의 대화를 중단시키거나 우리의 메시지를 차단하는 소리, 이것도 언제나 기식자이다. 왜 인간, 동물, 그리고 파동이 동일한 낱말로 명명되고 있는가?

　이 책은 우선 이러한 질문에 대한 대답으로서 이미지의 책이고 초상들의 갤러리이다. 새들의 모습 속에, 동물들의 모습 속에, 그리고 우화에 나오는 기이한 모습들 속에 누가 숨어 있는지를 알아서 추측해 볼 필요가 있을 것이다. 크고 작은 동물들이 함께 식사를 하는데, 그들의 잔치는 중단된다. 어떻게? 누구에 의해? 왜?

　미셸 세르는 책의 마지막에서 소크라테스를 악마로 규정한다. 이 소크라테스의 초상에 이르기까지의 긴 ‘산책’이 기식자라는 화두를 중심으로 펼쳐진다. 세르는 기식의 논리를 라 퐁텐의 우화로부터 시작하여 성서·루소·몰리에르·호메로스·플라톤 등의 세계를 섭렵하면서 펼쳐내고 있다. 뿐만 아니라 그는 경제학·수학·생물학·물리학·정보과학·음악 등 다양한 분야를 끌어들여 기식의 관계가 모든 영역에 연결되고 있음을 드러낸다. 특히 루소를 기식자의 한 표상으로 설정하면서 그가 주장한 사회계약론의 배면을 그의 삶과 관련시켜 흥미진진하게 파헤치고 있다.

　기식자는 취하면서 아무것도 주지 않는다. 말·소리·바람밖에 주지 않는다. 주인은 주면서도 아무것도 받지 않는다. 이것이 불가역적이고 되돌아오지 않는 단순한 화살이다. 그것은 우리들 사이를 날아다닌다. 그것은 관계의 원자이고, 변화의 각도이다. 그것은 사용 이전의 남용이고, 교환 이전의 도둑질이다. 우리는 그것으로부터 기술과 사업, 경제와 사회를 구축할 수 있거나, 적어도 다시 생각할 수 있다.

東文選 文藝新書 137

# 구조주의의 역사(전4권)

**프랑수아 도스**

김웅권 · 이봉지 外 옮김

 80년대 중반 이래 포스트모더니즘의 유행이 불어닥치면서 한국의 지성계는 포스트모더니즘의 이론적 기반을 제공한 포스트 구조주의라는 용어를 '후기 구조주의'와 '탈구조주의'의 둘로 번역해 왔다. 전자는 구조주의와의 연속성을 강조한 것이고, 후자는 그것과의 단절을 강조한 것이다. 그런데 파리 10대학 교수인 저자는 《구조주의의 역사》라는 1천여 쪽에 이르는 저작을 통하여 구조주의의 제1세대라고 할 수 있는 레비 스트로스 · 로만 야콥슨 · 롤랑 바르트 · 그레마스 · 자크 라캉 등과, 제2세대라 할 수 있는 루이 알튀세 · 미셸 푸코 · 자크 데리다 등의 작업이 결코 단절된 것이 아니며, 유기적인 연관을 맺고 있다는 것을 밝힘으로써 이에 대한 하나의 해답을 제시하고 있다.

 그는 지난 반세기 동안 프랑스 지성계를 지배하였던 구조주의의 운명, 즉 기원에서 쇠퇴에 이르는 과정에 대한 전체적인 조망을 통해 우리가 흔히 구조주의와 후기 구조주의라고 구분하여 부르는 이 두 사조가 모두 인간 및 사회 · 정치 · 문학, 그리고 역사에 관한 고전적인 개념의 근저를 천착하여 우리로 하여금 그것들의 정당성을 의문시하게 만드는 탈신비화의 과정에 참여하였다는 것을 밝혔으며, 이런 공통점들에 의거하여 이들 두 사조를 하나의 동일한 사조로 파악하였다.

 또한 도스 교수는 민족학 · 인류학 · 사회학 · 정치학 · 역사학 · 기호학, 그리고 철학과 문학에 이르기까지 프랑스에서 흔히 인간과학이라 부르는 학문의 모든 분야에 걸쳐 이룩된 구조주의적 연구의 성과를 치우침 없이 균형 있게 다룸으로써 구조주의의 일반적인 구도를 제시한다. 뿐만 아니라 구조주의의 몇몇 기념비적인 저작에 대한 심층적인 분석을 통하여 주체의 개념을 비롯한 몇몇 근대 서양 철학의 기본 개념의 쇠퇴와 그 부활 과정을 보여 줌으로써 옛 개념들이 수정되고 재창조되며, 또한 새호운 개념으로 다시 태어나는 과정을 파노라마처럼 그려낸다.